Sandra Jochheim

Von der Unternehmenskultur zum Netzwerk
von Subkulturen

Theorie der Unternehmung

Herausgegeben von Reinhard Pfriem

Band 15

Bislang erschienen

14 Thomas Beschorner: Ökonomie als Handlungstheorie
13 Stephan Grüninger: Vertrauensmanagement. Kooperation, Moral und Governance
12 Martin Tischer: Unternehmenskooperation und nachhaltige Entwicklung in der Region
11 Michael Mesterharm: Integrierte Umweltkommunikation von Unternehmen. Theoretische Grundlagen und empirische Analyse der Umweltkommunikation am Beispiel der Automobilindustrie
10 Georg Müller-Christ: Nachhaltiges Ressourcenmanagement. Eine wirtschaftsökologische Fundierung
9   Thomas Beschorner, Reinhard Pfriem (Hrsg.) Evolutorische Ökonomik und Theorie der Unternehmung
8   Nicola Pless: Corporate Caretaking. Neue Wege der Gestaltung organisationaler Mitweltbeziehungen
7   Klaus Fichter: Umweltkommunikation und Wettbewerbsfähigkeit. Wettbewerbstheorien im Lichte empirischer Ergebnisse zur Umweltberichterstattung von Unternehmen
6   Uwe Schneidewind: Die Unternehmung als strukturpolitischer Akteur. Kooperatives Schnittmanagement im ökologischen Konext
5   Christoph Kolbeck, Alexander Nicolai: Von der Organisation der Kultur zur Kultur der Organisation. Kritische Perspektiven eines neueren systemtheoretischen Modells
4   Andreas Aulinger: (Ko-)Operation Ökologie. Kooperationen im Rahmen ökologischer Unternehmenspolitik
3   Achim Spiller: Ökologieorientierte Produktpolitik. Forschung, Medienberichte, Marktsignale
2   Hendric Hallay: Ökologische Entwicklungsfähigkeit von Unternehmen
1   Reinhard Pfriem: Unternehmenspolitik in sozialökologischen Perspektiven

Sandra Jochheim

Von der Unternehmenskultur zum Netzwerk von Subkulturen

Multiple Identitäten als Basis für die Orientierung und Entwicklungsfähigkeit in und von Unternehmen aus organisationstheoretischer Perspektive mit anschließender Betrachtung von Fusionsprozessen als exemplarisches Anwendungsbeispiel

Metropolis-Verlag
Marburg 2002

Die Deutsche Bibliothek – CIP-Einheitsaufnahme

Ein Titeldatensatz für diese Publikation ist bei Der Deutschen Bibliothek erhältlich.

Metropolis-Verlag für Ökonomie, Gesellschaft und Politik GmbH
Bahnhofstr. 16a, D-35037 Marburg
http://www.metropolis-verlag.de
Copyright: Metropolis-Verlag, Marburg 2002
Alle Rechte vorbehalten
Druck: Rosch-Buch, Scheßlitz

ISBN 3-89518-372-5

Geleitwort

Unternehmenskultur ist für manche eine gelaufene Diskussion. Irgendwie hat sich ein Kompromiß eingerenkt, worum es dabei geht: die Unternehmensleitung will die Firma unter bestimmte kulturelle Codes bringen, das geht nicht so einfach, wie anfangs gedacht, und deswegen muß auch auf die Mitarbeiter Rücksicht genommen werden. So sollte man das machen, und theoretisch ist das nicht länger ergiebig.

Es ist schon frappierend, wie die Managementmoden wechseln, als ob die vorherigen Fragestellungen für die neuen Themen nicht mehr von Interesse wären. Da geht es um die grenzenlose Unternehmung (die einerseits outsourct und andererseits strategische Netzwerke bildet), oder es geht um Wissensmanagement, als ob die gar nicht mehr neuen Fragen nach den Bedingungen, Möglichkeiten und Grenzen von Unternehmenskultur dabei nicht mehr von Belang wären. Was kümmern uns in unserer schnellebigen Zeit die Hauptthemen von gestern und vorgestern?

Die hiermit veröffentlichte, unter meiner Betreuung verfaßte Dissertationsschrift von Sandra Jochheim aus Berlin bildet zu dem gerade geäußerten Befund einen überzeugenden Kontrapunkt. Die Verfasserin arbeitet verschiedene elaborierte Vorschläge und Theorieangebote der Unternehmenskulturdiskussion durch, um darüber eine eigene Konzeption vorstellen zu können. Diese Konzeption vermag auf theoretischer wie praktischer Ebene gleichermaßen zu überzeugen: sie fußt auf dem Radikalen Konstruktivismus sowie dem Symbolischen Interaktionismus und der Theorie der Beobachtung und fängt dadurch individuelle wie soziale Wirklichkeitskonstruktionen angemessen ein. Und sie nimmt (mit möglichen Folgen für gestalterische Praxis) die in Unternehmen real existierende kulturelle Vielfalt ernst durch ein Konzept der Subkulturen, das die Unternehmenskulturdiskussion der überholten Gegensatzbildung top-down oder bottom-up entreißt.

Von daher hoffe ich, daß die Arbeit zu den überfälligen Beiträgen gehören wird, die Debatte über Unternehmenskultur auf neuer Stufe weiterzuführen.

Oldenburg im Oktober 2001

Prof. Dr. Reinhard Pfriem

Inhalt

EINLEITUNG 11

TEIL I
DIE ENTWICKLUNG DER KULTURELLEN DIMENSION
INNERHALB EINES UNTERNEHMENS 17

Kapitel 1
Konzepte der Unternehmens-/Organisationskultur 21

**1.1 Funktionalistische Konzeption:
Unternehmen haben eine Kultur** 28
   1.1.1 Theoretische Basis 28
   1.1.2 Unternehmenskulturkonzeption 31
   1.1.3 Zusammenfassung und kritische Würdigung
        der funktionalistischen Konzeption 40

1.2 Interpretative Konzeption: Organisationen sind Kulturen 48
   1.2.1 Theoretische Basis 48
   1.2.2 Organisationskulturkonzeption 52
   1.2.3 Zusammenfassung und kritische Würdigung
        der interpretativen Konzeption 57

1.3 Reflektiert-funktionalistische Konzeption nach E. Schein 61
   1.3.1 Theoretische Basis 61
   1.3.2 Organisationskulturkonzeption 70
   1.3.3 Zusammenfassung und kritische Würdigung
        der reflektiert-funktionalistischen Konzeption 74

1.4 Lebensweltlich-systemische Perspektive nach P. Ulrich 78
   1.4.1 Theoretische Basis 78
   1.4.2 Unternehmenskulturkonzeption 83

1.4.3 Zusammenfassung und kritische Würdigung
der lebensweltlich-systemischen Konzeption 90

1.5 Autopoietische Konzeption nach C. Kolbeck/A. Nicolai 96
1.5.1 Theoretische Basis 96
1.5.2 Organisationskulturkonzeption 115
1.5.3 Zusammenfassung und kritische Würdigung
der autopoietischen Konzeption 124

1.6 Zwischenfazit 137

Kapitel 2
Radikal-konstruktivistische Subkulturkonzeption 141

2.1 Theoretische Basis 141
2.1.1 Radikaler Konstruktivismus (individuelle
Wirklichkeitskonstruktion) 142
2.1.2 Symbolischer Interaktionismus und Theorie der
Beobachtung (soziale Wirklichkeitskonstruktion) 146
2.1.3 Emergenzthese 149
2.1.4 Diskussion des Integrationsmechanismus' „Intersubjektivität" zwischen Individuen einer sozialen Gruppe .. 150

**2.2 „Teile" der Gruppenkultur/„Mittel" der
gruppenspezifischen Wirklichkeitskonstruktion** 165

2.3 Subkulturen 171

2.4 Wirkungen der Subkulturen und der Unternehmenskultur 183

**2.5 Freiräume und Macht im Unternehmen
und des Unternehmens** 192

2.6 Konservatismus 207

2.7 Kulturentwicklung von Unternehmen aus radikalkonstruktivistischer Perspektive 211
2.7.1 Spannungsverhältnis zwischen Orientierung und
Entwicklungsfähigkeit 212

2.7.2 Grundsätzliches zur Lern- und Entwicklungsfähigkeit
von und in Unternehmen 216
2.7.3 Selbstreflexion der eigenen Wirklichkeitskonstruktion
(Codes, Werte, Themen) und deren Wirkungsweise 219
2.7.4 Problemfelder sehr pluralistischer
Unternehmenskulturen 227
2.7.5 Möglichkeiten der Entwicklung der kulturellen
Dimension von Unternehmen auf der Sinnebene entlang
der radikal-konstruktivistischen Subkulturkonzeption 229
  2.7.5.1 Intersubkulturelle Orientierung 229
  2.7.5.2 Intrasubkulturelle Orientierung 239
  2.7.5.3 Intrasubkulturelle Pluralität 244
  2.7.5.4 Intersubkulturelle Pluralität 250
2.7.6 Möglichkeiten der Entwicklung der kulturellen Dimension
von Unternehmen auf der Strukturebene entlang der
radikal-konstruktivistischen Subkulturkonzeption 252
  2.7.6.1 Intrasubkulturelle Struktur 253
  2.7.6.2 Intersubkulturelle Struktur 257

**2.8 Zusammenfassung und kritische Würdigung der
radikal-konstruktivistischen Subkulturkonzeption 266**

TEIL II
DIE ENTWICKLUNG DER KULTURELLEN DIMENSION IM RAHMEN
DER INTEGRATION EINES FUSIONSPROZESSES 273

**Kapitel 3
Betriebswirtschaftliche Ansätze
zur kulturellen Dimension der Integration 277**

3.1 Kontingenztheoretischer Ansatz 278

3.2 Ressourcenorientierter Ansatz 280

Kapitel 4
Die kulturelle Dimension der Integration eines Fusionsprozesses aus der Subkulturperspektive ... 299

4.1 Phase 1: Vor Vertragsabschluß ... 301
    4.1.1 Probleme ... 301
    4.1.2 Lösungsmöglichkeiten ... 301

4.2 Phase 2: Zwischen Vertragsabschluß und „The Day One" ... 304
    4.2.1 Probleme ... 304
    4.2.2 Lösungsmöglichkeiten ... 306

4.3 Phase 3: Die ersten Monate: Initiierung neuer Prozesse ... 327
    4.3.1 Probleme ... 327
    4.3.2 Lösungsmöglichkeiten ... 329

4.4 Phase 4: Evolutionäre Entwicklung der initiierten Prozesse ... 373
    4.4.1 Probleme ... 373
    4.4.2 Lösungsmöglichkeiten ... 375

4.5 Phase 5: Das integrierte Unternehmen ... 380

SCHLUSSBETRACHTUNG ... 381

ABBILDUNGSVERZEICHNIS ... 399

Literatur ... 400

Einleitung

Das Thema „Unternehmenskultur" ist in den achtziger Jahren durch die Bestseller von Peters/Waterman und Deal/Kennedy[1] prominent geworden. Seither befassen sich Organisationstheoretiker, Soziologen und Betriebswirte mit diesem Thema. Resultat sind mannigfaltige Aufsätze und Bücher. In der Regel läßt sich viel aus der Historie lernen. Möchte man sich zu einem Thema äußern, sollte man die Gedanken anderer kennen, um sie gegebenenfalls übernehmen, weiterentwickeln oder als Differenzierungsgrundlage nutzen zu können. Also sollen in Teil I Kap. 1.1–1.5 die wesentlichen Unternehmenskulturkonzeptionen nach ihren zugrundeliegenden theoretischen Ansätzen systematisiert, zusammengefaßt und kritisiert werden.

In Kap. 1.1 wird die Konzeption der „Väter" (s.o.) der Unternehmenskulturdebatte vorgestellt. Die Konzeption fußt auf dem damals vorherrschenden Kontingenzansatz. Das funktionalistische Paradigma hoffte, daß die Unternehmenskultur die unerklärbare Varianz der empirischen Kontingenzforschung erklären würde. Die Erweiterung des Kontingenzansatzes um die Unternehmenskultur erfüllte diese Hoffnung nicht – im Gegenteil, sie legte durch den technokratischen Umgang mit der kulturellen Dimension die Schwächen des Kontingenzansatzes offen. Kultur kann nicht „top-down" gestaltet werden. Die Kritik an den Grundannahmen des funktionalistischen Paradigmas wurde lauter und das interpretative Paradigma bekam Aufwind.

Kap. 1.2 zeigt eine Unternehmenskulturkonzeption, welche auf dem symbolischen Interaktionismus aufbaut. Als Gegenbewegung zum Kulturmanagement der Funktionalisten, wird die Unternehmenskultur im Rahmen der interpretativen Konzeption als nicht-reflektierbare „Naturgewalt" konstruiert. In dieser extremen Ausprägung paßt die Konstruktion wohl nicht auf die Realität. Die interpretative Konzeption ist für eine

---

[1] Vgl. Peters/Waterman 1982; Deal/Kennedy 1982.

angewandte Wissenschaft, wie die Betriebswirtschaftslehre keine befriedigende Lösung.

Edgar Schein entwirft eine reflektiert-funktionalistische Unternehmenskulturkonzeption (Kap. 1.3). Scheins Modell der drei Kulturebenen erfährt positive Resonanz. Leider bleibt er jedoch dem funktionalistischen Paradigma verhaftet. Er reflektiert zwar einige Grundannahmen des Paradigmas, weicht sie auf, versucht die Kultur jedoch einzufangen mit einer Erweiterung/Optimierung der Kontingenztheorie.

In Kap. 1.4 wird die lebensweltlich-systemische Unternehmenskulturkonzeption von Peter Ulrich vorgestellt. Er vertritt die Meinung, daß auch eine Erweiterung oder Optimierung der Systemtheorie die kulturelle Dimension nicht einfangen kann und postuliert einen dualen Ansatz der Managementlehre: Management als systemtheoretisch fundierte Systemsteuerung und als phänomenologisch fundierte Kulturentwicklung. Die Phänomenologie fokussiert stark auf die Wirklichkeitskonstruktionen einzelner Individuen. Ist sie geeignet ein soziales Phänomen wie „Kultur" zu fundieren?

Kolbeck/Nicolai, die ihre autopoietische Unternehmenskulturkonzeption (Kap. 1.5) an die neuere Systemtheorie gemäß Luhmann anschließen, meinen, daß soziale Systeme nicht durch individuelle Wirklichkeitskonstruktionen, sondern durch soziale Interaktionen erklärt werden können. Während die zuvor genannten Unternehmenskulturkonzeptionen v.a. die Orientierungsfunktion/handlungskoordinative Wirkung der Unternehmenskultur in den Mittelpunkt stellen, wird entlang der neueren systemtheoretischen Ansätze die Kultur als wesentliche Basis für die Lern- und Entwicklungsfähigkeit von Unternehmen entdeckt.[2]

Im Zwischenfazit (Kap. 1.6) werden die aufgezeigten Konzeptionen nach Potentialen und Differenzierungsgrundlagen für die folgende radikal-konstruktivistische Konzeption durchleuchtet.

Die Zusammenfassungen und Kritiken der vorgestellten Konzeptionen und die Überlegungen des Zwischenfazits werfen viele Fragen hinsichtlich einer zeitgemäßen Betrachtung der kulturellen Dimension von Unternehmen auf:

Es müssen die aktuellen Rahmenbedingungen für die kulturelle Dimension von Unternehmen betrachtet werden: Tradition, Normen gelten nicht mehr selbstverständlich, sondern werden argumentativ hinterfragt

---

[2] Vgl. Drepper 1992; Bardmann 1994; Kolbeck/Nicolai 1996.

und verlieren ihre allgemeingültige Orientierungswirkung. Durch die Zunahme der Zone des Nicht-Wissens und immer schnellere Entwicklungen nimmt der Wert von Erfahrungen ab. Orientierung wird zunehmend in der Zukunft gesucht. Was kann heute grundlegende Orientierung leisten? Die Gesellschaften westlicher Industrienationen sind durch Orientierungslosigkeit und vielfältige Optionen/Wahlmöglichkeiten geprägt. Können und sollten Unternehmen diesbezüglich gesellschaftliche Verantwortung übernehmen und den Individuen durch Mitgliedschaft in sozialen Gruppen einen sicheren Heimathafen bieten, der ihnen außerhalb des Unternehmens nicht mehr zur Verfügung steht?

Des weiteren leben wir im Zeitalter der Globalisierung: weltweiter Transfer von Waren, Dienstleistungen, Kapital und Personen, weltweite Überkapazitäten, harter Verdrängungswettbewerb etc. Die kleineren und mittelständischen Unternehmen fürchten überrollt zu werden und dem Verdrängungswettbewerb nicht standhalten zu können. Sie schließen sich zusammen oder verkaufen sich an die großen Konkurrenten.[3] Es gibt immer weniger und dafür größere Unternehmen, welche sich in kleinere Einheiten gliedern. Für die kulturelle Dimension stellt sich die wesentliche Frage: läßt sich überhaupt noch von „Unternehmenskultur" sprechen? Und wie können Unternehmen auf die steigende Umweltkomplexität reagieren?

Diese Fragen sollen in Kapitel 2 dieser Arbeit entlang einer Subkulturkonzeption diskutiert werden. Als zugrundeliegender theoretischer Ansatz wird der Radikale Konstruktivismus[4] (Kap. 2.1.1) gewählt. Die kulturelle Dimension von Unternehmen wurde noch nicht aus radikalkonstruktivistischer Perspektive thematisiert. Der Radikale Konstruktivismus geht nicht davon aus, daß Individuen mit ihren Sinnesorganen fotografisch wahrnehmen können. Es wird angenommen, daß lediglich gewisse Codierungen über die Sinnesorgane empfangen werden. Entlang der subjektiven Sozialisation, Erfahrungen und Neuronenstruktur werden die Codierungen im Gehirn entschlüsselt/interpretiert. Da jedoch „Kultur" nicht auf einer individuell subjektiven Ebene beschrieben werden kann, sondern auf einer kollektiv subjektiven Ebene angesiedelt ist, wird der Radikale Konstruktivismus in dieser Arbeit ergänzt durch Überle-

---

[3] Vgl. Jaeger 1999, S. 11ff.
[4] Vertreter dieses Ansatzes sind u.a. v. Glasersfeld 1981, 1992; v. Foerster 1987; Roth 1987.

gungen des symbolischen Interaktionismus[5], der Theorie der Beobachtung (Kap. 2.1.2) und der Emergenzthese[6] (Kap. 2.1.3). Trotz Fokussierung auf die kollektiv subjektive Ebene sollen die individuellen Wirklichkeitskonstruktionen in den Überlegungen stets mitlaufen. Wodurch sind die Mitglieder einer sozialen Gruppe integriert - gibt es gemeinsam geteilte Wirklichkeitskonstruktionen (Kap. 2.1.4)?

Kap. 2.2 befaßt sich mit den „Mitteln", mit denen eine gruppenspezifische Wirklichkeitskonstruktion vollzogen werden kann.

Soziale Gruppen in Unternehmen werden in dieser Arbeit als Subkulturen definiert. Was unter „Subkulturen" genauer verstanden werden soll, wie sich Subkulturen entwickeln, wie sie zusammenarbeiten können, wird in Kap. 2.3 und welche Auswirkungen sie im Unternehmen und in Bezug auf die Umwelt nehmen in Kap. 2.4 thematisiert.

Das Thema „Subkultur" ist eng verwoben mit den Themen „Freiräume", „Macht" im Unternehmen (Mikropolitik) und zwischen dem Unternehmen und der Umwelt. Welche Wirklichkeitskonstruktionen (Codes, Werte, Themen) setzen sich durch (Kap. 2.5)?

Eines der wohl wesentlichsten Probleme selbstreferentieller Systeme ist deren Konservatismus. Gesteht man sozialen Systemen Eigenständigkeit zu und definiert Individuen mit selbstreferentiell operierenden Gehirnen als Systemelemente verschärft sich die Gefahr des Konservatismus (Kap. 2.6).

In Kap. 2.7 soll versucht werden die selbstorganisierenden Wege der kulturellen Entwicklung von Unternehmen nachzuvollziehen, um daran anschließend Perturbationsmöglichkeiten hinsichtlich der Entwicklung zu konstruieren. Läßt sich die Integration von Individuen protegieren? Sind die Mitglieder einheitlich integriert, ist zwar die Orientierung gegeben, aber die Entwicklungsfähigkeit aufgrund von Monotonie im Wahrnehmen und Interpretieren stark eingeschränkt. Wie läßt sich die Pluralität innerhalb der Subkulturen entwickeln? Wie sieht das Verhältnis zwischen den Subkulturen aus? Wie können die Subkulturen ihre Autonomie bewahren und sich dennoch nicht voneinander und von der Gesamtsicht des Unternehmens abschotten? Sind unternehmensweite Orientierungen existent? Vertritt man die Meinung, daß Innovationen nur selten aus einem einzigen Gehirn stammen, sondern v.a. aus der Ver-

---

[5] Vgl. Mead 1934/1968; vgl. Blumer 1969.
[6] Vgl. Luhmann 1996, S. 98ff.

knüpfung und Weiterentwicklung vorhandener Wissenspotentiale resultieren, dann könnte ein Subkulturnetz doch wesentliche Chancen hinsichtlich der Wissensgenerierung innerhalb eines Unternehmens eröffnen?!

Der Umgang mit multiplen Identitäten im Unternehmen ist ein neues Aufgabenfeld der Theorie und Praxis. In diesem Zusammenhang ist das Spannungsfeld zwischen Orientierung und Entwicklung im Auge zu haben (Kap. 2.7.1), sind Überlegungen bzgl. der Lern- und Entwicklungsfähigkeit von und in Unternehmen (Kap. 2.7.2) und bzgl. der Selbstreflexion der eigenen Wirklichkeitskonstruktion (Kap. 2.7.3) anzustellen. Diese Überlegungen führen zu der Frage, wie die kulturelle Dimension von Unternehmen bewegt werden kann.

In Kap. 2.7.5 werden Möglichkeiten der Entwicklung hinsichtlich der Orientierung und der Pluralität/Entwicklungsfähigkeit sowohl innerhalb der Subkulturen als auch zwischen den Subkulturen diskutiert und zwar zum einen auf der Sinnebene (Kap. 2.7.5) und zum anderen auf der Strukturebene (Kap. 2.7.6).

Die Subkulturkonzeption bietet eine mögliche Konstruktion innerhalb eines Unternehmens Wissen zu generieren. Zur Zeit ist allerdings auch externe Wissensgenerierung insbesondere über Fusionen en vogue. Fusionen sind – wie oben beschrieben – auch eindeutige Folge der Globalisierung. Gerade konservative, alteingesessene Unternehmen trauen den modernen Formen der interorganisationalen Zusammenarbeit (z.B. Netzwerke) nicht, weil zuviel offen bleiben muß. Eine Fusion schafft klare Verhältnisse – zumindest ex ante auf dem Papier. In der Praxis stellt sich der Integrationsprozeß jedoch als sehr komplex und schwierig dar. Die Praxis führt die Probleme wesentlich auf die kulturellen Unterschiede beider Unternehmen zurück. Folgende Fragen sollen in Teil II diskutiert werden:

– Wo liegen die Ursprünge für die Probleme?

– Wie sieht die kulturelle Dimension während eines Fusionsprozesses aus der Subkulturperspektive aus?

– Wie kann dem Machtgefälle zwischen den beteiligten Unternehmen der Wind aus den Segeln genommen werden? – Wie läßt sich Konkurrenz reduzieren?

- Kann die anfänglich hohe Pluralität infolge der vielen Wirklichkeitskonstruktionen genutzt werden?
- Was kann möglichst zügig Orientierung leisten oder wie kann sich Orientierung entwickeln?
- Wie kann trotz Fokus auf die internen Probleme die externe Kommunikation aufrecht erhalten werden?

Die Subkulturkonzeption wurde nicht speziell für dieses eine empirisch zu beobachtende Phänomen „Fusion" entworfen. Die Beobachtung von Fusionen ist ein Beispiel, eine Bewährungsprobe für die Subkulturperspektive. Ist dieses theoretische Konstrukt tatsächlich grundlegend in der Lage, die kulturelle Dimension von Unternehmen – gleich in welcher Situation sie sich befinden – differenzbringend und erkenntnisgewinnend zu beobachten?

In Teil II Kap. 3 wird die betriebswirtschaftliche Literatur durchforstet nach theoretisch untermauerten kulturellen Integrationsüberlegungen. In Abgrenzung zu diesen Ansätzen wird in Teil II Kap. 4 der Fusionsprozeß – in vier Phasen unterteilt – aus der Subkulturperspektive diskutiert.

Teil I

Die Entwicklung der kulturellen Dimension innerhalb eines Unternehmens

Der Begriff der Kultur steht heute für unterschiedlichste Bedeutungsinhalte, welche aus der historischen Entwicklung resultieren. Ursprünglich umfaßte das lateinische Wort „cultura" ausschließlich agrarische Tätigkeiten (Pflege des Ackerbaus). Von den Römern bekommt der Begriff „Kultur" zusätzlich die Bedeutung der Bildung zum Zwecke der Verfeinerung des Menschenlebens (Menschenpflege). „Kultur" steht für ethisch-moralisch gute Sitten. In der Zeit der Aufklärung gewinnt das Wort Kultur eine weitere Bedeutung; es dient zur Unterscheidung zwischen Mensch und Tier. Es erwächst ein pluralistisches Kulturverständnis. Unter „Kultur" wird eine sich weiterentwickelnde Form von Gesellschaften, Gemeinschaften, Völkern und Nationen verstanden.[7] Bis zur heutigen Zeit ist der Begriff durch den alltäglichen Sprachgebrauch, aber auch durch die Wissenschaftsdisziplinen (Kulturanthropologie, -soziologie, -ethnographie und kulturvergleichende Psychologie) mit mannigfaltigen Bedeutungen angereichert worden. Aus diesem Grunde ist es unmöglich, den Kulturbegriff verbindlich zu definieren. 1952 identifizierten Kroeber/Kluckhohn bereits 164 unterschiedliche Definitionen von Kultur.[8] Auch bleiben Versuche[9], den Begriff durch spezifische Charakteristika allgemeingültig zu beschreiben, lückenhaft. Deshalb haben Autoren aus den unterschiedlichen kulturorientierten Wissenschaftsdisziplinen versucht, die mannigfaltigen Interpretationen zu systematisieren, um so zu einem besseren Verständnis kultureller Phänomene zu gelangen. Im folgenden sollen die *Systematisierungen von*

---

[7] Vgl. Dormayer/Kettern 1987, S. 49ff.

[8] Vgl. Kroeber/Kluckhohn 1952.

[9] Vgl. z.B. Kluckhohn 1951; Keller, v. 1982.

Kulturkonzepten aufgezeigt werden, welche der Rekonstruktion und Differenzierung von Unternehmenskulturkonzepten Hilfe leisten:

1. Kluckhohn und Kelly unterscheiden zwischen deskriptiven und explikativen Kulturkonzepten.[10]

Im deskriptiven Konzept werden unter Kultur die „angehäuften Schätze menschlicher Schöpfung ... Gebäude, ... Sprache, Sitten, ... Ethik, Religion und Moral, all das, was über die Jahrhunderte aufgebaut"[11] wurde, verstanden. Es handelt sich also um materielle und immaterielle kulturelle Artefakte, die direkt fühlbar, sichtbar oder erfahrbar sind. Explikative Konzepte umfassen dagegen diesen kulturellen Artefakten zugrundeliegenden Grundüberzeugungen, Werte, Einstellungen und internalisierte Verhaltensnormen.

2. Osgood differenziert zwischen Perceptas und Konceptas.[12] Diese Differenzierung ist inhaltlich vergleichbar mit der von Kluckhohn/Kelly. Mit Perceptas werden empirisch direkt beobachtbare materielle („material culture") und immaterielle („social culture", z.B. soziale Verhaltensweisen) kulturelle Äußerungen bezeichnet.

Unter Konceptas werden dagegen die in einer Gesellschaft gemeinsam geteilten Werte, Normen und Einstellungen verstanden („mental culture").

3. Allaire und Firsirotu's Systematisierung[13] (in Anlehnung an Keesing[14]) wird in der Literatur zur Organisationskultur am häufigsten zitiert. Im Gegensatz zu den beiden zuvor genannten Klassifikationen berücksichtigen Allaire/Firsirotu neben anthropologischen auch soziologische Forschungserkenntnisse. Außer der Identifikation unterschiedlicher Kulturverständnisse ist bei ihnen die Frage wesentlich, ob ein Unterschied zwischen Kultur und Sozialsystem besteht. Z.B. Parsons konstruiert folgendermaßen eine konzeptionelle Trennung: Bei der Betrachtung von Sozialsystemen stehen v.a. Interaktionsprozesse und deren Ergebnisse im Mittelpunkt. Die Kultur dagegen fokussiert in erster Linie die gemeinsam geteilten Werte, Einstellungen und Normen, die dem

---

[10] Vgl. Kluckhohn/Kelly 1972, S. 68–90.
[11] Kluckhohn/Kelly 1972, S. 85.
[12] Vgl. Osgood 1951, S. 202–214.
[13] Vgl. Allaire/Firsirotu 1984, S. 193–226.
[14] Vgl. Keesing 1974.

sozialen menschlichen Verhalten zugrunde liegen.[15] Nach Allaire/ Firsirotu resultieren aus diesen Überlegungen zwei Hauptrichtungen von Kulturkonzeptionen: Kultur als integrierter Bestandteil eines soziokulturellen Systems und Kultur als Ideensystem.

Bei der erstgenannten Konzeption handelt es sich um die älteren kulturanthropologische Auffassungen, die Kultur und Sozialsystem als einen untrennbaren Gesamtkomplex verstehen. Kulturelle Phänomene werden dabei v.a. durch beobachtbare Verhaltensweisen analysiert.

Die andere Kulturauffassung unterscheidet zwischen Sozialsystem und Kultur, wodurch berücksichtigt wird, daß Kultur und Sozialsystem auch in einem Spannungsverhältnis zueinander stehen können. Es kann also zu kulturellen Vor- bzw. Nachläufern kommen.[16] Kultur ist ein vom Sozialsystem unabhängig zu sehendes Ideensystem.

Beiden Konzeptionen können nach Allaire/Firsirotu je vier unterschiedliche Ansätze zugeordnet werden, die hier jedoch nicht näher thematisiert werden sollen.[17]

Fragt man sich selber, was man unter „Kultur" versteht, so fallen einem spontan wohl auch die kulturellen Äußerungen ein, wie z.B. Theater, Oper, Kunst, Eßgewohnheiten, Konzerte. Erst bei etwas längerer Überlegung erkennt man, daß grundlegende Denk- und Wahrnehmungsstrukturen, Werte, Einstellungen u.a., die wir zum großen Teil unbewußt internalisiert haben, in hohem Maße von der Kultur, in der man aufgewachsen ist und lebt, beeinflußt werden.

Die Teilung von Parsons zwischen Sozialsystem (objektive, kollektive Ebene) und Kultur (subjektive, kollektive Ebene) wird von verschiedenen Autoren[18], die sich mit dem Thema „Unternehmenskultur" auseinandersetzen, aufgenommen. Dies stellt die Spezifika beider Ebenen heraus. Dennoch läuft man infolge dieser Trennung Gefahr, die beiden Ebenen derart zu betrachten als stünden sie unabhängig voneinander.

---

[15] Vgl. Kroeber/ Parsons 1958, S. 582f.
[16] Vgl. Dormayer/Kettern 1987, S. 58.
[17] Vgl. Allaire/Firsirotu 1984, S. 193–226.
[18] Vgl. z.B. Ulrich, P. 1984.

Kapitel 1

Konzepte der Unternehmens-/Organisationskultur

Auch der Begriff „Unternehmenskultur" wird sehr unterschiedlich interpretiert, so daß es nicht zweckmäßig ist, eine allgemeingültige Definition zu formulieren. Ebenso wie bei dem Begriff „Kultur" ist es sinnvoll, die unterschiedlichen Zugänge zur Unternehmenskultur zu systematisieren, wobei es zweckmäßig erscheint, auf das anthropologische und soziologische Wissen zurückzugreifen. Der Großteil der Unternehmenskulturansätze, die in den achtziger Jahren veröffentlicht wurden, läßt sich zwei grundsätzlich unterschiedlichen Konzeptionen zuordnen. Anhand der Abbildung 1 kann der Zusammenhang zwischen den zuvor aufgeführten Kulturklassifizierungen und der darauf aufbauenden Systematisierung von Unternehmenskulturkonzeptionen deutlich gemacht werden.

Neben dieser Systematisierung von Unternehmenskulturkonzeptionen anhand anthropologischer Klassifizierung lassen sich die verschiedenen Unternehmenskulturkonzeptionen nach ihren zugrunde liegenden theoretischen Ansätzen ordnen.

Neben den drei in der Abbildung genannten Konzeptionen sollen drei weitere dargestellt werden: die reflektiert-funktionalistische Konzeption von Schein (sie kann als Synthese der funktionalistischen und der interpretativen bzw. symbolischen Konzeption angesehen werden), die autopoietische Konzeption nach Luhmann und ein radikal-konstruktivistischer Konzeptionsentwurf.

22   Kapitel 1

Abb. 1: Zusammenhang zwischen Kulturklassifizierung und der Systematisierung von Unternehmenskulturkonzeptionen

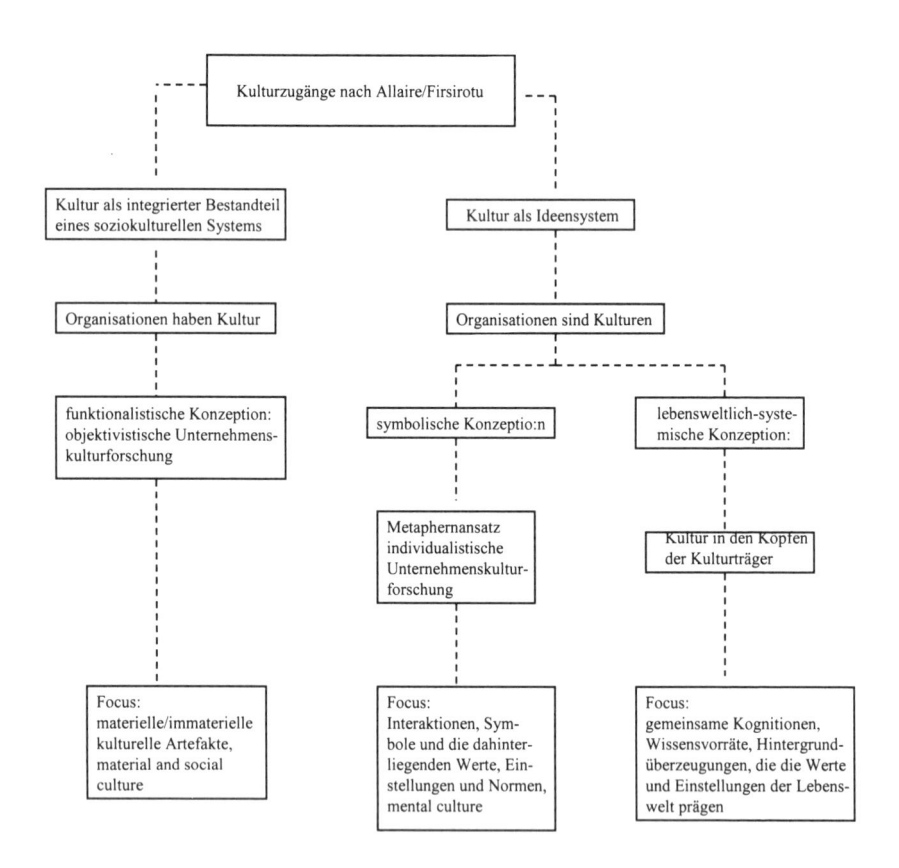

```
                    ┌─────────────────────────────┐
         ┌──────────│ Kulturzugänge nach Allaire/Firsirotu │──────────┐
         │          └─────────────────────────────┘          │
         │                                                    │
┌────────────────────────────┐                    ┌────────────────────────┐
│ Kultur als integrierter Bestandteil │            │ Kultur als Ideensystem │
│ eines soziokulturellen Systems      │            └────────────────────────┘
└────────────────────────────┘                                │
         │                                                    │
┌────────────────────────────┐                    ┌────────────────────────┐
│ Organisationen haben Kultur │                   │ Organisationen sind Kulturen │
└────────────────────────────┘                    └────────────────────────┘
         │                                          │                │
┌────────────────────────────┐     ┌────────────────────────┐   ┌────────────────────────┐
│ funktionalistische Konzeption: │  │ symbolische Konzeption: │   │ lebensweltlich-syste-  │
│ objektivistische Unternehmens- │  └────────────────────────┘   │ mische Konzeption:     │
│ kulturforschung                │               │                └────────────────────────┘
└────────────────────────────┘                   │                           │
         │                          ┌────────────────────────┐   ┌────────────────────────┐
         │                          │ Metaphernansatz        │   │ Kultur in den Köpfen   │
         │                          │ individualistische     │   │ der Kulturträger       │
         │                          │ Unternehmenskultur-    │   └────────────────────────┘
         │                          │ forschung              │               │
         │                          └────────────────────────┘               │
         │                                       │                           │
┌────────────────────────────┐     ┌────────────────────────┐   ┌────────────────────────┐
│ Focus:                     │     │ Focus:                  │   │ Focus:                 │
│ materielle/immaterielle    │     │ Interaktionen, Sym-     │   │ gemeinsame Kognitionen,│
│ kulturelle Artefakte,      │     │ bole und die dahinter-  │   │ Wissensvorräte, Hintergrund-│
│ material and social        │     │ liegenden Werte, Ein-   │   │ überzeugungen, die die Werte│
│ culture                    │     │ stellungen und Normen,  │   │ und Einstellungen der Lebens-│
│                            │     │ mental culture          │   │ welt prägen            │
└────────────────────────────┘     └────────────────────────┘   └────────────────────────┘
```

Quelle: in Anlehnung an Allaire/Firsirotu 1984, S. 196

Abb. 2: Systematisierung der Unternehmenskulturkonzeptionen entlang deren theoretischer Grundlagen

Theoretische Grundlage:	Unternehmenskulturkonzeption:
Kontingenzansatz	Funktionalistische
Symbolischer Interaktionismus	Interpretative
Kontingenzansatz, Verhaltenswiss. Ansätze	Reflektiert-funktionalistische
Phänomenologie, Systemtheoretischer Ansatz	Lebensweltlich-systemische
Theorie sozialer Systeme	Autopoietische
Radikaler Konstruktivismus, Theorie der Beobachtung	Radikal-konstruktivistische Subkulturkonzeption

Quelle: eigene

Diese Reihenfolge der Unternehmenskulturkonzeptionen ist eine historische: Das Thema „Unternehmenskultur" wurde 1982 von Funktionalisten aufgebracht. 1983 erschien eine Gegenposition von Anhängern des interpretativen Paradigmas. Die reflektiert-funktionalistische und lebensweltlich-systemische Konzeptionen wurden in der Literatur als „Mittelwege" der beiden zuerst genannten Konzeptionen gedeutet. Die autopoietische ist die jüngste Konzeption, setzt neue Schwerpunkte und geht einen eigenen Weg. Aus der Kritik der dargestellten Konzepte wird in Kap. 2 eine radikal-konstruktivistische Subkulturkonzeption entwickelt.

Bevor die Konzeptionen thematisiert werden sollen, ist es sinnvoll, die häufig genannten Elemente der Unternehmenskultur kurz zu erläutern.

Anhand eines Kontinuums läßt sich das Spektrum der *Elemente* der Unternehmenskultur übersichtlich darstellen (Abb. 3):

Abb. 3: Elemente der Unternehmenskultur

Grundan- nahmen	inoffizielle Werte, Normen	Einstel- lungen	|----------------- Symbole------------|	materielle (Artefakte)	offizielle Werte, Normen
			immaterielle			
			nonverbale (z.B. Rituale)	verbale (z.B. Sagen)		
z.T. unbewußt, schwer erfaßbar, unsichtbar, Kulturkern, Theorieorientierung, Erklärung					bewußt, erfaßbar, sichtbar Kulturäußerungen, Praxisorientierung, Gestaltung	

Quelle: eigene

Auf die Symbole (sichtbare Äußerungen der Grundannahmen, Werte, Normen und Einstellungen) wird im Kapitel 1.1.2 eingegangen. Über die Elemente gibt es jeweils umfangreiche Literatur. An dieser Stelle sollen die Begriffe jedoch lediglich kurz erläutert werden[19]:

1. Grundannahmen im Kontext der Unternehmenskultur:

„"...are shared by the members of an organization, that operate unconsciously, and that define in a basic ‚taken-for-granted' fashion an organization's view of itself and its environment.

---

[19] Wobei anzumerken ist, daß diese theoretischen Konstrukte i.d.R. nur durch weitere theoretische Konstrukte zu erklären sind, die dann wiederum definitionsbedürftig sind etc. „Die sich aus Definitionsregressen ergebenden Probleme sind bekannt – sie führen zum mehr oder weniger willkürlichen Abbruch des Definitionsregresses sowie zu unscharfer Zuordnung beobachtbarer Phänomene auf das letzte Glied der Regreßkette." Drumm 1991, S. 165. Die hier genannten Begriffserläuterungen haben nicht den Anspruch einer einheitlichen Verwendung. Sie sollen lediglich aufzeigen, was mit ihnen in dieser Arbeit gemeint wird. Auch Westmeyer (1984, S. 40) lehnt den Anspruch nach einheitlich benutzbaren Begriffsdefinitionen theoretischer Konstrukte ab und meint, daß die größere Subjektivität dem Erkenntnisobjekt besser gerecht wird.

These assumptions and beliefs are learned responses to a group's problems of survival in its external environment and its problems of internal integration."[20] Grundannahmen besitzen einen kognitiven Charakter.

2. (inoffizielle) Werte:

„A value is a conception, explicit or implicit, distinctive of an individual or characteristic of a group, of the desirable which influences the selection from available modes, means, and ends of action."[21]

Diese Definition von Kluckhohn ist wohl die verbreitetste, aber wie die meisten Begriffsbestimmungen zu „Werten" endet auch diese in einer Tautologie. Sie ist zirkulär, da „die Bestimmung dessen, was einem Individuum oder einer Gruppe ‚wünschenswert' erscheint, den Wertbegriff eigentlich voraussetzt."[22] Wenn derartige Probleme auftreten und zu einem Begriff höchst unterschiedliche Definitionen existieren, wird gern auf eine Aufzählung von deren Gemeinsamkeiten zurückgegriffen, um zu einem indirekten Zugang des Begriffs zu gelangen:

– Werte sind „relativ stabile Dispositionen"[23]

– Werte sind „Konstrukte auf relativ hohem Abstraktionsniveau"[24], d.h. sie sind situationsübergreifend und objektunabhängig wirksam[25]

– Werte sind von der Kultur und der Gesellschaft beeinflußt.[26] Sie sind nicht angeboren, sondern entwickeln sich durch die Sozialisation.[27]

– Werte dienen als Orientierungsleitlinie, die die Wahrnehmung selektiert und somit auch das Verhalten prägt.[28]

---

[20] Schein 1985, S. 6.
[21] Kluckhohn 1951, S. 395.
[22] Schanz 1985, S. 559.
[23] Schanz 1985, S. 559.
[24] Rosenstiel, v. 1984, S. 205.
[25] Vgl. Staehle 1989, S. 157f.
[26] Vgl. Kmieciak 1976, S. 150.
[27] Vgl. Holleis 1987, S. 61.
[28] Vgl. Kmieciak 1976, S. 150.

3. (offizielle) Werte:

Häufig wird jedoch der Werte-Begriff in Organisationen für offiziell von „oben" vorgegebene Orientierungsrichtlinien verwendet. Diese sind allerdings von den individuellen und gruppenspezifischen Werten zu unterscheiden. Sie sind auf jeden Fall bewußt, sind nicht unbedingt internalisiert und können sogar konträr zu den inoffiziellen Werten stehen. Offizielle Werte sind i.d.R. recht unspezifisch und nicht unbedingt schriftlich fixiert. Wohl lassen sich einige dieser offiziellen Werte aus der Unternehmensphilosophie herleiten.

4. Normen:

Ähnlich wie bei dem Werte-Begriff muß auch innerhalb dieser Kategorie differenziert werden. Zum einen gibt es organisatorische Normen. Sie sind i.d.R. schriftlich fixiert und somit explizit und offiziell gemacht. Zum anderen existieren in einer Organisation soziale Normen, die eher impliziten, inoffiziellen und unbewußten Charakter haben.[29] Im Gegensatz zu inoffiziellen „Werten" wirken soziale „Normen" als externes Druckmittel. Sie stellen eine Verhaltensanforderung an die Mitglieder einer Gruppe, Organisation, Gesellschaft dar. „Je mehr soziale Normen internalisiert sind, desto überflüssiger werden externe Kontrollen, welche die Einhaltung eben dieser Normen gewährleisten."[30] Die Nichtbeachtung sozialer Normen zieht je nach Verbindlichkeit der Norm negative Sanktionen nach sich, das Befolgen wird zumeist als selbstverständlich erachtet.[31]

5. Einstellungen:

Im Gegensatz zu Werten sind Einstellungen objektbezogen. Einstellungen sind wertgeleitet, d.h. wenige Werte liegen einer sehr viel größeren Anzahl von Einstellungen zugrunde.[32] Sie werden durch Lernprozesse im

---

[29] Vgl. Staehle 1989, S. 253.
[30] Wiswede 1985, S. 203.
[31] Vgl. Wiswede 1985, S. 35.
[32] Vgl. Wiswede 1985, S. 34f.

Zuge langjähriger Erfahrungen gebildet.[33] „Sie sind Handlungsdispositionen, die einen steuernden Einfluß auf die Reaktion des Individuums gegenüber Objekten und Situationen haben."[34] Einstellungen umfassen drei Dimensionen: die kognitive Komponente (Gedanken/Wissen über das Einstellungsobjekt), die affektive Komponente (die Gefühle zum Einstellungsobjekt) und die konative Komponente (die durch das Einstellungsobjekt ausgelöste Handlungsprädisposition).[35]

---

[33] Vgl. Staehle 1989, S. 159.
[34] Wiswede 1985, S. 120.
[35] Vgl. Wiswede 1985, S. 120.

1.1 Funktionalistische Konzeption: Unternehmen haben eine Kultur

1.1.1 Theoretische Basis

Theoretischen Anknüpfungspunkt für diese Konzeption stellt das „funktionalistische Paradigma"[36] dar. Das funktionalistische Paradigma „... umfaßt alle organisationstheoretischen Ansätze, die Organisationen als sozio-kulturelle Systeme konzeptualisieren und die strukturelle Erklärungsversuche anbieten."[37] Das grundlegende Erklärungsmuster des „social factist paradigm" lautet: die bestehende Organisationsform resultiert aus der Selektion durch die Umwelt.[38] Die unterschiedlichen Ansätze, die dem funktionalistischen Paradigma zugeordnet werden, zeichnen sich durch folgende wissenschaftstheoretische Grundannahmen aus[39]:

Ontologie: realistisch, d.h. die Wirklichkeit ist objektiv gegeben.

Epistemologie: positivistisch, d.h. es wird nach Gesetzmäßigkeiten und Kausalgesetzen geforscht mit dem Ziel, die objektive Wirklichkeit in Theorien abzubilden.

Menschenbild: deterministisch, d.h. das Handeln des Individuums wird durch spezifische Stimuli/Situationen determiniert; dabei geht man von Gesetzmäßigkeiten verschiedener Individuen in Ihrer Reaktion auf die Stimuli aus.

Methodologie: nomothetisch, d.h. mittels Operationalisierung, standardisierter Beobachtung und Befragung, Experimente etc. sollen Gesetzmäßigkeiten ausfindig gemacht und Verhaltensgesetze formuliert werden.

Ein Musterbeispiel des funktionalistischen Paradigmas ist die *Kontingenzforschung*, die der im folgenden beschriebenen Konzeption der Unternehmenskultur als theoretischer Bezugsrahmen dient. Die Kontingenzforschung übernimmt von den historisch älteren systemtheoretischen Ansätzen das Verständnis der Organisation als einem aus Subsystemen zusammengesetztem System.[40] „Die Kontingenzforschung postuliert, und

---

[36] synonym: „social factist paradigm" Ritzer 1975.
[37] Kasper 1987, S. 63.
[38] Vgl. Ebers 1985, S. 52.
[39] Vgl. Burell/Morgan 1979, Kap. I, Kap. V.
[40] Vgl. Kast/Rosenzweig 1985, S. 116.

prüft dann empirisch, die Regelmäßigkeit bestimmter Kontext-Struktur Zusammenhänge."[41] Es wird folgende Ursache-Wirkungskette angenommen: die Situation der Organisation determiniert die Organisationsstruktur und diese beeinflußt das Verhalten der Organisationsmitglieder. Situation, Struktur und das Verhalten der Organisationsmitglieder haben Einfluß auf die Effizienz der Organisation.[42] Um ausfindig zu machen, welche Bestimmungsfaktoren welches Handeln protegieren oder hemmen, wurden in den empirischen Untersuchungen die situativen Bestimmungsfaktoren isoliert. Angestrebt werden situativ eingegrenzte Aussagen über Wirkungszusammenhänge. So wurde in mannigfaltigen statistischen Analysen versucht, signifikante Zusammenhänge zwischen den als abhängig konzeptualisierten Strukturdimensionen und den unabhängigen situativen Faktoren (z.B. Größe, Technik, Rechtsform, Marktverhältnisse) und der Effizienz der Organisation zu ermitteln. Stieß man auf Korrelationen, wurden Annahmen zu deren „Erklärung" getätigt. Erst die Weiterentwicklung dieses deterministischen, situativen Ansatzes berücksichtigt einerseits den Handlungsspielraum der Entscheider/Manager, die Einfluß auf die Organisationsstruktur, das Verhalten der Organisationsmitglieder und auf die Effizienz der Organisation haben[43], und andererseits den Einfluß der Konsistenz zwischen den Strukturvariablen auf die Effizienz der Organisation.[44]

Von den Anhängern der Kontingenzforschung wird die Unternehmenskultur als eine weitere Kontextvariable aufgenommen. Die Unternehmenskultur wird durch die Unternehmensumwelt determiniert, wobei den Managern ein Handlungsspielraum eingeräumt wird. Man hofft, durch diese neue Variable die bisher unerklärbare Varianz der getätigten Korrelationsanalysen reduzieren zu können. Die angestrebte Übereinstimmung der organisationsinternen Subsysteme untereinander und mit den Umsystemen der Organisation wird durch ein kulturelles Subsystem ergänzt.

---

[41] Ebers 1985, S. 57.
[42] Vgl. Staehle 1989, S. 50.
[43] Vgl. Kieser 1993, S. 184ff; Staehle 1989, S. 54ff.
[44] Vgl. Staehle 1989, S. 58ff.

Abb. 4: Das 7-S Modell

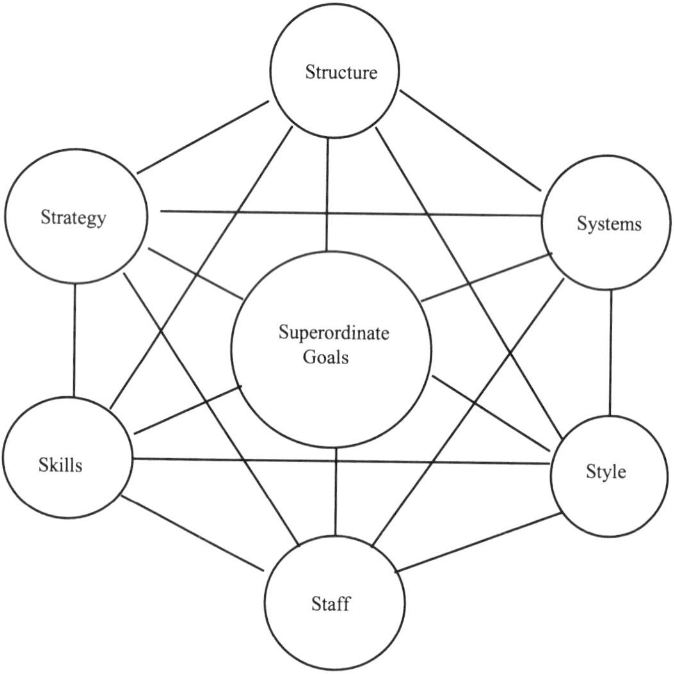

```
            Structure

Strategy                    Systems

         Superordinate
            Goals

Skills                      Style

             Staff
```

Quelle: Pascale/Athos 1981, S. 93

Z.B. Peters/Waterman[45] betonen, indem sie das 7-S-Modell von Pascale/ Athos ihrer Untersuchung zugrunde legen, die Notwendigkeit, alle organisationalen Subsysteme aufeinander abzustimmen (interne Konsistenz/ „fit"). Zwar merken Peters/Waterman als auch Deal/Kennedy an, daß sich das Unternehmen in dessen kultureller Ausprägung an die Erfordernisse der Umwelt anpassen muß[46], der Fokus ihrer Ausführungen liegt jedoch eindeutig auf dem Unternehmensinneren.

---

[45] Vgl. Peters/Waterman 1993.
[46] Vgl. Deal/Kennedy 1987, z.B. S. 96, 173, 191. Vgl. Peters/Waterman 1993, z.B. S. 34f, 189ff.

Die Anhänger dieser Konzeption der Unternehmenskultur formulieren also keinen neuen Theorieansatz, sondern eine Ergänzung des Kontingenzansatzes. Dieser funktionalistisch-systemorientierten Sichtweise der Unternehmenskultur liegt ein Verständnis der Organisation als „*offenes, soziales System*"[47] zugrunde.

„System" bezeichnet „ein geordnetes Ganzes, dessen Teile miteinander in Wechselbeziehung stehen, und zwar derart, daß jede Veränderung eines Elementes auf andere Elemente des Systems fortwirkt."[48] Die Unternehmenskultur stellt ein Subsystem des Gesamtsystems „Unternehmen" dar.

Der Begriff „sozial" hebt die menschliche, gesellschaftliche Komponente hervor. „Sozial" wird dem Begriff „rational" gegenübergestellt. Peters/Waterman merken an, daß „rational" in der heutigen Betriebswirtschaftslehre sehr eng definiert wird. „Die rationale Lösung ist die ‚richtige' Lösung, aber bereinigt um all die störenden menschlichen Faktoren ..."[49].

Früher ging man in der Organisationstheorie von einer geschlossenen Organisationsvorstellung aus. Erst ab ca. 1960 begann man den Einfluß der Umwelt auf das System zu berücksichtigen.

1.1.2 Unternehmenskulturkonzeption

Die Unternehmenskultur ist ein Subsystem neben anderen, das von der Umwelt determiniert wird, wobei der Unternehmensführung ein Handlungsspielraum eingeräumt wird. Kultur ist ein Bestandteil des Sozialsystems „Unternehmen". Somit kann der ältere Hauptzweig der Typologisierung von Allaire/Firsirotu als *anthropologisch-soziologischer Anknüpfungspunkt* dienen.

Das *deskriptive Konzept* von Kluckhohn/Kelly und die kulturellen Perceptas von Osgood können als anthropologische Wurzeln für diese Konzeption dienen: Unternehmenskultur setzt sich aus Artefakten (z.B. Architektur, Möbel etc.) und verbalen (Sprache, Sagen, Legenden, My-

---

[47] Z.B. Peters/Waterman 1993, S. 119ff.
[48] Wiswede 1985, S. 210.
[49] Peters/Waterman 1993, S. 55.

then etc.) und nonverbalen (Riten, Zeremonien etc.) Verhaltensweisen zusammen.

Die Unternehmenskultur wird als neues *Instrument für eine effektivere Führung und Steuerung von Unternehmen* angesehen. Ziel der Unternehmensführung bzgl. der Unternehmenskultur ist deren externe Anpassung an die Umwelt und deren interne Anpassung an die anderen Subsysteme des Unternehmens (interne Konsistenz).

Entstehung, Stabilisierung und Gestaltung der Unternehmenskultur

Die *Entstehung* der Unternehmenskultur wird auf die Visionen des Unternehmensgründers zurückgeführt. Durch die von ihm gelebten Werte, durch seine Persönlichkeit, die sich in Geschichten und Anekdoten manifestiert, prägt er die Unternehmenskultur häufig weit über seine Amtszeit hinaus.[50]

Im weiteren Verlauf der Unternehmensgeschichte nimmt die Unternehmensführung bei der Kulturstabilisierung und -entwicklung die ausschlaggebende Rolle ein. Sie muß die Wertorientierungen vorleben und vermitteln, um die Kultur zu *stabilisieren*. Bei der Kulturvermittlung wird *Symbolen* die entscheidende Rolle zugesprochen. Wobei die Manager als die „Schöpfer" dieser Symbole angesehen werden.[51] Es wird vermutet, daß Symbole von den Organisationsmitgliedern eher angenommen werden als konkrete, explizite Vorschriften, Richtlinien oder Leitlinien,[52] daß sie eingängiger sind und über ihren expressiven Inhalt[53] qualitativ mehr vermitteln können. Symbole sind Zeichen mit Bedeutungsinhalten, die über das denotative Verständnis (über den begrifflichen Inhalt eines Wortes) hinaus komplexere Kommunikationsinhalte vermitteln.[54] Erfolgreiche Manager müssen die Fähigkeit zur Symbolisierung mitbringen. Die *Kulturvermittlung* durch Symbole stärkt und pflegt die bestehende Kultur. Bei der Kulturvermittlung können drei Gruppen von Symbolen unterschieden werden:

---

[50] Vgl. Peters/Waterman 1993, S. 102.
[51] Vgl. Pettigrew, zitiert nach Peters/Waterman 1993, S. 133.
[52] Vgl. Kaschube 1993, S. 114.
[53] Vgl. Daft 1983, S. 202; Dill 1986, S. 70f.
[54] Vgl. Pondy/Frost/Morgan/Dandridge 1983, S. 4f.

1.1 Funktionalistische Konzeption

1. Sprachliche Äußerungen: Sprachliche Äußerungen sind für die Bildung und Vermittlung von Unternehmenskulturen von zentraler Bedeutung. Die unternehmensspezifische Sprache und die in ihr verankerten Geschichten, Erzählungen, Anekdoten, Mythen, Slogans u.a. erfüllen eine doppelte Funktion: sie stabilisieren die Beziehungen zwischen den Organisationsmitgliedern[55], da sie gemeinsame Orientierungshilfen für das Verhalten darstellen, indem sie zur Entstehung eines gemeinsamen Werte- und Normensystems beitragen. Somit ziehen sie eine Grenze zwischen der Unternehmung und der Umwelt[56]. Geschichten, Erzählungen und Anekdoten sind ausgeschmückte Berichte über Geschehnisse aus der Geschichte des Unternehmens, die deren spezifische Traditionen festhalten. Mythen sind idealisierte, überzogene Darstellungen spezifischer Geschehnisse einer Unternehmung.[57] Mythen sind „Behauptungen, die unabhängig von ihrem Wahrheitsgehalt geglaubt werden"[58]. Slogans (Mottos) sind originelle, plakative Schlagwörter, die unternehmensspezifische Werte hervorheben und diese in das Bewußtsein der Organisationsmitglieder „einhämmern" sollen.[59]

2. Interaktive Äußerungen: Riten sind standardisierte, im Kern nicht variierbare Verhaltensabläufe (Bräuche, Gewohnheiten), die symbolische Bedeutung haben.[60] Sie dienen der Sozialisation und der Integration v.a. neuer Unternehmensmitglieder, der Konfliktreduzierung und der Identifikation mit den unternehmensbedingten Werten und Zielen.[61] Wird die Form wichtiger als der Inhalt, werden Riten zu Ritualen.[62] Rituale sind „szenische Dramatisierungen von Wertvorstellungen"[63] (z.B. Anerkennungsrituale). Sie stellen das Macht- und Wertgefüge eines Unternehmens heraus. Zeremonien sind öffentliche, förmliche, mehr oder weniger feierliche Handlungen, wie z.B. Betriebsausflüge, Weihnachtsfeiern.[64]

---

[55] Vgl. Pettigrew 1979, S. 575.

[56] Vgl. Dill 1986, S. 73.

[57] Vgl. Gussmann/Breit 1987, S. 115.

[58] Kubicek 1984, S. 16.

[59] Vgl. Kasper 1987, S. 51.

[60] Vgl. Helmers 1993, S. 154.

[61] Vgl. Dill 1986, S. 82ff.

[62] Vgl. Kasper 1987, S. 54.

[63] Kasper 1987, S. 54.

[64] Vgl. Helmers 1993, S. 153.

Sie dienen dem informellen Informationsaustausch und der Kontaktaufnahme über Abteilungsgrenzen und Hierarchiestufen hinweg.[65]

3. *Materielle Äußerungen:* Z.B. Statussymbole (Größe und Ausstattung des eigenen Büroraumes, Firmenauto etc.) zeichnen den Einzelnen aus, motivieren und machen Positionen und Machtstrukturen deutlich.[66] Weitere Beispiele für Symbolvermittlung mittels Objekte sind Architektur[67], Design in Unternehmen[68], welche die Unternehmensmitglieder stolz sein lassen können, in diesem Unternehmen zu arbeiten. Aber auch die Arbeitsorganisation, der Kleidungsstil, Freizeiteinrichtungen etc. gelten als Ausdruck der Unternehmenskultur.[69]

Die Unternehmenskultur *entwickelt* sich durch Veränderungen in der Umwelt oder in anderen Subsystemen des Unternehmens, an die sich die Unternehmenskultur anzupassen hat. Die Unternehmensführung leitet diese Anpassungsprozesse.

Bedarf die Kultur einer Veränderung, werden folgende Schritte der *Kulturgestaltung* vollzogen: Diagnose der Ist-Kultur:
Z.B. Deal/Kennedy[70] formulieren zwei Stufen zur Diagnose der Unternehmenskultur, die sich im Grad der „Erfassungstiefe" unterscheiden. Die erste Stufe setzt an den Oberflächenerscheinungen der Unternehmenskultur an und wird von *externen Unternehmensberatern* durchgeführt:

1. Der Unternehmensberater muß a) die Gebäude und b) die materielle Ausstattung des Arbeitsplatzes beachten. Ein Unternehmen, das auf sich stolz ist, wird dies durch das Erscheinungsbild versuchen zu dokumentieren. Unternehmen mit starker Kultur bemühen sich, alle Mitarbeiter anständig zu behandeln. Unterschiede in der Arbeitsplatzausstattung sind ein Zeichen für eine schwache Kultur.

---

[65] Vgl. Kasper 1987, S. 56.
[66] Vgl. Neuberger/Kompa 1987, S. 194ff.
[67] Speziell zu Architektur siehe Maack 1990, S. 80–85.
[68] Speziell zu Design in Unternehmen vgl. Klier 1990; Bitsch 1990.
[69] Vgl. Neuberger/Kompa 1987, S. 188ff.
[70] Vgl. Deal/Kennedy 1982, S. 129ff.; ähnlich skizzieren auch Pümpin/Kobi/ Wüthrich die Diagnose der Unternehmenskultur 1985, S. 30ff. Etwas detaillierter formuliert Rüttinger Parameter für die Diagnose 1986, S. 206ff.

1.1 Funktionalistische Konzeption

2. Es sollte gelesen werden, was das Unternehmen selbst in Form von Geschäftsberichten, Presseerklärungen etc. über sich aussagt. Unternehmen mit starker Kultur erkennen die Bedeutung ihrer Werte und Mitarbeiter und teilen dies mit.
3. Man muß testen, wie das Unternehmen Fremde begrüßt. Empfangsräume, Empfangsrituale und das Verhalten des Empfangspersonals spiegeln die Kultur wider.
4. Durch Fragen an die Mitarbeiter nach der Unternehmensgeschichte, den Erfolgen, welche Art von Menschen in ihr arbeiten und *wie* die Arbeit verrichtet wird, soll ein Profil des Unternehmens gewonnen werden.
5. Um herauszubekommen, welche Werte die Mitarbeiter verfolgen, muß beobachtet werden, womit sie ihre Zeit verbringen. Vergleiche zwischen Worten und Taten sind ein guter Maßstab für den inneren Zusammenhalt einer Kultur.

Aufbauend auf dieser ersten Stufe, die einen ersten Eindruck der Unternehmenskultur vermittelt, sollte eine tiefgehende Diagnose von Firmen-Insidern durchgeführt werden. Dabei muß der Beobachter möglichst objektiv sein und Wertungen unterlassen. Deal/Kennedy skizzieren folgende Mittel, um den Blick für die eigene Kultur zu schärfen:[71]

1. Beobachtung des Karriereweges der Angestellten: „Was muß ein Angestellter tun, um befördert zu werden? Belohnt die Kultur besondere Fähigkeiten, Leistung, Haltung oder Loyalität? Die Grundsätze einer Kultur werden vorrangig geformt von dem, was nach Ansicht der Menschen für ein Vorankommen nötig ist."[72]
2. Wie lang muß man auf eine Beförderung warten? Die Beförderungswartezeit macht deutlich, ob in einer Unternehmung eine kurz- oder langfristige Orientierung herrscht.
3. Worüber schreiben, sprechen und was lesen die Manager? Das, womit sich am meisten beschäftigt wird, wird am höchsten bewertet.

---

[71] Vgl. Deal/Kennedy 1987, S. 134f.
[72] Deal/Kennedy 1987, S. 172.

4. Welche Inhalte haben die Geschichten und Anekdoten eines Unternehmens? Sie geben Aufschluß darüber, was in dieser Kultur für wichtig gehalten wird.

Im Anschluß an die Diagnose der Ist-Kultur wird die *Soll-Kultur* definiert. In der Literatur werden für diese Aufgabe unterschiedliche Wege vorgeschlagen, von denen hier nur einige beispielhaft genannt werden sollen:

Peters/Waterman formulieren acht Grundtugenden, die ihrer Meinung nach erfolgreiche Unternehmen ausmachen.[73] Eine optimale Soll-Kultur wäre die Orientierung an diesen generellen Erfolgsfaktoren. Es werden also konkrete Inhalte für die Formulierung der Soll-Kultur empfohlen.

Knut Bleicher[74] formuliert die Empfehlung für eine Soll-Kultur auf einer abstrakteren Ebene. Sie fokussieren die Interdependenz zwischen Strategie, Struktur und Kultur. Eine optimale Soll-Kultur wäre jene, die eine erfolgreiche Entwicklung und Durchsetzung einer Strategie fördert und den betrieblichen Strukturen entspricht bzw. deren Weiterentwicklung protegiert. Ziel ist ein Strategie-Struktur-Kultur-fit. Die konkrete Ausgestaltung der Soll-Kultur kann nur individuell vorgenommen werden.

Eine dritte Möglichkeit für die Formulierung der Soll-Kultur baut direkt auf der Diagnose auf. Es werden detailliert Schwachstellen aufgezeigt, die ebenso detailliert behoben werden sollen. Isolierte Dimensionen sollen durch gezielte Einzelmaßnahmen verbessert werden. Die Formulierung der Soll-Kultur setzt sich also aus der Ist-Kultur und detaillierten Neuerungen zusammen.[75]

Die Definition der Soll-Kultur wird in erster Linie von der Unternehmensführung vollzogen. In der Regel wird die Soll-Kultur dann in der Unternehmensphilosophie, im Unternehmensleitbild o.ä. schriftlich fixiert.

Angestrebt wird eine *„starke" Unternehmenskultur*. Recht übereinstimmend werden in der Literatur i.d.R. folgende Merkmale zur Bestimmung der Stärke der Unternehmenskultur herangezogen:[76]

---

[73] Vgl. Peters/Waterman 1993, S. 149ff.
[74] Vgl. Bleicher 1986, S. 97ff.
[75] Vgl. Rühli 1990, S. 198f.
[76] Vgl. Sathe 1983, S. 12f.; vgl. Heinen 1987, S. 27ff.; vgl. Gussmann/Breit 1987, S. 121ff.; vgl. Bleicher 1986, S. 101; vgl. Schreyögg 1989, S. 95ff.

1.1 Funktionalistische Konzeption

Prägnanz: Starke Unternehmenskulturen zeichnen sich durch klare, d.h. konsistente und umfassende Orientierungsmuster und Werthaltungen aus.[77]

Verbreitungsgrad: „Von einer starken Unternehmenskultur spricht man (...) dann, wenn das Handeln sehr vieler Mitarbeiter, im Idealfall *aller* von den Orientierungsmustern und Werten geleitet wird."[78] Unternehmen mit Subkulturen können nach diesem Verständnis also keine starke Unternehmenskultur haben.[79]

Verankerungstiefe: In Unternehmen mit starker Unternehmenskultur haben die Mitglieder die unternehmensspezifischen Werte und Normen internalisiert.[80]

Häufig werden auch die konkret formulierten Inhalte, wie z.B. Produktqualität oder Kundenorientierung mit „stark" oder „kontraproduktiv" bewertet, d.h. eine Unternehmung hat eine „starke" Unternehmenskultur, wenn sie z.B. dem Wert „Kundenorientierung" nachkommt.[81]

Starke Unternehmenskulturen innerhalb dieser Konzeption haben folgende *positive Wirkungen*[82]:

Handlungsorientierung: Starke Unternehmenskulturen schaffen übergeordnete Handlungsorientierungen, „weil sie die verschiedenen möglichen Sichtweisen und Interpretationen der Ereignisse und Situationen reduzieren und auf diese Weise eine klare Basis für das tägliche Handeln schaffen"[83] (Komplexitätsreduktion). Dadurch können Informationen schneller verarbeitet und Entscheidungen schneller gefällt werden, es verringert sich der Kontroll- und formelle Koordinationsaufwand.[84]

Motivation: Durch die Identifikation mit den unternehmensspezifischen Werten und Normen und dem durch sie vermittelten Sinn resultiert ein großes Engagement für die Unternehmung.[85]

---

[77] Vgl. Schreyögg 1989, S. 95.
[78] Schreyögg 1989, S. 96.
[79] Vgl. Schreyögg 1989, S. 96.
[80] Vgl. Heinen 1987, S. 27.
[81] Vgl. Peters/Waterman 1993, S. 103.
[82] In Anlehnung an Schreyögg 1989, S. 97f.
[83] Schreyögg 1989, S. 97.
[84] Vgl. Schreyögg 1989, S. 97f.
[85] Vgl. Schreyögg 1989, S. 98.

Effiziente Kommunikation: Durch die gemeinsame Orientierung und eine unternehmensspezifische Sprache werden Informationen einheitlich interpretiert und somit unverzerrt weitergegeben.[86]

Stabilität: Die gemeinsam geteilten Werte lassen ein „Wir-Gefühl"[87] entstehen, welches Angst reduziert, Sicherheit und Selbstvertrauen schafft.[88]

Schwache Unternehmenskulturen lassen sich an denselben Dimensionen deutlich machen, wie starke Kulturen. Demnach zeichnen sich schwache Kulturen durch unklare und/oder inkompatible (z.B. subkulturell bedingte) Werte, welche die Unternehmensmitglieder zumindest teilweise ablehnen, aus. Symptome für schwache Unternehmenskulturen sind nach Deal/Kennedy: Innenorientierung, kurzfristige Ziele, Motivationsprobleme, Unvereinbarkeit von Subkulturen, Gefühlsausbrüche.[89]

Je nach der Größe der zu reduzierenden Abweichungen zwischen diagnostizierter Ist-Kultur und definierter Soll-Kultur wird eine „*Kurskorrektur*" oder ein umfassender, *geplanter Wandel der Unternehmenskultur* empfohlen.

Z.B. Deal/Kennedy empfehlen u.a. einen *geplanten Wandel* nur dann, wenn

a) die bisherigen Werte der Unternehmenskultur nicht mehr zu dem veränderten Umfeld des Unternehmens passen,

b) die Kultur nicht auf eine sich wandelnde Umwelt ausgerichtet ist, sich nicht anpassen kann, zu statisch ist,

c) das Unternehmen mittelmäßige bis schlechte ökonomische Ergebnisse erzielt, sich in einer Krise befindet.

Ein vollständiger Wandel der Unternehmenskultur wird nur in solchen „Notfällen" empfohlen, denn er kostet sehr viel Geld und Zeit.[90]

Für „*Kurskorrekturen*" werden in der Literatur verschiedene Instrumente vorgeschlagen:

---

[86] Vgl. Schreyögg 1989, S. 98.
[87] Ulrich, P. 1984, S. 312.
[88] Vgl. Schreyögg 1989, S. 98.
[89] Vgl. Deal/Kennedy 1987, S. 173ff.
[90] Vgl. Deal/Kennedy 1987, S. 192.

Kobi/Wüthrich geben die ausführlichsten Empfehlungen. Sie unterscheiden zwischen direkten und indirekten Mitteln. Zu den direkten Mitteln gehören Strategie, Planung, Strukturen, Prozesse, Führungsinstrumente und Aktionen. Indirekte Mittel sind symbolische Handlungen, Führung, Kommunikation, Personelles und Standards.[91]

Nahezu allen Vertretern dieser Konzeption ist die Betonung des *symbolischen Managers* im Zusammenhang mit der Gestaltung der Unternehmenskultur gemeinsam. Z.B. Deal/Kennedy meinen, daß die Steuerung der Unternehmenskultur lediglich „symbolische Manager" bewerkstelligen können. Symbolische Manager

- „... gehen auf die Kultur ein. Sie erkennen die Bedeutung der Kultur für den langfristigen Erfolg.

- ... vertrauen ihren Mitarbeitern und setzen auf Kooperation.

- ... sehen sich im täglichen Geschäft als Drehbuchautoren, Regisseure und Schauspieler.

Symbolische Manager erkennen die Bedeutung des symbolischen Einflusses auf die Kultur."[92]

Der symbolische Manager nutzt die Elemente der Unternehmenskultur (bei Deal/Kennedy: Werte, Helden und Rituale), um die Unternehmenskultur zu stärken.[93] In seinen Aktionen hat der symbolische Manager den Mut, unabhängig von den formellen Regeln zu handeln, sofern dies mit der Kultur vereinbar ist.[94] Treten Probleme auf, versucht der symbolische Manager diese kulturkonform zu lösen.[95] Bei außergewöhnlichen Problemen, die nicht „innerhalb" der Kultur lösbar sind, verläßt der symbolische Manager aber auch die Kultur. Er erkennt, daß die Kultur Schwächen aufweist und wird Maßnahmen außerhalb der gewohnten Denk- und Handlungsstrukturen einleiten, welche die Aufmerksamkeit der Kultur auf das kulturbedrohende Ereignis lenken.[96]

---

[91] Vgl. Kobi/Wüthrich 1986, S. 53ff; Instrumente zur Kulturgestaltung sind außerdem nachzulesen bei: Neuberger/Kompa 1987, S. 238ff.; Dill/Hügler 1987, S. 181ff.; Rüttinger 1986, S. 80ff. u.a.
[92] Deal/Kennedy 1987, S. 177.
[93] Vgl. Deal/Kennedy 1987, S. 84–135.
[94] Vgl. Deal/Kennedy 1987, S. 179.
[95] Vgl. Deal/Kennedy 1987, S. 181.
[96] Vgl. Deal/Kennedy 1987, S. 184.

Entgegen der Auffassung der meisten Vertreter dieser Konzeption sind Deal/Kennedy der Meinung, daß in jedem Unternehmen Subkulturen existieren und positive Effekte mit sich bringen.[97] Der symbolische Manager hat die Aufgabe, diese Subkulturen nicht vollständig auseinander laufen zu lassen, sie aber auch nicht zu unterbinden. Er stärkt jede Subkultur, versucht das Verständnis zwischen den Subkulturen zu fördern und unterstreicht, ... „daß die Subkulturen erst gemeinsam die Gesamtkultur ausmachen."[98]

Abschließend zum Thema „Steuerung der Unternehmenskultur" schreiben Deal/Kennedy: „Es ist nicht leicht, ein symbolischer Manager zu sein und die Kultur stets in der richtigen Weise zu beeinflussen. Diese Aufgabe verlangt Mut und Hingabe an die Werte der Kultur."[99]

Schwache Kulturen sind häufig das Resultat von einem Management, welches der symbolischen, kulturellen Dimension nicht genügend Aufmerksamkeit schenkt.

Die bekanntesten Vertreter dieser Auffassung von Unternehmenskultur sind Peters/Waterman[100] und Deal/Kennedy[101], aber auch viele deutschsprachige Autoren schließen sich diesem Verständnis an (z.B. Kobi/Wüthrich[102], Hauser[103], Rüttinger[104], Zürn[105]).

1.1.3 Zusammenfassung und kritische Würdigung der funktionalistischen Konzeption

Die Ansätze dieser Konzeption gelten als Ursprung der Unternehmenskulturdiskussion. Zwar sind schon früher in der betriebswirtschaftlichen Literatur Inhalte thematisiert worden, die heute den Gegenstand der

---

[97] Vgl. Deal/Kennedy 1987, S. 185.
[98] Vgl. Deal/Kennedy 1987, S. 187.
[99] Deal/Kennedy 1987, S. 188.
[100] Vgl. Peters/Waterman 1982.
[101] Vgl. Deal/Kennedy 1982.
[102] Vgl. Kobi/Wüthrich 1986.
[103] Vgl. Hauser 1985.
[104] Vgl. Rüttinger 1986.
[105] Vgl. Zürn 1985.

1.1 Funktionalistische Konzeption 41

Unternehmenskulturdiskussion darstellen[106], jedoch wurde das Thema erst Anfang der 80er Jahre populär. Insofern liegt es nahe zu vermuten, daß der Aufschwung des Themas durch gewisse Rahmenbedingungen protegiert wurde. Da diese Rahmenbedingungen von verschiedenen Autoren ausführlich diskutiert worden sind, sollen hier lediglich einige beispielhaft genannt werden: die wirtschaftliche Krise[107], die Sinn- und Orientierungskrise westlicher Industrienationen[108] und die wachsende Kritik an den herrschenden Forschungsansätzen der Organisationstheorie[109].

Der Unterschied zwischen den erfolgreichen japanischen und den in der Krise steckenden amerikanischen Unternehmen in den achtziger und Anfang der neunziger Jahre wurde darin gesehen, daß in Japan die weichen Faktoren der Unternehmensführung (Personal, Führungsstil, besondere Fähigkeiten, übergeordnete Ziele wie z.B. gemeinsam geteilte Werte und übergreifender Zweck der Unternehmung) im Vordergrund stehen und in Amerika die harten (Organisationsstruktur, Strategie, Systeme).[110] Unternehmenskultur wird als *das* neue, entscheidende Führungsinstrument angesehen, welches die Defizite (z.B. bzgl. Motivation, Koordination) bisheriger rationaler Ansätze beseitigen soll.

Die Arbeiten innerhalb dieser Konzeption sind praxisorientiert. Ziel ist nicht das Erklären oder das Verstehen[111], sondern die Gestaltung der Unternehmenskultur. Die Unternehmenskultur ist eine von mehreren unternehmensinternen Variablen. Den Unternehmensgründern bzw. der Unternehmensführung fällt die Aufgabe zu, eine starke Unternehmenskultur zu schaffen, zu pflegen, zu steuern und gegebenenfalls zu wandeln. Eine derart anspruchsvolle Aufgabe kann lediglich von besonderen Managern bewältigt werden: den symbolischen Managern, welche die Fähigkeit der Symbolisierung inne haben. Durch die Symbole wird die Kultur weiter vermittelt.

---

[106] Vgl. z.B. Jaques 1951; die Zitatsammlung bei Ebers 1991, S. 42f.
[107] Vgl. Deal/Kennedy 1982, S. 4; Ebers 1991, S. 44ff.
[108] Vgl. Holleis 1987; Heinen/Dill 1986, S. 202; v. Rosenstiel 1993, S. 11; Ulrich 1984, S. 308ff.
[109] Vgl. Ebers 1985, S. 4–98 und die dort angegebene Literatur.
[110] Vgl. Pascale/Athos 1982.
[111] Zum Verständnis der Begriffe „Erklären" und „Verstehen" z.B. Kieser 1993, S. 7–24.

Die Analyse der bestehenden Kultur setzt an den sichtbaren, bewußten Kulturäußerungen: den Symbolen an. Die Unternehmenskultur ist somit unproblematisch identifizierbar.

Die Soll-Kultur wird von der Unternehmensführung formuliert. In der Literatur werden für diesen Schritt verschiedene Tips gegeben: Es werden z.T. konkrete Inhalte „genereller Erfolgskulturen" empfohlen.[112] Einige Autoren schlagen auf einer abstrakteren, weniger allgemeingültigen Ebene vor, daß ein „fit" zwischen Unternehmenskultur und den gleichgestellten anderen organisatorischen Variablen[113] oder zwischen der Kultur und der Umwelt[114] angestrebt werden sollte.

Einem solchen Verständnis von Unternehmenskultur können jedoch folgende Überlegungen gegenübergestellt werden:

1. Eine Unternehmenskultur umfaßt weitaus mehr als ihre sichtbaren, bewußten Äußerungen. Der Kern der Unternehmenskultur besteht aus unsichtbaren, z.T. unbewußten Grundannahmen, Werten, Denkmustern, Einstellungen, Normen. Die kulturellen Äußerungen an sich vermitteln keinen Sinn. Sie wirken lediglich sinngebend durch die dahinterliegenden Grundannahmen, Werte etc. Z.B. kann eine in verschiedenen Unternehmen sehr ähnlich ablaufende Zeremonie den Mitgliedern der einen Unternehmung gänzlich anderen Sinn vermitteln als denen der anderen Unternehmung. Zwar wird in fast allen Definitionen die Bedeutung von Werten und Normen hervorgehoben, jedoch werden lediglich die offiziellen, nicht die inoffiziellen/unbewußten Werte näher thematisiert. Bei diesen Ansätzen werden die *Kulturäußerungen mit der Kultur selbst gleichgesetzt*[115]. So verfallen die Autoren der Annahme, daß durch Veränderung des Sichtbaren die Organisationskultur ohne Probleme neu gestaltet werden kann. Versteht man die Unternehmenskultur jedoch als ein über Jahre gewachsenes, ideelles Phänomen, wird deutlich, daß sie nicht durch ad-hoc-Maßnahmen gesteuert und verändert werden kann.

2. Fokus der Unternehmensführung der vergangenen Jahrzehnte war v.a. die Komplexitäts- und Ungewißheitsbeherrschung. In diesem Zu-

---

[112] Vgl. z.B. Peters/Waterman 1982, III. Teil.
[113] Vgl. z.B. Rühli 1990, S. 199f.
[114] Vgl. z.B Deal/Kennedy 1987, S. 191.
[115] Vgl. Heinen 1987, S. 16.

1.1 Funktionalistische Konzeption

sammenhang spielt z.B. die Aufgabe der Koordination arbeitsteiliger Prozesse eine sehr große Rolle. In unserer Gesellschaft werden Traditionen und Autoritäten nicht mehr unkritisch als Handlungsorientierungen übernommen, sondern argumentativ hinterfragt. Die Tradition verliert ihre Koordinationskraft. An ihre Stelle treten in der Unternehmung „strukturelle Koordinationsinstrumente"[116] (Weisungen, Anordnungen, Programme, Richtlinien, Pläne). Diese strukturellen Koordinationsinstrumente unterliegen jedoch folgender Kritik: Sie lassen Interpretationsspielräume offen, so daß ihre Wirkungen nur bedingt prognostizierbar sind.[117] Versucht man diese Interpretationsspielräume durch detailliertere Koordinationsmechanismen zu reduzieren, sind die Unternehmensmitglieder in ihrer Informations-verarbeitungskapazität überfordert.[118] Zudem können „von oben" vorgesetzte strukturelle Koordinationsmechanismen emotionale Widerstände hervorrufen, welche dysfunktionale Effekte (v.a. bzgl. Motivation und Kreativität) nach sich ziehen könnten.[119] Des weiteren ist es denkbar, daß derartige Instrumente die Innovationsfähigkeit der Individuen und die Anpassungsfähigkeit der Organisation hemmen.[120] Ein großer Kritikpunkt an der rationalen Systembeherrschung und -steuerung durch Sozialtechnologie allgemein ist jedoch, daß sie, im Gegensatz zur Handlungsorientierung durch Tradition, keine Sinnzusammenhänge vermittelt.[121] Die Unternehmenskultur wird als ein „nicht-strukturelles Koordinationsinstrument"[122] angesehen, welches die Defizite der strukturellen Koordinationsinstrumente ausgleichen und die herkömmlichen strukturellen Koordinationsinstrumente ergänzen und z.T. ersetzen kann;[123] „... auch hochgradig funktionsrational durchorganisierte soziale Systeme bleiben auf ein tragfähiges Fundament normativer Sozialintegration nach innen und außen an-

---

[116] Kieser/Kubicek 1983, S. 128.
[117] Vgl. Dill/Hügler 1987, S. 148.
[118] Vgl. Dill 1986, S. 146.
[119] Vgl. Remer 1982, S. 283f.
[120] Vgl. Dill/Hügler 1987, S. 149.
[121] Vgl. Ulrich, P. 1984, S. 309.
[122] Kieser/Kubicek 1983, S. 128.
[123] Vgl. Dill/Hügler 1987, S. 150.

gewiesen."[124] Der Versuch, die Unternehmenskultur als Instrument der Unternehmensführung zur Steuerung anzusehen, ist jedoch keine Ergänzung der „funktionalen Systemintegration"[125] zum Ausgleich ihrer Schwächen, sondern ihre Steigerung. „Wächst nämlich eine Unternehmenskultur nicht von innen aus den Hintergrundüberzeugungen der Mitarbeiter heraus, sondern sollte sie ihnen von außen oberflächlich aufoktroyiert werden, so würde sie wohl von ihnen nur als zusätzlicher Funktionszwang erlebt."[126] Aus diesem Grund ist nicht anzunehmen, daß die Unternehmenskultur, in dem hier verstandenen Sinne als Steuerungsinstrument der Unternehmensführung, das von ihr erhoffte Wirkungspotential entfalten wird – im Gegenteil: eher sind kontraproduktive Wirkungen zu vermuten. Zudem ist die Beeinflussung der Mitarbeiter durch unterschwelligen *„Werte-Drill"*[127] der Unternehmensführung aus ethischen Motiven nicht vertretbar.[128]

3. Daß nicht nur der Unternehmensgründer und die Unternehmensführung, sondern auch die *Mitarbeiter* die Entwicklung der Unternehmenskultur wohl v.a. unbewußt beeinflussen, wird nicht registriert. Die Mitarbeiter nehmen eine Objektrolle ein. Es wird ihnen keine Partizipation an unternehmenskulturellen Fragen, z.B. an der Formulierung der Soll-Kultur eingeräumt, welche ihre Akzeptanz und Entwicklung sicherlich protegieren würde. Anstatt dessen wird einfach davon ausgegangen, daß die Mitarbeiter die Unternehmenskultur akzeptieren.

4. Abgesehen davon, daß das „Machen" eines grundsätzlichen *Wandels* der Unternehmenskultur als gewachsenes, ideelles Phänomen schwer vorstellbar erscheint, ist wohl die Empfehlung allgemeingültiger, konkreter Inhalte von Unternehmenskulturen, also eine *„one-best-way-Kultur"* gänzlich unsinnig.

---

[124] Ulrich, P. 1984, S. 309.
[125] Ulrich, P. 1984, S. 309.
[126] Ulrich, P. 1984, S. 317f.
[127] Sloterdijk 1983, zitiert nach Ulrich, P. 1984, S. 318.
[128] Um die Gefahr des subversiven Werte-Drills zu betonen, zieht Krell 1991, S. 147ff. Parallelen zur Ausnutzung der Idee der Betriebsgemeinschaft im Nationalsozialismus.

5. Die Unternehmenskultur ist nicht eine Variable neben anderen, sondern ein *übergeordnetes Phänomen*, welches ganzheitlich auf die anderen Variablen der Unternehmung wirkt.[129] Organisationale Variablen wie z.B. Strategie, Struktur, Personal, Führung haben untereinander zwar auch interdependente Beziehungen, aber die Unternehmenskultur kann diesen Variablen nicht gleichgestellt werden, da sie als „ein Element der ideellen Realität"[130] grundlegend alle Variablen beeinflußt.

6. Daß kulturelle Äußerungen über ihre Funktionalität hinaus Sinn vermitteln und damit symbolischen Charakter aufweisen können, erscheint logisch. Dabei darf man sie jedoch nicht ausschließlich unter funktionalen Gesichtspunkten für das Unternehmen betrachten. Besonders bedeutend (im wahrsten Sinne des Wortes) ist nämlich gerade der sinnvermittelnde, expressive Gehalt von Symbolen und eben dieser kann nur langsam wachsen und unterliegt dem Einfluß verschiedener Geschehnisse und Unternehmensmitglieder. Es ist wohl eher der Wunsch der Vater des Gedankens, die *Unternehmensführung als die Schöpfer von Symbolen* anzusehen. „Schöpft" ein Manager ein Symbol, so ist es fragwürdig, ob es den von ihm gedachten Sinn tatsächlich vermittelt. Das symbolische Management hat auch Peter Ulrich kritisiert: Peters/Waterman kritisieren an herkömmlichen Führungskonzeptionen die Ausrichtung am Rationalen und fordern dessen Überwindung durch mehr Sinnvermittlung. Diese Aufgabe wird dem symbolischen Management übertragen. „Der Manager als ‚Mythenerzähler' und ‚Symbolarchitekt' steht – wie ein Kolonisator aus zivilisierten Ländern – selbst ausserhalb der gedachten mythischen Organisationswelt. Er hat für sich selbst das mythische durch ein rationales Weltbild überwunden. Er konstruiert, analysiert und instrumentalisiert ‚magische Formeln' in einer selbstdistanzierenden, ‚berechneten' Weise, in der Regel ohne selbst an sie zu glauben, während der archaische Stammesangehörige ihnen sozusagen mit Haut und Haaren hörig war."[131] Mit anderen Worten: Es wird die *Überwindung des Rationalen* gefordert, aber nicht für die Unternehmens-

---

[129] Vgl. Heinen 1987, S. 43.
[130] Heinen 1987, S. 43.
[131] Ulrich, P. 1990, S. 290f.

führung. Sie erweitert den zweckrationalen Umgang auch noch auf Nichtrationales. „Die Geführten andererseits sind als die ‚Eingeborenen' der mythischen Welt, die da zweckrational manipuliert werden soll, gedacht. Sie dürfen gerade umgekehrt das, was mit ihnen geschehen soll, auf keinen Fall durchschauen: Die magischen Formeln wirken nur, wenn die ‚Besprochenen' sie unbefragt akzeptieren und sich von ihrem ‚Zauber' einfangen lassen, am besten unbewusst oder zumindest unreflektiert."[132]

7. *Methodenprobleme* werden nicht thematisiert. Unternehmenskultur wird anhand sichtbarer Kulturäußerungen gemessen. Der Schluß von den Kulturäußerungen auf den dahinter liegenden Kern der Unternehmenskultur wird nicht problematisiert.

8. Von Vertretern dieser Konzeption wird eine *starke Unternehmenskultur* angestrebt. Diese kann jedoch auch dysfunktionale Wirkungen aufweisen. So ist es vorstellbar, daß Unternehmen mit starker Unternehmenskultur Gefahr laufen, sich zu geschlossenen Systemen zu entwickeln und notwendige Veränderungen abzulehnen.[133] Von einigen Vertretern dieser Konzeption wird behauptet, daß Unternehmen mit Subkulturen keine starke Unternehmenskultur haben, da ein Kriterium starker Unternehmenskulturen, nämlich der „Verbreitungsgrad", nicht erfüllt wird. Deal/Kennedy (siehe oben) bilden hier eine Ausnahme.

9. Die Ansätze dieser Konzeption bleiben den Anforderungen der *Kontingenzforschung* verhaftet: Das System „Unternehmen" hat sich an die sich verändernde Umwelt anzupassen, wobei der Unternehmensführung mittlerweile ein gewisser Handlungsspielraum in der Ausgestaltung der Anpassung eingeräumt wird. Auch die Unternehmenskultur als ein Subsystem des Unternehmens wird primär von der Umwelt determiniert. Den Anpassungsprozeß steuert das Management. Außerdem muß die Unternehmensführung auf die interne Konsistenz der organisationalen Variablen achten. Wenn sich also ein Umsystem verändert, so daß ein Subsystem der Unternehmung darauf zu reagieren hat, müssen die anderen Subsysteme sich nach dieser Veränderung ausrichten, um die interne Konsistenz zu konservieren.

---

[132] Ulrich, P. 1990, S. 291.
[133] Vgl. Schreyögg 1989, S. 99.

1.1 Funktionalistische Konzeption

So wird dann auch die Entwicklung und der Wandel der Unternehmenskultur häufig dadurch erklärt, daß „Änderungen außerhalb der Organisation von dieser wahrgenommen und dementsprechend die Werte, Normen und Vorstellungen des Systems modifiziert werden."[134] Nach wie vor setzt man – ganz im Sinne der Kontingenzforschung – allein auf das Management und dessen Interventionsmöglichkeiten, um die aufkommenden Probleme im Unternehmen zu lösen. Die Unternehmenskultur wird an den sichtbaren kulturellen Artefakten festgemacht, da die Kontingenzforschung empirische Beweise fordert.

Die „Güte" der Unternehmenskultur wird gemäß der Kontingenzforschung am rein ökonomischen Maßstab „Effizienz" gemessen. Wenn man bedenkt, daß das Thema „Unternehmenskultur" sich u.a. aus der Krise der Kontingenzforschung heraus entwickelt hat, so ist das Festhalten an diesem Theorieansatz doch zumindest recht überraschend. Man hatte sich mit der Unternehmenskultur erhofft, die bisher unerklärte Varianz der hiesigen Kontingenzforschung erklären zu können. Diese Hoffnungen haben sich nicht erfüllt – zumindest stehen empirische Ergebnisse bisher noch aus.

Die Autoren, die dieser Konzeption zuzuordnen sind, haben die Unternehmenskultur-Diskussion in Gang gesetzt. Ihre Idee, daß in Unternehmen zu wenig Sinn vermittelt wird, ist durchaus zutreffend. Aber: „Tradierte Sinnzusammenhänge können, wenn sie einmal durch die Rationalisierung der Lebensführung ihre Überzeugungskraft verloren haben, nicht einfach sozialtechnologisch erzeugt und ‚vermittelt' werden; ... Wirklicher Sinn kann, soweit er nicht durch Tradition oder Erfahrungen ‚gegeben' ist, nicht mittels eines symbolischen Kulturmanagements ‚gemacht' werden – er muß vielmehr vom Einzelnen oder von einer Sinngemeinschaft authentisch gefunden werden."[135]

---

[134] Drepper 1992, S. 81.
[135] Ulrich, P. 1990, S. 293.

1.2 Interpretative Konzeption: Organisationen sind Kulturen

1.2.1 Theoretische Basis

Anhänger dieser interpretativen Unternehmenskultur-Konzeption beanspruchen ein neues Forschungsparadigma: das *interpretative Paradigma*[136]. Diesem Paradigma werden recht unterschiedliche interpretative Ansätze der Organisationstheorie[137] zugeordnet. Sie alle weisen jedoch folgende gemeinsame *wissenschaftstheoretische Grundannahmen* auf [138]:

Ontologie: nominalistisch, d.h. die Wirklichkeit wird mittels sprachlicher Kommunikation sozial konstruiert.

Epistemologie: anti-positivistisch, d.h. es gibt nur subjektive Wirklichkeiten; deshalb ist die Perspektive der Akteure für die Gewinnung sozialwissenschaftlicher Erkenntnis unumgänglich.

Menschenbild: voluntaristisch, d.h. menschliches Handeln basiert auf freiem Willen, nicht auf äußerem Zwang.

Methodologie: idiographisch, d.h. Einzelfallstudien aus unmittelbarer Erfahrung und deren argumentativ plausible Verallgemeinerung stehen im Mittelpunkt.

Dem interpretativen Paradigma zugehörige Ansätze innerhalb der Betriebswirtschaftslehre können in zwei Gruppen[139] gegliedert werden: in den symbolischen Interaktionismus und die kognitiven Ansätze. Da P. Ulrich im unternehmenskulturellen Zusammenhang die kognitive Perspektive mit der systemischen Perspektive verknüpft, soll erst im Kap. 1.4 auf die kognitiven Ansätze eingegangen werden.

---

[136] „interpretative paradigm" (Burell/Morgan 1979), synonym: „social definition paradigm" (Ritzer 1975); „social constructionist paradigm" (Pfeffer 1982).

[137] weitere interpretative Ansätze in der Organisationstheorie, die nach Wollnik 1993, S. 279 dem interpretativen Paradigma zugeordnet werden können, sind z.B.: „Handlungsorientierter Bezugsrahmen" (Berger/Luckmann 1967/71), „Lebenswelt-Perspektive" (Volmerg et al. 1986), „organizational symbolism" (Blumer 1969, Pondy et al. 1983).

[138] Vgl. Burell/Morgan 1979, Kap. I, Kap. V.

[139] Vgl. Smircich 1983.

1.2 Interpretative Konzeption

Symbolischer Interaktionismus:[140]

Der Sozialphilosoph Mead[141] wird als Vater des symbolischen Interaktionismus angesehen. Er fokussierte als erster die Beziehung zwischen Individuum und Gesellschaft, insbesondere die symbolischen Aspekte der Situationsdeutung und Identitätsinterpretation. Dieses Gedankengut Mead's nutzte Blumer[142] und entwarf den theoretischen Ansatz des symbolischen Interaktionismus.

Vertreter dieses Ansatzes gehen davon aus, daß die Wirklichkeit nicht objektiv gegeben ist, sondern sozial konstruiert wird. Mead begründet diese Annahme mit folgenden theoretischen Überlegungen:[143]

Im sozialen Prozeß der Interaktion veranlaßt ein Individuum durch eine Geste einen anderen Organismus dazu, sich in seiner Reaktion an die Geste des ersten Individuums anzupassen (Anpassungsreaktion). Dabei unterscheidet Mead zwischen symbolischer und nicht-symbolischer Interaktion: bei einer nicht-symbolischen Interaktion antwortet ein Individuum direkt auf die Aktion eines anderen, ohne die Aktion zu interpretieren, während symbolische Interaktion die Interpretation der Aktion bedingt. Die Anpassungsreaktion setzt im „Symbolischen Interaktionismus" also die Interpretation der Geste durch den anderen Organismus voraus und gibt der Geste somit ihre Bedeutung. „Eine Geste ruft bei einem Organismus eine Reaktion hervor, die sich direkt auf die Handlung und das Ergebnis der Handlung des ersten Organismus bezieht; eine Geste ist ein Symbol für das Ergebnis der betreffenden Handlung des einen Organismus (des Organismus, der die Geste macht), soweit diese Handlung von einem anderen Organismus (der sich an dieser Handlung beteiligt) beantwortet wird, weil sie dieses Ergebnis indiziert."[144] Durch symbolische Interaktion schaffen die Individuen also Bedeutungen und drük-ken ihre Handlungsrichtung aus, wobei sie gleichzeitig die beabsichtigten Handlungsrichtungen der anderen Gemeinschaftsmitglieder mit in Betracht ziehen. Dieser soziale Prozeß ist für die Existenz neuer Objekte verantwortlich, da sich die Objekte als Bedeutungen im sozialen

---

[140] Synonym: Organizational Symbolism (Pondy/Frost/Morgan/Dandridge 1983).
[141] Vgl. Mead 1934/1968.
[142] Vgl. Blumer 1969.
[143] Vgl. Mead 1968, S. 318ff.
[144] Mead 1968, S. 318.

Prozeß von Erfahrung und Verhalten durch wechselseitige Anpassung von Reaktionen oder Handlungen der verschiedenen Einzelorganismen, die an diesem Prozeß beteiligt sind, konstituieren. Objekte geben also an sich keinen Sinn, sondern erst durch die Bedeutungen, die ihnen im Interaktionsprozeß zugeschrieben werden. Somit symbolisieren Objekte die von der Gemeinschaft beabsichtigten Bedeutungen, wobei die Bedeutungen nicht endgültig sind, sondern sich entwickeln können.

Jedes Individuum ist stets in eine Folge von gemeinsamen Interaktionen mit anderen verwickelt. Diese Verbundenheit von Interaktionen (z.B. eine Folge von Interaktionen in einer komplexen Organisation) hängt von gemeinsamen Bedeutungen ab, die durch allgemein bekannte Symbole zustande kommen. Die Teilnahme an diesen symbolischen Interaktionen führt gleichzeitig zu a) individuellen und b) gemeinschaftlichen Erfahrungen und Entwicklungen:

a) Das Individuum lernt sich selbst als soziales Objekt zu sehen und so zu handeln. Wobei sich das Verhalten an die Handlungsrichtungen der anderen um uns herum anzupassen hat. „Aber der Akteur hat seine Vorstellung von sich selbst nur über das Image, von dem er annimmt, daß es der ‚andere' von ihm hat." „Role playing" ist die Fähigkeit, sich des „self" und seiner Realität für andere bewußt zu werden.[145]

b) Die Bedeutung der Gemeinschaft ist ein fortschreitendes und sich entwickelndes System menschlicher Handlungen. Bei der Entwicklung einer Gemeinschaft ist der Prozeß des „role taking" wesentlich: je mehr man die eigene Definitionen abgeleitet vom Standpunkt anderer annimmt, um so mehr übernimmt man die Rolle als eigene und spielt sie nicht nur. Eine Rolle anzunehmen bedeutet im Gegensatz zum einfachen Spielen, sie mit Überzeugung auszufüllen, das „self" in der Handlung zu verwirklichen.[146]

Die Rollenübernahme ist Basis und Ergebnis von Interaktionen: Interaktion ist ohne Rollenübernahme und Rollen zu übernehmen ist ohne Interaktion nicht möglich. Der Rollenbegriff des symbolischen Interaktionismus umfaßt weniger positionale Erwartungen, sondern die Einordnung

---

[145] Vgl. Wexler 1983, S. 244f.
[146] Vgl. Wexler 1983, S. 245f.

1.2 Interpretative Konzeption

vielschichtiger Sachverhalte unter einem vereinfachenden Interpretationsschema (Typisierungsschema).[147]

Der Zusammenhalt der Gemeinschaft wird bei den Interaktionisten durch die Theorie des „generalized other"[148] hergestellt: Eine Gemeinschaft verfügt über eine relativ kohärente Menge an gemeinsamen Symbolen, an denen sich die Handlungsrichtungen orientieren können. Beim Rollenspiel lernen wir, Symbole und Bedeutungen anderer zu abstrahieren und zu generalisieren, und zwar nicht nur von bestimmten Personen, sondern auch von abstrakten anderen Menschen. Wir sehen uns in einer bestimmten Situation, analysieren sie aus unserer Sicht und schätzen ein, wie andere, auch jene, die wir bisher nicht gekannt haben, diese Situation definieren könnten. Wir handeln in Übereinstimmung mit den Bedeutungen, die wir unserer eigenen Definition der Situation beimessen, und ziehen dabei auch die Definition anderer Menschen (generalized other) in Betracht. Durch die Symbole, die durch die verinnerlichten generalisierten Personen vermittelt werden, wird die Gemeinschaft zusammengehalten.[149]

In dieser Sichtweise entspricht der Begriff „Gemeinschaft" oder „Gesellschaft" dem der „Kultur". D.h., daß die Weitergabe und Übermittlung kultureller Phänomene über Symbole erfolgt. „Die Fähigkeit zur Symbolisierung wird als eine der herausragenden Eigenschaften der menschlichen Individuen im Zusammenhang mit der Kulturgestaltung angesehen."[150] Die kulturellen Phänomene bei Symbolisierungen sind die den Gegenständen zugeordneten Sinngehalte. Diese Bedeutungen sind kulturfremden Individuen nicht zugänglich. Um den Sinngehalt der Symbole verstehen zu können, muß man in die Kultur hinein wachsen (Sozialisation).

Da in dieser Konzeption die Organisation als Miniaturgesellschaft angesehen wird, kann die Gesellschaftstheorie „Symbolischer Interaktionismus" direkt auf Organisationen übertragen werden. Demnach werden unter Organisationen nicht Maschinen oder Systeme, sondern eben Kulturen verstanden. Die Organisation (und auch ihre Umwelt) wird nicht

---
[147] Vgl. Wiswede 1985, S. 151.
[148] Mead 1934, S. 160.
[149] Vgl. Wexler 1983, S. 246.
[150] Dormayer/Kettern 1987, S. 63.

als objektiv gegeben, sondern als sozial konstruiert angesehen. Es stehen nicht mehr Umsatzzahlen, Produktivität etc. im Vordergrund, sondern die Organisationskultur, die sich wie eine Linse vor diese „Objektivitäten" schiebt.

1.2.2 Organisationskulturkonzeption

Die *anthropologisch-soziologische Wurzel* für diese Organisationskulturkonzeption kann in dem jüngeren Kulturzugang von Allaire/Firsirotu gesehen werden, in dem „Kultur" als Ideensystem aufgefaßt wird. Diesen Kulturzugang zweiteilen Allaire/Firsirotu mit folgenden Überschriften: Kultur in den „Köpfen der Kulturträger" (siehe lebensweltlich-systemische Konzeption) und Kultur als System geteilter Bedeutungsinhalte. Der zuletzt genannten Rubrik wird der symbolische Ansatz untergeordnet. Kultur entsteht – im Gegensatz zu kognitiven Ansätzen – nicht in den Köpfen ihrer Mitglieder, sondern in Interaktionen. Das System geteilter Bedeutungsinhalte stellt den Kulturmitgliedern Orientierungshilfen zur Verfügung, um sich in der sozialen Welt zurecht zu finden. Kultur wird nicht als ein Teil des sozio-kulturellen Systems (funktionalistische Konzeption), sondern als eigenes Ideensystem jenseits des sozialen Systems konzipiert. Gemäß dem *explikativen Konzept* von Kluckhohn/Kelly und den *Konceptas* Osgood's wird bei den folgenden Ansätzen die hinter den sichtbaren kulturellen Äußerungen liegende kognitive Struktur der Individuen, das Sinnsystem fokussiert.

Vertreter dieser Konzeption meinen, mit der Organisationskultur eine neue *erkenntnisleitende Basismetapher* gefunden zu haben. Organisationskultur ist keine organisatorische Variable neben anderen, sondern die Organisation wird als ein von den gemeinsamen Grundannahmen her deutbares Ganzes verstanden.[151] Der Denkansatz „Ursachen erzeugen Wirkungen" wird aufgegeben. Die Geordnetheit von Organisationen beruht auf deren kultureller Ordnung. „Die konkreten Ausformungen und Erscheinungsweisen sozialer Systeme werden nicht als notwendiges Ergebnis bestimmter Faktorenkonstellationen in der objektiven Realität

---

[151] Vgl. Rosenstiel, v. 1993, S. 17.

erklärt, sondern vielmehr als Folge subjektiv geprägter Wahrnehmungen und Interpretationen dieser objektiven Realität."[152]

Entstehung, Vermittlung und Stabilisierung der Organisationskultur

Im Anschluß an den theoretischen Ansatz des symbolischen Interaktionismus sehen Vertreter dieser Konzeption die Organisationskultur als interaktiv hergestelltes Sinnsystem, welches sich äußert in „... patterns of belief (ideology), activity (norms and rituals), language and other symbolic forms through which organization members both create and sustain their view of the world and image of themselves in the world"[153]. Das Verhalten eines Organisationsmitgliedes wird während der Interaktion von einem anderen Mitglied interpretiert, d.h. dem Verhalten werden Bedeutungen, Sinngehalte zugeschrieben. Bestätigt sich die Interpretation des Verhaltens im Laufe von Erfahrungen, erhält und verfestigt sich der symbolische Charakter des spezifischen Verhaltens. Die für Symbole typische Verbindung von sinnlich wahrnehmbaren Phänomenen und den ihnen zugeordneten Bedeutungen entsteht also durch Interaktionen. Durch Interaktionen und gemeinsame Erfahrungen werden die hinter den sichtbaren Symbolen liegenden Sinngehalte von den Unternehmensmitgliedern intersubjektiv interpretiert. Symbole kristallisieren sich also durch Interaktionen heraus und bilden dann die Grundlage für Interaktionen. Sie verleihen der sozialen Wirklichkeit Sinn und spiegeln die Handlungs- und Bedeutungsmuster wieder, an denen sich die Organisationsmitglieder orientieren.[154] Die volle Bedeutung von Objekten, Strukturen, Prozessen etc. lassen sich nicht durch diese selbst erschließen, sondern erst durch die subjektive Interpretation dieser Phänomene durch die Individuen. Die intersubjektiven Interpretationen, die wie aufgezeigt auf symbolischer Interaktion fußen, formen die Organisation. In die komplexen Interaktionsprozesse bringt jedes teilnehmende Individuum Wissen, Denkstrukturen, Wertesystem etc. mit ein. Jedes Mitglied konstituiert die Organisation also mit, wobei der Einfluß je nach Macht unterschiedlich

---

[152] Heinen 1987, S. 19.
[153] Smircich 1983, S. 56.
[154] Vgl. Ebers 1985, S. 117.

groß ist.[155] Interaktionen führen zur Vereinheitlichung der Perspektiven, zu gemeinsamen Interpretationen von Situationen, schaffen eine gemeinsame soziale Realität, bilden eine gemeinsame Plattform aus. Jedes Organisationsmitglied ist also sowohl Kulturträger als auch Kulturgestalter, da alle gemeinsam die organisatorische und damit auch die kulturelle Wirklichkeit einer Organisation mit konstruieren.[156]

In dieser *Lebensform*[157]*-Perspektive* wird die besondere Bedeutung der Sprache (ein Medium für Symbole) hervorgehoben.[158] Begriffe setzen einen Rahmen, der für das Verständnis der Realität grundlegend ist und den wir nicht verlassen können. Durch die Sprache wird die soziale Realität konstituiert, vermittelt und stabilisiert.[159] Die soziale Konstruktion der Wirklichkeit und die Entstehung der Organisationskultur ist allein abhängig von der v.a. sprachlichen Konstruktion der Organisationsmitglieder, sie unterliegt keinen weiteren Beschränkungen. Die Organisationsmitglieder können nur im Rahmen ihrer Organisationskultur handeln. Die Organisationskultur ist für die Unternehmensmitglieder nicht reflektierbar. Da die Organisationsmitglieder ihre Organisationskultur unreflektiert hinnehmen, stabilisiert ihr Handeln lediglich die gegebene Kultur. Stabilisiert wird die Organisationskultur durch den v.a. sprachlichen Konsens der Mitglieder auf der Grundlage kulturimmanent definierter Maßstäbe (sprachliche Symbole, wie z.B. Sagen).

Vermittelt wird die Organisationskultur durch sekundäre Sozialisation.

Diese Ansätze, welche die Organisationskultur als unhinterfragbare Lebensform konzeptionalisieren, lassen eine *Gestaltung der Organisationskultur* nicht zu. Führung ist ein von der Organisationskultur abhängiger Bereich und damit unselbständig.[160] Da Organisationskulturen als individuell gewachsene Einzigartigkeiten betrachtet werden, also unvergleichbar sind und ... „keine unabhängig begründbaren Aussagen über

---

[155] Vgl. Türk 1989, S. 112f.
[156] Vgl. Sackmann 1990, S. 161.
[157] Das Konzept der Lebensform geht auf den Philosophen Wittgenstein (1957; 1984) zurück, der 1930–1935 bereits Vorlesungen zu diesem Thema hielt.
[158] Vgl. Pondy/Mitroff 1979, S. 3ff.
[159] Vgl. Ebers 1985, S. 146.
[160] Vgl. Drepper 1992, S. 75.

die jeweilige Vorteilhaftigkeit organisatorischer Lösungen"[161]... getroffen werden können, wäre die Gestaltung der Organisationskultur sinnlos. Die Organisationskultur wird als unantastbar angesehen; „sie ist, wie sie ist".

Welche Aufgabe hat in dieser Konzeption die Forschung?

Da die Organisationskultur den Schlüssel für das Handeln der Organisationsmitglieder und damit für die Ausformung der Unternehmensstruktur darstellt, müssen die Inhalte des Sinnsystems analysiert werden. Fokussiert werden hier in erster Linie die Bedeutungsinhalte der Symbole, „d.h. die speziellen Interpretationen, die ihnen in dem jeweiligen Kontext zugeschrieben werden"[162]. Diesen Anforderungen können nomothetisch orientierte Methoden nicht gerecht werden. Ergiebiger scheinen hier Methoden der Introspektion und Einfühlung in den Gegenstand (idiographische Position), also qualitative Methoden zu sein. Methoden, die nicht versuchen, über Symbole die Organisationskultur zu erfassen, sondern über Befragung und Beobachtung direkten Zugang zu den Sinngehalten anstreben, sollen an dieser Stelle mangels Erfolgsaussichten gar nicht erst thematisiert werden.[163] Welche Methoden lassen sich in der Literatur ausfindig machen?

1. Analyse von Symbolen:
Die Symbole bzw. die symbolischen Interaktionen werden über Befragung oder Beobachtung erhoben. Ziel ist es, über die Symbole indirekten Zugang zum Sinnsystem zu finden. Da die Symbole selbst jedoch keinen Sinn vermitteln, gilt es die hinter diesen sichtbaren Äußerungen liegenden Kognitionen zu erforschen. Um die Symbole verstehen zu können, müssen sie jedoch in einen geordneten Sinnzusammenhang gebracht

---

[161] Ebers 1985, S. 137.
[162] Ebers 1985, S. 161.
[163] Darstellung und Beurteilung von Befragung und Beobachtung in Zusammenhang mit der Erfassung der Unternehmenskultur können nachgelesen werden bei: Ebers 1985, S. 118ff; Drepper 1992, S. 55ff. Selbst narrative Interviews bergen bisher unüberwindbare Probleme in der Datenauswertung, da keine vom Gegenstand unabhängigen Kriterien ausfindig gemacht werden können, anhand derer die Aussagen zu systematisieren wären. So können aus narrativen Interviews lediglich Einzelfallanalysen resultieren.

werden. Dafür wäre allerdings ein Referenzsystem erforderlich. Genau an dieser Stelle steht die Forschung jedoch vor einem Dilemma: Ein Referenzsystem, mit welchem man die Organisationskultur verstehen könnte, ist nur dann erkennbar, wenn man die Organisationskultur selbst verstanden hat. „Wenn der Beobachter Interaktionen auf interpretative Weise beschreibt, kann er nicht umhin, ein zugrunde liegendes Muster zu konstruieren, das als unerläßlicher Kontext dazu dient, zu sehen, was die Situationen und Handlungen ‚eigentlich' sind, während wiederum diese gleichen Situationen und Handlungen eine unerläßliche Ressource dafür sind zu bestimmen, was der Kontext ‚eigentlich' ist"[164]. Ein Referenzsystem kann durch die teilnehmende Beobachtung ausfindig gemacht werden:

2. Teilnehmende Beobachtung:
Durch teilnehmende Beobachtung kann sich der Forscher in die spezifische Art, in der die Organisationsmitglieder ihre Wirklichkeit interpretieren und konstruieren, einfühlen. „Denn indem die Organisationskulturforscher aktiv am organisatorischen Prozeß teilnehmen, können sie ihre Re-Konstruktionen der mit den organisatorischen Handlungen je verbundenen Sinngehalte in situ kontrollieren und, indem sie sie selbst anwenden, in ihrem Realitätsgehalt überprüfen."[165] Auf diese Weise läßt sich das Sinnsystem im konkreten Einzelfall rekonstruieren. Aber solche Einzelfallstudien sind nicht verallgemeinbar und erbringen somit keine wissenschaftliche Erkenntnis, weil sie keine allgemeinen Aussagen über Regelmäßigkeiten bzgl. der Ausformung der Organisation zulassen. Es müßte gezeigt werden können, warum sich gerade diese eine Organisationskultur herausgebildet hat und nicht irgendeine andere. Dafür müßte jedoch die Organisationskultur unabhängig vom beobachteten Verhalten identifiziert werden, aber dies ist nicht möglich. Die geäußerten Sichtweisen der Organisationskulturträger stellen die Grundlage für die Erklärungen der Forschung dar. Ob diese Erklärungen richtig oder falsch sind, kann jedoch nicht überprüft werden, da inter-organisationskulturelle Vergleichsmöglichkeiten und damit allgemeine Hypothesen fehlen.[166]

---

[164] Wilson 1973, S. 67, zitiert nach Ebers 1985, S. 126.
[165] Ebers 1985, S. 128.
[166] Vgl. Ebers 1985, S. 133.

Im Gegensatz zu den meisten funktionalistischen Ansätzen, die in der Regel eine starke Einheitskultur anstreben, sieht man, innerhalb der interpretativen Konzeption, Organisationskulturen eher als pluralistische Gebilde an[167]. Es wird angenommen, daß v.a. im Zuge der Systemdifferenzierung in großen Organisationen die Existenz von *Subkulturen* wahrscheinlich ist. Aufgrund der Schwächen starker Monokulturen[168] wird die Existenz von Subkulturen aufgrund ihrer Kreativitäts- und Wandlungspotentiale positiv bewertet.

Bekannteste Vertreter dieser Konzeption sind u.a.: Smircich[169], Pondy/Frost/Morgan/Dandridge[170].

1.2.3 Zusammenfassung und kritische Würdigung der interpretativen Konzeption

Die Organisationskultur wird als ein übergeordnetes Phänomen verstanden und soll einen neuen erkenntnisleitenden Grundbegriff in der Organisationsforschung darstellen. Die Forschung will nicht an den Erscheinungen der Oberfläche ansetzen, sondern an dem, was diese Erscheinungen hervorbringt.[171] Letztendlich geht es um die Erforschung des subjektiven Lebens und Erlebens der Organisation durch die Organisationsmitglieder.[172] Die interpretativen Ansätze räumen der Prozeßhaftigkeit organisierter Interaktion, der Art und Weise (dem Wie) der Bewältigung der Anforderungen in organisierten Handlungszusammenhängen konzeptionellen Vorrang vor strukturellen bzw. zustandstheoretischen Betrachtungen ein. Die Sinn- und Orientierungskonstruktionen werden durch Interaktionen aller Organisationsmitglieder hergestellt und verändert, vergegenständlichen sich in Symbolen und symbolischen Handlungen und können nur über die Interpretation der Symbole erschlossen werden. Es wird den Tatsachen Rechnung getragen, daß Symbole per se keinen Sinn vermitteln und daß alle Organisationsmitglieder die Organi-

---

[167] Vgl. Dormayer/Kettern 1987, S. 64.
[168] Vgl. Schreyögg 1989, S. 99ff.
[169] Smircich 1983.
[170] Pondy/Frost/Morgan/Dandridge 1983.
[171] Vgl. Kasper 1987, S. 67.
[172] Vgl. Heinen 1987, S. 19.

sationskultur mit gestalten. Ziel der Forschung ist nicht die bewußte Gestaltung der Organisationskultur, sondern deren Entstehungs- und Entwicklungsprozesse zu erklären und zu verstehen. Organisationskultur ist „... both product and process, the shaper of human interaction and the outcome of it, continually created and recreated by people's ongoing interactions"[173]. Organisationskultur wird nicht als ein Instrument der Steuerung konzeptualisiert. Die Möglichkeit der gezielten, gesteuerten Organisationskulturentwicklung wird ausgeschlossen.

Diese Ansätze lassen sich nicht dem vorherrschenden funktionalistischen Paradigma, sondern dem interpretativen Paradigma zuordnen. Folgende Kritik läßt sich am Beispiel der Organisationskulturforschung und des ihr als Basis dienenden symbolischen Interaktionismus' aufzeigen:

1. Dieser Konzeption wird vorgeworfen, daß die interpretative Organisationskulturforschung lediglich der Wissenschaft Erkenntnisse bringt. Dadurch, daß die Organisationskultur als unhintergehbare „Naturgewalt"[174] verstanden wird, hat die Praxis wenig Nutzen. Sie kann die Organisationskultur nur *„laufen lassen"*. Die Betriebswirtschaftslehre hat jedoch den Anspruch, eine angewandte Wissenschaft zu sein. Dieser Anspruch und die interpretative Organisationskulturforschung sind nicht vereinbar. Dienen wissenschaftliche Erkenntnisse ausschließlich der Wissenschaft an sich, birgt das die Gefahr, daß die Wissenschaft zum Selbstzweck wird.

2. Indem man die Organisationskultur als nicht veränderbare Gegebenheit ansieht, *entziehen sich ihre Inhalte jeglicher Kritik*. Daraus folgt, daß Organisationskulturen, die auf funktionaler oder ethischer Ebene problematisch sind, problematisch bleiben.[175]
   Es wird angenommen, daß der Mensch eine Kultur entwickelt und dann in diesen Strukturen mit Haut und Haar gefangen ist, sie nicht mehr sehen kann.
   Diese zwei Vorwürfe sind zwar einerseits verständlich, aber andererseits versuchen die Autoren dieser Konzeption ebenso wie die Vertreter der funktionalistischen, reflektiert-funktionalistischen und der

---

[173] Jelinek/Smircich/Hirsch 1983, S. 331.
[174] Vgl. Schreyögg 1991, S. 212.
[175] Vgl. Schreyögg 1991, S. 203ff.

lebensweltlich-systemischen Konzeption mit ihrer Beschreibung des Phänomens „Organisationskultur" der Realität möglichst nahe zu kommen. Wenn die Vertreter dieser Konzeption nun einmal der Meinung sind, daß die Organisationskultur derart existiert, dann greift die Kritik nicht. Es ist unsinnig, die Organisationskultur gegen die eigene Überzeugung als beeinflußbare, hintergehbare Größe zu konzipieren.

3. Die Annahme, daß die Organisationskultur von den Organisationsmitgliedern nicht hintergehbar ist, setzt einen *unkritischen Menschen* voraus. V.a. neue Mitarbeiter, welche die Organisationskultur noch nicht internalisiert haben, werden in der Lage sein, einige kulturbedingte Eigenheiten kritisch zu überdenken. Zudem geht der Mensch nicht vollkommen in einer Organisation auf.

4. Konzeptualisiert man die Organisationskultur auf der einen Seite als unantastbare, nahezu „heilige", schutzbedürftige Lebensform und hat man auf der anderen Seite das Ziel, die Organisationskultur zu beschreiben und zu verstehen, stößt man auf einen Widerspruch: Durch die Beschreibung der Organisationskultur, also durch die Reflektion des Selbstverständlichen wird das Selbstverständliche verändert oder zerstört. Genau das aber soll innerhalb dieser Konzeption verhindert werden.[176]

5. Mit der teilnehmenden Beobachtung gibt es zwar eine Methode, mit der sich die Organisationskultur, das Sinnsystem rekonstruieren läßt, aber damit ist noch nichts *erklärt*. Für eine Erklärung wäre es notwendig zu zeigen, warum gerade dieses spezifische Sinnsystem entstanden ist. Es müßte möglich sein, operationalisierbare und intersubjektiv überprüfbare Hypothesen zu formulieren und zu überprüfen. Die Überprüfung intersubjektiv überprüfbarer Hypothesen und Aussagen ist nicht möglich, weil zu diesem Zweck das Sinnsystem unabhängig vom beobachteten Verhalten identifiziert werden müßte. Dafür müßten auch andere Perspektiven als die der Träger der Organisationskultur hinzugezogen und akzeptiert werden, da die Grenzen der Perspektive der Organisationskulturträger und die Bedingungen ihrer Ausformung im Kontext der Perspektive selbst nicht erklärt werden.[177] Das Zulassen externer Perspektiven lassen jedoch die

---

[176] Vgl. Schreyögg 1991, S. 203.
[177] Vgl. Ebers 1985, S. 160.

theoretischen Annahmen der Lebensform-Perspektive nicht zu. Vertreter dieser konsequenten interpretativen Organisationskultur-Ansätze stehen also vor folgendem *Dilemma:* wollen sie ihren Annahmen treu bleiben, können sie keine Erklärung leisten, wollen sie erklären, müssen sie ihre Annahmen aufweichen.

6. Der symbolische Interaktionismus und die darauf aufbauende Organisationskulturkonzeption betont zwar die Entstehung der gemeinsam geteilten Bedeutungen von Objektivitäten über symbolische Interaktion, aber bleibt dann ungenau: die Prozesse in den Köpfen der Menschen werden nicht betrachtet. Zudem ist es diskussionswürdig, ob der Mensch immer bestrebt ist, sich anzupassen und die wechselseitige Anpassung von Reaktionen oder Handlungen der Individuen ist ein zentraler Punkt dieses Ansatzes.

1.3 Reflektiert-funktionalistische Konzeption nach E. Schein

1.3.1 Theoretische Basis

Ebenso wie die funktionalistische gehört auch diese Organisationskulturkonzeption, deren Vater Edgar Schein[178] ist, der Kontingenzforschung an (vgl. Kap. 1.1.1). Die Organisation wird also weiterhin als offenes, soziales System verstanden und man bewegt sich innerhalb des funktionalistischen Paradigmas.

Allerdings ist die Organisationskultur in dieser Konzeption nicht eine Variable neben anderen, sondern eine alles beeinflussende Größe. Die Basis von Schein's Überlegungen ist das Modell der Kulturebenen.

Abb. 5: Levels of Culture and their Interaction

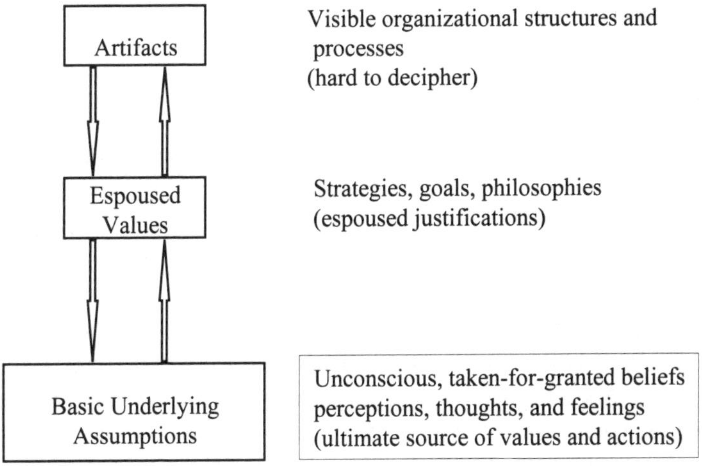
Artifacts
Visible organizational structures and processes
(hard to decipher)
Espoused Values
Strategies, goals, philosophies
(espoused justifications)
Basic Underlying Assumptions
Unconscious, taken-for-granted beliefs perceptions, thoughts, and feelings
(ultimate source of values and actions)

Quelle: Schein 1985, S. 17

Schein unterscheidet drei Ebenen, in denen sich Kultur manifestiert. Organisationskultur ist weder ein rein bewußtes Phänomen, wie bei der funktionalistischen Konzeption, noch ein gänzlich unbewußtes, wie es

[178] Schein 1985.

Schein unterscheidet drei Ebenen, in denen sich Kultur manifestiert. Organisationskultur ist weder ein rein bewußtes Phänomen, wie bei der funktionalistischen Konzeption, noch ein gänzlich unbewußtes, wie es die interpretativen Ansätze vertreten. Den Kern der Organisationskultur bilden hier nicht die Artefakte, sondern die grundlegenden Annahmen, die i.d.R. unhinterfragt handlungsleitend sind. Zwischen den Artefakten und den grundlegenden Annahmen fügt Schein die Ebene der Werte und Normen ein. Damit sind nicht nur allgemeine gesellschaftliche Werte gemeint, sondern auch z.B. Handlungsanweisungen der Führungsperson. Wenn die Werte sich im Alltag bewährt haben, entwickeln sie sich zu grundlegenden Annahmen.

Zur theoretischen Untermauerung der Entstehung, unbewußten Entwicklung, Stabilisierung und Gestaltung der Organisationskultur zieht Schein folgende verhaltenstheoretische Ansätze heran, die auch auf seinem Spezialgebiet der Organisationsentwicklung eine wesentliche Grundlage bilden:

1. Sociodynamic Theory[179]

a) Persönlichkeitstheorien (Individual Coping Styles)[180]

Emotionale Stilübernahme (Emotional Coping Styles)[181]

Wallen[182]: alle Individuen haben Schwierigkeiten, mit Gefühlen der Aggression und Liebe umzugehen. Es werden drei Typen (Idealtypen) gebildet, die sich hinsichtlich des Umganges mit diesen Gefühlen unterscheiden. Jede Person hat die Kapazität, wie jeder dieser drei Typen zu sein. Im Angstzustand tritt die Tendenz zu einem der Stile besonders deutlich hervor. Je nach Stil werden andere Informationen herangezogen, um Entscheidungen zu fällen, und andere individuelle Bedürfnisse verfolgt. Jeder Typ wird versuchen – in dem Bestreben eine perfekte Gruppenwelt aufzubauen – andere Typen zu unterdrücken. Durch Interaktionen lernen die Individuen die Stile der anderen kennen und versuchen

---

[179] Vgl. Schein 1985, S. 149.
[180] Vgl. Schein 1985, S. 151.
[181] Vgl. Schein 1985, S. 152.
[182] Vgl. Wallen „The 3 Types of Executive Personality." Dun's Review, Feb. 1963, pp. 54–56, 106, zitiert nach Schein 1985, S. 152ff.

mit ihnen umzugehen. Wer seine individuellen Bedürfnisse nicht erfüllen kann, verläßt die Gruppe. Die anderen lernen zu akzeptieren und fangen an sich zu ergänzen, denn jeder der drei Stile erfüllt in einer Gruppe wichtige Anforderungen.

Das Modell von Wallen wird von Schein in diesem Zusammenhang herangezogen, da es hilft, die Entstehung von Gruppen zu erklären, weil es die Schwierigkeiten aufzeigt, die aus den unterschiedlichen Stilen resultieren, obschon die Mitglieder aus einer Kultur stammen.

Intrapsychologische Konfliktstufen bezüglich emotionaler Aspekte (Degrees of Intrapsychic Conflict Around Emotional Issues)[183]

Der Grad der Konfliktfähigkeit bezüglich Autoritätsaspekten reflektiert die persönliche Erfahrung mit den Eltern. Der Kernkonflikt zwischen zu sehr in einer Gruppe bzw. abhängig von der Gruppe zu sein und zu sehr außerhalb der Gruppe zu stehen bzw. unabhängig von der Gruppe zu sein, kann gesehen werden als eine Wiederholung des Problems, unabhängig zu werden von der Mutter. Die Rollen, die sich in der neuen Gruppe entwickeln, reflektieren des Individuums Neigungen und Erwartungen, aber auch jene Erwartungen, welche die anderen Gruppenmitglieder an das Individuum richten. Das Finden der eigenen Rolle in der Gruppe ist nun eine hoch komplexe Interaktion, welche sowohl bewußte, rationale als auch unbewußte, irrationale Elemente beinhaltet. Während der Gruppenentstehung lassen sich drei Typen von Mitgliedern beobachten: es gibt Mitglieder, die Probleme haben mit Autoritäten umzugehen und entweder mit „Überabhängigkeit" oder „Unterabhängigkeit" reagieren. Dann gibt es Individuen, die mit Vertrautheitsaspekten nicht umgehen können und „überpersönlich" oder „unterpersönlich" reagieren. Und dann gibt es Mitglieder, die weder durch Autoritäts- noch durch Vertrautheitsaspekte betroffen sind. Sie übernehmen im Gruppenleben die Schlüsselrolle, da sie in der Lage sind, die Gruppe von schmerzlichen Konflikten weg zu bewegen. Diese Bewegungen werden durch das Aufstellen impliziter Annahmen in Gang gesetzt, welche an der Realität getestet werden können.

Dieses Modell zeigt zum einen wiederum Konflikte bei der Gruppenentstehung auf, aber auch Wege, diese zu lösen, und zum anderen,

---

[183] Vgl. Schein 1985, S. 155ff.

wie gemeinsame Annahmen entstehen und die Gruppe zur effektiven Arbeit geführt werden kann.

Kognitive Stile (Cognitive Styles)[184]

Unterschiedliche kognitive Stile resultieren aus unterschiedlichen Kulturen. Treffen Individuen unterschiedlicher Kulturen mit unterschiedlichen kognitiven Annahmen in einer Gruppe aufeinander, müssen sie versuchen einen gemeinsamen Rahmen der Wirklichkeit zu entwickeln. Ein Modell, welches versucht dieses Phänomen zu analysieren, stammt von Jung[185]: er zieht eine Trennlinie zwischen Individuen a) wie sie es bevorzugen Informationen zu erlangen (Intuition vs. Empfindung) und wenn die Informationen internalisiert sind und b) wie mit ihnen umgegangen wird (Denken vs. Fühlen; Spüren vs. Urteilen).

Die intuitive Person bevorzugt innere psychologische Ressourcen als Information.

Die empfindsame Person bevorzugt externe Daten.

Die denkende Person entwickelt Daten durch logisches Denken.

Die fühlende Person traut Impulsen und Emotionen als Basis für Entscheidungen.

Die spürende Person braucht eine möglichst umfassende Informationsgrundlage, ehe entschieden wird.

Die urteilende Person trifft schnelle Entscheidungen, um das nächste Problem angehen zu können.

Die unterschiedlichen kognitiven Stile werden erst bewußt, wenn man erkennt bzw. es als störend empfindet, daß Individuen einen anderen kognitiven Stil verfolgen, als man selbst. Jedes Individuum wird versuchen, das soziale Umfeld im Gleichklang mit dem eigenen kognitiven Stil zu konstruieren. Dabei setzt sich innerhalb einer Gruppe ein bestimmter kognitiver Stil mit der Zeit durch, an den sich dann alle zu halten haben. Dieser gemeinsame kognitive Stil ist ein Grundstein für einen gemeinsamen Rahmen der Wirklichkeit.

---

[184] Vgl. Schein 1985, S. 158f.
[185] Vgl. Jung 1923, zitiert nach Schein 1985, S. 158.

1.3 Reflektiert-funktionalistische Konzeption

b) Gruppentheorien (Sociodynamic Issues in the Group)[186]

Während bei den Persönlichkeitstheorien der Einfluß einzelner Individuen auf die Gruppe unter die Lupe genommen wird, soll im folgenden die Gruppe als Einheit analysiert werden.

Arbeit und Emotionalität[187]

In den frühen Phasen des Gruppenlebens werden Gruppen leichter von Gefühlen mitgerissen. Diese Emotionalität resultiert nicht nur aus Gruppenereignissen, sondern aus grundlegenden Annahmen, die in der Gruppe unterschwellig vorherrschen. Bion[188] identifizierte folgende emotionale Stadien und ihre zugrundeliegenden Basisannahmen:

Abhängigkeitsannahme: Wenn die Gruppe frustriert ist und nicht weiter arbeiten kann, kehrt man zurück zu einem abhängigen Zustand (wie in der frühen Phase der Gruppenbildung) und handelt kollektiv, als ob der Führer genau wüßte, was getan werden muß. Dieser Zustand ist analog zum Abhängigkeitszustand in der frühen Kindheit, wo die Eltern immer wußten, was zu tun ist und somit die Richtigkeit ihrer Annahmen unterstrichen. Dieser emotionale Zustand ist gemeinsam geteilt, weil jeder diese Erfahrung aus seiner eigenen Kindheit kennt. Gemeinsame Gefühle der Abhängigkeit sind somit die sich zuerst entwickelnden, gemeinsamen Gefühle in einer Gruppe. Findet die Gruppe jedoch keinen anlehnungswürdigen Führer, muß eine andere Annahme gefunden werden, um mit den bestehenden Gefühlen (z.B. Ängste) umzugehen. Bion beobachtete in dem Zusammenhang die

„Fight-Flight"-Annahme: Dieser emotionale Zustand basiert auf der Annahme, daß sich die Gruppe selbst beschützen muß, entweder durch Kampf oder durch Flucht. Während der abhängige Zustand eher Lähmung hervorruft, mobilisiert der fight-flight-Zustand Aktionen. Die Gruppe macht gemeinsam eine Zielscheibe ausfindig, die gemeinsam attackiert oder vor der gemeinsam geflohen (kollektiver Austritt aus der Gruppe) werden kann. Der enttäuschende Führer ist als Zielscheibe besonders prädestiniert. Die Aktion ist häufig die erste gemeinsame

---

[186] Vgl. Schein 1985, S. 159ff.
[187] Vgl. Schein 1985, S. 159ff.
[188] Vgl. Bion 1959, zitiert nach Schein 1985, S. 159ff.

Aktion und basiert auf einem gemeinsamen Gefühl. Alle Individuen, die an der Aktion teilgenommen haben, sind Mitglieder der Gruppe.

Paarungs-Annahme: Die Gruppe konnte weder durch Abhängigkeit noch durch Kampf oder Fliehen dem emotionalen Zustand entkommen und es bestehen nach wie vor Ängste, Panik etc. So wird versucht diese Emotionen zu reduzieren, indem sich zwei Gruppenmitglieder zusammenschließen. Durch das Paar lebt die Gruppe in der Hoffnung einen neuen Führer zu haben, neue Gedanken oder irgend etwas zu kreieren, das ein neues Leben hervorbringt und alte Probleme löst. Es entsteht eine gemeinsame euphorische Stimmung des „jeder mag jeden". Jedoch besteht die Gefahr aus dieser euphorischen Stimmung zu erwachen z.B. dadurch daß die Gruppe erkennt, daß sie doch nicht gänzlich homogen ist oder unfähig eine Lösung zu produzieren.

Befindet sich die Gruppe nicht in einem emotionalen Stadium, handelt sie nach der Annahme: sie trifft sich, um zu arbeiten. In dem Fall ist die Gruppe realitätsorientiert und wird von außen (vom Führer, von Daten) dirigiert. Befindet sich die Gruppe in einem emotionalen Zustand, wird sie von innen (von Emotionen) gelenkt. Wobei die Gruppe versucht, den Führer von der eigentlichen Aufgabe abzuhalten. Der Führer muß also aufpassen, sich nicht ablenken zu lassen, darf nicht selbst in den emotionalen Zustand fallen und muß versuchen, die Gruppe aus dem emotionalen Stadium heraus zu führen.

Stufen des Gruppenwachstums[189]

Gruppenwachstum wird am besten repräsentiert durch ein Modell, in welchem Oppositionen und Konflikte dauerhaft präsent sind.

Stufe 1: Konfrontation von Aspekten der Abhängigkeit/Autorität
Die Gruppe muß klären, wer führen will, wer wieviel Autorität haben soll und wer von wem abhängig ist. Diese Lösungen formen kulturelle Annahmen. D.h. selbst wenn die Autoritätsproblematik später noch einmal auftaucht, ist ein erstes Set von Lösungen parat, welches zu testen ist.

Stufe 2: Konfrontation von Aspekten der Intimität, Rollendifferenzierung, Beziehungen

---

[189] Vgl. Schein 1985, S. 163ff.

Die Gruppe muß eine realistische Bewertung von „wer mag wen" entwickeln und festlegen, wer welche Aufgaben übernimmt. Derartige Annahmen formen die Kultur der Gruppe.

Stufe 3: Konfrontation von Aspekten der Kreativität/Stabilität
Damit eine Gruppe erfolgreich ist, muß sie dauerhaft kreativ sein. Kreativität kann jedoch auch eine Quelle der Unsicherheit sein, v.a. wenn bestehende Lösungen erfolgreich sind und man diese beibehalten möchte, um interne Stabilität zu erreichen. Damit stellt sich die Frage: Wie bewahrt man sich die externe Anpassungsfähigkeit, ohne sich intern bedroht zu fühlen. Die kulturellen Annahmen hierüber bestimmen u.a. das Wachstum der Gruppe.

Stufe 4: Konfrontation von Aspekten des Überlebens/Wachstums
Während die Gruppe ausreift und sich mit der externen Umwelt auseinander setzt, wird sie herausfinden, ob ihre Kultur Lösungen für neue Überlebensprobleme bereitstellen kann. Wenn ja sollte die Gruppe überleben; wenn nicht sollte sie geschlossen werden und durch eine neue Gruppe ersetzt werden, die offen ist, neue Lösungen zu produzieren.

Die Stufen dieses Modells zeigen, wie sich innerhalb des Wachstums einer Gruppe grundlegende Annahmen entwickeln, welche die Kultur der Gruppe bestimmen.

*Katalytische Markierungserscheinungen
oder kritische Begebenheiten[190]*

Wie werden grundlegende Annahmen explizit, wie werden Einsichten über die Gruppe v.a. von neuen Mitgliedern erworben und wie entstehen Normen? Diese Dinge entwickeln sich durch kritische Ereignisse in der Vergangenheit, welche starke Emotionen bei den Gruppenmitgliedern hervorrufen. Irgend jemand (i.d.R. der Führer) äußert seine Position zum kritischen Ereignis oder setzt einen Wert fest. Der Rest der Gruppe ratifiziert diese Antwort durch offenes Einverständnis oder Schweigen. Wenn die Antwort das Problem zu lösen vermochte, wird das kritische Ereignis und die Antwort z.B. in Form einer Geschichte konserviert und es entstehen Normen, an denen sich die Gruppe orientiert. Solche Normen basieren auf den dahinterliegenden grundlegenden Annahmen bzgl. Autorität,

---

[190] Vgl. Schein 1985, S. 165ff.

Intimität und Rollen. Das Konservieren dieser Ereignisse und Lösungen ist eine wichtige Führungsaufgabe.

Geteiltes Verstehen[191]

Geteiltes Verstehen meint, daß die Gruppenmitglieder z.B. ein bestimmtes Gefühl oder eine Erfahrung gleichermaßen erleben und interpretieren. Das erfordert ein gemeinsames Kommunikationssystem, in dem Signale für die Mitglieder das gleiche bedeuten. Folgende Gruppenereignisse fördern die Entstehung eines gemeinsamen Kommunikationssystems: gemeinsame Angst, gemeinsame emotionale Antworten auf provokante externe Reize (z.B. Zusammenhalt im Krieg), gemeinsame öffentliche Aktionen, gemeinsame emotionale Befreiung – häufig mit symbolischem Gehalt verbunden (z.B. Opferung) –, gemeinsame emotionale Regression beim Trinken, Tanzen, Sport o.ä. (gemeinsame Befreiung sozialer Einschränkungen, z.B. Selbstenthüllung).

Wenn Menschen mit unterschiedlichen zwischenmenschlichen Stilen, emotionalen Aufwertungen und kognitiven Stilen aufeinandertreffen, ist es nicht möglich, daß sie eine gemeinsam geteilte Meinung aus einer bestimmten Interaktion herausbilden. Es braucht Zeit und gemeinsame Erfahrung ein Kommunikationssystem aufzubauen, durch welches alle Parteien den gleichen Sinn von Meinungen über ein Ereignis herausziehen.

2. Führungstheorie

Führung und Gruppenaufgaben[192]

Anhand externer und interner Probleme einer Gruppe unterscheidet man zum einen die Führungsfunktionen in Aufgabenorientierung und Beziehungsorientierung. Zum anderen entwickelt sich die Kultur anhand der auftretenden Probleme durch externe Anpassung und interne Integration. D.h. daß der Führungsprozeß und die Kulturentwicklung ganz eng miteinander zusammenhängen. Und eine, wenn nicht die wesentlichste Aufgabe der Führung ist die Kulturentwicklung.

---

[191] Vgl. Schein 1985, S. 168ff.
[192] Vgl. Schein 1985, S. 170f.

1.3 Reflektiert-funktionalistische Konzeption

Führung und Gruppenstil[193]

Stilistische Neigungen des Führers beeinflussen die Autoritätsbeziehungen in der Gruppe und die Art des emotionalen Umgangs. Diese beeinflussen wiederum die evolutionäre Entwicklung der Gruppe und ihren kulturellen Stil.

3. Lerntheorie

Kultur ist erlernt und kann nur mit Hilfe eines evolutionären, dynamischen Lernmodells verstanden werden. Der Lernprozeß ist sehr komplex, weil erstens nicht Individuen, sondern Gruppen lernen, und zweitens, weil nicht nur Verhaltensmuster, sondern auch Kognitionen und Emotionen gelernt werden sollen. Es lassen sich zwei Typen von Lernmechanismen unterscheiden: die positive Problemlösung und die Schmerz- und Angstvermeidung.

Positive Problemlösung[194]

Es tritt ein Problem auf, die Gruppe entwickelt eine Lösung, die Verhaltensweisen, Gefühle, Annahmen etc. umfaßt. Ist die Problemlösung erfolgreich, verstärkt das die Annahmen, Gefühle etc., die hinter der Lösung stecken. Sie dienen dann als Basis für neu auftretende Probleme. Die Kultur einer Gruppe umfaßt das erlernte Gruppenrepertoire von Problemlösungskapazitäten: zum einen das Handwerk, die Technologie, die Künste u.ä. aber zum anderen auch gemeinsam geteilte Kognitionen, welche die Gruppe über sich selbst entwickelt hat, ihre Ideologie, ihren Weltblick etc.

Schmerz- und Angstvermeidung[195]

Wir lernen Situationen zu vermeiden, die in der Vergangenheit Angst oder Schmerz verursachten, weil sie unbewußte oder kognitive Überlastungen hervorbrachten. Oft ist die Quelle der Angst konkret nicht be-

---

[193] Vgl. Schein 1985, S. 171ff.
[194] Vgl. Schein 1985, S. 174ff.
[195] Vgl. Schein 1985, S. 177ff.

kannt. Deshalb ist angstbezogenes Lernen nicht eindeutig ausgerichtet wie beim Mechanismus der positiven Problemlösung. Das Individuum wird zu einem ziellosen Versuch-Irrtum-Lernen gezwungen. Vermeiden lernen ist häufig ein Ein-Versuch-Lernen, da bei erfolgreicher Angst- oder Schmerzvermeidung dieser Mechanismus immer wieder bemüht wird, selbst wenn die Quelle des Schmerzes nicht mehr existent ist.

Zusammenfassend meint Schein, daß Kultur das Resultat von Gruppenlernen ist. Das gemeinsame Erleben von Problemsituationen und Ausarbeiten von Problemlösungen in Gruppen bestimmt die Kulturentwicklung. Dafür ist die Voraussetzung eine gemeinsame Problemdefinition und ein gemeinsames Erleben. Die ursprüngliche Fähigkeit zu teilen setzt zuvor kulturelles Lernen und Verstehen voraus, aber die neue geteilte Erfahrung ist der Beginn einer neuen Kultur, welche dann ein Charakteristikum dieser speziellen Gruppen von Leuten wird.

1.3.2 Organisationskulturkonzeption

Die reflektiert funktionalistischen Ansätze sind aus der Kritik an der praxisorientierten funktionalistischen und der theorieorientierten interpretativen Konzeption entstanden und können als „Synthese"[196] der beiden bezeichnet werden.

Schein formuliert folgendes Verständnis von Organisationskultur: „I will argue that the term ‚culture' should be reserved for the deeper level of basic assumptions and beliefs that are shared by members of an organization, that operate unconsciously, and that define in a basic ‚taken-for-granted' fashion an organization's view of itself and its environment. These assumptions and beliefs are learned responses to a group's problems of survival in its external environment and its problems of internal intergration. They come to be taken for granted because they solve those problems repeatedly and reliably."[197]

---

[196] Sackmann 1990, S. 162.
[197] Schein 1985, S. 6.

1.3 Reflektiert-funktionalistische Konzeption

Entstehung, Entwicklung, Stabilisierung und Gestaltung der Organisationskultur

Die *Entstehung der Organisationskultur* wird stark durch die Organisationsgründer geprägt.[198] Die Persönlichkeit des Gründers, seine Werte und Visionen beeinflussen in hohem Maß die ersten Entscheidungen (z.B. Personalauswahl, strukturelle Maßnahmen) in der Organisation. Allerdings kann man in dieser Entstehungsphase nicht von Organisationskultur sprechen. Sie entwickelt sich erst mit gemachten Erfahrungen, aber die Werte, Visionen, ersten Entscheidungen und auch das Sanktionieren von Verhaltensweisen des Organisationsgründers bilden die Basis, nach der sich die Entstehung der Organisationskultur dann richtet.

Die Organisationskultur *entwickelt* und *stabilisiert* sich hier durch stetige *soziale Lernprozesse*. Wie in Kap. 1.3.1 erläutert, stehen bei Schein zwei Lernmechanismen im Vordergrund: die positive Problemlösung und die Schmerz- und Angstvermeidung.[199] Die Handlungen, die sich im nachhinein als erfolgreich bewiesen haben, werden beibehalten, werden von anderen Organisationsmitgliedern übernommen und verfestigen sich (vgl. Kap. 1.3.1). Der Maßstab, an dem sich die Organisationskultur zu bewähren hat, lautet also: *erfolgreiche Problemlösung.* Dabei stehen die im obengenannten Zitat bereits erwähnten Probleme im Vordergrund: externe Anpassung[200] und interne Integration[201]. Die hinter diesen erfolgreichen Handlungen liegenden grundlegenden Annahmen und Werte haben die Chance, Teil der Organisationskultur zu werden. Die spezifische Ausprägung einer Organisationskultur wird demnach auch von den auftretenden Problemen determiniert. Diese Problemsituationen resultieren nicht nur aus organisationsinternen Faktoren, sondern auch aus organisationsexternen Bedingungen. An dieser Stelle wird der Bezug zur Kontingenzforschung deutlich.

Um die Grenzen der Organisationskultur erforschen und erklären zu können, dürfen diese Grenzen nicht durch die Organisationskultur selbst gesetzt werden, sondern müssen unabhängig von ihr formuliert werden.

---

[198] Vgl. Sackmann 1983, S. 398; vgl. Schein 1985, S. 209ff.
[199] Ebers 1985, S. 165 merkt an, daß Schein andere Mechanismen sozialen Lernens außer acht läßt, so z.B. Lernen durch Beobachtung und Imitation, vgl. Bandura 1977.
[200] Vgl. Schein 1985, S. 52ff.
[201] Vgl. Schein 1985, S. 65ff.

Die Perspektive der Organisationsmitglieder, die aus der Organisationskultur resultiert, darf nicht das Maß aller theoretischen Dinge sein.[202] In dieser Konzeption muß sich die Organisationskultur an einem bestimmten Maßstab (erfolgreiche Problemlösung) bewähren, um Geltung zu erlangen. Dieser Maßstab wird sowohl organisationsintern (interne Integration) als auch extern (externe Anpassung) determiniert. Die Ausformung der Organisationskultur ist damit also in Teilen unabhängig von der Konstruktionsleistung der Organisationskulturträger. Daraus entsteht die Möglichkeit die Bedingtheit, die Grenzen der Organisationskultur unabhängig von ihr erforschen und erklären zu können. Daraus folgt, daß das Handeln und die Wahrnehmung in einer Gruppe zwar durch ihre Kultur vermittelt werden kann, aber nicht durch die Kultur, sondern von anderen Einflüssen bestimmt werden.[203]

Stabilisiert wird die Organisationskultur dadurch, daß sie funktioniert (siehe „Positive Problemlösung" in Kap. 1.3.1). Vermittelt wird die Unternehmenskultur ihren Mitgliedern nach Schein v.a. durch Führungsprozesse, weil durch sie Erwartungen deutlich gemacht werden und Verhalten und Einstellungen sanktioniert werden.

Einer *bewußten Kulturentwicklung* geht bei Schein eine *Kulturanalyse* voraus, in der die unbewußten grundlegenden Annahmen analysiert werden sollen. Bezüglich des methodischen Vorgehens formuliert Schein unter der Überschrift „Joint Exploration Through Iterative Interviewing" ein zehnstufiges Phasenschema der Kulturanalyse.[204] Schein wählt die idiographische Vorgehensweise: Datenerhebung als auch -auswertung muß eine gemeinsame Aktion von Analysierenden (Forscher) und Analysierten (Organisationsmitglieder) sein. Der Forscher muß so lange in die spezifische Kultur langsam hineinwachsen, immer wieder mit den Kulturträgern kommunizieren und Ereignisse und Gegebenheiten hinterfragen, bis er zu den grundlegenden Annahmen vordringt. Hilfestellung bieten dem Forscher auch hier die Symbole, wobei die hinter den Symbolen liegenden Annahmen und Werte fokussiert werden. Mit den so analysierten grundlegenden Annahmen *(Diagnose der Ist-Kultur)* ist die Grundlage für eine Kulturentwicklung geschaffen. Die Formulierung der *Soll-Kultur* orientiert sich an den zu erfüllenden Funktionen einer Orga-

---

[202] Vgl. Ebers 1985, S. 160.
[203] Vgl. Ebers 1985, S. 163.
[204] Vgl. Schein 1985, S. 113ff.

1.3 Reflektiert-funktionalistische Konzeption

nisationskultur. Die primäre Funktion sieht Schein in Anlehnung an Parsons und Merton in der Überlebensfähigkeit der Organisation, dafür muß sie die auftretenden Probleme erfolgreich zu lösen wissen.[205]

Nimmt man an, daß sich die Organisationskultur und organisationsinterne (z.B. Handlungen der Unternehmensmitglieder) bzw. -externe Faktoren (z.B. gesellschaftliche oder ökonomische Bedingungen) gegenseitig beeinflussen und die Organisationskultur reflektierbar ist, impliziert dies die Möglichkeit der Gestaltbarkeit der Organisationskultur. Die Gestaltungsmöglichkeiten oder besser: Möglichkeiten einer Kurskorrektur sind jedoch aufgrund der Annahmen wesentlich stärker eingeschränkt als in der funktionalistischen Konzeption.

Den Kurskorrekturen von Organisationskulturen geht ein Bewußtwerdungsprozeß der Organisationsführung voraus. Das Management muß versuchen die Hintergrundüberzeugungen, Werte, etc. ihrer gegenwärtigen Managementpraxis und deren Wirkung auf die Mitarbeiter so weit wie möglich zu reflektieren.

Schein verbindet das Konzept der Organisationskultur mit dem der Organisationsentwicklung. Dabei sollen die Mitarbeiter zwar nicht als Objekte funktionaler Verhaltenssteuerung, sondern als Subjekte eines organisationalen Lernprozesses, den sie mitgestalten, verstanden werden. Jedoch betont Schein stark den Einfluß der Führung auf Prozesse der Organisations- und Kulturentwicklung.[206]

Die konkreten Maßnahmen zur Gestaltung der Organisationskultur sind bei Schein recht umfassend und schwierig zusammenzufassen. Damit man jedoch einen Einblick in Gestaltungsmaßnahmen innerhalb dieser Konzeption bekommt, sollen hier Maßnahmen von Sackmann kurz aufgezählt werden. Sackmann läßt sich mit ihrem Verständnis von Organisationskultur der reflektiert-funktionalistischen Konzeption zuordnen.

Sackmann schlägt folgende Bereiche für konkrete Handlungen zur Kulturgestaltung vor[207], wobei je nach Dringlichkeit diese Maßnahmen evolutionären oder revolutionären Charakter bekommen:

a) Im Rahmen des Personalmanagements:

---

[205] Vgl. Schein 1985, S. 50.
[206] Vgl. Schein 1985, S. 209ff.
[207] Vgl. Sackmann 1990, S. 164ff.

- Personalplanung und -selektion: z.B. Einstellung neuer Mitarbeiter mit Denk- und Verhaltensweisen, die in der Organisation wünschenswert, jedoch nicht vorhanden sind,
- Einführung neuer Mitarbeiter: z.B. bewußtes Bereitstellen von Orientierungshilfen,
- Aus- und Weiterbildung: z.B. zeigen die Inhalte der Aus- und Weiterbildungsmaßnahmen den Mitarbeitern Prioritäten der Organisation auf,
- Managementdevelopment: z.B. Job Rotation.

b) Im Rahmen der Gestaltung von Kontextbedingungen: Organisationsstruktur, Entlohnung, Managementsysteme, Technologien, Architektur, Raumgestaltung u.a. müssen mit den wünschenswerten Denk- und Verhaltensweisen abgestimmt sein und sie unterstützen.

c) Zudem betont auch Sackmann die Bedeutung des symbolischen Managements: „Eine kulturbewußte Führungskraft weiß um ihre wichtige kulturelle Orientierungsfunktion und arbeitet mit ihr im kulturgestalterischen Sinne."[208]

1.3.3 Zusammenfassung und kritische Würdigung der reflektiert-funktionalistischen Konzeption

Schein bleibt mit seiner Organisationskulturkonzeption dem funktionalistischen Paradigma, der Kontingenzforschung und damit dem dort beschriebenen Organisationsverständnis treu. Allerdings ist seine Konzeption wesentlich fundierter als die im Kapitel 1.1 beschriebene. Er sieht den Kern der Organisationskultur nicht nur in sichtbaren Artefakten, sondern v.a. in grundlegenden Annahmen. Die Organisationskultur ist nicht unproblematisch vom Management steuerbar und ist eine alles beeinflussende Größe. Schein fundiert seine Konzeption mit theoretischen Modellen der Verhaltenswissenschaften, welche hier nicht im Detail unter die Lupe genommen werden sollen. Sie bieten zwar keine lückenlose Erklärung der Entstehung, Entwicklung und Stabilisierung der Organisationskultur, aber immerhin Ansatzpunkte für Probleme und Lösungen bei der Gruppenentstehung, für die Entwicklung grundlegen-

---

[208] Sackmann 1990, S. 179.

der Annahmen, eines gemeinsamen Rahmens der Wirklichkeit und eines gemeinsamen Kommunikationssystems zum Zwecke des gemeinsamen Verstehens. Folgende Punkte sollen jedoch kritisch betrachtet werden:

1. Die sehr kurz gefaßten Modelle zur Führungstheorie fundieren und rechtfertigen nicht das Ausmaß an Führungseinfluß, welchen Schein der Führung in seiner Konzeption zugesteht. In der Konzeptionsbeschreibung greift Schein v.a. die angeführte Lerntheorie – also die beiden Lernmechanismen – als theoretische Basis auf. Organisationskultur ist für Schein das Resultat von Gruppenlernen: Es bestehen interne und externe Probleme, die Gruppe arbeitet Lösungen aus, hinter denen grundlegende Annahmen stecken, funktionieren die Lösungen, werden sie wiederholt, womit die Annahmen tiefere Wurzeln schlagen und Teil der Kultur werden, welche Orientierungen zum Handeln bieten.

2. Die interne bzw. externe Legitimierung (interne und externe Probleme müssen erfolgreich gelöst werden) der Organisationskultur sind von ihr zu erfüllende Bedingungen, welche die Möglichkeit bieten, die Kultur unabhängig von ihr selbst zu erklären. Damit gewinnt diese Konzeption gegenüber der interpretativen Konzeption Erklärungskraft, da sie deren zirkuläre Erklärung aufbricht. Die Organisationskultur wird nicht mehr als unabhängige (bzw. ausschließlich von der Konstruktionsleistung der Organisationskulturträger abhängige – wie bei der interpretativen Konzeption), sondern als von internen bzw. externen Determinanten abhängige Variable konzeptualisiert.

Bei näherer Betrachtung ist dies jedoch auch nicht ganz richtig, da die in diesen Ansätzen thematisierten Probleme nicht objektiv gegeben sind, sondern durch den Interpretationsfilter Organisationskultur wahrgenommen werden. Insofern sind sie nicht unabhängig von der Organisationskultur. Wenn also die Organisationskultur definiert, was ein Problem ist und was nicht, kann sie wiederum nicht unabhängig von ihr selbst erklärt werden. Es müssen also die Gründe genannt werden, die Probleme zu Problemen machen, es müssen die Herkunft und Geltung der Interpretationen unabhängig von der Organisationskultur analysiert werden.[209] Es müssen, z.B. durch organisationskultur-übergreifende Vergleiche, organisations-exogene Maßstäbe entwickelt werden, an denen sich die Organisationskultur zu bewähren hat, die ihren Gehalt determinieren.[210]

---

[209] Vgl. Ebers 1985, S. 168.
[210] Vgl. Ebers 1985, S. 168.

3. Ein weiterer Kritikpunkt an der Lernprozeß-Konzeption stammt von modernen Ethnologen. Sie vertreten die Ansicht, daß man menschliches Kulturverhalten nicht ausschließlich mit dem Aspekt „optimale Problemlösung" erklären kann. Die Basis einer Kultur resultiert nicht nur aus erfolgreichen Problemlösungsmustern. „Kultur" ist eher als ein dynamisches Netz zu verstehen, auf welches sehr viele Elemente Einfluß nehmen, wie z.B. sämtliche harte und weiche Faktoren eines Unternehmens.[211] Zudem impliziert die Annahme, daß die Kultur v.a. aus erfolgreichen Problemlösungen resultiert einen recht gradlinigen, tendenziell rationalen[212] Entstehungsweg. Das Phänomen „Kultur" ist derart eindimensional und instrumentell nicht zu erklären.

4. Schein's Kulturanalyse bietet eine recht sinnvoll erscheinende Möglichkeit, eine spezifische Organisationskultur größtenteils identifizieren zu können. Allerdings fehlen auch hier (wie bei den methodischen Vorschlägen innerhalb der interpretativen Konzeption) organisationsübergreifende Kriterien, anhand derer man die spezifischen Charakteristika einer Organisationskultur einordnen und somit mit anderen vergleichen könnte. So resultieren aus der Kulturanalyse bestenfalls Einzelfallstudien.

5. Zur Entwicklung der Organisationskultur: Die Organisationskultur ist von der Organisationsführung nur teilweise reflektierbar, da das Management, ebenso wie alle Organisationsmitglieder, der Kultur verhaftet sind. Insofern ist es fraglich, ob die Maßnahmen zur Gestaltung der Organisationskultur tatsächlich das bewirken, was von der Organisationsführung damit bezweckt wird. Bzgl. der Formulierung der Soll-Kultur ist zu Scheins primären Ziel für eine Organisation und damit auch für ihre Kultur „Überlebensfähigkeit" kritisch anzumerken, daß eine solche Aussage schnell zu einer verkürzten Sichtweise führt: Organisationen und ihre Kulturen haben mannigfaltige Ziele und Funktionen und es geht nicht nur um das „Ob", sondern auch um das „Wie", die Art und Weise des Überlebens.

Grundsätzlich läßt sich zum Thema „Organisationsentwicklung" anmerken, daß Schein die Organisationsmitglieder als Subjekte ansieht, er also unter Organisationsentwicklung keine Sozialtechnologie (Organisa-

---

[211] Vgl. Helmers 1993, S. 163.
[212] Zur Kritik an dem Glaube der Rationalität in Unternehmen siehe Kap. 2.5 dieser Arbeit.

tionsführung wandelt die Organisation top-down), sondern einen organisationalen Lernprozeß versteht. Dafür räumt Schein der Organisationsführung jedoch eine sehr weitreichende Rolle im Zusammenhang mit der Organisationskultur ein. Z.B. vertritt er die Meinung, daß Führungsprozesse für die Vermittlung der Organisationskultur ausschlaggebend sind, so daß sozialer Konsens für die Geltung der Organisationskultur nicht zwingend erforderlich ist. Die Organisationskultur kann auch mittels Macht durchgesetzt werden. So mutet es teilweise an, daß sich unter dem Titel „partizipativer Lernprozeß" der Inhalt „Sozialtechnologie" verbirgt.[213] Zudem überrascht es, daß Schein Kultur als Resultat von Gruppenlernprozessen konzipiert, das Thema „Subkulturen" jedoch weitgehend ausgespart wird.

6. Den „Endaussagen" dieser Konzeption kann vielfach zugestimmt werden: dem Drei-Ebenen-Modell, den Annahmen, daß die Kultur mühsam aber dennoch hintergehbar ist, dem Vorschlag der Kulturdiagnose und daß die Kulturentwicklung über soziale Lernprozesse in Gang zusetzen ist. Das Problem dieser Konzeption ist jedoch der zugrunde liegende theoretische Ansatz, die Kontingenzforschung, der den Weg zu den „Endaussagen" in einer Weise beschreibt, die im weiteren nicht beibehalten werden soll: Prozesse, wie aus erfolgreichen Problemlösungen gemeinsam geteilte Grundannahmen in den Köpfen der Organisationsmitglieder entstehen, werden nicht explizit thematisiert, aber implizit (infolge der theoretischen Annahmen) wird davon ausgegangen, daß alle Organisationsmitglieder die positiven Erfahrungen gleichermaßen über ihre Sinnesorgane objektiv wahrnehmen und dann im Gehirn speichern.

Die Organisationskultur hat die Aufgaben der externen Anpassung und der internen Integration – dafür soll die Kultur Werte und grundlegende Annahmen entwickeln, welche Handlungsorientierung leisten. Dafür wählt Schein Maßnahmen aus den Verhaltenswissenschaften, die annehmen, das Verhalten von Individuen determinieren zu können. Dieser Annahme und die der objektiven Wahrnehmung wird in Kap. 1.5 widersprochen.

---

[213] Um detaillierter Schwächen von Scheins Organisationsentwicklungsmaßnahmen aufzuzeigen, hätte man diese detailliert darstellen müssen. Sowohl die Darstellung der Maßnahmen als auch deren Kritik ist zweifellos ein interessantes Thema, aber für den weiteren Verlauf dieser Arbeit nicht wesentlich. Grundsätzliche Kritik an Organisationsentwicklungskonzepten thematisiert z.B. Pfriem 1995, S. 365ff.

1.4 Lebensweltlich-systemische Perspektive nach P. Ulrich

1.4.1 Theoretische Basis

Kognitive Perspektive – Phänomenologie:

In Kapitel 1.2 dieses Abschnittes wurden Charakteristika des interpretativen Paradigmas dargelegt. Es wurde erwähnt, daß die Ansätze innerhalb der Betriebswirtschaftslehre, welche dem interpretativen Paradigma angehören, in zwei Gruppen gegliedert werden können: symbolische und kognitive Ansätze. Die symbolische Unternehmenskultur-Konzeption und ihre theoretische Basis, der symbolische Interaktionismus, wurden in Kapitel 1.2 bereits vorgestellt. Die Darstellung der kognitiven Perspektive hätte grundsätzlich innerhalb der interpretativen Konzeption erfolgen müssen. Da jedoch Peter Ulrich hinsichtlich einer Unternehmenskulturkonzeption die kognitive Perspektive sinnvoll mit der systemischen verknüpft hat, soll sie erst an dieser Stelle erläutert werden.

Die kognitive Forschungsrichtung basiert auf der phänomenologischen Erkenntnisphilosophie der Sozialwissenschaften.[214]

In diesem Ansatz geht man, ebenso wie beim symbolischen Interaktionismus, davon aus, daß es keine objektiv gegebene Wirklichkeit gibt, sondern die Wirklichkeit sozial konstruiert wird (Ontologie der interpretativen Ansätze). Insgesamt weist der phänomenologische Ansatz einige Parallelen zum symbolischen Interaktionismus auf. Dies ist kein Wunder, da die Phänomenologen explizit erwähnen, daß sie Gedankengut von den symbolischen Interaktionisten übernehmen.[215] Der phänomenologische Ansatz kann als eine Weiterentwicklung des symbolischen Interaktionismus gesehen werden. Es unterscheiden sich beide Ansätze v.a. hinsichtlich der Erklärung der Entstehung der sozial konstruierten Wirklichkeit. Im Zentrum phänomenologischer Überlegungen stehen Zusammenhänge zwischen menschlichen Denkweisen und sozialer Ordnung.

Das Spezifische am Menschsein ist das gesellschaftliche Sein. Der Mensch verfügt über kein biologisches Instrumentarium, welches ihm eine Stabilisierung menschlicher Lebensweise sichert. Die angeborene

---

[214] Vgl. Schütz 1932, 1962; Schütz/Luckmann 1975; Berger/Luckmann 1971.
[215] Vgl. Berger/Luckmann 1971, S. 18.

Instabilität des Menschen zwingt ihn, eine gesellschaftliche Ordnung zu schaffen, welche der Stabilisierung dient.[216]

Grundlagen einer Gesellschaft ist eine gemeinsame Alltagswelt (Lebenswelt[217]). Die Mitglieder einer Alltagswelt verfügen über einen gemeinsamen Erfahrungshintergrund, gemeinsame Typisierungen, die ihnen fraglos zur Verfügung stehen, da man mit ihnen aufgewachsen ist und sie sich bewährt haben.

Das Alltagsweltwissen[218] ist das Wissen, welches ich mit den anderen Mitgliedern der Alltagswelt teile und als objektiv gegebene Wirklichkeit hinnehme. Der gesellschaftliche Wissensvorrat integriert die Alltagswelt. Jedoch erfaßt ein Mensch nicht den ganzen Wissensvorrat, sondern nur die Teile, die für ihn relevant sind. Man muß sich das so vorstellen, daß die Mitglieder einer Gesellschaft eine recht große gemeinsame Schnittmenge an Wissen haben und darauf aufbauend das Wissen je nach Relevanzen differiert. Da Zweckmäßigkeitsmotive die Alltagswelt leiten, steht Rezeptwissen, das sich auf Routineverrichtungen beschränkt, im gesellschaftlichen Wissensvorrat an erster Stelle. Das Alltagsweltwissen bildet die Basis für Strukturen und Kultur, welche in Form von sozialer Ordnung Stabilität erreichen, d.h. es bildet die Grundlage für die soziale Konstruktion der Wirklichkeit.

Die bewußt erlebte Alltagsweltwirklichkeit[219] wird von pragmatischen Motiven bestimmt, d.h. von Bedeutungen, die direkt zu gegenwärtigen und zukünftigen Tätigkeiten gehören. Die Wirklichkeit dieser Alltagswelt stellt sich als intersubjektive Welt dar. Die Intersubjektivität trennt die Wirklichkeit der Alltagswelt von anderen Wirklichkeiten (z.B. Träumen). Die Wirklichkeit der Alltagswelt ist für ihre Mitglieder die Wirklichkeit par excellence, sie bedarf keiner Verifizierung, sie stellt eine selbstverständliche, zwingende Faktizität dar.

---

[216] Vgl. Berger/Luckmann 1971, S. 54f.

[217] Der Ausdruck „Lebenswelt" geht auf den Phänomenologen Husserl zurück und wird zum einen von Schütz 1962 benutzt, der als erster die phänomenologische Methode der Analyse für die soziale Welt übernommen hat und zum anderen von Schütz/Luckmann 1975. Berger/Luckmann 1971 präferieren für den selben Inhalt den Begriff „Alltagswelt". Die beiden Begriffe werden in dieser Arbeit ebenfalls synonym verwendet.

[218] Zum Alltagsweltwissen: vgl. Berger/Luckmann 1971, S. 43–48.

[219] Zur Alltagsweltwirklichkeit: vgl. Berger/Luckmann 1971, S. 21–31.

Aber warum gerinnt nun gesellschaftlich entwickeltes und bewahrtes Wissen zur außer Frage stehenden Wirklichkeit? Wie kommt es zur gesellschaftlichen Konstruktion der Wirklichkeit? Wie entsteht gesellschaftliche Ordnung?

a) Sprache:
Die Sprache kann als Basis der gesellschaftlichen Konstruktion der Wirklichkeit angesehen werden, indem sie folgende Funktionen übernimmt[220]:
1. Die Sprache hat ihre Wurzeln in der Alltagswelt. Sie ist für das Verständnis des Alltagsweltwissens und damit der Wirklichkeit unabdingbar, denn sie ist Speicher und Transporteur von typisierten Erfahrungen und Bedeutungen und wesentliches Medium der Interaktion.
2. Die Sprache stellt vorgeprägte Muster bereit, sorgt somit für die Objektivationen (Vergegenständlichung) meiner alltäglichen, subjektiven Erfahrungen und ordnet die Objektivationen derart ein, daß sie zur Alltagswelt „passen" und die Objektivationen und die Alltagswelt für mich Sinn ergeben.
3. Sie ist fähig, Meinungen, Bedeutungen und Sinn zu vermitteln, obschon diese nicht direkter Ausdruck des Subjekts „hier und jetzt" darstellen. D.h. sie kann Dinge vergegenwärtigen, obwohl sie räumlich, zeitlich oder gesellschaftlich nicht präsent sind.
4. Durch sprachliche Äußerungen meiner eigenen subjektiven Meinung, wird diese mir selber zugänglich und somit „wirklicher".
5. Auch nicht-alltägliche Erfahrungen (z.B. aus einem Traum) werden durch die „Versprachlichung" in die Wirklichkeit der Alltagswelt integriert. V.a. die symbolische Sprache hat die Aufgabe, unterschiedliche Wirklichkeitssphären zu überspannen. „Jede sprachliche ‚Verweisung', kraft deren voneinander abgesonderte Wirklichkeitssphären überspannt werden, kann als Symbol bezeichnet werden"[221] Symbole liegen fern der Erfahrungen in der Alltagswelt, ermöglichen jedoch deren Eingliederung in die Alltagsweltwirklichkeit. Große Symbolsysteme sind z.B. die Religion und die Wissenschaft.

---

[220] Vgl. Berger/Luckmann 1971, S. 24, 28, 39–43, 72.
[221] Berger/Luckmann 1971, S. 42.

6. Die Sprache vergegenständlicht individuelle und gemeinsame Erfahrungen und macht sie allen zugänglich. Damit stellt sie die Basis eines gemeinsamen Wissensbestandes dar.
7. Sie typisiert Erfahrungen, indem sie diese Kategorien zuordnet, so daß die Erfahrungen für mich und meine Mitmenschen sinnvoll erscheinen.

b) Institutionalisierung[222]:
Über die Habitualisierung von Handlungen via Interaktionen entstehen reziproke Typisierungen von Handlungen und von Akteuren. Durch die Typisierungen entstehen Rollen, die zu routinemäßigem Verhalten und verstärkter Arbeitsteilung führen. Die Typisierungen werden zum festen Bestandteil der Welt, konstruieren die Welt also mit. Die gesellschaftliche Wirklichkeit der Alltagswelt wird als ein kohärentes und dynamisches Gebilde von Typisierungen wahrgenommen. Werden die Typisierungen an nachfolgende Generationen weitergereicht, entstehen historische Institutionen, welche den Individuen als objektive Faktizitäten gegenüberstehen, obwohl sie vom Menschen selbst konstruiert sind.

c) Sozialisation[223]:
Die Typisierungen, die an die nachfolgenden Generationen überliefert werden, müssen durch primäre und sekundäre Sozialisation internalisiert werden. Durch die Überlieferung verhärtet und verdichtet sich die Objektivität der institutionalen Welt nicht nur für die Kinder, sondern mittels eines Spiegeleffektes auch für die Eltern.

Einer der entscheidenden Unterschiede zum symbolischen Interaktionismus ist der folgende:

Im Gegensatz zur Lebensform-Perspektive (siehe Kap. 1.2.1) ist die Lebenswelt hintergehbar, d.h. problematisch gewordene Teile der Lebenswelt können reflektiert und somit modifiziert werden. Solange mein gesellschaftliches Wissen befriedigend funktioniert, lasse ich keinen Zweifel an ihm aufkommen. Wenn es versagt (z.B. neue Erfahrungen lassen sich nicht in die bestehende Alltagswelt integrieren, neu anfallende Probleme lassen sich aus dem Alltagswissen heraus nicht lösen),

---

[222] Vgl. Berger/Luckmann 1971, S. 49–98.
[223] Vgl. Berger/Luckmann 1971, S. 139–157.

bezweifle ich es.[224] Die Alltagsweltwirklichkeit enthält Sinnprovinzen (z.B. Träume, Rausch, Ekstase), welche Anstöße geben können, die Alltagsweltwirklichkeit anzuzweifeln. Die Geltung der Lebenswelt muß also immer neu gesichert werden. Zudem ist der ursprüngliche Sinn der Institutionen den nachfolgenden Generationen nicht direkt zugänglich. Aus diesen Gründen bedürfen Institutionen der Legitimation. Legitimation ist ein Prozeß des Erklärens und Rechtfertigens. Die Legitimationen müssen ebenfalls über die Sozialisation erlernt werden. Berger/Luckmann unterscheiden vier analytische Ebenen der Legitimation[225]:

1. Ebene: die legitimierenden Erklärungen sind im Vokabular eingebaut.

2. Ebene: die legitimierenden Erklärungen sind in *theoretischen Postulaten* (z.B. Lebensweisheiten, Sprichwörtern) integriert.

3. Ebene: die legitimierenden Erklärungen stammen aus *spezialisierten Legitimationstheorien*, die von spezifischen Legitimatoren vermittelt werden. Diese Legitimationen liefern geschlossene Bezugssysteme für einen speziellen institutionalisierten Handlungsbereich.

4. Ebene: die legitimierenden Erklärungen sind in *symbolischen Sinnwelten* enthalten. Erfahrungen jenseits der Wirklichkeit der Alltagswelt – sogenannte „Sinnprovinzen", werden durch symbolische Sinnwelten in eine für das Individuum sinnvolle Hierarchie von Wirklichkeiten eingeordnet, wobei die Wirklichkeit der Alltagswelt die Hierarchiespitze einnimmt. Aber nicht nur Erfahrungen außerhalb der Alltagswirklichkeit werden durch symbolische Sinnwelten integriert, sondern auch jene inmitten des Alltagslebens der Gesellschaft. Zudem ordnen symbolische Sinnwelten sämtliche institutionalen Prozesse der Gesellschaft in ein Bezugssystem ein. Damit erhält die Gesellschaft als ganze Sinn und Stabilität.

Der Mensch und die Gesellschaft stehen miteinander in Wechselwirkung: der Mensch konstruiert die gesellschaftliche Wirklichkeit und diese wirkt zurück auf den Produzenten. „Gesellschaft ist ein menschliches Produkt. Gesellschaft ist eine objektive Wirklichkeit. Der Mensch ist ein gesellschaftliches Produkt."[226]

---

[224] Vgl. Berger/Luckmann 1971, S. 45f.
[225] Vgl. Berger/Luckmann 1971, S. 98–112.
[226] Berger/Luckmann 1971, S.65.

„Wissen über die Gesellschaft ist (...) *Verwirklichung* im doppelten Sinne des Wortes: Erfassen der objektivierten gesellschaftlichen Wirklichkeit und das ständige Produzieren eben dieser Wirklichkeit in einem."[227]

1.4.2 Unternehmenskulturkonzeption

Diese Konzeption kann ebenso wie die interpretative bzw. symbolische Konzeption dem jüngeren Kulturzugang von Allaire/Firsirotu *„Kultur als Ideensystem"* zugeordnet werden. Wie in Kapitel 1.2 bereits aufgeführt, wird dieser Kulturzugang nochmals unterteilt. Die lebensweltlich-systemische Konzeption fällt in die Rubrik *„Kultur in den Köpfen der Kulturträger"*. Fokussiert werden hierbei die kognitiven Gemeinsamkeiten der Kulturmitglieder.

Peter Ulrich hat zwei Aufsätze[228] zum Thema „Unternehmenskultur" verfaßt, welche große Aufmerksamkeit auf sich zogen. Ulrich meint, daß es empirisch beobachtbare Phänomene im Unternehmen gibt, welche von der Systemtheorie nicht eingefangen werden, da die Systemtheorie die kollektive, objektive Ebene fokussiert und die kollektive, subjektive Ebene ausblendet. Peter Ulrich definiert das „Nicht-Systemische" als die Kultur einer Unternehmung. Die historische Relativierung des „Systemischen" bietet Ansatzpunkte für eine historische Rekonstruktion der kulturellen Dimension:

Die Begeisterung des Neuen, in diesem Fall die „Entdeckung" des Themas „Unternehmenskultur" darf nicht dazu führen, bisherige Erkenntnisse ad acta zu legen. Die Unternehmung ist nicht mit einer archaischen Miniaturgesellschaft zu vergleichen.[229] Die Unternehmensmitglieder sind nicht mehr bereit, sich der gegebenen Tradition (lat. Überlieferung) zu unterwerfen. Wir leben in einer „modernen" Gesellschaft und die Unternehmen sind ein Subsystem der Gesellschaft. „Modern" heißt in diesem Zusammenhang, daß die Wirkung von Tradition nachläßt und sie statt dessen kritisch hinterfragt und z.T. negiert wird. „Kultur" wird nicht als unhintergehbare Lebensform konzeptionalisiert, sondern als reflektierbare Lebenswelt. Obschon Ulrich „symbolische Interaktion" im Zu-

---

[227] Berger/Luckmann 1971, S. 71.
[228] Vgl. Ulrich, P. 1984, S. 303–325; 1990, S. 277–302.
[229] Vgl. Pondy/Frost/Morgan/Dandrige 1983.

sammenhang mit der Unternehmenskultur als wesentlich erachtet, nutzt er den Symbolischen Interaktionismus nicht als theoretische Grundlage für das „Nicht-Systemische" der Unternehmung. Während Ulrich in seinem ersten Aufsatz die Phänomenologie noch nicht explizit erwähnt hat, betont er in seinem zweiten Aufsatz zur Unternehmenskultur die phänomenologischen Wurzeln der Lebenswelt-Perspektive.[230] Der aus der Phänomenologie stammende Begriff „Lebenswelt" ist also bei Ulrichs Ausführungen zum Thema „Unternehmenskultur" zentral. Aus diesem Grund wurde in Punkt 1.4.1 die Phänomenologie als theoretische Basis von Ulrichs Unternehmenskulturverständnis erläutert.

Das Aufweichen der Tradition ist eine Voraussetzung für die Entstehung von relativ autonomen gesellschaftlichen Subsystemen, die so eine je „,eigensinnige' Funktionsrationalisierung"[231] entwickeln können. „Es kommt zu einer schrittweisen Umstellung der Mechanismen der Handlungskoordination in diesen Bereichen von normativer Sozialintegration auf *funktionale Systemintegration*: nicht mehr traditionelle Hintergrundüberzeugungen und intersubjektive Verständigungsprozesse, sondern formalisierte, versachlichte Steuerungsmechanismen (z.B. Kompetenzzuordnungen und Verfahrensregelungen) leisten jetzt die hauptsächliche Koordination komplexer arbeitsteiliger Prozesse."[232] Die Funktionsrationalisierung sorgt jedoch lediglich für einen möglichst reibungslosen Ablauf der Prozesse in einer Unternehmung, Sinn wird damit nicht vermittelt. Sinngehalte entstammen der Tradition, ist diese jedoch durch Modernisierungsprozesse aufgeweicht, müssen moderne, rationale Formen der Sinnvermittlung, wie z.B. „kommunikativ geschaffene und gepflegte *Sinngemeinschaft* (Konsens)"[233] gefunden werden. Es entsteht also folgender Hexenkreis: Durch den Modernisierungsprozeß verliert die Tradition mehr und mehr ihre Integrationskraft, an ihre Stelle tritt die Funktionsrationalisierung mit dem Ziel, die Prozesse in einer Unternehmung möglichst mechanisch und ohne hohen Kommunikationsbedarf zu organisieren. Durch diese funktionale Systemintegration tritt Tradition noch mehr in den Hintergrund. Sinngehalte können jedoch durch Regeln, Programme etc. nicht vermittelt werden. Es entsteht also ein hoher Kom-

---

[230] Vgl. Ulrich, P. 1990, S. 293ff.
[231] Ulrich, P. 1990, S. 293ff.
[232] Ulrich, P. 1984, S. 309.
[233] Ulrich, P. 1984, S. 310.

1.4 Lebensweltlich-systemische Perspektive

munikationsbedarf, um auf dem modernen Wege Sinn zu finden. Steuerungsinstrumente können zwar die Koordinationswirkung durch Tradition substituieren, jedoch nicht ihre sinnstiftende Kraft. Krisen in modernen Unternehmungen können nicht durch noch mehr Funktionsrationalisierung bekämpft werden, dadurch stürzt man die Unternehmung nur noch weiter in die Krise. Fazit: um den Kommunikationsbedarf nicht zu sehr anschwellen zu lassen, muß an Tradition gerettet werden, was noch zu retten ist, und zudem müssen dann Sinngemeinschaften kommunikativ aufgebaut werden. Diese Aufgabe hat nach Ulrich die Unternehmenskultur. Die Unternehmenskultur umfaßt die Tradition des Unternehmens, soll diese schützen und weiterentwickeln und neue Sinngemeinschaften aufbauen. Aber wie oben bereits erwähnt, darf man die Aufmerksamkeit jetzt nicht ausschließlich diesem Punkt widmen.

Es gilt, die Überlegungen zum Thema Unternehmenskultur mit bestehenden, bewährten Ansätzen zu verbinden. Ein Ansatz, der diese Integration zuläßt, ist die Systemtheorie. Peter Ulrich betont im Zusammenhang mit dieser Integration die paradigmatische Dimension.[234] Jede Konzentration auf eine spezifische Perspektive, z.B. die systemtheoretische, bringt die Verdunklung anderer Perspektiven und Spezifika mit sich.[235] Seiner Meinung nach muß der systemtheoretische Ansatz durch die nicht-systemische (kulturelle) Dimension erweitert werden. Denn diese kulturelle Perspektive kann durch immer komplexere Systemansätze (z.B. evolutionäre Systemansätze) nicht eingeholt werden. Strebt man das Ziel der ganzheitlichen Betrachtung an, gilt es sowohl das Systemische als auch das Nicht-Systemische zu beachten.[236] Ulrich postuliert einen dualen Managementansatz: siehe Abb. 6 „Management als Systemsteuerung und Kulturentwicklung".

Die Unternehmung ist eine „Subkultur" der gesellschaftlichen Lebenswelt und gleichzeitig ein Subsystems des Wirtschaftssystems. Die Unternehmenskultur wird als lebensweltlicher Aspekt des Unternehmens interpretiert. Dennoch wird weiterhin auch die systemische Funktionsrationalisierung beachtet. Damit nimmt Peter Ulrich den Vorschlag von Habermas (1981) auf, der dafür plädiert, gesellschaftliche Institutionen und Prozesse gleichzeitig als Lebenswelt und System zu betrachten.

---

[234] Vgl. Ulrich, P. 1984, S. 303ff.

[235] Vgl. Ulrich, P. 1984, S. 305f.

[236] Vgl. Ulrich, P. 1984, S. 306.

Abb. 6: Management als Systemsteuerung und Kulturentwicklung

	Problemperspektive	Management als Systemsteuerung	Management als Kulturentwicklung
„Welt-Perspektive"	Unternehmenskonzept	Unternehmung als soziotechnisches System	Unternehmung als soziokulturelle Institution
	gesellschaftlicher Erfahrungshintergrund	relativ autonome, funktionsspezialisierte Subsysteme (Wirtschaft, Staatsverwaltung, Wissenschaft)	soziale Lebenswelt (Privatbereich, Öffentlichkeit)
	Dimension gesellschaftlicher Rationalisierung	funktionale (technische, strategische) Systemrationalisierung	kommunikative Rationalisierung der (traditionalen) Lebenswelt
Konzeption der Management-Praxis	fundamentales Managementproblem	Komplexitäts- und Ungewissheitsbeherrschung	Sinnvermittlung und Sinnverständigung
	Konzeption des Managementprozesses	Informationsverarbeitungsprozess	Traditionsentwicklungsprozeß
	Problemlösungsansatz	Sozialtechnologie (zweckrationale Systemgestaltung und -steuerung)	soziale Interaktion (symbolische oder argumentative Schaffung intersubjektiver Sinngemeinschaft)
	Typus der Handlungskoordination	funktionale Systemintegration (formalisierte, unpersönliche Steuerungsmedien)	normative Sozialintegration (traditionale Hintergrundüberzeugungen und kommunikative Verständigung)
	Leitidee des Managementerfolgs	Aufbau strategischer Erfolgspotentiale und operativer Leistungspotentiale (strategisches/operatives Management)	Aufbau symbolischer Sinnpotentiale und kommunikativer Verständigungs-potentiale (symbolisches/konsensorientiertes Management)
	Managementmethoden	Strategien, Strukturen, Programme, Managementsysteme und -techniken (Informations-, Entscheidungs-, Organisations-, Führungs-, Kontrolltechniken)	Rituelle Handlungen und Zere-monien, symbolische Repräsentation und Interaktion, argumentative Konsensfindung, dialogische Ansätze der Team-, Organisations- und Strategieentwicklung
Konzeption der Management-Theorie	Theorie-Leitbild	kausale/funktionale Erklärung von komplexen Wirkungszusammenhängen (Erkennen von Quasi-Naturgesetzen)	genetische Rekonstruktion von Sinnzusammenhängen (Verstehen von Traditionen und Intentionen)
	erkenntnisleitendes Interesse	„Verfügungswissenschaft" (Ausdehnung sozialtechnischer Verfügungspotentiale)	„Verständigungswissenschaft" (Traditionspflege, Traditionskritik, Ausdehnung argumentativer Verständigungspotentiale)
	Wissenschaftsverständnis	Quasi-Naturwissenschaft	Kulturwissenschaft
	Basistheorien	Kybernetik, Allgemeine Systemtheorie, biologische Evolutionstheorie	Hermeneutik, Theorie des kommunikativen Handelns, Kulturgeschichte und Kulturanthropologie

Quelle: Ulrich, P. 1984, S. 321

1.4 Lebensweltlich-systemische Perspektive

„Die Unternehmenskultur kann als die ‚Lebenswelt des Unternehmens' als einer soziokulturellen Institution gedeutet werden. Sie lässt sich dann definieren als die Gesamtheit der (für ihre Mitglieder) vertrauten Selbstverständlichkeiten der betrieblichen Alltagspraxis: ihre tradierten Wissensvorräte und Hintergrundüberzeugungen, Denkmuster und Überzeugungen, Wertvorstellungen und Verhaltensnormen, die im Denken, Sprechen und Handeln der Unternehmensangehörigen regelmässig zum Ausdruck kommen und bewusst oder unbewusst ‚kultiviert' werden."[237]

Entstehung, Stabilisierung und Entwicklung der Unternehmenskultur

Entstehung: Gemäß der theoretischen Grundlage dieser Unternehmenskulturkonzeption, der Phänomenologie, geht man davon aus, daß die Wirklichkeit und damit natürlich auch die Unternehmenskultur sozial konstruiert wird. Die Regelmäßigkeiten der kognitiven Strukturen der Unternehmensmitglieder entwickeln sich aus verbalen und nonverbalen[238] Interaktionsprozessen. Wie auch in der Gesellschaft entstehen in Unternehmungen durch Habitualisierung Typisierungen von Handlungen und Handelnden. Werden diese Typisierungen an neue Mitarbeiter überliefert und bewähren sie sich weiterhin, entsteht ein gemeinsam geteilter Vorrat an Wissen, Hintergrundüberzeugungen etc. – eben eine Unternehmenskultur, die von den Unternehmensmitgliedern als objektiv gegeben angesehen wird.

Stabilität erlangt die Unternehmenskultur folgendermaßen: Die Unternehmenskultur wird nicht als unhintergehbare Lebensform – wie in der interpretativen Konzeption – konzeptualisiert, sondern als beurteilbare *Lebenswelt*[239]. Die Lebenswelt des Unternehmens ist der Erfahrungshintergrund der betrieblichen Alltagspraxis, der uns als vollkommen selbstverständlich gegeben erscheint.[240] Lediglich der Realität nicht mehr

---

[237] Ulrich, P. 1990, S. 295.

[238] Im Gegensatz zur Phänomenologie steht in dem Unternehmenskulturansatz von Ulrich nicht nur die sprachliche Interaktion im Mittelpunkt, sondern auch nonverbaler Interaktion wird eine wesentliche Rolle bei der sozialen Konstruktion der Wirklichkeit eingeräumt.

[239] Ein Vertreter dieses Ansatzes ist z.B. Ulrich, P. 1990.

[240] Vgl. Ulrich, P. 1990, S. 294f.

adäquate Ausschnitte dieser Lebenswelt dringen in das Bewußtsein und werden hinterfragt.[241] Die Unternehmenskultur hat nicht den alleinigen Einfluß auf das Handeln der Unternehmensmitglieder und damit auf die organisatorische Ausformung, sondern die reflektierbare und damit beurteilbare Unternehmenskultur und das Handeln beeinflussen sich gegenseitig.[242] Es wird eine Differenz zwischen der sozialen Konstruktion der Wirklichkeit der Unternehmenskultur und den Kognitionen des Einzelnen angenommen.[243] Daraus folgt zum einen, daß die Unternehmenskultur gestaltbar ist (s.u.) und zum anderen, daß die Geltung der Unternehmenskultur nicht unproblematisierbar gegeben ist, sondern durch Legitimationen stabilisiert werden muß. Folgende *Legitimationsmechanismen* werden im Zusammenhang mit der Unternehmenskultur in der Literatur genannt:

Unternehmensführung: Für die Herausbildung der Unternehmenskultur sind soziale Interaktionen, v.a. in der Unternehmensführung ausschlaggebend. Die Unternehmenskultur wird als legitim anerkannt, wenn die Inhalte angenommen und der Unternehmensführung von den Unternehmensmitglieder die Macht zugeschrieben wird, die Kultur auszuformen.[244]

Tradition: Mythen, Sagas, Ideologien und Geschichten legitimieren die Unternehmenskultur kraft ihrer Tradition.[245]

Konsens: Die Tradition verliert im Zuge der Entwicklung von einer „geschlossenen", traditionellen zur „offenen", modernen Gesellschaft ihre normative Kraft.[246] Traditionen werden nicht fraglos übernommen, sondern hinterfragt. „... die soziale Gemeinsamkeit selbstverständlicher, fraglos akzeptierter Hintergrundüberzeugungen muss im Laufe der fortschreitenden Modernisierung zunehmend durch kommunikativ geschaffene und gepflegte *Sinngemeinschaft* (Konsens) substituiert werden."[247]

---

[241] Vgl. Ulrich, P. 1990, S. 294.
[242] Vgl. Ebers 1985, S. 149ff.
[243] Vgl. Ebers 1985, S. 153.
[244] Vgl. Ebers 1985, S. 155f.
[245] Vgl. Ebers 1985, S. 153f.
[246] Vgl. Ulrich 1984, S. 308.
[247] Ulrich 1984, S. 310.

1.4 Lebensweltlich-systemische Perspektive

Legitimiert wird die Unternehmenskultur für die Unternehmensmitglieder durch ihre Partizipation bei der Kulturentwicklung.

Die Unternehmensmitglieder *stabilisieren* die Unternehmenskultur, wenn bzw. weil sie die Unternehmenskultur als legitim ansehen. Indem die Unternehmenskulturträger somit kulturelle Kompetenz entwickeln, entsteht die Möglichkeit, das Handeln sinnhaft am Handeln anderer auszurichten, wodurch die Unternehmenskultur durch sinnvolle Interaktion stabilisiert wird. Die Unternehmenskultur ist also zugleich Voraussetzung und Folge sinnhaft orientierten Handelns.[248]

Unternehmenskulturentwicklung: Dabei geht es um die Pflege bestehender Tradition und den Aufbau neuer Sinnstiftungspotentiale über Partizipation. Es muß „Management" auch als kultureller Entwicklungsprozeß verstanden werden. Zu diesem Zweck muß die Unternehmensführung erst einmal ihr eigenes Verhalten und die von ihnen geschaffenen oder akzeptierten Strukturen, Strategien, Regeln etc. reflektieren und bezüglich ihrer Wirkung auf die Mitarbeiter überprüfen. Auf dieser Grundlage bieten sich dann nach Ulrich zum einen auf der traditionellen und zum anderen auf der modernen Ebene folgende Ansatzpunkte für ein „kulturbewusstes Management"[249]:

„Symbolisches Management": Über symbolische Kommunikation und rituelle Interaktion ... „kann das Management nun bewusst gepflegte Zeichen setzen, mit denen in stetiger Weise eine strategie-konforme Grundorientierung vorgelebt wird"[250]. Damit soll v.a. bestehende Tradition erhalten und gegebenenfalls weiterentwickelt werden.

„Konsensorientiertes Management"[251]: Es werden den Mitarbeitern vom Management nicht Werte vorgesetzt, sondern mit allen gemeinsam ... „in offenen und unverzerrten Konsensfindungsprozessen dialogische Willensbildung praktiziert"[252], mit dem Ziel, „Sinngemeinschaften" aufzubauen.

---

[248] Vgl. Ebers 1985, S. 152f.
[249] Ulrich, P. 1984, S. 317.
[250] Ulrich, P. 1984, S. 319.
[251] Ulrich, P. 1984, S. 319.
[252] Ulrich, P. 1984, S. 319.

Diese Aktivitäten wirken jedoch nur in dem gewünschten Sinne, wenn sie folgenden Kriterien nachkommen[253]:

a) Die Unternehmensmitglieder dürfen sich nicht fremdbestimmt, sondern als Subjekte der aufzubauenden Sinngemeinschaft fühlen, die durch Engagement im Unternehmen und für sich selbst vorankommen.

b) Sowohl die Anstrengungen auf der traditionellen als auch auf der modernen Ebene müssen mit den institutionalisierten Steuerungssystemen, wie z.B. Strategie und Struktur, konsistent sein.

c) Kulturelle Entwicklungsprozesse dürfen und können nicht bis zum Ende durchgeplant sein, man muß sie z.T. in ihren Ergebnissen offen lassen.

1.4.3 Zusammenfassung und kritische Würdigung der lebensweltlich-systemischen Konzeption

Diese Unternehmenskulturkonzeption stellt einen Mittelweg zwischen der funktionalistischen und interpretativen bzw. symbolischen Konzeption dar. Die Unternehmenskultur wird weder als Steuerungsinstrument mißbraucht, noch wird das Unternehmen einer Religionsgemeinschaft gleichgesetzt und die Unternehmenskultur als unantastbar angesehen.[254] Ulrich gibt der Phänomenologie im Vergleich zum Symbolischen Interaktionismus hinsichtlich der theoretischen Fundierung der Unternehmenskultur den Vorzug. Nutzt man den Symbolischen Interaktionismus als theoretische Basis für die Unternehmenskultur resultieren zwei Gefahren: 1. Die Unternehmenskultur wird als unhintergehbare Lebensform konzeptionalisiert (siehe Kap. 1.2 dieser Arbeit). 2. Es wird versucht, symbolische Interaktionsformen als mythenanaloge Verhaltensmuster zu analysieren, um hieraus Gestaltungsempfehlungen des „symbolischen Managements" zu entwerfen.[255] „Der symbolische Managementansatz überwindet das technokratisch-rationalistische Paradigma nicht, er erweitert im Gegenteil nur sein Anwendungsfeld auf ethisch-kulturelle

---

[253] Vgl. Ulrich, P. 1984, S. 319f.
[254] Vgl. Ulrich, P. 1990, S. 297.
[255] Vgl. Ulrich, P. 1990, S. 287f.

1.4 Lebensweltlich-systemische Perspektive

Voraussetzungen des Führungserfolgs und steigert es dadurch zum Äussersten."[256] Als theoretische Basis für ein kulturbewusstes Management präferiert Ulrich die Phänomenologie, da ihr zufolge das Unternehmen nicht als unhintergehbare archaische Miniaturgesellschaft interpretiert, sondern die Unternehmenskultur als Lebenswelt eines durchaus modern geführten Unternehmens begriffen werden kann. Die lebensweltlich-systemische Konzeption versteht die Unternehmenskultur als einen über Jahre gewachsenen gemeinsamen Vorrat an Wahrnehmungs-, Denkmustern, Wissen, Werten, etc. Die gemeinsamen Wirklichkeitsinterpretationen[257] (Sinngemeinschaften) entstehen durch Interaktionen und sind in den Köpfen der Unternehmensmitglieder verankert. Es ist also nicht fruchtbar, durch Analyse der Interaktionsmuster und anschließender Gestaltung von Interaktionen, Sinn/Kultur zu schaffen. Die Phänomenologie erstickt einen sozialtechnologischen Umgang mit Sinnstrukturen im Keim.[258]

Die Ausführungen von Ulrich werden durch phänomenologisches Gedankengut und Überlegungen von Ebers ergänzt, da diese Ergänzungen im weiteren Verlauf der Arbeit eine Rolle spielen:

− Durch Habitualisierung entstehen Typisierungen von Handlungen und Handelnden. Werden diese Typisierungen überliefert, entwickeln sich Institutionen, es entsteht eine gemeinsam geteilte Lebenswelt, die als objektive Gegebenheiten akzeptiert wird.

− Es wird eine Differenz zwischen der sozialen Konstruktion der Wirklichkeit (Lebenswelt) und den Kognitionen des Einzelnen konzipiert. Die Gemeinsamkeiten der Mitglieder sind nicht lediglich in den symbolischen Interaktionsmustern, sondern in den Köpfen verankert.

− Die Differenz zwischen der sozialen Wirklichkeitskonstruktion und den individuellen Wirklichkeitskonstruktionen und die Annahme, daß die Unternehmenskultur hintergehbar sei, fordert stete Legitimation. Inhalte die der gegenwärtigen Situation nicht mehr adäquat sind, werden kritisiert und können aufgeweicht werden. Indem die Mitarbeiter also nicht der Unternehmenskultur wehrlos ausgeliefert sind,

---
[256] Ulrich, P. 1990, S. 292.
[257] Vgl. Ulrich, P. 1990, S. 284.
[258] Vgl. Ulrich, P. 1990, S. 294.

sondern diese kritisieren und z.T. aufweichen können, muß sich die Unternehmenskultur immer neu rechtfertigen. Dafür stehen Legitimationsmechanismen (siehe Kap. 1.4.1 und 1.4.2) zur Verfügung. Durch erfolgreiche Legitimation wird die Unternehmenskultur stabilisiert.

Entsprechend dieser Auffassung von Unternehmenskultur kann die Unternehmenskultur bewußt beeinflußt werden, allerdings nur in der Form eines kulturbewußten Managements. Die Dimension „Unternehmenskultur" darf jedoch weder als zusätzlicher Funktionszwang mißbraucht werden, noch darf diese Dimension sämtliche anderen überlagern. Ulrich plädiert für einen dualen Managementansatz: Systemsteuerung zur Reduzierung von Komplexität und Ungewißheit und Kulturentwicklung zum Aufbau von Sinnpotential.

Kritik an der Lebenswelt-Konzeption:

1. Die Tatsache, daß *Traditionen* durch Modernisierungsprozesse an Wirkungskraft verlieren, ist im Zusammenhang mit dem Thema „Unternehmenskultur" ein ausschlaggebender Hinweis. Daraus resultiert zum einen die Notwendigkeit der Pflege noch greifender Tradition. Allerdings ist es zweifelhaft, ob die Unternehmensführung in der Lage ist, durch *Reflexion* die Tradition und alles was damit zusammenhängt, zu analysieren.[259] Es besteht dabei die Gefahr, daß die Unternehmensführung sieht, was sie sehen möchte und die Werte etc. vorlebt, die sie selbst präferiert, nicht aber zwangsläufig die Mitarbeiter. Dies kann dann wieder zum Werte-Drill führen. Die Möglichkeit des Aufbaus von Sinngemeinschaften durch Partizipation birgt nicht diese Gefahr. Nur ist es fraglich, ob diese Möglichkeit in der Realität häufig in die Tat umgesetzt wird.

2. Indem die Unternehmenskultur als hintergehbar konzeptualisiert wird, werden – im Gegensatz zur Lebensform-Perspektive – Ansatzpunkte geboten, die Unternehmenskultur unabhängig von ihr zu erklären. Die Legitimationsmechanismen „Unternehmensführung" und „Tradition" nutzen diese Ansatzpunkte jedoch nicht. Es müßte analysiert werden, bzgl. welcher Maßstäbe sich die Unternehmenskultur

---

[259] Vgl. Ulrich, P. 1984, S. 318f.

1.4 Lebensweltlich-systemische Perspektive 93

aus welchen Gründen zu bewähren hat.[260] D.h. welches sind aus welchen Gründen die Quellen der Legitimation, warum hält sich eine Tradition, warum erläßt eine Unternehmensführung spezielle Regeln, warum werden diese als legitim akzeptiert? Es wird jedoch angenommen, daß unternehmensinterne Prozesse (in der Unternehmensführung oder traditionell bedingte) die Gehalte der Unternehmenskultur prägen. Damit kann die Unternehmenskultur nicht unabhängig von ihr selbst erklärt und die Fragen können nicht beantwortet werden. Zudem ist der Legitimationsmechanismus „Unternehmensführung", aufgrund der Gefahr des zusätzlichen Funktionszwanges, wegen der „top-down"-Ausrichtung, kritisch zu sehen. Bezüglich der „Tradition" ist auch an dieser Stelle anzumerken, daß sie durch Modernisierungsprozesse an Wirkungskraft und somit auch an Legitimationskraft verliert und an ihrer Stelle neue Formen der Sinnfindung wachsen (müssen).

Die Legitimation durch Konsens scheint wohl der geeignetste Mechanismus zu sein: Zum einen erlangen partizipativ geschaffene Sinngemeinschaften im Zuge der Modernisierung zwangsläufig einen immer größeren Stellenwert. Zum anderen müssen die Beiträge der Unternehmensmitglieder, die zur dialogischen Willensbildung führen sollen, nicht ausschließlich aus den unternehmensinternen Werten und Wissen resultieren. Denn die Unternehmensmitglieder leben nicht nur im Unternehmen, sondern beziehen auch aus unternehmensexternen Quellen ihr Wissen, ihre Hintergrundüberzeugungen und Werte. Das Konsens-Modell bietet also Ansatzpunkte dafür, auch externe Einflüsse für die Ausformung der Unternehmenskultur mit einzubeziehen und somit die Möglichkeit, die Unternehmenskultur auch unabhängig von ihr selbst erklären zu können. Allerdings ist es fraglich, ob diese Ansatzpunkte ausreichen, um Unternehmenskulturen vergleichen zu können. Und wie will man feststellen, welche Beiträge eher aus unternehmensinternen oder -externen Einflüssen resultieren? Dennoch bietet dieser Legitimationsmechanismus immerhin Möglichkeiten verschiedene Unternehmenskulturen miteinander vergleichen und intersubjektiv überprüfbare Thesen aufstellen zu können. Der zweite Schritt: das „Wie" bleibt jedoch noch ungeklärt. Z.B. wurde bisher noch nicht der Versuch unternommen Krite-

---

[260] Vgl. Ebers 1985, S. 161.

rien ausfindig zu machen, die es erlauben, Unternehmenskulturen einzuordnen und damit vergleichen zu können.

3. *Methoden* werden bei der Lebenswelt-Perspektive gar nicht thematisiert. Es liegt auf der Hand, daß die Unternehmenskultur etwas Einzigartiges darstellt. Wege diese Einzigartigkeit mehr oder weniger zu rekonstruieren, sind bereits gefunden worden. Für die traditionelle, häufig unbewußte Ebene der Unternehmenskultur können Methoden aus der interpretativen bzw. symbolischen Konzeption (siehe Kap. 1.2.1) und auch die Kulturanalyse von Schein (siehe Kap. 1.3.2) herangezogen werden.

Die moderne Ebene der Unternehmenskultur dürfte jedoch – zumindest anfänglich – auf einem bewußteren Niveau angesiedelt sein, so daß hier sogar z.T. Methoden der Befragung einsetzbar sind. Werden die gefundenen Sinngemeinschaften jedoch neuen Mitgliedern überliefert, da sie sich auch über die Zeit bewähren, werden auch sie immer unbewußter (bleiben aber dennoch hintergehbar), so daß wiederum auf idiographische Forschungsmethoden zurückgegriffen werden muß.

4. Die Unternehmung ist ein Subsystem der Gesellschaft und die Unternehmenskultur ist eine Subkultur der gesellschaftlichen Kultur. Die Subkultur „Unternehmung" umfaßt wiederum unterschiedliche Subkulturen, deren Existenz positiv bewertet wird. Ansonsten bleibt das Thema „*Subkulturen*" unberührt.

5. Dieser letzte Kritikpunkt resultiert weniger aus der Unternehmenskulturkonzeption als aus deren theoretischer Grundlage[261]: Beantworten die Phänomenologen tatsächlich die Frage, wie aus individuellen Sinnorientierungen soziale Strukturen erwachsen, die wiederum als „objektive" Beeinflussungsfaktoren des individuellen Selbst- und Weltverständnisses angesehen werden können? Es wird nicht hinreichend geklärt, in welcher Weise etwa soziale Institutionen Anschluß an individuelle Sinnkonstruktionsleistungen finden bzw. wie das Wissen in den gesellschaftlichen Institutionen von den Menschen internalisiert wird. Das sind altbekannte Fragen nach dem *Verhältnis zwischen Individuum und Gesellschaft*. In diesem Zusammenhang sind individuelle Wahrnehmungs- und soziale Kommunikationspro-

---
[261] Vgl. Bardmann 1994, S. 60–65.

1.4 Lebensweltlich-systemische Perspektive

zesse, also grundlegende erkenntnistheoretische Fragestellungen von großem Interesse. Diese wurden von den Phänomenologen jedoch ausgeblendet. Daraus folgt, daß die Phänomenologen zwar das „Konstruiertsein" sozialer Realität gegenüber ihrem „Gegebensein" betonen, aber das eigene „Konstruieren" nicht erkennen und problematisieren. In objektivistischer Beschreibungsmanier soll die Wirklichkeit „da draußen" möglichst objektiv abgebildet werden.

1.5 Autopoietische Konzeption nach C. Kolbeck/A. Nicolai

1.5.1 Theoretische Basis

Autopoiese biologischer Systeme (Maturana/Varela)

Die Basis sämtlicher Ansätze zur Autopoiese lieferte die bereits Ende der siebziger Jahre verfaßte Theorie lebender Systeme der chilenischen Biologen H. R. Maturana und F. J. Varela.[262] Fokussiert wurden v.a. molekulare Prozesse in Zellen und neuronale Prozesse im Nervensystem. Ausgangspunkt ihrer Forschungsarbeiten ist „das Verständnis vom Erkennen als *wirksame Handlung*, das heißt, als eine Handlung, die es einem Lebewesen in einem bestimmten Milieu erlaubt, seine Existenz darin fortzusetzen, indem es dort seine Welt hervorbringt."[263] Ihrer Meinung nach ist das Erkennen nicht ausschließlich auf Prozesse des Nervensystems zurückzuführen, sondern auch im Ganzen des Lebewesens, in der Eigenheit der Organisation des Erkennenden verwurzelt. Lebende Systeme[264] weisen nach Maturana/Varela eine autopoietische Organisation auf. Autopoietische Systeme lassen sich nach Maturana/Varela folgendermaßen charakterisieren:

1. Sie erzeugen sich selbst und bestimmen und erhalten ihre Grenzen selbst. Die Einheit lebender Systeme wird bestimmt „durch ein Netzwerk von Interaktionen der Bestandteile, die (I) durch ihre Interaktionen rekursiv das Netzwerk derjenigen Interaktionen regenerieren, das sie hergestellt hat, und die (II) das Netzwerk als eine Einheit in demjenigen Raum verwirklichen, wo die Bestandteile existieren, indem sie die Grenzen der Einheit als Ablösung vom Hintergrund konstituieren und spezifizieren."[265] Sie zeichnen sich also durch eine zirkuläre Organisation aus.

---

[262] Vgl. Maturana/Varela 1987.

[263] Maturana/Varela 1987, S. 36.

[264] Mit dem Begriff „lebende Systeme" sind hier v.a. lebende Zellen gemeint, da in Zellen eine autopoietische Organisation empirisch nachgewiesen werden konnte. Vgl. Maturana/Varela 1987, S. 53.

[265] Varela 1987, S. 121. Derart beschreibt Maturana autopoietische Systeme; Varela vertritt dagegen die Meinung, daß autopoietische Systeme zudem dadurch gekennzeichnet sind, daß die Prozesse der Reproduktion (Erzeugung aller Systembestandteile durch Interaktionen) im physikalischen Raum stattfinden, Varela 1987, S. 120.

2. Die Identität des Systems ist die autopoietische Organisation.
3. Sie sind selbstreferentiell, d.h. sie beziehen sich im Prozeß der Aufrechterhaltung ihrer Organisation nur auf sich selbst. Die Zustände interagieren zirkulär miteinander. Jeder Zustand ist das Ergebnis von Interaktionen früherer Zustände.
4. Sie sind operational geschlossen. Das System bekommt keine Information (Input) von außen. Sämtliche Informationen, die das System für seine zirkuläre Organisation benötigt, befinden sich in dieser Organisation selbst.
5. Lebewesen unterscheiden sich durch unterschiedliche Strukturen, ihre Organisation ist jedoch identisch. „Unter der Struktur von etwas werden die Bestandteile und die Relationen verstanden, die in konkreter Weise eine bestimmte Einheit konstituieren und ihre Organisation verwirklichen."[266] Die Struktur bestimmt den momentanen Zustand des Systems und dieser bestimmt inwiefern Interaktionen mit dem Medium stattfinden. Die Interaktionen mit dem Medium bringen wiederum Strukturveränderungen mit sich, allerdings nur soweit die autopoietische Organisation nicht gestört wird, denn das würde den Tod für das System bedeuten.
6. Sie sind autonom. Lebende Systeme müssen sich nicht an ihre Umwelt anpassen. Das System selbst, seine Struktur entscheidet, ob externe Einflüsse im System Geltung erlangen oder nicht. Das System ist also strukturdeterminiert. Zustandsveränderungen der Struktur des Systems, die durch externe Einflüsse ausgelöst (nicht verursacht) werden, bezeichnen Maturana/Varela mit dem Begriff „Perturbationen".[267] Lebende Systeme leben in einem Medium (Umwelt), mit dem sie – je nach Zustand – interagieren und von dem sie sich abgrenzen. Das Medium hält die physikalischen Elemente bereit, die das System für die Erzeugung seiner Bestandteile braucht.[268]
7. Die Verbindungen von lebenden Systemen mit dem Medium und mit anderen interagierenden, lebenden Systemen werden mit dem Begriff

---

[266] Maturana/Varela 1987, S. 54.

[267] Vgl. Maturana/Varela 1987, S. 27.

[268] So gesehen sind autopoietische Systeme nur bedingt autonom, denn sie sind auf die physikalischen Elemente in ihrem Medium angewiesen.

„strukturelle Kopplung" bezeichnet. Voraussetzung für diese Verbindungen ist die Verträglichkeit der jeweiligen Strukturen. Dafür müssen sich die strukturdeterminierten Zustände der Systeme aufeinander bzw. auf die Umwelt einstellen, ohne daß die Autopoiese beeinträchtigt wird. D.h. jedoch nicht, daß sich die Struktur des lebenden Systems an die Umwelt anpassen muß, die Strukturveränderungen werden ausschließlich durch das System selbst bestimmt. Die Umwelt löst Zustandsveränderungen lediglich aus.

8. Nach Maturana sind lebende Systeme kognitive Systeme – auch wenn sie nicht über ein Nervensystem verfügen. Autopoietische Systeme bilden kognitive Bereiche aus. Wobei die kognitiven Prozesse der Autopoiese untergeordnet sind, d.h. daß die Art der Autopoiese die Kog-nitionen beeinflussen.[269] Sie „wissen", wie sie sich zu verhalten haben, um ihre Organisation aufrecht zu halten, auch wenn es sich nur um chemische oder physikalische Interaktionen handelt.

Theorie sozialer Systeme (Luhmann[270])

Die neuere Systemtheorie nach Luhmann baut sowohl auf Arbeiten Maturanas und Varelas als auch auf Erkenntnissen des radikalen Konstruktivismus (siehe Kap. 2.1.1) auf. Luhmann kritisiert jedoch an diesen Ansätzen die mangelhafte Erklärung der Entstehung des Sozialen. Zwischen operationell geschlossenen psychischen Systemen können keine parallelen Bewußtseinszustände entstehen. Im radikalen Konstruktivismus konstruieren Beobachter individuell ihre Wirklichkeit. So gibt es im Bewußtsein kein anderes, sondern ausschließlich eigenes Bewußtsein. Es wird nicht erklärt, wie „ich-gleiche" Phänomene in der Außenwelt entstehen, wie übereinstimmende Beobachtungen möglich sind. Durch das Fokussieren der operationalen Geschlossenheit psychischer Systeme hat der radikale Konstruktivismus, Luhmanns Meinung nach, das Verhältnis zwischen psychischen Systemen, deren Wirklichkeitskonstruktionen und der Realität unterbelichtet. Da Individuen die Realität nicht direkt abbilden können, stellt Luhmann nicht das zu Beobachtende, sondern den Beobachter selbst in den Mittelpunkt. Nur die Beobachtung des Beob-

---

[269] Vgl. Maturana 1982, S. 303.
[270] Vgl. Luhmann 1996, 1. Aufl. 1984.

1.5 Autopoietische Konzeption

achters bringt die Bedingungen der Erkenntnismöglichkeiten ans Licht. Luhmanns *„Theorie des Beobachtens"* bildet den Kern seiner „Theorie sozialer Systeme". Darauf aufbauend überträgt Luhmann die Theorie der Autopoiese biologischer Systeme von Maturana/Varela auf soziale Systeme. Hauptargumentationsstränge für diese Übertragung sind folgende Elemente seiner Theorie: *Komplexität, Emergenz und Kommunikation.* Mit der „Theorie sozialer Systeme" will er die Eigenständigkeit, d.h. die Unabhängigkeit sozialer Systeme von psychischen Systemen deutlich machen und die Entstehung und Entwicklung sozialer Systeme erklären. Mit der „Theorie des Beobachtens" möchte Luhmann die Generierung sozialer Realität erklären.

Theorie des Beobachtens:

Die Theorie des Beobachtens liefert die Basis für die Theorie sozialer Systeme. Nach Luhmann liefert die Phänomenologie und der radikale Konstruktivismus keine Erklärung für die Entstehung von Sozialem. Wirklichkeit kann nicht durch die individuellen Konstruktionsleistungen einzelner psychischer Systeme erklärt werden. Luhmann meint, daß soziale Wirklichkeit nur über die rekursive Vernetzung von Beobachtungen konstruiert werden kann. Um dies zu erklären, greift er auf die Differenzlogik von G. Spencer Brown[271] zurück: Jeder Beobachtung liegt eine Unterscheidung zugrunde. Dabei werden beide Seiten der Unterscheidung bezeichnet (markierter Bereich), z.B. Wasser/Land, und alles andere (der Rest der Welt) bleibt unmarkiert. Der markierte Bereich gibt jedoch nicht einen Teil der Welt wieder, da die Realität kognitiv nicht direkt zugänglich ist. Die Unterscheidungen werden also nicht an Wahrheitsfindung, sondern an der Brauchbarkeit, sich in der Welt zurechtzufinden („Viabilität"), geprüft. Will ein Beobachter innerhalb der Welt beobachten, unterscheiden und bezeichnen, liegt dem eine Anfangsunterscheidung zugrunde, nämlich zwischen sich selbst und der Welt. Markiert der Beobachter sich selbst, bleibt die Welt unmarkiert, Erkenntnisse über die Welt sind so nicht möglich. Markiert der Beobachter die Welt, verbleibt er im unmarkiertem Bereich. Sich selbst und seine Unterscheidung kann der Beobachter selbst nicht sehen (blinder Fleck). Um den blinden Fleck sichtbar zu machen, muß ein anderer Beobachter den

---

[271] Vgl. Spencer Brown 1969.

Beobachter und seine Unterscheidung beobachten. So wird der unmarkierte Bereich der Beobachtung erster Ordnung zum markierten Bereich der Beobachtung zweiter Ordnung usw.

Folgerungen:

1. Erkennen ist nicht die individuelle Konstruktion einzelner psychischer Systeme.

2. Nur über die rekursive Vernetzung von Beobachtungen, die Zeit voraussetzt, läßt sich soziale Realität erklären. Soziale Realität ist das, „was im Beobachten einer Mehrheit von Beobachtern als ihnen trotz ihrer Unterschiedenheit übereinstimmend gegeben beobachtet werden kann."[272]

3. Die rekursive Vernetzung von Beobachtungen läßt eine Unterscheidungsgeschichte entstehen. Die Benutzung dieser Unterscheidungsgeschichte konstituiert ein System mit eigener Identität, welches sich von seiner Umwelt abgrenzt. Das System ist von anderen Systemen beobachtbar, allerdings mit ihnen fremden Unterscheidungen.

4. Erkenntnis ist nur über die selbstreferentielle Zirkularität (Beobachtung der Beobachtung) eines Systems möglich.

5. Kontakt mit der Realität ist – im Gegensatz zum radikalen Konstruktivismus – nach Luhmann möglich.[273]

---

[272] Luhmann 1990a, S. 41.

[273] Radikale Konstruktivisten und Luhmann sind sich einig, daß die Welt/Realität kognitiv nicht direkt zugänglich ist. Die radikalen Konstruktivisten argumentieren gemäß dem Prinzip der unspezifischen Codierung, daß das kognitive System aufgrund von Erregung/Irritation/Perturbation sogenannte „Klicks" aufnimmt, die nichts über die Natur der Erregungsursache aussagen. Wahrnehmung und Interpretation finden im Gehirn statt. Es werden die Wirklichkeitskonstruktionen gespeichert, die auf die Realität „passen", nicht die, welche der Realität möglichst nahekommen. Luhmann kritisiert diese Konstruktion. Er meint, daß die Umwelt nicht nur Rauschen (unspezifische Codierungen: „Klicks") sein kann. Der Aufbau von Neuronenstrukturen, welche die Klicks interpretieren, würde zu viel Zeit benötigen. In diesem Zusammenhang hält Luhmann dem Radikalen Konstruktivismus vor, daß er jeglichen Realitätskontakt bezüglich der Wirklichkeitskonstruktion ablehnt. Dagegen konstruiert Luhmann über die Theorie der Beobachtung gemäß der Differenzlogik von Spencer Brown, daß wir über spezifische Unterscheidungsgeschich-

1.5 Autopoietische Konzeption

Die Theorie der Beobachtung und damit die Erklärung der Entstehung sozialer Wirklichkeit ist der erste Schritt Luhmanns, das Individuum nicht als Element eines sozialen Systems zu definieren. Luhmann zimmert sein Theoriegerüst auf einer „darüber schwebenden" Ebene. Soziale Wirklichkeit ist das Produkt aus der rekursiven Vernetzung von Beobachtungen, sie entsteht nicht aus den einzelnen Beobachtungsleistungen einzelner Individuen.

Komplexität:

Den Komplexitätsbegriff benutzt Luhmann[274] in zweierlei Hinsicht: zum einen in Bezug auf das System selbst und zum anderen in Bezug auf dessen Umwelt. Basis für den Komplexitätsbegriff hinsichtlich des Systems ist die Differenz von Elementen eines Systems und deren Beziehungen. Bei Zunahme der Anzahl der Elemente nehmen die möglichen Beziehungen zwischen den Elementen überproportional zu. Deshalb muß ein System mit den Beziehungen innerhalb des Systems selektiv umgehen. Genau dies zeichnet komplexe Systeme aus.

Der Begriff „Umweltkomplexität" bezeichnet eine Einheit, die erst durch die System-Umwelt-Differenz Bedeutung erfährt. Das, was das System nicht ist, gehört zur Umwelt des Systems. Das System grenzt sich durch die eigene Unterscheidungspraxis von der Umwelt ab (siehe unter „Kommunikation"). Die Umwelt gewinnt nur in Bezug zu einem bestimmten System bestimmbare Komplexität. Je nach Wahrnehmungs-, Rekombinations- und Erfahrungsvermögen erfaßt das System die Umweltkomplexität. Die Umwelt ist immer komplexer als das System, d.h. kein System kann Punkt-für-Punkt-Beziehungen zu seiner Umwelt aufbauen.[275] Es besteht also ein Komplexitätsgefälle zwischen System und Umwelt.

---

ten (Codes und Programme – siehe unten) wahrnehmen. Über Programme können Daten aus der Umwelt aufgenommen werden, welche dann in Differenz zum einen oder anderen Wert des Codes gesetzt werden (informationale Offenheit). Die Realität wird über Unterscheidungen konstruiert, wobei Erkennen den Rückgriff auf vorangegangene Unterscheidungen als Differenzierungsgrundlage voraussetzt. Vgl. zu dieser Interpretation von Luhmann und dem Radikalen Konstruktivismus Kolbeck/Nicolai 1996, Kap. 1.4 und 2.1.

[274] Vgl. Luhmann 1996, S. 45ff.
[275] Vgl. Luhmann 1990, S. 33.

Wie kann ein System in einer sehr viel komplexeren Umwelt bestehen und sich reproduzieren? Durch Steigerung der Systemkomplexität: Komplexere Systeme können mehr und verschiedenartigere Beziehungen zur Umwelt herstellen und sich damit auf eine komplexere Umwelt einstellen.[276] Welche Strukturen können diesen Anforderungen gerecht werden? Systeme produzieren im Zuge ihrer autopoietischen Organisation eigene Strukturen. Strukturen steigern die Selektion des Systems, d.h. sie regulieren die Beziehungen der Elemente. Mit dem Ausbau von Strukturen und damit der Selektion und damit der Regulation der Beziehungen der Elemente steigert das System seine Eigenkomplexität. Die Umwelt kann das System zu Strukturentwicklung und -veränderungen anregen, wobei die autopoietische Organisation gewährleistet bleiben muß, aber nicht zur Anpassung zwingen. Die autopoietische Organisationsform ermöglicht die Existenz von Systemen, die durch Strukturen hohe Eigenkomplexität aufweisen, d.h. Umweltkomplexität reduzieren können.[277] Nach Luhmann legitimiert die System-Umwelt-Differenz die Systemtheorie, nicht das Problem der Erhaltung von Beständen, sondern das Komplexitätsproblem zu fokussieren.

Emergenz:

„Emergenz bezeichnet das plötzliche Auftreten einer neuen Qualität, die jeweils nicht erklärt werden kann durch die Eigenschaften oder Relationen der beteiligten Elemente, sondern durch eine jeweils besondere selbstorganisierende Prozeßdynamik."[278]

Das Beziehen der Emergenzthese auf soziale Systeme betont deren eigene Entität, die Besonderheit, die Eigenständigkeit. Diese Entität kommt nicht durch die Elemente an sich, sondern durch besondere selbstorganisierende Prozesse zustande, welche die Elemente hervorbringen.

Luhmann bezieht die Autopoiese auf soziale Systeme. Dabei holt er sich Anregungen aus der Autopoiese des Lebens (Maturana, Varela), aber versteht die Autopoiese sozialer Systeme aufgrund des Gedankens der Emergenz als etwas vollkommen Eigenständiges. Elemente des

---

[276] Vgl. Luhmann 1990, S. 35.
[277] Vgl. Luhmann 1990, S. 37.
[278] Krohn/Küppers 1992, S. 7f.

sozialen Systems sind bei Luhmann Kommunikationen. Ein soziales System ist kein biologisches System höherer Ordnung, sondern ein Kommunikationssystem. „Autopoietische Systeme höherer Ordnung, wie Sozialsysteme, können dadurch entstehen, daß sich emergente Einheiten höherer Ordnung bilden, die als Elemente im System verwendet werden."[279]

Luhmann verbannt psychische Systeme in die Umwelt sozialer Systeme. Allerdings haben psychische Systeme einen Sonderstatus: Soziale und psychische Systeme interpenetrieren einander, d.h. sie sind gegenseitig Umwelt und halten Komplexität füreinander bereit.[280] Psychische Systeme sind Voraussetzung für soziale Systeme, da Kommunikation ohne psychische Systeme nicht möglich ist. Psychische Systeme werden als innere Umwelt definiert. Geschehnisse aus der äußeren Umwelt können nur über den Filter „Bewußtsein" zu Kommunikationen transformiert werden und so in das soziale System gelangen.

Die Verbannung psychischer Systeme aus sozialen Systemen ist für Luhmann die Bedingung für emergente Phänomene in Sozialsystemen. Mithilfe von Emergenz können soziale Systeme unabhängig von bestimmten psychischen Systemen entstehen. Erklärt wird diese These durch „Rekursivität" und „doppelte Kontingenz": Zwei psychische oder soziale Systeme (alter und ego) mit jeweiligem Kontingenzraum (kontingent: so oder auch anders möglich) stehen sich gegenüber. Die Selektion und die Komplexität der operational geschlossenen Systeme verhindern, daß sie sich gegenseitig durchschauen können. Beide Systeme bestimmen ihr eigenes Verhalten durch komplexe selbstreferentielle Operationen innerhalb ihrer Grenzen. Unabhängig davon versuchen beide, das Verhalten am jeweils anderen (alter) auszurichten. Das Verhalten wird abgefragt, wie es vom Gegenüber (alter) wahrgenommen wird. Wegen der Undurchsichtigkeit ergänzen sich die jeweils gewählten Verhaltensweisen jedoch nicht, sondern führen zur gegenseitigen Behinderung. Diese gegenseitige Behinderung kann nicht durch die Systeme selbst aufgelöst werden. Versuchen die beiden Systeme jedoch zu kommunizieren (wobei hier „Kommunikation" unabhängig vom psychischen System definiert wird), so liefert diese Störung einen Anknüpfungspunkt, nach dem das System sein Handeln ausrichten kann. An das Verhalten des

---

[279] Drepper 1992, S. 106.
[280] Vgl. Luhmann 1996, S. 291.

einen Systems schließt das andere System sein Verhalten an. So entstehen über Kommunikationen Erfahrungen. Durch die rekursive Vernetzung von Kommunikationen entstehen Strukturen (Verhaltenserwartungen s.u.), an denen sich psychische Systeme in ihrem Verhalten orientieren können, Soziales entsteht. Die Rekursivität innerhalb der doppelten Kontingenz zeigt Möglichkeiten auf, wie soziale Systeme unabhängig von den Intentionen der beteiligten Systeme entstehen. „Soziale Systeme entstehen auf Grund der Geräusche, die psychische Systeme erzeugen, bei ihren Versuchen zu kommunizieren."[281]

Kommunikation:

Luhmann erklärt Kommunikation zum Letztelement sozialer Systeme, als die Grundoperation, aus der sich ein soziales System konstituiert.
  Dabei versteht Luhmann unter Kommunikation einen dreistelligen Selektionsprozeß[282]:

– Selektion einer Information: Es wird selektiert, was zur Information gemacht werden soll, also *was* mitgeteilt werden soll. Die Information wird durch die Kommunikation aus dem Bereich des Möglichen selektiert. Die selektierte Information macht Kontingenz deutlich: sie zeigt auf, was außer ihr hätte gewählt werden können.

– Selektion der Mitteilung dieser Information: Es wird ausgewählt, wem gegenüber und *wie,* auf welche Art und Weise die Information mitgeteilt werden soll, z.B. schriftlich oder mündlich, verbal oder nonverbal.

– Selektives Verstehen oder Mißverstehen dieser Mitteilung und ihrer Information: Vom Adressaten wird selektiert, was er rezipiert. Das Verstehen oder Mißverstehen ist als soziale, nicht psychische Operation zu verstehen. Es geht nicht um die Übertragung der Information, sondern um die Eröffnung von Anschlußmöglichkeiten der Kommunikation über die vom Adressaten (alter) beobachtete Differenz von Information und Mitteilung.

Die drei Selektionen bauen nicht linear, sondern zirkulär aufeinander auf.

---

[281] Luhmann 1996, S. 292.
[282] Vgl. Luhmann 1996, S. 193ff.

1.5 Autopoietische Konzeption

Anhand dieses Verständnisses von Kommunikation kann die Entstehung des Sozialen auf der Basis von Kommunikationen (nicht von psychischen Systemen) deutlich gemacht werden.

Die Sicherstellung der Anschlußfähigkeit von Kommunikation ist elementare Voraussetzung für das soziale System. Wie wird die Anschlußfähigkeit gewährleistet? Durch Selbstbeobachtung und Reduktion von Kommunikation auf Handlung: Das System muß sich selbst beobachten, um fremde von systemzugehöriger Kommunikation zu unterscheiden, um weitere Kommunikation an die eigene anschließen zu können. Die Kommunikation selbst ist jedoch nicht beobachtbar, nicht sichtbar. Deshalb muß Kommunikation auf Handlung reduziert werden. Aber wie? Verstehen (d.h. Anschlußmöglichkeiten eröffnen) kann der Adressat nur, indem er die Differenz zwischen Information und Mitteilung beobachten kann. Dabei kann die Mitteilung als Handlung beobachtet und beschrieben werden. Das System beschreibt sich selbst also als Handlungssystem. Luhmann hält jedoch an der Definition eines sozialen Systems als Kommunikationssystem fest, da Kommunikation im Gegensatz zur Handlung zwei Partner voraussetzt und damit den sozialen Charakter hervorhebt.

Kommt diese Einheit dreier Selektionen zustande, kann Kommunikation an Kommunikation anschließen. Das soziale System reproduziert sich selbst. Unter Kommunikation versteht Luhmann also nicht die Übertragung von Gedanken, Kommunikation findet auf einer eigenen Ebene statt, in die Gedanken nicht eindringen.

Unter Selbstbeobachtung versteht Luhmann die Handhabung von Unterscheidungen; es werden die eigenen Operationen durch eigene Operationen beobachtet (d.h. unterschieden und bezeichnet). Das System muß seine Grenze (Differenz von System und Umwelt) mit Hilfe dieser Differenz beobachten.

Selbstbeobachtung ist eine wesentliche Voraussetzung, damit Kommunikation an Kommunikation anschließen kann, aber *wie* beobachtet das System sich selbst und seine Umwelt? Mit Hilfe der Struktur des Systems, die sich durch einen systemspezifischen Code und dessen Programmierung konstituiert.

Code:

Koevolutiv zur Ausdifferenzierung und Wirklichkeitskonstruktion eines Systems durch die rekursive Vernetzung von Kommunikationen entwickeln sich systemspezifische Kommunikationscodes, mit denen das System Kommunikationen strukturiert und so die Welt beobachtet (unterscheidet und bezeichnet). Um kommunizieren zu können, bedarf es einer Codierung. Damit eine Information mitgeteilt werden kann, muß sie mit Hilfe eines Codes dupliziert werden, d.h. z.B. formuliert werden. So entsteht eine Differenz zwischen aktuell relevanten, nämlich codierten Ereignissen (Informationen) und aktuell irrelevanten, nämlich uncodierten Ereignissen (Störungen, „Rauschen").[283] Über die codierten Informationen entwickeln soziale Systeme spezifische Semantiken, die es dem System ermöglichen, zwischen systemzugehöriger und systemfremder Kommunikation zu unterscheiden. So zwingt die spezifische Semantik die Kommunikationen eines Systems auf „selbstreferentielle, rekursive Laufbahnen"[284]. Die Ausdifferenzierung spezifischer Semantiken und damit die Ausdifferenzierung verschiedener Systeme wird verstärkt.

Codes sind binär strukturiert. Die binäre Codierung hat die Funktion, das System von Tautologien und Paradoxien zu befreien, indem das System seine Operationen an der Differenz des Codes orientieren kann. „Durch Codierung der Kommunikation über Realität erreicht man, daß alles, was aufgegriffen wird, als kontingent behandelt und an einem Gegenwert reflektiert werden kann."[285]

Über die systemspezifische Art, die Welt durch einen systemspezifischen Code zu beobachten, differenziert sich das System von seiner Umwelt, schließt sich von der Umwelt ab. Unterschiedliche Funktionssysteme der Gesellschaft entwickeln spezifische Codes, z.B. Code des Rechtssystems: Recht/Unrecht. Das System erlangt über den Code eine eigene Identität. Das System kennt die Leitdifferenz und weiß, wie der Code in den Systemoperationen funktioniert.

Das System ist geschlossen, da ein Wert nur in Richtung Gegenwert verlassen werden kann.[286] Der Code selbst gibt keine Präferenzen für den

---

[283] Vgl. Luhmann 1996, S.197.
[284] Willke 1994, S. 61.
[285] Luhmann 1990, S. 77.
[286] Vgl. Luhmann 1990, S. 91.

1.5 Autopoietische Konzeption

einen oder anderen Wert vor. Es stellt sich die Frage, was z.B. als rechtens oder unwahr zu bezeichnen ist und nach welchen Kriterien etwas dem einen oder anderen Wert des Codes zugeordnet werden kann? Dafür müssen Codes programmiert werden.

Programmierung von Codes:

Programme regeln die Zuordnung der Operationen eines Systems zu der einen oder der anderen Seite des Codes. Programme fixieren und variieren die Bedingungen für die Richtigkeit, d.h. die Systemadäquatheit der Selektionen von Operationen.[287] Programme des Rechtssystems sind z.B. geltende Rechtsnormen. Programme konkretisieren/operationalisieren Anforderungen, die an das System gerichtet werden und müssen aus diesem Grund veränderbar sein.[288] Programme sorgen dafür, daß das System bzgl. der sich verändernden Anforderungen an die gesellschaftliche Funktion des Systems offen bleibt, wobei der Code des Systems und damit die Identität (die System-Umwelt-Differenz) unangetastet bleiben. „Durch die Differenzierung von Codierung und Programmierung gewinnt ein System also die Möglichkeit, als geschlossenes und als offenes System zugleich zu operieren."[289] Wobei die Geschlossenheit des Systems (über die System-Umwelt-Differenz via Code) die Voraussetzung für die Offenheit ist. Codes liefern keine Informationen. Erst die Differenz von Codes und Programmen eröffnet dem System die Möglichkeit, Informationen zu generieren, indem Programme Daten aus der Umwelt aufnehmen und diese in Differenz zum einen oder anderen Wert des Codes setzen. Die Differenztechnik ist die Voraussetzung für die Informationsgewinnung, kann man dies von jenem nicht unterscheiden gibt es keine Informationen. Da es in der Umwelt kein Differenzschema gibt, gibt es in der Umwelt keine Informationen, sondern nur Daten. Aber wie kann ein System Kontakt zur Umwelt herstellen, wie können die Programme Daten aus der Umwelt aufnehmen?

Resonanz bezeichnet das Irritiertsein des Systems durch die Umwelt. „Der Zusammenhang von System und Umwelt wird [...] dadurch hergestellt, daß das System seine Selbstproduktion durch intern zirkuläre

---

[287] Vgl. Luhmann 1990, S. 90f.
[288] Vgl. Luhmann 1990, S. 91.
[289] Luhmann 1990, S. 91.

Strukturen gegen die Umwelt abschließt und nur ausnahmsweise, nur auf anderen Realitätsebenen, durch Faktoren der Umwelt irritiert, aufgeschaukelt, in Schwingungen versetzt werden kann."[290] Das System stellt also nur selektiv Kontakt zur Umwelt her. Diese Selektion ist Bedingung für die Existenz des Systems. Würde sich das System durch seine Selektion nicht von der Umwelt abschirmen, würde es sich nicht von der Umwelt unterscheiden.

Diese Selektion, welche die Resonanzfähigkeit des Systems senkt, stellt der Mechanismus „Sinn" bereit. Sinn konstituiert sich über die Differenz zwischen aktuell und möglich. Sinn aktualisiert aus der Umwelt nur einen winzigen Ausschnitt (eine Information), welcher sinnvoll/anschlußfähig ist und in die erste Stufe des dreistelligen Kommunikationsprozesses Eingang findet. Durch das Auswählen eines winzigen Ausschnitts der Umwelt zieht Sinn die Grenze zwischen systemzugehöriger und -fremder Kommunikation und reduziert somit die Umweltkomplexität.

Im Laufe der Sinnevolution lernt ein System, welche Art der Gewinnung und Verarbeitung von Information sich für brauchbare Verweisungen profiliert. Unter Verweisung wird das Heranassoziieren anderer Denkmöglichkeiten im Anschluß an die aktualisierte Information verstanden. Aktualisierte Informationen und erfolgreiche Verweisungen werden über symbolische Generalisierungen gespeichert, so daß sie verfügbar bleiben. Über symbolische Generalisierungen werden die Verwiesungen zu Erwartungen verdichtet. In sozialen Systemen geht es v.a. um Verhaltenserwartungen. So lassen sich Strukturen sozialer Systeme als Verhaltenserwartungen definieren.[291]

Zudem sind symbolische Generalisierungen notwendig für das selbstreferentielle Prozessieren von Sinn. „Jede Sinnintention ist selbstreferentiell insofern, als sie ihre eigene Wiederaktualisierung mitvorsieht, in ihrer Verweisungsstruktur also sich selbst als eine unter vielen Möglichkeiten weiteren Erlebens und Handelns wieder aufnimmt."[292]

Da Sinn die Struktur eines Systems wesentlich formt, werden soziale Systeme auch als Sinnsysteme bezeichnet. Sinn operiert selbstreferentiell. Die operationale Schließung sozialer Systeme resultiert daraus, daß

---

[290] Luhmann 1990, S. 40.
[291] Vgl. Luhmann 1996, S. 139.
[292] Luhmann 1996, S. 95.

1.5 Autopoietische Konzeption

nur Sinn auf Sinn bezogen und nur durch Sinn verändert werden kann. Sinnverweisungen sind zirkulär geschlossen. Würde das System allerdings rein selbstreferentiell operieren, würden sich die Kommunikationen immer nur im Kreis drehen. Das System braucht also auch „ein wenig" Fremdreferenz, um sich entwickeln zu können. Luhmann spricht deshalb nicht von reiner, sondern von mitlaufender Selbstreferenz. Das System muß sich über Selbstreferenz operational schließen, um sich von der Umwelt zu differenzieren, aber es muß auch Kontakt zur Umwelt herstellen, um Informationen generieren zu können (informationale Offenheit über Fremdreferenz).

Die Anreicherung von Informationen im System durch die Programmierung des Codes ist von großer Bedeutung für das System. Damit Kommunikation an Kommunikation anschließen kann, ist ein Vorrat an Themen unerläßlich. Der Code ist für den Anschluß und dessen Voraussetzungen zuständig. Programme sind für eine möglichst hohe Varietät an Themen zuständig, die den Kommunikationen des Systems als Basis zur Verfügung stehen. Auf der Ebene der Programme können Strukturen verändert werden, wenn die Anforderungen, die an das System gerichtet werden, dies verlangen. Das bedeutet, daß Systeme lern- und evolutionsfähig sind.

Durch die Selbstbeobachtung des Systems über den Code und dessen Programmierung werden die Erfahrungen der Operationen eines Systems in den Programmen gespeichert und für weitere Operationen zum Abruf bereitgestellt. So „perfektioniert" sich das System von Operation zu Operation.

Den Themenvorrat eines Systems kann man auch als Kultur bzw. – wenn er ausschließlich der Kommunikation dient – als Semantik bezeichnen.[293] Da die Komplexität der Umwelt die Programme zur Veränderung anregt, variiert der Themenvorrat mit der Komplexität der Umwelt. Aber je ausdifferenzierter eine Gesellschaft und je autonomer die einzelnen Funktionssysteme, desto mehr nimmt das System selbst Veränderungen an dem Themenvorrat vor, z.B. wenn der bestehende Vorrat keine Lösungsmöglichkeiten für anstehende Probleme bereithält. Zudem entwickelt sich der Themenvorrat quasi „automatisch" weiter, da er durch stattfindende Operationen kondensiert wird, wobei auch Abweichungen entstehen können.

---

[293] Vgl. Luhmann 1996, S. 224.

Kommunikationen sind in dreifacher Hinsicht unwahrscheinlich[294]. Unwahrscheinlich ist

1. Das Verstehen der Kommunikation: Das Verstehen ist vom Kontext abhängig, wobei der Kontext durch selbstreferentielle Operationen definiert wird.

2. Das Erreichen der Mitteilung: Alter und ego müssen für das Erreichen einer Mitteilung zur selben Zeit, am selben Ort sein und die Kommunikation darf die Kommunikation nicht ablehnen.

3. Der Erfolg der Kommunikation: Unter erfolgreicher Kommunikation wird verstanden, daß der Rezipient den selektiven Inhalt der Kommunikation als Anschlußmöglichkeit für eigenes Verhalten nutzt und an diesen selektiven Inhalt weitere Selektionen anschließt, so daß sie in ihrer Selektion verstärkt wird.

Dem Problem der Unwahrscheinlichkeit von Kommunikationen kann mit Kommunikationsmedien begegnet werden. Unter Medien versteht Luhmann:[295]

Die Sprache – sie wird unabhängig von den Konstruktionen kognitiver Systeme verstanden. Die Sprache zwingt zur Selektion, allein durch ihre allgemeine Struktur (Wortschatz, Grammatik etc.). Zudem muß sequentiell geordnet werden, was man sagt, da man nicht alles auf einmal sagen kann und nicht alle Aussagen mit sämtlichen anderen verbinden kann.[296] Die Sprache vermittelt den Eindruck des übereinstimmenden Verstehens und stellt damit die Grundlage für weitere Kommunikationen bereit. Durch die gemeinsame Sprache bekommen alter und ego – trotz ihrer autopoietischen Geschlossenheit – das Gefühl, übereinzustimmen.

Mit den Begriffen „Verbreitungsmedien" (Massenmedien und Schrift – sie dienen der Überbrückung von Raum und Zeit) und „symbolisch generalisierte Kommunikationsmedien" (z.B. Macht, Liebe, Wahrheit – sie sind systemspezifisch) werden spezielle selektive Inhalte assoziiert. Nach diesen Selektionen wird das eigene Verhalten ausgerichtet, Selektionen schließen an Selektionen an. Symbolisch generalisierte Kommunikationsmedien zwingen Kommunikationen zu Selektionen und machen

---

[294] Vgl. Luhmann 1996, S. 193f.
[295] Vgl. Luhmann 1996, S. 220.
[296] Vgl. Luhmann 1990, S. 42.

die Kommunikation damit „erfolgreicher" (siehe „Unwahrscheinlichkeit von Kommunikation").

Evolution:[297]

Die Systemtheorie macht die Evolution für den Wandel sozialer Systeme verantwortlich. Evolution wird durch Variation, Selektion und Retention/Stabilisierung gesteuert. Variationen kommen durch Kommunikation über Unerwartetes oder Abweichendes zustande. Da Kommunikationen einem Dauerzerfall unterliegen, beziehen sich Selektionen auf Strukturen/Erwartungen des Systems. Erfolgreiche Strukturen werden beibehalten, unbrauchbare gestrichen. Die internen Prozesse der Strukturveränderung sind Voraussetzung für das Aufrechterhalten der Autopoiese, welche die Stabilität gewährleistet.

Hinsichtlich der Evolution von sozialen Systemen ist zudem folgender Gesichtspunkt von Bedeutung: Bei sozialen Systemen ist nicht Replikation, sondern Reproduktion für die Autopoiese ausschlaggebend, d.h. daß der Dauerzerfall der Elemente erforderlich für die Existenz des Systems ist und daß das System nicht die ausfallenden Elemente kopiert, sondern neue Elemente hervorbringt.

Autopoiese organisierter Sozialsysteme:[298]

Organisationen zeichnen sich, im Vergleich zu anderen sozialen Systemen, durch Mitgliedschaftsregeln aus, welche über die formellen Strukturen (formellen Verhaltenserwartungen) definiert werden. Über die Mitgliedschaft konstituieren Organisationen ihre Grenze. Werden die Erwartungen von einem Mitglied nicht erfüllt, droht der Ausschluß aus der Organisation. Werden diese erfüllt, wird Entlohnung gezahlt.

Durch die Mitgliedschaftsregeln/formellen Strukturen weisen Organisationen höhere Eigenkomplexität auf als unorganisierte Interaktionssysteme.

Organisationen bestehen aus Entscheidungen (Elementen), die sie selber anfertigen. In Organisationen müssen Entscheidungen an Entscheidungen anschließen, worüber sich das System operativ abschließt und die

---

[297] Vgl. Luhmann 1996, S. 127ff., S. 217ff.
[298] Vgl. Luhmann 1996, S. 60ff., S. 296ff.

Autopoiese aufrecht erhalten wird. Und ebenso wie Kommunikationen allgemein verschwinden auch Entscheidungen, während sie entstehen (Dauerzerfall).

Wodurch zeichnen sich Entscheidungen gegenüber allgemeinen Kommunikationen aus? Bei Entscheidungen muß der Sinn des Handelns verstanden werden und es muß zwischen Alternativen gewählt werden. Entscheidungen müssen auf Erwartungen Bezug nehmen. „Von Entscheidungen soll immer dann gesprochen werden, wenn und soweit die Sinngebung einer Handlung auf eine an sie selbst gerichtete Erwartung reagiert."[299] „Der Handelnde bezieht sich auf Erwartungen, von denen aus die Entscheidungen zurückgerechnet werden können. Das Augenzwinkern des Skatbruders wird zu einer Entscheidung zum Falschspielen, wenn man aus guter Kenntnis des Mitspielers ein solches Verhalten erwartet. Verbleibende Restunsicherheiten werden mit Kommunikationen überbrückt. Man nickt konspirativ dem Mitspieler zu und zeigt: ‚Ich habe verstanden'."[300]

Zu einer Entscheidung wird eine Handlung allerdings erst, wenn die Handlung unter Erwartungsdruck steht. In herkömmlichen Entscheidungstheorien wurde die Wahl zwischen Alternativen anhand von Präferenzen fokussiert. Es wurde anhand der Differenz besser/schlechter entschieden. Luhmann meint dagegen, daß die Differenz erwartungskonform/erwartungsabweichend konstitutiv ist für die Notwendigkeit zu entscheiden.[301] Das schließt Präferenzen nicht aus, da sie über die Erwartungen Eingang finden können. Präferenzen lösen Entscheidungen aber nicht ursprünglich aus.

Luhmann läßt offen, wer die Sinngebung vollzieht (der Handelnde oder ein Beobachter) und ob es sich um die eigenen Erwartungen oder Erwartungen anderer handelt.

Da in Organisationen nicht ausreichend Erwartungen (Struktur) zur Verfügung stehen, werden Erwartungen z.T. durch Rationalität substituiert. Das Bemühen nach Rationalität dient der Beschaffung von Ersatzorientierungen für Situationen, deren Kontingenzen durch Erwartungen nicht ausreichend bestimmt sind.

---

[299] Luhmann 1996 S. 400.
[300] Vgl. Kolbeck/Nicolai 1996, S. 109.
[301] Vgl. Luhmann 1996, S. 400.

1.5 Autopoietische Konzeption

Voraussetzung dafür, daß in Organisationen jedes Verhalten Entscheiden darstellt, ist die Mitgliedschaftsregel (Grenze zwischen Organisation und Umwelt), die festlegt, was als Entscheidung gilt. Darauf aufbauend sorgen folgende Mechanismen[302] dafür, daß Verhalten Bezug nimmt auf Erwartungen und somit zur Entscheidung wird:

1. Soziale Reflektivität: In Organisationen gibt es Erwartungen über Erwartungen. Es wird erwartet, daß die Handelnden die Erwartungen anderer registrieren. So setzen sich die Kommunikationsteilnehmer selbst unter Erwartungsdruck, so daß das Verhalten zur Entscheidung generiert.

2. Normierungen von Verhaltenserwartungen: Sie verstärken Erwartungen, erhöhen die Stabilität von Erwartungen und können als Vorwarnung aufgefaßt werden. So verstärkt sich der Erwartungsdruck.

3. Formelle Organisation: Innerhalb formell organisierter Systeme werden Entscheidungen erwartet. Die Erwartungen sind in den Strukturen integriert. So sind Organisationen Spezialisten im Entscheiden. Da Entscheiden so selbstverständlich ist, wird das Verhalten auch im informellen Bereich der Organisation als Entscheidung verstanden.

Damit Entscheidungen an Entscheidungen anschließen, muß das System Kriterien definieren, die darüber entscheiden, welche Entscheidung an die vorige Entscheidung anschließt. Diese Kriterien, welche Möglichkeiten einschränken sollen, werden über Selbstbeobachtung definiert. Wenn eine Handlung auf eine an sie gerichtete Erwartung reagiert, entsteht daraus eine Entscheidung, die mit Hilfe von Erwartungen beobachtet werden kann. Sich selbst beobachten kann die Organisation also über die Erwartungen/Strukturen. Erwartungen/Strukturen dienen der Überbrückung von Entscheidung zu Entscheidung, regeln die Anschlußfähigkeit.

Strukturen in Organisationen setzen sich aus formellen und informellen Strukturen zusammen. Da formelle Strukturen Entscheidungen über Entscheidungen (Metaentscheidungen: z.B. Entscheidungen über Mitgliedschaftsregeln, Kommunikationswege, Personen) umfassen, weisen sie eine höhere Stabilität auf. Zudem können Erwartungen an Dingen, Werten und Rollen festgemacht und stabilisiert werden. Über die an

---

[302] Vgl. Luhmann 1988, S. 289ff.

Personen gebündelten Erwartungen bekommen Menschen Zugang zum System.

Ins Wanken geraten Strukturen durch Erwartungsenttäuschungen. Daraufhin können entweder die Strukturen verändert werden oder es kann trotzdem an der bestehenden Struktur festgehalten werden, indem abweichendes Verhalten negativ sanktioniert wird. Des weiteren gefährdet das Behandeln kritischer Themen die Struktur. Besteht aus der Perspektive des Systems Notwendigkeit diese Themen zu bearbeiten, verändert sich eventuell die Struktur. Werden kritische Themen totgeschwiegen, behält die Struktur vorerst Bestand. Diese Art der Stabilisierung nennt Luhmann „strukturfunktionale Latenz"[303].

Außer über Metaentscheidungen können Strukturen durch das Provozieren von Entscheidungen durch Entscheidungen entstehen. Damit sind informelle Strukturen gemeint, die sich über informelle Kommunikationen entwickeln. Die informelle Struktur ist i.d.R. labiler und dynamischer als die formelle Struktur.

Strukturen reduzieren Komplexität, indem sie Redundanz erzeugen. Mit Redundanz bezeichnet Luhmann die Einschränkung von Entscheidungszusammenhängen. Bei hoher Redundanz reichen wenige Informationen aus, um das System zu beschreiben, da infolge von Strukturen Gleichmäßigkeit und Erwartbarkeit entstehen. Im Spannungsverhältnis zur Redundanz steht Varietät. Hohe Varietät liegt vor, wenn der Bereich der möglichen Entscheidungen groß ist.[304] Steigt die Varietät, sinkt die Redundanz.

Was zeichnet Unternehmen als eine besondere Form von Organisation aus? Unternehmen gehören dem Funktionssystem „Wirtschaft" an, das sich nach Luhmann über den Code „Zahlung/Nicht-Zahlung" von seiner Umwelt differenziert hat. Hat man es mit Zahlung zutun, operiert man im Funktionssystem „Wirtschaft", womit eine spezifische Sinndimension verbunden ist, die andere Sinndimensionen nicht zuläßt. Es schließen Zahlungen an Zahlungen an, so daß sich das Unternehmen operativ abschließt. Der Code ist also Voraussetzung dafür, daß das Unternehmen aus Zahlungsereignissen bestehen kann. Diese Ereignisse sind jedoch sinnleer. Es müssen Gründe (z.B. Bedürfnisbefriedigung) gefunden werden, welche die Zahlungsereignisse motivieren. Dafür muß das System

---

[303] Luhmann 1996, S. 459f.
[304] Vgl. Kolbeck/Nicolai 1996, S. 169.

lernfähig sein, d.h. auf Veränderungen im System oder in der Umwelt reagieren können. Über Programme werden Verhaltenskriterien geschaffen. Dafür muß der Code (die Zahlungsereignisse) programmiert werden und zwar durch Preise. Über Preisvergleiche läßt sich feststellen, ob Zahlungen richtig sind oder nicht. Die Preise ergeben sich aus dem Wirtschaftsgeschehen und unterliegen lediglich der Beschränkung der Durchsetzbarkeit am Markt.[305]

Die Umwelt einer Unternehmung bildet der Markt. Er stellt dem System Komplexität zur Verfügung, die für das System notwendig ist und an der sich ein Unternehmen orientieren kann. Das Funktionssystem „Wirtschaft" insgesamt als Umwelt zu nehmen, ist aufgrund zu hoher Komplexität unsinnig. Der Markt bildet die interne Umwelt des Wirtschaftssystems. Er konstruiert sich je nach Unternehmung über die Selbstbeobachtung des Systems unter Benutzung der Systemgrenzen. Ein Markt eines bestimmten Unternehmens umfaßt all die Zahlungsvorgänge, die als Differenz zum Unternehmen relevant sind, d.h. die für das Unternehmen einen Unterschied machen. Der Markt ist kein System, sondern eine Umwelt, die das Wirtschaftssystem durch eigene Aktivitäten bildet. Am Markt selbst beobachtet das Unternehmen dann ausschließlich mit seiner Wertdifferenz (Preise).[306]

1.5.2 Organisationskulturkonzeption

Systemtheoretisches Modell der Organisationskultur[307]

Organisationskultur entsteht über selbstorganisierende Interaktionsprozesse.

Organisationskultur ist ein emergentes Phänomen, welches sich in drei Ebenen unterteilen läßt:

---

[305] Vgl. Luhmann 1990, S. 104ff.
[306] Kritik an der Eindimensionalität des Wirtschaftscodes siehe Kap. 1.5.3 und 2.2 dieser Arbeit.
[307] Vgl. Kolbeck/Nicolai 1996, S. 149ff.

Abb. 7: Systemtheoretisches Drei-Ebenen-Modell der Organisationskultur

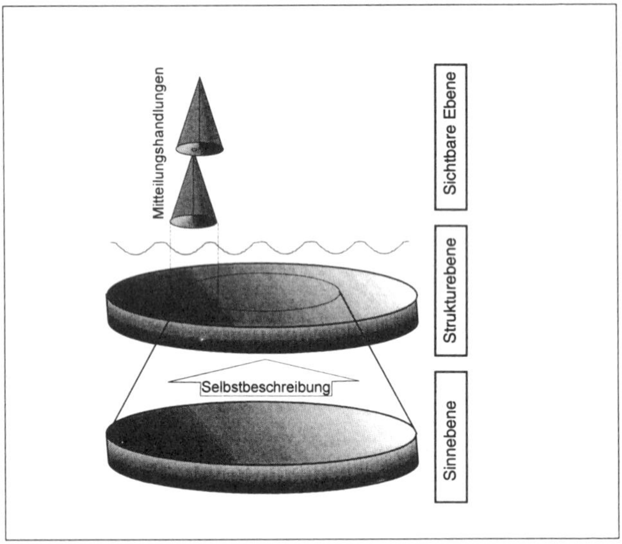

Quelle: Kolbeck/Nicolai 1996, S. 158

Die sichtbare Ebene umfaßt Mitteilungshandlungen, Symbole, materielle Strukturen, also Kultur-Manifestationen.

Die Strukturebene beinhaltet Erwartungen. Zudem ragen die Kultur-Manifestationen in diese Ebene hinein, indem ihnen Bedeutungen zugeschrieben werden; dafür müssen sie Anschlußmöglichkeiten für Kommunikationen aufweisen. Außerdem bilden Kultur-Manifestationen auch Erwartungen. Des weiteren gehören dieser Ebene Phänomene an, die nicht sichtbar werden, z.B. die informelle Organisation, Werte, Normen.

Auf der Sinnebene wird die Wirklichkeit systemspezifisch konstruiert. Auch die Codierung von Beobachtungsdifferenzen, mit denen das System sich selbst und die Welt beobachtet, Unterscheidungen getroffen werden, wird auf dieser Ebene konstruiert. Allerdings liegt der Code im blinden Fleck der Organisation, es fehlt die Differenz, mit welcher der Code beobachtet werden könnte.

1.5 Autopoietische Konzeption

Über Selbstbeobachtung und Selbstbeschreibung mit Hilfe der Codes differenzieren sich Organisationen von ihren Umwelten. So konstruiert die Organisation ihre eigene Identität. Das Selbstverständnis einer Organisation erzeugt Erwartungen in der Organisation, wirkt also auf die Strukturebene. Die Beschreibung der Identität bleibt immer eine Reduktion, da die Beschreibung selbst nicht eingefangen werden kann (blinder Fleck). Die Identität trennt systemzugehörige von systemfremder Kommunikation.

Da sich soziale Systeme ausdifferenzieren, bilden sich Subkulturen. In den Abteilungen eines Unternehmens bilden sich spezifische Erwartungen und Codes (z.B. Fachtermini) aus. Die Integration der Subkulturen können Instrumente der strategischen Unternehmensführung leisten. Z.B. kann innerhalb der Portfolioanalyse eine einheitliche Sinnkonstruktion und Sprache festgemacht werden, die es erlaubt, über alle Abteilungen hinweg zu kommunizieren.

Organisationskultur und Selbstorganisation[308]

Selbstorganisationskonzepte sind zum Modethema in der Organisationstheorie geworden. Wo früher durch formelle Regeln versucht wurde Komplexität zu reduzieren, ist jetzt eine Verkomplizierung der formellen Strukturen zu beobachten. Dagegen soll die Vereinfachung von Regeln durch verstärkten Einsatz von Selbstorganisationsprozessen wirken. Problematisch ist dieser Einsatz von Konzepten wie z.B. leanmanagement, wenn versucht wird, die Komplexität in Organisationen durch Reduktion auf wenige Variablen einzufangen. Einfache Ursache-Wirkungs-Ketten können Komplexität weder erklären noch reduzieren. Zudem werden Selbstorganisationsprozesse als Instrument der Unternehmensführung eingesetzt, von oben kontrolliert und in ihrem Ende nicht offen gelassen. Es werden die Folgen von Selbstorganisationsprozessen nicht reflektiert. Z.B. wird übersehen, daß auf der Strukturebene das Zurücknehmen formeller Regeln und der verstärkte Einsatz von Selbstorganisationsprozessen zwar Komplexität auf der Strukturebene reduziert, aber verstärkt informelle Strukturen wachsen, die Komplexität steigern. Auch auf der Oberflächenebene steigt Komplexität durch Selbstorganisation, da die Redundanz im System sinkt. Die informelle

---

[308] Vgl. Kolbeck/Nicolai 1996, S. 165ff.

Struktur kann die sinkende Redundanz zwar z.T. auffangen, aber die informellen Strukturen zu beschreiben, ist sehr aufwendig, da sämtliche systemspezifischen Erwartungsstrukturen beschrieben werden müssen.

Wie läßt sich das Potential von Selbstorganisationsprozessen besser entfalten?

Durch Reduktion formeller Regeln können sich in einem System verstärkt Subkulturen ausbilden. Subkulturen erzwingen einen erhöhten Kommunikationsaufwand, wegen fehlender Standardisierung und differierender Codes. Durch Kommunikation über viele verschiedene Themen entstehen viele strategische Optionen. Diese erhöhte Eigenkomplexität führt zu einer Vergrößerung der Wahrnehmungsmöglichkeit bzgl. der Umwelt. So steigt die Varietät in den Handlungsmöglichkeiten. Je komplexer die Umwelt eines Systems, desto wichtiger wird die Varietät des Systems. Komplexität darf nicht nur als Störgröße behandelt werden. Eigenkomplexität, die Varietät zur Folge hat, ist ein wesentlicher Faktor, um in einer komplexen Umwelt bestehen zu können. Infolge dieser Überlegungen erfährt auch der „organizational slack" (Struk-turredundanz) eine neue Bewertung. Während das geschlossene Organisationsmodell „slack" als Überflüssiges definiert, kann „slack" hier als ein Reservoir an Möglichkeiten und Alternativen angesehen werden, auf das zurückgegriffen werden kann, wenn unbekannte Wege beschritten werden müssen.

Selbstorganisationsprozesse lassen die Varietät in einem System steigen. Da Varietät und Informationsredundanz jedoch in einem Spannungsverhältnis stehen, sinkt die Informationsredundanz, wenn die Varietät steigt. Die sinkende Informationsredundanz kann allerdings nicht nur (wie zumeist angenommen wird) durch formelle Struktur, sondern zumindest auch z.T. durch informelle Strukturen aufgefangen werden.

Dennoch stehen Wissenschaft und Organisationen vor der Frage, welche Wege zwischen den Extremen Varietät und Redundanz beschritten werden sollten.

Intervention[309]

1. Notwendigkeit der Intervention[310]:

---
[309] Vgl. Kolbeck/Nicolai 1996, S. 175ff.
[310] Vgl. Kolbeck/Nicolai 1996, S. 175ff.

a) Suboptimalität der Evolution: Die Evolution bringt nicht optimale, sondern viable Lösungen hervor, weil Systeme die Bedingungen, unter denen sie erfolgreich sein können, selbst schaffen. Auch Organisationskulturen schaffen sich selbst Voraussetzungen, in denen sie viabel sind. So entsteht die Gefahr der Verriegelung, alles wird nur noch an den selbst gesetzten Maßstäben gemessen. Rekursive Prozesse können nicht nur suboptimale, sondern auch pathologische Folgen nach sich ziehen.

b) Pathologien: Pathologisch „ist ein System in dem Maße, in welchem es gegenüber relevanten Umwelten Beziehung einseitig betont oder vernachlässigt, in welchem es mithin vom Zustand optimaler Integration abweicht."[311] Das beobachtete System selbst merkt die eigene Pathologie häufig nicht. Aber der Beobachter muß sehr vorsichtig sein, was er als pathologisch definiert, denn er kennt die Leitdifferenzen (Codes) nicht, mit denen das System operiert. Vielleicht liegen die Leitdifferenzen des Beobachters auch nicht richtig. Zudem darf der Beobachter innere Schwankungen, die das System in Kauf nehmen muß, wenn es sich nach äußeren Störungen zurück zum Gleichgewichtszustand bewegt, nicht als Pathologie definieren. Intervention wird jedoch notwendig, „wenn Anstöße von außen, die eine Notwendigkeit zur Veränderung anzeigen, die Kommunikationen nur in einen Kreis treiben, in dem die Störungen von außen nicht mehr produktiv genutzt werden können."[312]

c) Konservatismus: Es muß zwischen Konservatismus und Stabilität unterschieden werden: Mit Stabilität sind grundlegende Überzeugungen auf der Sinnebene gemeint. Die Stabilität auf der Sinnebene ist v.a. positiv zu bewerten, allerdings kann hier auch ein Wandel notwendig werden. Dieser darf aber nur „von innen" und in kleinen Schritten vollzogen werden, damit die Organisation nicht ihre Identität verliert. Konservatismus wird auf der Strukturebene angesiedelt. Die strukturelle Ebene der Organisationskultur neigt zur Starrheit, bisher erfolgreiche Verhaltensmuster/liebgewonnene Gewohnheiten werden gern beibehalten. Das wird dann zum Problem, wenn sich die Umwelt stark verändert. Im Spannungsfeld zwischen Redundanz und Varietät tendieren Systeme grundsätzlich eher zur Redundanz.

---

[311] Willke 1994, S. 87.
[312] Kolbeck/Nicolai 1996, S. 182.

2. Probleme der Intervention[313]:

a) Risiken der Intervention entstehen, wenn Interventionen auf der Grundlage eines bestimmten Codes (i.d.R. des Beobachters) getätigt werden, dieser aber nicht mit dem Systemcode übereinstimmt. Interventionen, die nicht dem Systemcode entsprechen, sind für das System nur „Rauschen".

Zudem sind die Folgen eines Eingriffes in ein dynamisches System nicht absehbar.

b) Probleme der Analyse: Die direkte Beobachtung der sichtbaren Bestandteile der Organisationskultur lassen den ihnen zugrundeliegenden Sinn nicht erkennen. Es werden die Wirkungszusammenhänge zwischen den sichtbaren Bestandteilen der Kultur mit der Struktur und den Sinnkonstruktionen übersehen. Zudem kann sich der Beobachter nicht sicher sein, ob er tatsächlich die Elemente einer Organisationskultur beobachtet. Des weiteren operiert der Beobachter mit einem anderen Code als das System, so daß der Beobachter Unterscheidungen, an denen das System seine Entscheidungen festmacht, übersieht.

Befragungen bergen zum einen das Problem, daß die Handelnden nicht immer den Sinn ihrer Handlungen reflektieren, und zum anderen besteht die Gefahr, mehr über die befragte Person zu erfahren als über die Organisationskultur.

Eine Analyse – über Beobachtung oder Befragung – der Organisationskultur verändert die Kultur. Die Anwesenheit eines Beobachters läßt andere Kommunikationen entstehen als gewöhnlich. Befragungen, die Selbstverständlichkeiten ins Bewußtsein holen, zerstören diese Selbstverständlichkeiten.

Das Verhältnis zwischen Beobachter und zu beobachtendem System ist eine Situation doppelter Kontingenz. Beide können die Identität des anderen und den jeweiligen Operationsmodus nicht erkennen. Zudem ist jedes System für sich selbst intransparent. So kann das eine System erst recht nicht sehen, daß das andere System für sich selbst intransparent ist. Hier kommen die Probleme der Unwahrscheinlichkeit von Kommunikation, insbesondere des Verstehens voll zum Tragen. Diese Erkenntnisse müssen unbedingt in die Analyse mit einfließen.

---

[313] Vgl. Kolbeck/Nicolai 1996, S. 189ff.

1.5 Autopoietische Konzeption

Die neuere Systemtheorie bietet Ansatzpunkte für eine Analyse der Organisationskultur, welche die angesprochenen Probleme berücksichtigt.

c) *Probleme der Veränderung:* Um den Begriff „Veränderung" genauer zu fassen, eignet sich die Unterscheidung verschiedener individueller Lernstufen nach Bateson[314]. Diese individuellen Lernstufen von Bateson lassen sich auf organisationales Lernen übertragen. Eines der bekanntesten Konzepte zum organisationalen Lernen, welches auf Batesons Lernstufen zurückgeht, wurde von Argyris/Schön[315] entworfen:

– Unter Lernen erster Ordnung/„single loop learning" wird ein Anpassungslernen der Organisation, im Sinne eines Regulierungsprozesses von Entscheidungsirrtümern innerhalb der „theorie in use", verstanden. Ziel ist die Optimierung gegebener Standards.

– Mit Lernen zweiter Ordnung/„double loop learning" wird ein Veränderungslernen bezeichnet. Hierbei wird die vorherrschende „theorie in use" in frage gestellt/reflektiert und gegebenenfalls verändert.

Bateson unterscheidet noch eine weitere Stufe:

– Beim Lernen dritter Ordnung/„Tritolernen" oder auch „Deutero-Lernen" geht es um Reflexion der eigenen Lernfähigkeit, also um das „Lernen zu lernen".

Interventionen sind demnach auf den drei Ebenen der Organisationskultur denkbar, aber problematisch:

Lernen erster Ordnung auf der sichtbaren Ebene wäre jede Kommunikation mit dem Klientensystem und jede Veränderung von Artefakten, an die weitere Kommunikationen anschließen, da diese die Selektionsstufe Information beinhaltet. Da man jedoch nicht mit Sicherheit prognostizieren kann, welche Kommunikationen anschließen, sind Interventionen auf dieser Ebene nicht sinnvoll.

Lernen zweiter Ordnung auf der Strukturebene: „ ‚Lernen' ist die Bezeichnung dafür, daß man nicht beobachten kann, wie Informationen dadurch weitreichende Konsequenzen auslösen, daß sie in einem System partielle Strukturveränderungen bewirken, ohne dadurch die Selbstidentifikation des Systems zu unterbrechen."[316] Ansatzpunkte für Interven-

---

[314] Vgl. Bateson 1981, S. 325ff.
[315] Vgl. Argyris/Schön 1978.
[316] Luhmann 1996, S. 158.

tionen sind Gewohnheiten, informelle Struktur, Werte, Normen usw. Um Veränderungen auf dieser Ebene einzuleiten, müssen die alten Strukturen aufgeweicht werden, wodurch sich das System destabilisiert. Und je erfolgreicher die alten Strukturen in den Augen der Organisationsmitglieder waren, desto stärker werden sie sich gegen die neuen Strukturen, die ihnen vorerst Instabilität bieten, wehren.

Lernen dritter Ordnung auf der Sinnebene: Interventionen auf dieser Ebene bewirken Veränderungen der Wirklichkeitskonstruktionen bzw. der Identität eines Systems. Sinn ist jedoch nicht sozialtechnisch machbar, sondern kann ausschließlich von unten wachsen und vom System selbst gefunden werden.

Insgesamt muß man davon Abstand nehmen, in eine Organisationskultur einzugreifen, wenn dies gegen die Spielregeln der Organisationsmitglieder erfolgt. Will man die Organisationskultur verändern, muß die Basis auf der Sinnebene gelegt werden, denn hier liegen die Wurzeln der Organisationskultur. Berater können hier nur Hilfe zur Selbststeuerung leisten.

3. Strategien der Intervention[317]:

a) Voraussetzungen der Intervention: Berater- und Klientensystem befinden sich in einer Situation doppelter Intransparenz. Erkennen beide Systeme die Intransparenz des anderen Systems, können sie jeweils zwischen Identität und Selbstbeschreibung des anderen Systems unterscheiden. Mit Hilfe dieser Unterscheidung lassen sich Informationen gewinnen, mit denen das Klientensystem verstanden[318] werden kann. Dennoch befinden sich die Systeme in einer Situation doppelter Kontingenz. Versuchen jedoch die Systeme (alter und ego) miteinander zu kommunizieren, entsteht ein Interaktionssystem (Beratungssystem). Über rekursive Interaktionen werden Hypothesen über den Operationsmodus der beiden Systeme aufgestellt, die sich bestätigen oder durch abweichendes Verhalten revidiert werden. Die Selbstbeschreibung des Klientensystems dient als Basis für die Beschreibung des Klientensystems durch das Beratersystem. Und weitere Interaktionen im Beratungssystem

---

[317] Vgl. Kolbeck/Nicolai 1996, S. 205ff.
[318] Unter „Verstehen" wird hier in Anlehnung an Willke die Rekonstruktion der Selbstbeschreibung eines Systems durch einen Beobachter verstanden. Vgl. Willke 1987, S. 343.

schließen an die Beschreibung der Interaktionen an. Es entstehen stabile Erwartungsstrukturen im Beratungssystem. So wird eine Grundlage für Interventionsversuche geschaffen. Durch Kommunikation der Fremdbeschreibung des Klientensystems (Diagnose) wird die Unwahrscheinlichkeit der Kommunikation reduziert. Die Diagnose wird via Kommunikation zwischen den beiden Systemen hin und her gespiegelt, so daß sie weiterentwickelt werden kann. Dabei ist Dissens die Voraussetzung für Veränderungen an der bisherigen Diagnose. Um mit Dissens umgehen zu können, ist es notwendig, in der Anfangsphase einen „Rahmenkonsens" (Definition der Beratungssituation, Wille des Klientensystems zur Veränderung und zur Beratung des spezifischen Beratersystems, Akzeptanz und gegenseitiges Vertrauen) über die Beschreibung des Beratungssystems zu finden. Ein solcher Rahmenkonsens bildet die Basis, um im Beratungssystem einen Vergleich zwischen Fremd- und Selbstbeschreibung anzustellen. Mithilfe vorläufig formulierter Hypothesen muß das Beratersystem Distanz zum Klientensystem behalten, um Fremd- und Selbstbeschreibung auseinander halten zu können. Damit die Unterschiede zwischen Fremd- und Selbstbeschreibung nicht eingeebnet werden, sondern aus ihnen eine größere Anzahl an Möglichkeiten resultiert, müssen sie in Relation zu dritten Möglichkeiten gesetzt werden. Widersprüche zwischen den Beschreibungen des Systems lassen Interventionsmöglichkeiten wahrscheinlicher werden. Wesentlich für Veränderungen ist, daß das Klientensystem seine inneren Widersprüche akzeptiert. Systeme mit Subkulturen (verschiedene Perspektiven und Selbstbeschreibungen) fördern diese Qualität, da es in ihnen schon immer unterschiedliche Möglichkeiten gab, das System zu beschreiben. Herrscht dagegen in einem System die rationalitätsgläubige one-best-way-Illusion, strebt die Akzeptanz für andere Sichtweisen gen Null. Zudem werden damit Lernprozesse gebremst, da sie „Irrationalität" voraussetzen. Ausschließlich nach Effizienz strebende Systeme lassen nämlich dem Zufall keine Chance.

b) Imperative systemische Beratung: Der theoretische Fundus unterscheidet die systemische Beratung von herkömmlichen Beratungsmethoden. Die systemische Beratung setzt nicht bei Personen, sondern bei Kommunikationen an. Das Klientensystem ist i.d.R. nicht die gesamte Organisation, sondern einzelne Subkulturen, es wird jedoch nicht nach Strukturen, sondern vom Problem her definiert. Ziel systemischer Bera-

tungen sind zielgerichtete Kommunikationen, ... „die durch ‚Verstehen'
[...] den ‚Wahrnehmungsfilter' des Klientensystems durchlaufen können
und dieses dadurch zur Selbststeuerung anleiten."[319] Zudem müssen die
Kommunikationen Informationen (Unterschiede, die Unterschiede machen) einführen. Diese Unterschiede müssen Veränderungen bewirken,
ohne die Autopoiese zu verletzen. Systemische Beratung will also die
Reflexionsfähigkeit sozialer Systeme anregen. Die Selbstbeschränkung
der Organisation bietet hierfür einen Ansatzpunkt. „Selbstbeschränkung
meint [...] die Thematisierung der eigenen Identität in bezug zu den
Umwelten."[320] Das System muß seine eigenen Handlungsspielräume
anbieten, damit nicht nur eigene Potentiale, sondern auch die der Umwelt
besser genutzt werden können. Bzgl. der inneren Umwelt geht es um die
Interessen der Organisationsmitglieder und um die Abstimmung der
Subkulturen und bzgl. der äußeren Umwelt geht es um Abstimmung mit
anderen sozialen Systemen. Die Beratung muß versuchen, Transparenz
zu schaffen, um Lösungswege sichtbar werden zu lassen, die integrativ
wirken.

Damit an Selbstreflexion Selbstveränderung anschließt, muß im Beratungssystem eine Oszillation zwischen den unterschiedlichen Sinnkonstruktionen stattfinden. Hierzu bieten sich verschiedene Techniken aus
der Familientherapie an.

c) *Techniken der Intervention*: zirkuläres Fragen, positive Konnotation,
Reframing, Krisenintervention, paradoxe Intervention.[321]

1.5.3 Zusammenfassung und kritische Würdigung
der autopoietischen Konzeption

Ebenso wie bei der interpretativen und der lebensweltlich-systemischen
Konzeption geht man bei der autopoietischen Konzeption davon aus, daß
die Wirklichkeit sozial konstruiert wird. Im Gegensatz zu den beiden
erstgenannten vertritt die autopoietische Konzeption jedoch den Standpunkt, daß die Realität nicht über die Sinnesorgane wahrgenommen wer-

---

[319] Kolbeck/Nicolai 1996, S. 223.
[320] Kolbeck/Nicolai 1996, S. 224.
[321] Nachzulesen z.B. bei Kolbeck/Nicolai 1996, S. 227ff., Willke 1996, S. 125ff., Selvini Palazzoli 1981, S. 123ff.

den kann, so daß zwischen Wahrnehmung und Bedeutungszuschreibung nicht mehr unterschieden werden kann. Die spezifische organisationale Wirklichkeitskonstruktion, die durch Luhmanns Theorie sozialer Systeme ausführlich theoretisch fundiert wird, bildet den Kern der Organisationskultur. Aber zur Organisationskultur gehören auch sichtbare Artefakte und Erwartungsstrukturen. Die Wirklichkeitskonstruktion bildet jedoch die Basis für die Erwartungen und Artefakte.

Unter der Überschrift Organisationskultur und Selbstorganisation gehen Kolbeck/Nicolai auf die Bedeutung von Eigenkomplexität für Organisationen in turbulenten Umwelten ein, welche die Wahrnehmungsmöglichkeiten des Systems und somit die Varietät an Handlungsmöglichkeiten vergrößert. Drepper konstituiert in Anlehnung an Luhmann diesen Vorrat an Themen (Eigenkomplexität) bzw. die aus diesem Vorrat (der Anschlußmöglichkeiten für Kommunikationen bietet) resultierende Selbstbeschreibungs- und Selbstthematisierungskapazität von sozialen Systemen als Unternehmenskultur. „Unternehmenskultur ist das semantische Reservoir, mit dem ein Unternehmen sich selbst und die Umwelt zum Thema machen kann und das bestimmt, welche Ereignisse für das Unternehmen zum Thema werden und wie diese thematisiert werden können."[322] Dieser Vorrat an Themen ist Teil der Programme des Systems. Kolbeck/Nicolai betonen, daß Selbstorganisationsprozesse unter bestimmten Voraussetzungen die Möglichkeiten der Eigenkomplexitätssteigerung vergrößern, z.B. über die Ausbildung von Subkulturen.

Das Thema „Interventionen" wird von Kolbeck/Nicolai kritisch und sensibel behandelt. Um eine Organisationskultur verändern zu wollen, muß man an ihrer Basis, der Sinnebene ansetzen. Dabei können Berater lediglich Hilfe zur Selbststeuerung leisten. Die Diagnose der Ist-Kultur ist ein gemeinsamer Interaktionsprozeß des Beratungssystems (Klienten- und Beratersystem). Aufbauend auf der Selbstbeschreibung des Klientensystems entwirft das Beratersystem eine Fremdbeschreibung, welche dann im Beratungssystem diskutiert und modifiziert wird. Unterschiede zwischen Selbst- und Fremdbeschreibung bieten Interventionsmöglichkeiten. Ziel systemischer Beratung sind zielgerichtete Kommunikationen, die das Klientensystem zur Selbstthematisierung anregen. Damit der Selbstreflexion Selbstveränderungen folgen, werden verschieden Techniken vorgeschlagen, die zudem die Reflexion anregen.

---

[322] Drepper 1992, S. 140.

Kritik und Modifikation an Luhmanns Theorie nach Kolbeck/Nicolai[323]

Zur Eindimensionalität des Systemcodes (bezogen auf Unternehmen):

Nicht alle Operationen von Unternehmen, denen Sinn zukommt, lassen sich in Zahlung/Nicht-Zahlung übersetzen. Ökonomie ist mit Moral eng verwoben, z.b. wird nicht allein wegen ökonomischer Zwänge gearbeitet, sondern auch wegen moralischer Anforderungen der Gesellschaft. Unternehmen können nicht ausschließlich auf Sachzwänge reduziert werden. Es gibt Werte, die von Unternehmen verfolgt werden, zwar auch aus ökonomischen Gründen, aber eben nicht nur. Aktivitäten im Umweltschutz stellen für viele Unternehmen auch einen Wert an sich dar. Auch die Wirtschaftsethik findet durch die Eindimensionalität des Codes keinen Eingang in Luhmanns Theorie. Anstelle der Eindimensionalität eine code-multiplizität zu unterstellen, hätte jedoch unabsehbare Folgen bzgl. des Theorieaufbaus von Luhmann. Aber die Eindimensionalität des Codes Zahlung/Nicht-Zahlung soll auch nicht aufrechterhalten werden. Kolbeck/Nicolai schlagen deswegen eine Multiplizität von Nebencodes vor, wobei Zahlung/Nicht-Zahlung in Form eines Nebencodes erhalten bleibt. Nach Spencer Brown muß sich jede Unterscheidung bis zu einer letzten Unterscheidung differenzieren lassen. Diese letzte Unterscheidung („Hauptcode") kann jedoch nicht allgemein benannt werden, da sie unternehmensspezifisch ist.

Zum Sinnbegriff:

Sinn ist bei Luhmann inhaltsleer. Die drei Selektionen der Kommunikation operieren völlig unabhängig von der Attraktivität der Kommunikationen. Die Aktualisierung von Kommunikation läuft neutral. Pfriem, Martens und Kolbeck/Nicolai sind da anderer Meinung: „Sinnhaftigkeit ‚funktioniert' nicht bloß über möglich und unmöglich, sondern insbesondere über besser und schlechter."[324] Martens formuliert drei Formen von Attraktivität[325]:

---

[323] Vgl. Kolbeck/Nicolai 1996, S. 123ff.
[324] Pfriem 1995, S. 240.
[325] Vgl. Martens 1992, S. 206f.

- Kommunikationen „verführen" aus sich selbst heraus zu weiteren Kommunikationen.
- Kommunikationen verfügen über eine allgemeine Anziehungskraft, wenn ein gemeinsamer Zweck oder Wert verfolgt wird.
- Übergeneralisierte Werte (darunter fallen auch Luhmanns symbolisch generalisierte Kommunikationsmedien) erzeugen Attraktivität für Kommunikationen, indem sie Kommunikationen in die beiden erstgenannten Formen überführen können.

Kolbeck/Nicolai sehen in den Formen von Attraktivität einerseits einen Anknüpfungspunkt um die Mitgliedschaft in Organisationen nicht ausschließlich aufgrund der Entlohnung zu motivieren. Und andererseits kann von einem Sinnverlust in Organisationen im Sinne von Attraktivitätsverlust gesprochen werden.

Zur Übertragbarkeit der Autopoiese auf soziale Systeme:

Grundlage der Theorie sozialer Systeme von Luhmann ist die Theorie autopoietischer Systeme von Maturana und Varela und der darauf aufbauende radikale Konstruktivismus. Zu den Arbeiten von Maturana/ Varela läßt sich kritisch anmerken, daß sie empirisch nur z.T. untermauert sind[326] und daß hinsichtlich des Umweltkontaktes des Systems der Unterschied zwischen „auslösen" und „bestimmen" von Strukturveränderungen ungenau bleibt[327]. Zudem wird kontrovers diskutiert, ob lebende Systeme mit kognitiven Systemen gleichgesetzt werden können, wie Maturana/Varela es vorschlagen. Roth[328] betont den Unterschied zwischen der Autopoiese lebender Systeme und der Selbstreferenz von Nervensystemen. Die Tätigkeit des Gehirns ist nicht für die Existenzerhaltung des Systems zuständig.

Zudem ist es strittig, ob es zulässig bzw. erkenntnisbringend ist, die Autopoiese-Theorie lebender Systeme auf soziale Systeme zu übertragen. V.a. Hejl[329] kritisiert Luhmanns Theorie und lehnt die Übertragung des Autopoiese-Konzeptes von biologischen auf soziale Systeme ab. Hejl

---

[326] Vgl. Riegas/Vetter 1990, S. 36.
[327] Vgl. Hucklenbroich 1990, S. 118.
[328] Vgl. Roth 1987, S. 264ff.
[329] Vgl. Hejl 1992a, S. 109–146; 1992b, S. 269–292.

hält es für „unmenschlich", Kommunikationen statt Individuen als Systemelemente zu konstituieren. Und da Organisationen keine Individuen produzieren, lehnt er den Autopoiese-Begriff im Zusammenhang mit sozialen Systemen ab.

Luhmanns Theorie erhebt nicht den Anspruch, der Wahrheit näher zu kommen als andere Theorien. Sie verfolgt jedoch einen Universalitätsanspruch, d.h., daß sie alles Soziale behandelt und nicht nur Teile.[330] Luhmanns Theorie hat auf jeden Fall Anschlußmöglichkeiten eröffnet. In vielen verschiedenen Disziplinen wurden Kommunikationen, Aufsätze und Bücher an Luhmanns Theorie sozialer Systeme angeschlossen. Sie liefert eine gute Grundlage, auf welcher praxisrelevante Lösungswege (z.B. die systemische Beratung) aufbauen können.

Zur Organisationskulturkonzeption von Kolbeck/Nicolai

Es ist keine leichte Aufgabe, ein Thema an Luhmanns Theorie sozialer Systeme anzuschließen. Um einen Transfer leisten zu können, muß man erst einmal das spezifische Vokabular verinnerlicht haben. Die Darstellung der Theorie, die darauf aufbauende Organisationskulturkonzeption und der Interventionsteil bauen bei Kolbeck/Nicolai sehr reflektiert und konsistent aufeinander auf. Auftretende Probleme werden nicht unter den Tisch gekehrt, sondern offensiv diskutiert.

Dennoch soll diese Kulturkonzeption nicht als Grundlage für den weiteren Verlauf dieser Arbeit übernommen werden. Das hohe Abstraktionsniveau, welches v.a. daraus resultiert, nicht den Menschen, sondern Kommunikationen als Elemente sozialer Systeme zu definieren, soll nicht beibehalten werden.

Kritik an Luhmanns Theorie sozialer Systeme und Motivation für die radikal-konstruktivistische Konzeption

Betrachtet man die Definitionen, die im Zusammenhang mit selbstorganisierenden Systemen entstanden sind und versteht man soziale Systeme als emergente Phänomene, ist es konsistent, nicht Individuen, sondern Kommunikationen als Elemente sozialer Systeme zu definieren. Allerdings scheint es so, daß, wenn Kommunikationen als Elemente definiert

---

[330] Vgl. Luhmann 1996, S. 9.

1.5 Autopoietische Konzeption

werden, man im Hinterkopf behält, daß Kommunikation von den Menschen getätigt werden, und wenn Menschen als Elemente konzipiert werden, dann ist der folgende Gedanke, daß das Soziale natürlich über Interaktionen zustande kommt. Betrachtet man bzgl. der Funktionsweise sozialer Systeme v.a. Muster/Strukturen sozialer Prozesse/Emergenz, wird der Mensch vernachlässigt, fokussiert man den Menschen, geraten die Muster/Strukturen der sozialen Prozesse/Emergenz in den blinden Fleck der Beobachtung.

Schließlich findet keine soziale Aktion ohne den Menschen statt. Aus dem Alltagsverständnis heraus scheint es doch geradezu absurd, die Eliminierung des Menschen aus dem sozialen System als Voraussetzung für die Erklärung der Entstehung des Sozialen zu konstituieren. Äußerungen sind doch lediglich das „Produkt" des *Denk- bzw. Konstruktionsprozesses* eines jeden Menschen. Um tatsächlich das zu verstehen, was der Kommunikator gemeint hat, ist es wichtig nachzuvollziehen, wie er zu seiner Äußerung gelangt ist. Um zu verstehen, was jemand meint, wenn er sagt „es geht mir besser", setzt voraus, daß man weiß, weshalb es ihm schlecht gegangen ist. Dies weiß man zwar z. T. über Kommunikation mit dem Individuum, an diese Informationen schließen eigene Gedanken an – Wahrnehmung und Interpretation fallen zusammen. Gerade wenn man gemäß dem Konstruktivismus von einer individuellen und sozialen Konstruktion der Wirklichkeit ausgeht, sind doch Kenntnisse/Interpretationen der Prozesse vor der Äußerung/Kommunikation wesentlich. Um Äußerungen eines Menschen verstehen zu können, ist eine gewisse Kenntnis über seine Sozialisation, Erfahrungen, Codes, Werte, Themen und seinen emotionalen Zustand sehr wichtig – daran schließt die Interpretation des Gesagten an, nicht nur entlang der eigenen Wirklichkeitskonstruktion. Aus diesem Grund halte ich es für verkürzt, die Entstehung des Sozialen nur mit Hilfe von Kommunikationen zu erklären. Die Gedanken, die hinter dem Verständnis von Kommunikationen liegen, werden ausgeblendet, sind aber entscheidend für den weiteren Verlauf der gemeinsamen Wirklichkeitskonstruktion. Kommunikation soll im folgenden deshalb nicht ausschließlich auf der sozialen Ebene analysiert werden, sondern aus einer *Verknüpfung von individuellen und sozialen Leistungen.*

Pfriem kritisiert zudem zu Recht, daß infolge der Eliminierung der Individuen aus dem sozialen System der handelnde Mensch als das Aktivierungspotential vernachlässigt wird.[331] Es geht in sozialen Systemen nicht nur um Kommunikationen und deren Wahrnehmung/Interpretation, sondern um daran anschließende *Handlungen*, die nur von Menschen vollzogen werden können. D.h. nicht nur die Prozesse vorher (Neuroneninteraktionen im Gehirn/Denken), sondern auch der Kommunikation selbst und im Anschluß an die Kommunikation (Handlungen) sind ein Zusammenspiel individueller und sozialer Leistungen. Ob, wann, wie und was ein Individuum denkt, kommuniziert und handelt, liegt in seiner Hand, und ob und wie der Rezipient die „Gedanken liest", die Äußerungen und Handlungen interpretiert, ist aufgrund von Wahrnehmungs-/ Interpretations-freiräume seine subjektive Aktion. Zwar ist die Entscheidungsfreiheit des Individuums als Mitglied des sozialen Systems von sozialen Regeln und Normen eingegrenzt, aber wie es diese Regeln und Normen interpretiert und ob es diese befolgen will oder nicht, ist seine individuelle Entscheidung. Nimmt man wie Luhmann an, daß sämtliche Prozesse in sozialen Systemen ausschließlich aus sozialer Perspektive analysiert werden können, heißt das, daß sich jedes Individuum hinter dem Sozialen verstecken kann: der einzelne Mensch wird von *Verantwortung* freigesprochen. Die Einstellungen „was kann ich schon dafür, das System hat Schuld; ich habe einen zu geringen Einfluß auf das System, um etwas verändern zu können" sind zwar beobachtbar, aber doch durchaus sehr kritisch zu betrachten. Jeder Mensch hat die Möglichkeit, sich einen gewissen Wirkungskreis zu erarbeiten, er ist nicht einfach gegeben, es liegt an ihm, wie groß er ist. Voraussetzung für Einfluß und Verantwortungsübernahme von Individuen sind *Handlungs- und Entscheidungsfreiräume*. Sie sind bezogen auf Unternehmen je nach Macht (siehe Kap. 2.5) unterschiedlich groß, aber sowohl formelle als auch informelle Regeln sind nicht „gottgegeben", sondern von jedem einzelnen Individuum oder einer Gruppe unterschiedlich interpretierbar und modifizierbar.

Zudem läßt sich an Luhmann kritisieren, daß Ziel/Zweck sozialer Systeme die *Überlebensfähigkeit* darstellt, wofür eben Kommunikation an Kommunikation anschließen muß. Eine solche Annahme resultiert aus der Eliminierung des Menschen aus dem sozialen System und der damit resultierenden Vereinfachung/Versachlichung/Verobjektivierung sämtlicher Prozesse im Unternehmen.

---

[331] Vgl. Pfriem 1995, S. 148.

1.5 Autopoietische Konzeption 131

Über *Kommunikationen* werden nach Luhmann nicht etwa Gedanken, Inhalte, Sinn vermittelt, sondern Kommunikationen haben schlicht die *Funktion* an vorige Kommunikationen anzuschließen und Anschlußmöglichkeiten für folgende Kommunikationen bereit zu stellen. Das hieße, daß Kommunikationen gut und gern vollkommen sinnlos (im alltagssprachlichen Gebrauch) verlaufen könnten, die Wahrscheinlichkeit dafür wesentlich höher ist als die einer sinnvollen Kommunikation. Woran orientieren sich Luhmanns funktionalistische Kommunikationen, wenn nicht an Inhalten/Sinn? Sie orientieren sich an systemspezifischen Codes, Programmen, funktional gedachtem Sinn und symbolisch generalisierten Kommunikationsmedien. Über diese Begriffe führt Luhmann Inhalte, Informationen in das soziale System ein, nicht über die Gedanken von Individuen, sie verbleiben auf der psychischen Ebene. Hier liegt die wesentliche Nahtstelle in Luhmanns Theorie zwischen Systemischem und Inhaltlichem/Individuellen, an der Luhmann inkonsequent wird, indem er die soziale, systemtheoretische Ebene verläßt, verlassen muß (siehe unten). Zudem meine ich nicht, daß diese Konstruktion auf die Realität paßt:

Betrachtet man nicht nur die soziale, sondern auch die individuelle Ebene, wird schnell deutlich, daß Überlebensfähigkeit nicht das oberste Ziel psychischer oder sozialer Systeme ist. Wollen Sie nur überleben/ kämpfen Sie den ganzen Tag nur ums nackte Überleben? Wir leben doch nicht mehr im Wilden Westen. Sicher, Überleben ist auch ein wichtiges Ziel von Individuen und Unternehmen, aber nicht das einzige. Soziale Systeme, z.B. Unternehmen wollen nicht bloß überleben, sondern sich *entwickeln*.[332] Und dieser Wille resultiert wiederum nicht nur aus der sozialen, sondern aus einem Wechselspiel der individuellen und der sozialen Perspektive. Systemmitglieder verfolgen ihre individuellen Ziele (der Mensch will nicht bloß überleben, sondern will „gut" leben und sich entwickeln/lernen) und Ziele des Systems (das soziale System will überleben, aber es geht doch in erster Linie um Fragen der Art und Weise, Inhalte und „Wofür", es will sich entwickeln/lernen). Ziele des Systems werden zum einen von oben vorgegeben, sie sind in der Vergangenheit tatsächlich häufig dem Überleben/harten Faktoren gewidmet – aber nicht ausschließlich. Fragt man Unternehmer nach dem grundlegenden Zweck des Unternehmens, wird häufig geantwortet, daß man qualitativ hoch-

---

[332] Vgl. Probst 1987, S. 50, vgl. Pfriem 1995, S. 154.

wertige Leistungen anbieten will, möglichst besser (z.B. die gleiche Qualität billiger oder eine qualitativ höherwertige Leistung) als die Mitbewerber. Zudem wachsen über Interaktionen der Systemmitglieder auch informelle Ziele. Dabei kommt es bzgl. der Interaktionen nicht nur auf die Sicherheit ihres Anschlusses an, sondern v.a. auf die *Sinnhaftigkeit* der Kommunikation (vgl. Kritik von Kolbeck/Nicolai an Luhmann). In die informellen Ziele fließen die individuellen Werte der Mitglieder ein. Sie werden im Verhältnis zu den formellen Zielen in starkem Maß weiche, qualitative Aspekte beinhalten. Finden diese Ziele eine breite Basis im System, wird die Führung nicht an ihnen vorbei kommen und sie ins Zielsystem des Systems aufnehmen müssen.

Man könnte pro Luhmann argumentieren, daß, wenn das System nicht überlebt, es sich auch nicht entwickeln kann. Demnach die Entwicklungsfähigkeit als wesentliches Mittel konzipiert werden müßte. Aber die Lern- und Entwicklungsfähigkeit ist wohl zu grundlegend, vieldimensional, um ihr lediglich eine Mittelfunktion zuzugestehen. Versteht man nicht Überlebensfähigkeit des sozialen Systems, sondern Entwicklungsfähigkeit von Unternehmen und Individuen als oberstes Ziel von Unternehmen, tritt eine qualitative Ebene der Funktion/der Aufgabe/des Sinns von Unternehmen in den Vordergrund. Und es wird deutlich, daß die Entwicklungsfähigkeit eines Unternehmens stark abhängig ist von den Lern- und Entwicklungspotentialen der Unternehmensmitglieder, deren Ausschöpfung und dem Zusammenspiel/Interaktion/Ergänzung/Anreicherung der Mitglieder untereinander, dem Zusammenspiel der individuellen und der sozialen Ebene (Strukturen/Prozesse/Muster) und mit der Umwelt.

Funktionsweisen biologischer Systeme zu analysieren und mit Funktionsweisen anderer Systeme (psychischen, sozialen) zu vergleichen, Parallelen und Unterschiede herauszuarbeiten, ist mit Sicherheit erkenntnisbringend. Will man Parallelen sehen/konstruieren, besteht jedoch die Gefahr, sozusagen „zwanghaft" Parallelen sehen/konstruieren zu wollen und dort welche zu konstruieren, wo die Realität keine mehr hergibt/wo sie nicht mehr auf die Realität passen und wenn es keine sachlichen, argumentativen Parallelen mehr gibt, metaphorisch[333] zu argumentieren.

---

[333] Das Nutzen von Metaphern in der Wissenschaft soll nicht grundsätzlich kritisiert werden. Sie können ausgesprochen erkenntniserweiternd und verdeutlichend

1.5 Autopoietische Konzeption 133

Luhmanns Theorie liefert in vielen Punkten Beschreibungen, die auf die Realität passen (z.b. die Eigenständigkeit sozialer Systeme, Emergenz), aber einige Aspekte seiner Theorie verfolgen wohl nicht primär das Beschreiben, Erklären der Funktionsweise sozialer Systeme und das Passen der Beschreibungen auf die Realität, sondern v.a. das Konstruieren von Parallelen mit dem Ziel einer konsistenten, allumfassenden Sozialtheorie. Dies wird z.b. bzgl. des sinnlosen, funktionalistischen Kommunikationsbegriffs deutlich. Es ist auch in Frage zu stellen, ob eine solch umfangreiche, auf die Realität möglichst passende Theorie von einem einzelnen Individuum geleistet werden kann. Jedes Individuum beobachtet und beschreibt nach seinen spezifischen Codes, Wert-/Präferenzhierarchien, danach werden einige Aspekte beleuchtet, einige bleiben unbelichtet. Würden sich verschiedene Wissenschaftler und auch Praktiker aus unterschiedlichen Disziplinen regelmäßig treffen und gemeinsam eine Sozialtheorie konstruieren, könnten individuelle Präferenzen, blinde Flekken relativiert/aufgedeckt werden und mehr Erfahrungen Eingang finden.[334] Seine eigenen blinden Flecke kann Luhmann nicht problematisieren. Luhmann betrachtet die Funktionsweise sozialer Systeme aus einer rein systemtheoretischen, sozialen Perspektive – Individuelles, Subjektives verkümmert zwangsläufig im blinden Fleck Luhmanns.

Zum Schluß soll noch eine abstrakte Vermutung geäußert werden: Auffällig ist, daß sich die Kritik an Luhmanns Theorie, auch die meinige, in erster Linie gegen die „funktionalistisch-*systemtheoretischen*" Argumentation richtet. Viele Kritiker versuchen Menschliches, Individuelles, Subjektives, Sinnhaftes, Inhalte in das Theoriekonstrukt zu integrieren.[335] Dies Bemühen ist sehr gut nachvollziehbar – nur kann man Luhmanns Theorie damit nicht erreichen. Diese Kritik kann Luhmann mit seiner „funktionalistisch-systemtheoretischen" Argumentation widerlegen. Will man Luhmanns Theorie grundlegend angreifen, kann man das v.a. auf der „funktionalistisch-systemtheoretischen" Ebene. Die Schwachpunkte seiner Theorie werden an den *Nahtstellen* liegen, an denen Luhmann selbst von der „funktionalistisch-systemtheoretischen" Argumenta-

---

sein. Jedoch bringt ihre Nutzung auch die Gefahr der Vertuschung, Schwammigkeit und Ungenauigkeit mit sich.

[334] Es wäre auch sinnvoll, Dissertationen und Habilitationen in Gruppen schreiben zu lassen.

[335] Z.B. Martens 1988, S. 187–216, 1991, S. 647–670.

tion abweicht und auf der *menschlichen, inhaltlichen Ebene* landet, um nicht vollkommen Bodenhaftung zu verlieren.[336] Diese Schnittstellen zwischen *Systemischem und Menschlichem* sind in Form einer reinen, konsistenten Theorie bis heute nicht dargestellt. Luhmann eliminiert den Menschen aus dem sozialen System. Menschen nehmen nur mittelbar/indirekt Einfluß auf die Ausgestaltung eines sozialen Systems durch das, was sie sagen, durch Kommunikation, welche im System anschlußfähig ist. Die Anschlußfähigkeit richtet sich jedoch nicht an Inhalte, Sinn, Emotionen, Subjektives, Intersubjektives, Meinungen, Gedanken, sondern an *Systemfunktionen* (siehe nächster Absatz). Die Kommunikationen werden ausschließlich in oszilierter Form betrachtet: die Kommunikationen bilden die Kommunikationsstrukturen oder -muster, welche über Emergenz Eigenständigkeit erlangen. Nicht der Mensch entscheidet, welche Kommunikationen anschlußfähig sind und Eingang in die Ausgestaltung der Systemstrukturen finden, sondern allein das *System/die Systemstrukturen*. Und diese Systemstrukturen/-muster liefern Orientierung und sorgen für die Handlungskoordination im System. Das System wird ausschließlich über „*funktionale Systemintegration*" (P. Ulrichs Vokabular, vgl. Kap. 1.4.2) koordiniert. Die Existenz solcher eigenständiger, emergenter Kommunikationsstrukturen, welche Orientierung und Koordination leisten, soll hier nicht bestritten werden. Kritisiert werden soll das Zustandekommen dieser Strukturen, welche sich ausschließlich an Systemfunktionen orientieren – die *Ausschließlichkeit*, daß hierin das Wesentliche der Funktionsweise und Ausgestaltung sozialer Systeme liegt. In dieser Arbeit wird die Anschlußfähigkeit von Kommunikationen nicht allein von inhaltsleeren Systemfunktionen geregelt, sondern durch *Menschliches*: Wissen, Meinungen, Emotionen, Gedanken, Inhalte, Sinn, Werte, Normen[337] und das alles auf individueller, subjektiver Ebene und auf sozialer, intersubjektiver Ebene. Wobei diese menschlichen Faktoren die Systemstrukturen prägen und die Strukturen die Menschen in ihrem

---

[336] Diese Nahtstellen sind die Punkte, wo Luhmann auch extrem schwammig und für seine Verhältnisse sehr ungenau wird. Ein strukturelles Problem: dort wo Texte/Theorien/Ansätze schwammig werden, sind sie meist dem Verfasser selbst schwammig, da gewisse Unterscheidungen nicht getroffen werden/fehlen. Gute Texte sind dort besonders einfach formuliert, wo es inhaltlich am schwierigsten/anspruchvollsten ist, da genügend Unterscheidungen zum eindeutigen Verständnis getroffen wurden.
[337] Zu „Sinn" und „Werten" siehe Kap. 2.2.

1.5 Autopoietische Konzeption

Denken, Kommunizieren und Handeln perturbieren. Der Mensch paßt sich jedoch nicht an die Strukturen an, ordnet sich ihnen unter, sondern kann selbst entscheiden, ob er strukturkonform oder -abweichend denkt, kommuniziert, handelt.

Liest man Luhmanns Theorie, befällt einen dort Unbehagen, wo das Menschliche aus dem Blickfeld gerät und nur das Systemische thematisiert wird. Wenn Luhmann Menschliches, Inhaltliches, Sinnhaftes tangiert, wird die Theorie dem Leser sympathischer. Also ist der Fokus der Kritiker auf die unbehaglichen Stellen gerichtet, welche die Kritiker zu vermenschlichen suchen. Die menschlichen Stellen von Luhmanns Theorie verschwinden im blinden Fleck seiner Kritiker. Man müßte also den Spieß umdrehen: *Luhmanns Theorie ist dort angreifbar, wo er menschlich wird.* Würde man diese Stellen unter die Lupe nehmen und funktionalistisch-systemtheoretisch argumentieren, könnte man evtl. eine reine, konsistente Theorie oszillieren, die jedoch vermutlich im luftleeren Raum schwebt und keine Bodenhaftung aufweist.

Übrigens, diese Kritik ist eine systemische: es werden keine Inhalte/ einzelnen Aspekte thematisiert, sondern eine Ebene darüber, auf einer strukturellen Ebene argumentiert. Die Kritik könnte stimmen, es wird aber kein inhaltlicher Beweis geliefert, sie kann genauso gut nicht stimmen. Das wäre wohl auch das Fazit einer reinen funktionalistisch-systemtheoretischen Theorie.

Es soll dennoch ein Versuch *inhaltlicher Kritik* angeführt werden:

Begibt man sich auf Luhmanns Ebene der funktionalistisch-systemtheoretischen Argumentation, eliminiert man den Menschen aus dem sozialen System, Gedanken aus der Kommunikation, Inhalt/Wert aus dem Sinn, steht man doch irgendwann vor der Frage, woran sich die Kommunikationen denn orientieren? Nach Luhmann orientiert sich das System nach der Funktion „Überleben", Kommunikation nach der Funktion „Anschlußfähigkeit" (Kommunikation anzuschließen und weitere Anschlußmöglichkeiten zu eröffnen) und Sinn hat die Funktion, Umweltkomplexität zu reduzieren, indem Sinn anschlußfähige Kommunikation aktualisiert/selektiert, systemzugehörige von -fremder Kommunikation unterscheidet, sinnlose Kommunikation heißt nicht anschlußfähige Kommunikation. Orientierung bietet bei Luhmann also nicht Inhaltliches, sondern ausschließlich Funktionserfüllung. Hält Luhmann dies durch?

In der Theorie der Beobachtung beschreibt Luhmann, wie über die rekursive Vernetzung von Beobachtungen Unterscheidungsstrukturen

(Codes, Programme, Sinn, symbolisch generalisierte Kommunikationsmedien) entstehen, die dem System Identität verleihen und es von seiner Umwelt abgrenzen. Die Schnittstelle „wer leistet diese Beobachtungen?" wird aufgeschoben, Luhmann bleibt auf der systemischen Ebene: Über die rekursive Vernetzung von Kommunikationen entstehen die Muster des sozialen Systems und über diese Kommunikationsmuster beobachtet das soziale System. An diese Muster können die psychischen Systeme ihr Verhalten orientieren. Bleibt die Frage, woran sich die Ausbildung der Kommunikationsmuster orientiert? Die Ausbildung der Kommunikationsmuster orientiert sich an Codes, die sich koevolutiv zur Ausdifferenzierung des sozialen Systems, entlang der *Funktion* des Systems entwickeln. Der binär strukturierte Code gibt allerdings noch keine Präferenz für den einen oder anderen Wert des Codes vor. Die inhaltliche Frage wird wiederum aufgeschoben; über Programme gelangt Inhalt in das System: über Programme nimmt das System Daten aus der Umwelt auf, die dann in Differenz zum einen oder anderen Wert des Codes gesetzt und so Informationen generiert werden. Genau genommen beinhalten jedoch sowohl die Codes als auch die Programme Inhalte. Diese Inhalte können nicht aus den Mustern entstehen, sie gelangen nur über Individuen in das System. Kein soziales System orientiert sich im Kommunizieren, Interpretieren und Handeln ausschließlich an eine Systemfunktion.

Die Funktionsweise sozialer Systeme aus einer funktionalistisch-systemtheoretischen, sozialen Perspektive zu erklären, bringt zweifellos viele Erkenntnisse und paßt in vielen Aspekten auf die Realität. Aber Muster/Strukturen *entstehen* nicht aus dem Nichts, sondern durch die intersubjektiv sinnhaft aufeinander bezogenen Kommunikationen und Handlungen der Systemmitglieder. Muster/Strukturen *entwickeln* sich zwar selbstreferentiell, wobei jedoch die Kommunikationen und Handlungen der Mitglieder permanent Eingang in die Entwicklung der Muster finden. Zudem hat der Mensch als Element des Systems größere Möglichkeiten über Perturbation die selbstreferentielle Wirkungsweise aufzubrechen.

1.6 Zwischenfazit

Die in Kap. 1.1–1.5 dargestellten Unternehmenskulturkonzeptionen sollen als Maßstäbe genutzt werden, an denen sich die in Kap. 2 folgende Subkulturkonzeption reiben und entwickeln kann. Im Wesentlichen können folgende Punkte als Anknüpfungspunkte und als Differenzierungsgrundlagen dienen:

Die funktionalistische Unternehmenskulturkonzeption stellt einen Versuch dar, die unerklärbare Varianz der Kontingenzforschung zu verringern. Die Variable „Unternehmenskultur" ergänzt die Kontingenztheorie jedoch nicht, sondern treibt die funktionale Systemintegration in Form von top-down gesteuertem Werte-Drill auf die Spitze. Unter „Kultur" werden in erster Linie gestaltbare Kulturäußerungen und von den Managern „geschöpfte" Symbole und Werte verstanden. Ziel ist eine one-best-way Kultur, die sich an die Umwelt anzupassen hat. Derart kann jedoch das Spezifische/Eigenartige eines Unternehmens nicht erklärt werden. Wären Unternehmen Anpasser an ihre Umwelt, müßten sich die Unternehmen wohl stärker ähneln. Plurale Kulturinhalte finden keinen Raum in dieser Konzeption.

Die interpretative Konzeption geht nicht von einer objektiv wahrnehmbaren, sondern von einer sozial konstruierten Wirklichkeit aus. Der Symbolische Interaktionismus erklärt wie Interaktionen zur Vereinheitlichung von Perspektiven führen *können*. Die Organisationskultur wird als interaktiv hergestelltes Sinnsystem konzipiert. Da symbolische Interaktionen jedoch nicht zur Vereinheitlichung von Perspektiven führen *müssen*, wird der Blick für eine Pluralität von Kulturinhalten geöffnet. Dieses Potential wird jedoch nicht genutzt, da kognitive Prozesse nicht beachtet werden. Das „Soziale" wird ausschließlich in den Interaktionen gesucht. Da keine Differenz zwischen individueller und sozialer Wirklichkeitskonstruktion gesehen wird, ist die soziale Wirklichkeitskonstruktion/Lebensform unhintergehbar und damit unantastbar. In Anbetracht der Konstruktion autopoietischen Gedankenguts läuft die Entwicklung der Organisationskultur gemäß der interpretativen Konzeption rein evolutionär und konservativ.

Schein erklärt in seiner reflektiert-funktionalistischen Konzeption die Entstehung und Entwicklung der Organisationskultur als sozialen Lernprozeß. Über gemeinsame erfolgreiche Problemlösungen werden geteilte grundlegende Annahmen (Kern der Organisationskultur) generiert und entwickelt. Damit ist Schein einer der wenigen Autoren in der Unternehmenskultur-Debatte, der nicht nur Orientierung/Handlungskoordination verfolgt, sondern auch der Entwicklung der Kultur explizit Rechnung trägt. Da die wesentliche Aufgabe der Organisationskultur jedoch in der externen Anpassung und der internen Integration gesehen wird, kann der soziale Lernprozeß lediglich als Anpassungslernen (siehe Kap. 2.7.2) interpretiert werden. Damit wird, wie in der Subkulturkonzeption zu zeigen sein wird, eine Entwicklung pluraler Kulturinhalte stark eingeschränkt.

In der lebensweltlich-systemischen Konzeption geht Ulrich, wie die Autoren der interpretativen Konzeption, von einer sozialen Wirklichkeitskonstruktion aus. Im Anschluß an die Phänomenologie wird das Soziale jedoch weniger in den Interaktionen als vielmehr in den kognitiven Prozessen gesucht. Der Weg von den individuellen zur sozialen Wirklichkeitskonstruktion bleibt jedoch unklar. Die Phänomenologen gehen von einer gemeinsamen Lebenswelt aus, wobei darauf aufbauend das Wissen je nach Relevanzen differiert. Es wird also eine Differenz zwischen individuellen und sozialer Wirklichkeitskonstruktion angenommen. Diese Differenz thematisiert Ulrich jedoch nicht. Dabei ist sie wesentliche Voraussetzung für die Reflexionsmöglichkeiten der individuellen und sozialen Wirklichkeitskonstruktionen, für die Einflußmöglichkeiten auf die Unternehmenskultur, sie macht permanente Legitimation erforderlich, sie läßt plurale Kulturinhalte zu und vermag ihre Entstehung und Entwicklung zu erklären. Ulrich weist zudem auf die Differenz zwischen System und Kultur. Er empfiehlt die Systemtheorie als theoretische Basis für die funktionale Systemintegration und die Kulturwissenschaften für die normative Sozialintegration. Die Trennung der zwei Ebenen soll für die Subkulturkonzeption aufgenommen werden. Wobei in dem von Ulrich leider nicht diskutierte Wechselspiel zwischen System und Kultur besondere Potentiale vermutet werden.

In der autopoietischen Konzeption wird die Wirklichkeit ebenfalls sozial konstruiert und zwar durch rekursive Vernetzung von Beobachtungen. Über die autopoietische Organisation von Kommunikationen bildet das System Strukturen aus, u.a. einen systemspezifischen Code, welcher die Basis für die Wahrnehmung und Kommunikation des Systems darstellt. Mit Hilfe des Codes beobachtet sich das System selbst, differenziert sich von seiner Umwelt und bildet eine eigene Identität aus. Die Eigenständigkeit sozialer Systeme wird als einer der wesentlichen Vor-

1.6 Zwischenfazit

züge Luhmanns Theorie angesehen. Im Anschluß an Luhmann wird in dieser Konzeption unter „Kultur" der systemspezifische Code verstanden. Kolbeck/Nicolai kritisieren allerdings die von Luhmann konzipierte Eindimensionalität des Wirtschaftscodes „Zahlung – Nicht-Zahlung" und schlagen eine Multiplizität von Nebencodes vor. Damit öffnen sie ihre Konzeption für die Pluralität von Kulturinhalten. Ein wesentlicher Verdienst von Kolbeck/Nicolai ist, daß sie die Unternehmenskultur als Basis für die Lern- und Entwicklungsfähigkeit eines Unternehmens interpretieren. Dafür verschwindet allerdings die Orientierungsfunktion von Kultur im blinden Fleck. Der Code gibt zwar Orientierung für die Kommunikation des Systems, er hält die Kommunikationen auf ihren rekursiven Laufbahnen, jedoch liefert der Code den außerhalb des Systems stehenden Individuen keinerlei sinnreiche Orientierung. Im Grunde geht es in Luhmanns Theorie sozialer Systeme um funktionale Systemintegration und keineswegs um normative Sozialintegration. Luhmann versucht unterschiedliche Ebenen eines Systems in eine Theorie zu zwängen. Die kollektive, subjektive Ebene/die Organisationskultur wird auf diese Wiese zu stark reduziert. Die Systemtheorie fokussiert die kollektive, objektive Systemebene, Kultur gehört dagegen der kollektiven, subjektiven Ebene an.

Einen Überblick über die wesentlichen Unterschiede der Konzeptionen, ihre Vorzüge und Kritik sind in der folgenden Abbildung zusammengefaßt.

Die aufgezeigten Vorzüge und Differenzierungsgrundlagen werden eine Basis für die nun folgende Subkulturkonzeption darstellen. Grundlegendes Ziel der Subkulturkonzeption soll es sein, die verschiedenen Ebenen, die mit der Unternehmenskultur zusammenhängen (kognitive Prozesse und Interaktionen, Kultur/Sinn und System/Struktur, individuelle und soziale Wirklichkeitskonstruktionen, Orientierung und Entwicklung), weder zu einem Brei zu vermischen, noch isoliert zu betrachten. Es soll der Autonomie der einzelnen Ebenen Rechnung getragen werden, um anschließend die Wechselwirkungen/rekursiven Beziehungen zwischen den Ebenen betrachten zu können. Zudem wird die Autonomie der einzelnen Subkulturen, deren plurale Kulturinhalte und ihre Wechselwirkungen besondere Aufmerksamkeit erfahren.

Ein weiteres Defizit der dargestellten Konzeptionen wird darin gesehen, daß die Beziehung zwischen der Unternehmenskultur und der Kultur der Umwelt in keiner Weise thematisiert wird. In der Subkulturkonzeption soll diese Beziehung beleuchtet werden.

*Abb. 8: Systematisierung und Vergleich
der vorgestellten Unternehmenskulturkonzeptionen*

UK-Konz. Merkmale	Funktionalistische	reflektiert-funktionalistische	interpretative	lebensweltlich-systemische	autopoietische
Theoretische Basis	Kontingenztheorie	Kontingenztheorie Verhaltenswissenschaft	Symbolischer Interaktionismus	Systemtheorie, Phänomenologie	Theorie sozialer Systeme von Luhmann
Kulturkern	Artefakte, Symbole	geteilte grundlegende Annahmen	System geteilter Bedeutungen (Lebensform)	parallele kognitive Schemata (Lebenswelt)	Unterscheidungsgeschichte/Codes
Entstehung und Entwicklung	Unternehmensführung	Erfolgreiche Problemlösung; sozialer Lernprozeß	Symbolische Interaktionen	→ indiv. soz. Wkk Wkk ← symbolische u. argumentative Interaktionen	rekursive Vernetzung von Kommunikation/autopoietische Organisation
Rolle der Unternehmensführung	Kulturmanagement	Steuerung der externen Anpassung und internen Integration	je nach Macht beeinflussen sämtliche Mitglieder die Organisationskultur	symbolisches und konsensorientiertes Management	Interventionen: systemische Beratung
Verhältnis von Unternehmen und Kultur	Kultur: eine Variable des Unternehmens	Kultur: alles beeinflussende Variable	Organisationen sind Kulturen	zwei eigenständige Systeme	Kulturen sind Organisationen
Ziele der Unternehmenskultur	Orientierung	Orientierung und Entwicklung	Orientierung	Orientierung	Entwicklungsfähigkeit des Systems
Vorzüge	„Entdecker" des Themas „Unternehmenskultur"	– Kultur: sozialer Lernprozeß, – duale Zielführung: Orientierung und Entwicklung	Interaktionen können zur Vereinheitlichung der Perspektiven führen:soziale Wirklichkeitskonstruktion	Differenz zwischen: – individueller und sozialer Wirklichkeitskonstruktion – Unternehmen und Kultur	– Enwicklungsfähigkeit, – Eigenständigkeit/Emergenz sozialer Systeme
Kritik	Steigerung funktionaler Systemintegration	Anpassungslernen	– Wissenschaft als Selbszweck – Unhintergehbarkeit – kognitive Prozesse unbeachtet	– Weg von individueller zur sozialen Wirklichkeitskonstruktion? – Verhältnis zw. System und Kultur?	objektive, kollektive Systemebene kann Kultur nicht einfangen

Quelle: eigene

Kapitel 2

Eine radikal-konstruktivistische Subkulturkonzeption

2.1 Theoretische Basis

Die theoretische Basis dieser Konzeption soll eine Verknüpfung folgender theoretischer Ansätze liefern: Radikaler Konstruktivismus (individuelle Wirklichkeitskonstruktion), Symbolischer Interaktionismus und Theorie der Beobachtung (soziale Wirklichkeitskonstruktion), Emergenzthese. Zudem soll eine Diskussion des Integrationsmechanismus' „Intersubjektivität" zwischen Individuen einer sozialen Gruppe geführt werden.

In dieser Konzeption werden nicht Kommunikationen, sondern Individuen als Elemente von Unternehmen angesehen. Begründungen dafür wurden vorab (Kap. 1.5.3) thematisiert und sind z.T. in der folgenden Darstellung der theoretischen Ansätze und deren Verknüpfung integriert.

Der folgende Ansatz versucht, die Funktionsweise sozialer Systeme aus der wechselseitigen Konstitution von Struktur- und Sinnebene zu verstehen, die beide auf den Unternehmensmitgliedern basieren. Das Ergebnis soll keine in sich vollkommen konsistente Theorie darstellen, sondern Bausteine, die auf die Realität passen.

Unter der Kultur eines sozialen Systems soll dessen spezifische Wirklichkeitskonstruktion verstanden werden. Basis der gruppenspezifischen Kultur sind die individuellen Wirklichkeitskonstruktionen der Unternehmensmitglieder.

2.1.1 Radikaler Konstruktivismus (individuelle Wirklichkeitskonstruktion)

Der Radikale Konstruktivismus[340] ist ein theoretischer Ansatz des Erkenntnis- und Wissenserwerbs (Epistemologie). Die traditionelle Epistemologie meint, daß der Mensch über seine Sinnesorgane die reale Welt fotografiert und damit „im Kasten" hat.

Radikale Konstruktivisten sind der Überzeugung, daß unser Wissen nicht die Abbildung der Realität ist, sondern daß kognitive Systeme ihre Wirklichkeit[341] konstruieren. Bereits Mitte des 19. Jahrhunderts formulierte der Neurophysiologe Johannes Müller das *Prinzip der undifferenzierten Codierung*, das besagt, daß die Sinnesorgane zwar durch Umweltreize aktiviert werden und aufgrund dieser Aktivierung neuronale Erregungen entstehen, aber die Nervenzellen nur die Intensität, nicht die Qualität der Erregungsursache codieren können. Den bedeutungsfreien Signalen (Klick, Klick ...) werden erst in spezifischen Gehirnteilen Bedeutungen zugewiesen. Wahrnehmung findet also im Gehirn statt. Die Erkenntnistheorie wird im Radikalen Konstruktivismus zur Kognitionstheorie. Die strukturelle Determiniertheit autonomer Systeme, die Maturana/Varela bei Zellen empirisch nachweisen konnten, wird auf das Nervensystem übertragen. Mit einem Nervensystem ausgestattete lebende Systeme verfügen über einen größeren kognitiven Bereich, damit auch über mehr mögliche Strukturen und über eine größere Anzahl möglicher Verhaltensweisen. Das Nervensystem erlaubt dem System zustandsverändernde Interaktionen mit „reinen Relationen"[342] (also nicht durch physikalische Ereignisse). Lebende Systeme interagieren mit ihren internen Zuständen, als wären diese von ihnen unabhängige Gegenstände (Denken). Die neuronalen Prozesse des Nervensystems konstruieren erst den Sinn. Wahrnehmung und Interpretation können nicht mehr getrennt werden. Die funktionale/operationale Organisation des Nervensystems ist geschlossen, d.h. Nervensysteme sind autonom.[343] Die Aktivität der

---

[340] Vertreter dieses Ansatzes sind v.a. v. Glasersfeld z.B. 1981, v. Foerster z.B. 1987, Roth z.B. 1987.

[341] Die Unterscheidung zwischen Realität und Wirklichkeit stammt von Stadler/Kruse 1990, S. 133.

[342] Maturana 1985, S. 39.

[343] Vgl. Maturana 1987, S. 98. Maturana hat versucht, anhand empirischer Versuche die organisationelle Geschlossenheit nachzuweisen. Doch auch Maturana muß

Nervenzellen (auch die, die für die Aufnahme von Umweltreizen zuständig sind) wird durch andere Nervenzellen determiniert, nicht durch externe Einflüsse. Das System selbst bestimmt, welche externen Einflüsse im System Geltung erlangen. Das System bezieht sich ausschließlich auf sich selbst, es ist selbstreferentiell. Es interagiert mit den eigenen Zuständen zirkulär, so daß jeder Zustand das Resultat aus der Interaktion früherer Zustände ist. Nur die hochgradige Selbstreferentialität der Kognition erlaubt die Bewältigung komplexer Situationen. Maturana schreibt Nervensystemen jedoch keine autopoietische Organisation zu. Zwar sind die Nervenzellen in einem rekursiven Netzwerk zusammengeschlossen, aber sie erzeugen sich im physikalischem Raum nicht selbst, sondern sind z.B. von Stoffwechselprozessen des Organismus abhängig.[344]

Das Nervensystem ermöglicht dem System, über Selbstbeobachtung Selbstbewußtsein zu produzieren, Selbstbeschreibungen und Beschreibungen seines Erkennens zu fertigen. In diesem Zusammenhang ist es wichtig, zwischen internen und externen Beobachtern zu unterscheiden. Ein System agiert als interner Beobachter, indem es mit seinen internen Zuständen interagiert und von diesen Interaktionen Beschreibungen fertigt. Erst durch die Beschreibung kann der Beobachter den Gegenstand von anderen unterscheiden. Diese internen Zustände sind ausschließlich dem internen Beobachter zugänglich. Der externe Beobachter betrachtet die Interaktionen zwischen Organismen und deren Umwelt. Dabei vermutet er häufig einen Zusammenhang zwischen Umweltreiz und dem Verhalten des Organismus. Diesen Zusammenhang stellt jedoch ausschließlich der externe Beobachter her. Er benutzt die Umwelt, um ein Input (Umweltreiz)-Output (Verhalten)-Schema herzustellen.[345] Dieses Schema kann zur Beschreibung von Umwelt-System-Beziehungen brauchbar sein, aber es darf nicht versucht werden, damit die interne Operationsweise des Systems zu erklären.

Aber wie werden nun den bedeutungsfreien Signalen Bedeutungen zugeschrieben, wie wird die Wirklichkeit konstruiert? Die Bedeutungszuweisung erfolgt nach Prinzipien wie Widerspruchsfreiheit, Prägnanz,

---

einräumen, daß die Ergebnisse keinen zwingenden Beweis für die Autonomie von Nervensystemen liefern.

[344] Vgl. Riegas/Vetter 1990, S. 39.
[345] Vgl. Maturana 1987, S. 98.

gute Gestalt etc. und basiert auf internen Erfahrungen und stammesgeschichtlichen Festlegungen.[346] Es setzen sich Konstruktionen durch, die sich aufgrund von Erfahrungen bewährt haben. Bei diesem Prozeß werden nicht die optimalen Konstruktionen ausgesucht, sondern unpassende Konstruktionen gestrichen. Die Wirklichkeitskonstruktionen passen sich also nicht an die Realität an, sondern die Realität führt lediglich zum Streichen unzulänglicher Konstruktionen. Ziel des kognitiven Systems ist nicht die möglichst naturgetreue Abbildung der Realität, sondern Wirklichkeitskonstruktionen, mit denen sich das System in der Realität zurecht finden und überleben kann.

Das Radikale am Radikalen Konstruktivismus ist die totale Akzeptanz, daß die erfahrbare Welt die eigene Konstruktionsleistung ist. Diese Konsequenz hat weitreichende Folgen, z.B. bekommen die empirischen Wissenschaften eine neue Aufgabenstellung. Ihr Ziel ist nicht mehr die exakte Wiedergabe der Realität, die Wahrheitsfindung, sondern könnte in der Entwicklung von Wirklichkeitskonstruktionen liegen, indem sie das „Passen" der Konstruktionsleistungen zur Realität unter die Lupe nehmen und durch gesammelte Erfahrungen Wissen erzeugen.[347] Zudem wird das Erkenntnisziel „Wahrheit" durch gesetzte Ziele, z.B. Nützlichkeit ersetzt. Gesetzte Ziele bringen i.d.R. ethische Fragen mit sich. Außerdem wächst der Stellenwert der Ethik, da jeder für seine eigenen Konstruktionsleistungen verantwortlich zeichnen muß. Auch Toleranz erfährt eine Aufwertung, da niemand die Realität – die absolute Wahrheit erkennen kann.[348]

Wie läßt sich die individuelle Wirklichkeitskonstruktion konkreter beschreiben?

Elemente kognitiver Systeme sind Neuronen (Nervenzellen). Über neuronale Interaktionen werden Gedanken generiert. Nun gibt es unzählige Möglichkeiten von Interaktionen zwischen den Neuronen. Deswegen müssen die Beziehungen zwischen den Elementen grundsätzlich geordnet werden. Dafür ist die Struktur zuständig, welche zum Teil fremdorganisiert (z.B. genetisch bedingt) und zum Teil selbstorganisierend ist.

---

[346] Vgl. Schmidt, S. J. 1987, S. 15.
[347] Vgl. Kolbeck/Nicolai 1996, S. 57.
[348] Vgl. Kolbeck/Nicolai 1996, S. 55f.

2.1 Theoretische Basis 145

Fremdorganisation und Selbstorganisation beeinflussen sich gegenseitig. Selbstorganisierende Systeme sind selbstreferentiell, d.h. sie schließen sich operativ ab, indem sämtliche Interaktionen des Systems durch Interaktionen anderer Neuronen bestimmt werden. Es entstehen zirkuläre Interaktionen, d.h. Interaktionen schließen an Interaktionen. Welche Neuronen nun miteinander interagieren, d.h. welche Struktur sich entwickelt, hängt von systemspezifischen Selektionen ab, die sich aus Erfahrungen entwickeln (Sinn).

Selbstorganisierende Systeme können sich selbst beobachten und beschreiben. Indem sich ein System selbst beobachtet und beschreibt, hebt es das Selbst ins Bewußtsein und grenzt sich somit von der Umwelt ab. Es entwickelt eine eigene Identität. Beobachtet und beschreibt sich das System selbst als eine von der Umwelt differenzierten Einheit, kann es sich selbst kritisch betrachten, neue Neuroneninteraktionen generieren und gegebenenfalls Strukturveränderungen anregen. So kann das System aus internen Prozessen lernen und sich fortentwickeln.

Kognitive Systeme operieren zwar selbstreferentiell und autonom (eigenständig, unabhängig), d.h. jedoch nicht, daß sie keinen Kontakt zur Umwelt herstellen. Sie können jedoch nicht direkt Informationen aufnehmen, sondern nur „Klicks", welche im Gehirn interpretiert werden. Das System entscheidet über Selektion selbst, ob es Kontakt herstellen will. Kognitive Systeme passen sich also nicht an die Umwelt an. Die Fähigkeit, mit der Umwelt in Kontakt zu treten (Resonanzfähigkeit) ist abhängig von dem Vorrat an Themen, Codes, Werten des kognitiven Systems. Je größer der Vorrat an Themen/Codes/Werten, desto größer die Wahrnehmungsfähigkeit und desto größer die Varietät der Handlungsmöglichkeiten, die wiederum den Vorrat an Themen anreichern. Der Themenvorrat kann zudem über Selbstreflexion vergrößert werden. Kognitive Systeme holen sich aus der Umwelt Informationen, die dann mit der vorhandenen Gedankenstruktur (Neuronenzusammenschlüssen) interagieren, woraus neue Gedanken generiert werden können, welche die Struktur modifizieren können. Diese Strukturveränderung (Lernen) wird zwar durch die Umwelt angeregt, sie ist in erster Linie jedoch von der vorhandenen Struktur abhängig.

Die Struktur des Systems bestimmt die individuelle Wirklichkeitskonstruktion. Gemäß dem Radikalen Konstruktivismus kann der Mensch die Realität nicht über die Sinnesorgane fotografieren. Nach dem Prinzip der undifferenzierten Codierung liefern die Sinnesorgane dem Gehirn lediglich bedeutungsfreie Signale. Neuronale Prozesse sorgen für die Interpretation dieser Signale. Die Bedeutungszuweisungen basieren auf der vorhandenen Gedankenstruktur, die in erster Linie aus Erfahrungen resultiert. Die Gedankenstruktur verändert sich laufend durch Selbstreflexion und Umweltkontakt. Nicht zur Realität passende Konstruktionen werden ausgemustert. Gesucht werden Wirklichkeitskonstruktionen mit denen das System in der Realität bestehen kann. „Auf die Realität passende" Konstruktionen (Neuroneninteraktionen) werden zur Routine und gerinnen zur außer Frage stehenden Wirklichkeit. Diese Wirklichkeitskonstruktion über sich verändernde Gedankenstrukturen kann auch als Bezugsrahmen, Ordnungsraster oder Sinnsystem beschrieben werden. Die bestehende Gedankenstruktur, das Sinnsystem regelt die oben erwähnten Selektionen: welche Neuronen miteinander interagieren und wann das System mit der Umwelt Kontakt aufnimmt.

2.1.2 Symbolischer Interaktionismus und Theorie der Beobachtung (Soziale Wirklichkeitskonstruktion)

Die Aktionen eines sozialen Systems resultieren nicht aus der Summe der individuellen Wirklichkeitskonstruktionen der Mitglieder. Damit die Systemmitglieder unter einem Sachverhalt, einer Anweisung, einem Gespräch etc. etwas Ähnliches verstehen, müssen sie über Interaktionen eine gemeinsame, gruppenspezifische Wirklichkeit konstruieren, welche handlungsleitend wirkt. Wie entstehen diese Gemeinsamkeiten, das Soziale, das Gruppenspezifische?

Gemäß dem Radikalen Konstruktivismus konstruieren kognitive Systeme individuell ihre Wirklichkeit. Kognitive Systeme operieren selbstreferentiell und autonom. Sie bestimmen selbst, ob sie mit der Umwelt Kontakt aufnehmen. Da der Mensch nun grundsätzlich ein soziales Wesen ist und keine Stabilität in sich aufweist, sucht er die Stabilität in der sozialen Ordnung. Um diese Ordnung aufzubauen, sucht er Kontakt mit anderen Individuen. Wie kommt es – ausgehend von der individuellen Wirklichkeitskonstruktion – zur sozialen, gruppenspezifischen Konstruktion der Wirklichkeit? Über Interaktion, aber wie sieht der Prozeß nun genauer aus? Luhmann kritisiert zu recht, daß der Radikale Konstruktivismus diese Fragen nicht schlüssig beantwortet, da er die individuelle Wirklichkeitskonstruktion fokussiert. Aus dem Theorieangebot,

2.1 Theoretische Basis 147

welches dieses Feld bearbeitet hat, scheinen folgende Überlegungen eingängig:

Nach dem Prinzip der undifferenzierten Codierung nimmt das Individuum über die Sinnesorgane aus der Realität nur bedeutungslose Signale auf. Die Bedeutungen werden den Objektivitäten aus der Realität erst im Gehirn zugeschrieben. Mitglieder eines sozialen Systems gleichen sich in der Interpretation der Realität im Laufe des Miteinander immer weiter an. Der *symbolische Interaktionismus* beschreibt diesen Annäherungsprozeß folgendermaßen (siehe Kap. 1.2.1): Durch eine Geste regt ein Individuum (A) ein anderes Individuum (B) an, sich in seiner Reaktion an die Geste des ersten Individuums (A) anzupassen. Symbolische Interaktion heißt, daß diese Anpassungsreaktion die Interpretation der ersten Geste mit einschließt. Mit der Interpretation der Geste erfährt diese ihre Bedeutung. Das erste Individuum (A) kann nach der Anpassungsreaktion des zweiten Individuums (B) wiederum durch eine Reaktion zu verstehen geben, ob seine Geste tatsächlich die Bedeutung hatte, die das zweite Individuum (B) mit seiner Reaktion zum Ausdruck gebracht hat. Je nachdem mit wem ein Individuum interagiert, kann die Bedeutung einer Sache aus der Realität zu jeder Zeit modifiziert werden.

Verknüpft man diese Konstruktion mit der des *Radikalen Konstruktivismus,* resultiert folgendes: Tätigt ein Individuum (A) eine Geste, kann es damit ein anderes Individuum (B) in „Schwingung" versetzen, wenn die Geste das andere Individuum (B) interessiert, d.h. wenn die Geste für das andere Individuum (B) anschlußfähig ist.

An dieser Stelle läßt sich Luhmanns *„Theorie der Beobachtung"* (siehe Kap. 1.5.1) anschließen: Voraussetzung für die Anpassungsreaktion ist die Beobachtung der Geste des ersten Individuums (A) durch das zweite Individuum (B). Nach G. Spencer Brown liegt jeder Beobachtung eine Unterscheidung zugrunde. Der Bereich der Unterscheidung (z.B. Mann/Frau) wird aus unendlichen Möglichkeiten herausgehoben und stellt den markierten Bereich dar, beide Seiten der Unterscheidung werden bezeichnet. Da die Realität über Sinnesorgane nicht fotografiert werden kann, gibt die Unterscheidung keinen Teil der Realität wieder, sondern stellt eine Konstruktion dar, mit der man sich in der Welt zurecht finden soll. Da der Beobachter, also das zweite Individuum (B), nicht sich selbst, sondern das erste Individuum (A) beobachtet, Unterscheidungen trifft, bleiben der Beobachter (B) und seine Unterscheidungen im unmarkierten Bereich. Um den Beobachter (B) und seine Unterscheidungen zu erkennen, muß eine anderer Beobachter, z.B. das erste Individuum, den Beobachter (B) beobachten.

Wahrnehmung und Interpretation z.b. einer Geste fallen beim Radikalen Konstruktivismus zusammen, da die Wahrnehmung nicht über die Sinnesorgane erfolgt, sondern im Gehirn stattfindet. Den bedeutungsfreien Signalen werden im Gehirn Bedeutungen zugeschrieben. Diese Bedeutungszuschreibung erfolgt individuell. Schreibt ein Individuum einer Geste Bedeutung zu, dann äußert sich diese individuelle Interpretation im folgenden Handeln des Individuums. Diese Handlung wird vom ersten Individuum (A) wiederum beobachtet und interpretiert. Diese Interpretation äußert sich dann wiederum in der folgenden Handlung des Individuums (A) etc. Selbst in Luhmanns letztem Buch kann man lesen, daß Interaktionen unter Anwesenden einer eigenen Ordnung der wechselseitigen Anpassung von Darstellungen folgen und nicht aus den Organisationszielen oder -strukturen resultieren.[349] Luhmann meint jedoch nicht, daß aus der wechselseitigen Anpassung von Darstellungen „Intersubjektivität" entsteht. Individuen entwickeln über die rekursive Vernetzung von Beobachtungen (Unterscheidungen und Bezeichnungen) eine gemeinsame „Sicht der Dinge"/Wirklichkeitskonstruktion. Basis des gemeinsamen Erkennens ist die Entstehung einer gemeinsamen Unterscheidungsgeschichte.

Für diesen Interaktionsprozeß ist die *Sprache* wesentliche Voraussetzung. Die beiden Seiten der Unterscheidung werden durch Sprache bezeichnet. Hat man keine sprachliche Bezeichnung für etwas, kann man nicht unterscheiden, d.h. je differenzierter die Sprache, desto differenzierter kann unterschieden werden. Die Funktionen der Sprache wurden im Kap. 1.4.1 bereits dargestellt. Wobei man für diese Konzeption im Hinterkopf behalten muß, daß durch die Sprache nicht die Realität beschrieben wird, sondern nur Wirklichkeitskonstruktionen/Gedankenverweisungen thematisiert werden.

Unter Interaktion wird also die rekursive Vernetzung von Beobachtungen (Unterscheidungen und Bezeichnungen) verstanden, die sich in Kommunikationen und Handlungen äußern.

Individuen leben von Geburt an in einem sozialen Umfeld. Bereits in der Familie entsteht über rekursive Beobachtungen eine familienspezifische Wirklichkeitskonstruktion. Diese Wirklichkeitskonstruktion eines

---

[349] Vgl. Luhmann 2000, S. 255.

Kindes wird in der Ausbildungszeit modifiziert, je nach dem mit wem das Kind verstärkt interagiert. Mit der so gewachsenen individuellen Wirklichkeitskonstruktion tritt das Individuum dann in das hier interessierende Unternehmen ein.

2.1.3 Emergenzthese

Die Emergenzthese dient als Erklärung, weshalb soziale Systeme, also auch Unternehmen, nicht als Summe der Mitglieder, sondern als eigenständige *soziale Akteure* verstanden werden sollen.

Was unter Emergenz gemeinhin verstanden wird, wurde in Kap. 1.5.1 dargestellt. Es besteht grundsätzlich die Meinung, daß die Eliminierung der Menschen aus dem sozialen System die Voraussetzung für die Entstehung emergenter Phänomene darstellt.[350] Aus den oben angesprochenen Gründen soll dem hier nicht entsprochen werden.

Bisher bietet die Literatur folgende Wahl: Entweder man schließt sich der Meinung Luhmanns an, eliminiert den Menschen, definiert Kommunikationen als Elemente sozialer Systeme und schreibt sozialen Systemen über die Emergenzthese Eigenständigkeit zu. Oder man vertritt die Meinung Hejls, definiert Menschen als Elemente sozialer Systeme, verzichtet auf die Argumentation der Emergenz und verbleibt im Sumpf des methodologischen Individualismus. Beiden Meinungen soll sich diese Konzeption nicht anschließen.

In einem sozialen System kommen Menschen mit unterschiedlichen Wirklichkeitskonstruktionen, Sinnsystemen, Werten, Erfahrungen, Vokabular etc. zusammen. Über Interaktionen tauschen sie sich aus. Zum einen erhalten sie voneinander neue Informationen[351] und zum anderen lernen sie, wie die Interaktionspartner denken. Es entstehen neue Gedankenzusammenschlüsse in den Köpfen der Systemmitglieder. Über gemeinsame Erfahrungen und Interaktionen zwischen den Mitgliedern und mit der Umwelt werden gruppenspezifische Sinnsysteme entwickelt, es

---

[350] Vgl. Luhmann 1996, S. 67f.; Martens 1992, S. 143; Kolbeck/Nicolai 1996, S. 130ff.

[351] Genauer: über Perturbation gelangen anschlußfähige „Klicks" ins Gehirn, die dort interpretiert werden. Resultat dieser Interpretation können neue Gedanken/ Informationen sein. Sie werden gespeichert, wenn sie auf die Realität passen.

wird eine gruppenspezifische Wirklichkeit konstruiert. Diese emergenten Phänomene können nicht linear auf die einzelnen Mitglieder zurück gerechnet werden. Die individuellen Wirklichkeitskonstruktionen, d.h. die dahinter liegenden Neuronenverweisungen/Gedankenstrukturen der Unternehmensmitglieder bilden das gegebene Material. Via Interaktion mit den Mitgliedern und der Umwelt wird dies gegebene Material über selbstreferentielle Zirkel (in den Köpfen der Mitglieder) neu gruppiert, so daß etwas Neues, Eigenständiges entsteht. Das Eigenständige ist die systemspezifische Wirklichkeitskonstruktion, die als Parallelisierung von Neuronenstrukturen verstanden werden kann. Diese gemeinsame Ebene der Mitglieder schwebt nicht im luftleeren Raum, sondern befindet sich in den Köpfen der Mitglieder („Sinnebene") und kann sich in den Strukturen einnisten. Zusammengefaßt:

Die systemspezifische Wirklichkeitskonstruktion entwickelt sich also über: die individuellen Wirklichkeitskonstruktionen der Systemmitglieder, die Interaktionen (rekursive Vernetzung der Beobachtungen) der Systemmitglieder und mit der Umwelt – perturbiert durch die Systemstrukturen (Fremd- und Selbstorganisation), die darüber gewonnenen gemeinsamen Erfahrungen und den qualitativen Sprung von den individuellen Wirklichkeitskonstruktionen zu der parallelen Neugruppierung von systemspezifischen Neuronenstrukturen in den Köpfen der Unternehmensmitglieder.

2.1.4 Diskussion des Integrationsmechanismus' „Intersubjektivität" zwischen Individuen einer sozialen Gruppe

In der Literatur ist man sich nicht einig, ob die Konstruktion „Intersubjektivität" auf die Realität paßt. Bekanntester Gegner einer intersubjektiven Ebene ist Niklas Luhmann. Da er Subjektives nicht duldet (siehe Kap. 1.5), läßt er Intersubjektives auch nicht gelten. Grundsätzlich versucht Luhmann für subjektive Einzelfälle, -meinungen, -interessen etc. einen zusammenfassenden Oberbegriff zu finden, der diese Einzelfälle bündelt, Komplexität reduziert, um sie im Anschluß steigern zu können. Die Oberbegriffe müssen eine Einheit der Differenzen darstellen, welche Kontingenz eröffnet (und damit die Komplexität steigert). Beispiel: die subjektiven Interessen der Organisationsmitglieder schließt Luhmann aus dem sozialen System aus (Reduktion der Komplexität des Systems) und

2.1 Theoretische Basis

faßt sie unter dem Begriff „Karriere" zusammen.[352] So muß er sich nicht mit den einzelnen, unterschiedlichen Interessen abgeben, kann sie aber in dieser abstrakten, verallgemeinerten, objektiven Form berücksichtigen und mitlaufen lassen in weiteren Überlegungen.

Auch „Konsens" ist nichts „Intersubjektives", sondern eine im Nachhinein konsistenzgeprüfte Konstruktion.[353] Integriert werden Personen (die außerhalb des Systems stehen) nach Luhmann nicht über gemeinsame Ziele, Ideen, Projekte, sondern über den Integrationsmodus „Karriere" (eigene Interessen der Personen). Jede Person identifiziert sich ausschließlich mit der eigenen Karriere.[354] Über Integration werden die Freiheitsgrade hinsichtlich der Verfolgung der eigenen Karriere wechselseitig eingeschränkt.

Luhmanns Theorie stellt die objektive, kollektive Ebene in den Mittelpunkt und sie wird dort angreifbar, wo Luhmann Subjektives und Intersubjektives ins System holt (siehe Kap. 1.5.3). In seinem neuesten Buch widmet er dem Thema „Organisationskultur" einen eigenen Abschnitt.[355] Auch die Organisationskultur hat nichts Intersubjektives. Sie entsteht durch Klatsch/Unterhaltung/„gossip". Aus dieserart Kommunikation, die kein Ziel hat, sondern als Tätigkeit als solche genossen wird, resultieren unentscheidbare Entscheidungsprämissen. Sie helfen bei Problemen, die nicht durch Anweisungen gelöst werden können. Prämissen sind Voraussetzungen, die bei ihrer Anwendung nicht mehr geprüft werden. Entscheidungsprämissen sind Konglomerate binärer Unterscheidungen und dienen der Orientierung.[356] Entscheidungsprämissen schränken den Spielraum für eine Mehrzahl von Entscheidungen gleichsinnig ein.[357] Was versteht Luhmann an dieser Stelle unter „gleichsinnig"?

Nun läßt sich doch fragen: warum gibt es dieserart Unterhaltung jenseits der organisationsbezogenen Aspekte in Organisationen? Diese Kommunikation dient zum einen der Befriedigung sozialer Bedürfnisse und zum anderen wird auf dieser Ebene versucht, Vertrauen, Zusammengehörigkeitsgefühl aufzubauen. Und auch Luhmann räumt ein, daß gos-

---

[352] Vgl. Luhmann 2000, S. 101ff.
[353] Vgl. Luhmann 2000, S. 99.
[354] Vgl. Luhmann 2000, S. 99ff.
[355] Vgl. Luhmann 2000, Kap. 7, Abschnitt VI., S. 237ff.
[356] Vgl. Luhmann 2000, S. 238f.
[357] Vgl. Luhmann 2000, S. 225.

sip das Zusammengehörigkeitsbewußtsein zum Ausdruck bringt, ohne die Zusammengehörigkeit explizit zu kommunizieren und sie damit der Annahme oder Ablehnung auszusetzen.[358] Hierüber wird eine gemeinsame Basis an Bedeutungskongruenz aufgebaut, die dann auf organisationsbezogene Aspekte übertragen werden kann. Es wird versucht eine emotionale Bereitschaft aufzubauen, den anderen verstehen zu wollen.

Für die kommunikative Wirksamkeit von Kultur (Zusammengehörigkeitsgefühl) ist es nach Luhmann nicht wesentlich, daß die Meinungen übereinstimmen (Konsens), sondern daß in der Kommunikation so verfahren wird, als ob dies der Fall ist[359] (sozusagen „fiktive Bedeutungskongruenz") – das mag sein, aber worauf fußt denn ein Zusammengehörigkeitsgefühl? „Wie man aus ethnomethodologischen Forschungen weiß, sind das starke Kräfte, die die Alltagskommunikation auf ihrer Bahn halten und in der Form von Vertrautheit Prämissen kondensieren, die nicht mehr der Ja/Nein Probe ausgesetzt, sondern unformuliert akzeptiert werden."[360] Dem soll hier zugestimmt werden, aber was sind „starke Kräfte" in diesem Zusammenhang? Eine Seite zuvor kritisiert Luhmann zurecht, daß die Organisationskultur häufig durch Bezug auf „Symbole" beschrieben wird und damit eine unklare Bezeichnung durch einen andere unklare Bezeichnung definiert werden soll. „Starke Kräfte" ist auch ein Symbol – wofür es steht, läßt Luhmann offen.

Organisationskultur in der Form von unentscheidbaren Entscheidungsprämissen ist eine Struktur, die aus Entscheidungen resultiert. Allerdings läßt sich nicht markieren, wo die Entscheidungsprämissen entstanden sind und deshalb entziehen sie sich der Regel, das alles was durch Entscheidungen entstanden ist, durch Entscheidungen verändert werden kann.[361] Für die organisationsinterne Kommunikation ist die Organisationskultur unsichtbar und würde Mißtrauen erwecken.[362] Sie kann sich wandeln durch einen gesellschaftlichen Wertewandel oder durch abweichendes Verhalten, in dem große Persönlichkeiten mit tradierten Gewohnheiten brechen. An anderer Stelle meint Luhmann, daß sich die Organisationskultur/unentscheidbaren Entscheidungsprämissen

---

[358] Vgl. Luhmann 2000, S. 243.
[359] Vgl. Luhmann 2000, S. 244.
[360] Luhmann 2000, S. 243.
[361] Vgl. Luhmann 2000, S. 242.
[362] Vgl. Luhmann 2000, S. 246.

2.1 Theoretische Basis

der internen Kommunikation entziehen und daß sich Organisationskulturen nicht durch Entscheidungen verändern können – ist das nicht ein Widerspruch?

Den Vorteil/Nutzen der Konstruktion „Organisationskultur" sieht Luhmann in Vergleichen zwischen System und Umwelt oder im Herausarbeiten des Spezifischen einer Organisation.[363] Zudem können Trägheitseffekte/Widerstände gegen Innovationen erklärt und die Grenzen der Generalisierbarkeit organisationswissenschaftlicher Aussagen deutlich gemacht werden.[364]

Ist die Unterscheidung zwischen entscheidbaren und unentscheidbaren Entscheidungsprämissen für das Präzisieren des Begriffs Organisationskultur überhaupt geeignet? Ansonsten „... gilt als Kultur jedoch alles, was im Umgang mit Dingen und Menschen zur Gewohnheit geworden ist."[365] Warum stört sich Luhmann daran? Wenn Luhmann meint, daß die Organisationskultur v.a. für System-Umwelt-Vergleiche nützlich ist und auf das Spezifische einer Organisation fokussiert, dann ist das Spezifische doch nicht ausschließlich auf die unentscheidbaren Entscheidungsprämissen zurückzuführen. Entscheidbare und unentscheidbare Entscheidungsprämissen sind sehr stark verwoben und die Eigenart/Identität einer Organisation resultiert eben genau aus diesem Geflecht. Und sind entscheidbare Entscheidungsprämissen, wenn sie zu Gewohnheiten, Routinen, implizitem Wissen generieren, eben nicht mehr entscheidbar, sondern unentscheidbar, weil sie im blinden Fleck des Systems verschwinden? Und genau hier liegt doch die Gefahr des Konservatismus selbstreferentieller Systeme. Wie können Routinen, Gewohnheiten, entscheidbare Entscheidungsprämissen tatsächlich entscheidbar gehalten werden?

Und der Begriff Organisationskultur/organisationsspezifische unentscheidbare Entscheidungsprämissen wird auch nicht besonders eindeutig definiert: zum einen schreibt Luhmann, „... dass Organisationskulturen dort entstehen, wo Probleme auftauchen, die nicht durch Anweisungen gelöst werden können, ..."[366], zum anderen versteht er die Organisationskultur erzeugende Kommunikation als Klatsch, eine Tätigkeit, die nicht

---

[363] Vgl. Luhmann 2000, S. 246.
[364] Vgl. Luhmann 2000, S. 247f.
[365] Luhmann 2000, S. 250, Fußnote 52.
[366] Luhmann 2000, S. 241.

der Herstellung eines Werkes, sondern als Selbstzweck genossen wird[367]. Soll sie nun Probleme lösen oder nicht?

Man hat das Gefühl, daß Luhmann nur sehr widerwillig das Thema Organisationskultur aufnimmt. Das Thema tangiert die subjektive, kollektive Ebene, und diese paßt nicht in seine Theorie sozialer Systeme, aus welcher er die Individuen heraus hält.

Streitet man jegliche Form von Intersubjektivität ab, stellt sich doch die Frage, woher der Konservatismus sozialer Systeme rührt. Nach Luhmann bezieht sich die Selbstreferentialität allein auf die Strukturen, Prozesse der Kommunikationen bzw. Entscheidungen also auf die Operationsweise des Systems. Individuen stehen bei Luhmann außerhalb des Systems, sie bilden keine Intersubjektivität aus. Mit anderen Worten können sie als externe Beobachter aus vollkommen voneinander losgelösten Perspektiven die Operationsweise des Systems beobachten und der Gefahr des Konservatismus entgegen steuern. Das ist jedoch nicht zu beobachten.

Die Entwicklung des Konservatismus' beginnt in sozialen Systemen in den Köpfen der Mitglieder und verhärtet sich durch das Wechselspiel zwischen konservativer Wahrnehmung/Interpretation und selbstreferentieller Operationsweise der Strukturen und Prozesse im sozialen System. Der Begriff „Organisationskultur" umfaßt in dieser Konstruktion tradierte Codes, Werte, Themen, welche zum großen Teil in Gewohnheiten und damit im Unterbewußtsein der Mitglieder (implizites Wissen/Sinnebene) und in den Strukturen und Prozessen des Systems verankert sind. Diese tradierten Codes, Werte, Themen resultieren auch aus Unterhaltungen/Klatsch, aber eben auch aus gemeinsamer Aufgabenbewältigung, Erfahrungen, fachlichen Diskussionen etc. Die sozialen Kontakte aus Unterhaltungen dienen häufig als Grundlage für organisationsspezifische Kommunikationen. In dieser Arbeit wird eine soziale Wirklichkeitskonstruktion folgendermaßen gedacht:

Die soziale Wirklichkeitskonstruktion einer sozialen Gruppe entwickelt sich laufend aus den individuellen Wirklichkeitskonstruktionen zu einem spezifischen Bereich (z.B. Glaube, Theater, Sport, Unternehmen), der Kommunikation mit anderen Individuen über den spezifischen Bereich, woraus entlang der Emergenzthese ein qualitativer Sprung von den individuellen Wirklichkeitskonstruktionen zu einer sozialen Wirklich-

---

[367] Vgl. Luhmann 2000, S. 243.

keitskonstruktion stattfindet. Die soziale Wirklichkeitskonstruktion ist eine eigenständige Ebene, die nicht auf die Mitglieder der sozialen Gruppe zurückgerechnet werden kann. In dieser Arbeit interessiert die Wirklichkeitskonstruktion in Unternehmen. Abbildung 9 zeigt die unternehmensspezifische Wirklichkeitskonstruktion. Da regelmäßige Kommunikation die Voraussetzung für die Möglichkeit der Ausbildung einer sozialen Wirklichkeitskonstruktion darstellt, soll in Teil I Kap. 2.3 aufgezeigt werden, daß es eine unternehmensweite Wirklichkeitskonstruktion lediglich in kleinen Unternehmen geben kann. In mittleren und großen Unternehmen werden verschiedene soziale Wirklichkeitskonstruktionen ausdifferenziert. Insofern müßte in der Zeichnung exakterweise „Unternehmen" durch „soziale Gruppe im Unternehmen" ergänzt werden.

Die Systemmitglieder, damit sind ihre individuellen Wirklichkeitskonstruktionen gemeint, gehen nicht vollkommen im sozialen System auf. Jedes Individuum gehört verschiedenen sozialen Systemen an: z.B. Familie, Freundeskreis, Sportverein, Kulturkreis, Glaubensgemeinschaft, Arbeitsstätte. In jedem dieser Systeme haben sich spezifische Codes, Werte, Themen ausdifferenziert. Diese systemspezifischen Wirklichkeitskonstruktionen stehen nicht vollkommen losgelöst voneinander im Gehirn des Individuums, sondern sind in einem Gesamtsystem miteinander verwoben. Aus diesem Grund sollten die einzelnen systemspezifischen Wirklichkeitskonstruktionen miteinander kompatibel sein. Grundlegende Widersprüche zwischen den einzelnen Codes, Werten, Themen führen zu gesundheitsschädlichen „Spannungen" im Gehirn der Individuen.

Die Bedeutung der nicht-unternehmensspezifischen Codes, Werte, Themen sollte für die unternehmensinterne und externe Kommunikation jedoch nicht unterschätzt werden. Sie bieten gerade beim Kennenlernen von Individuen, zu Beginn der Kommunikation Anschlußmöglichkeiten. Gemeinsam geteilte Interessen außerhalb der Geschäftswelt lassen ein „Wir-Gefühl" entstehen, woraus eine gewisse Vertrautheit wächst. „Funkt" man in einem Bereich auf einer gemeinsamen Welle, kann dieses Wir-Gefühl und Vertrauen via „Halo-Effekt"[368] auf den geschäftsspe-

---

[368] Schreibt man einer Person oder einem sozialen Akteur in einem Bereich besonderes Wissen, Intelligenz – oder auch spezifische negative Eigenschaften zu, wird automatisch angenommen, daß die Person oder das System auch in anderen Bereichen wissend bzw. unwissend ist. Die besonders positive oder negative Eigenschaft

zifischen Bereich übertragen werden. Voraussetzung für nicht-unternehmensbezogene Unterhaltungen sind Möglichkeiten der face-to-face-Kommunikation.

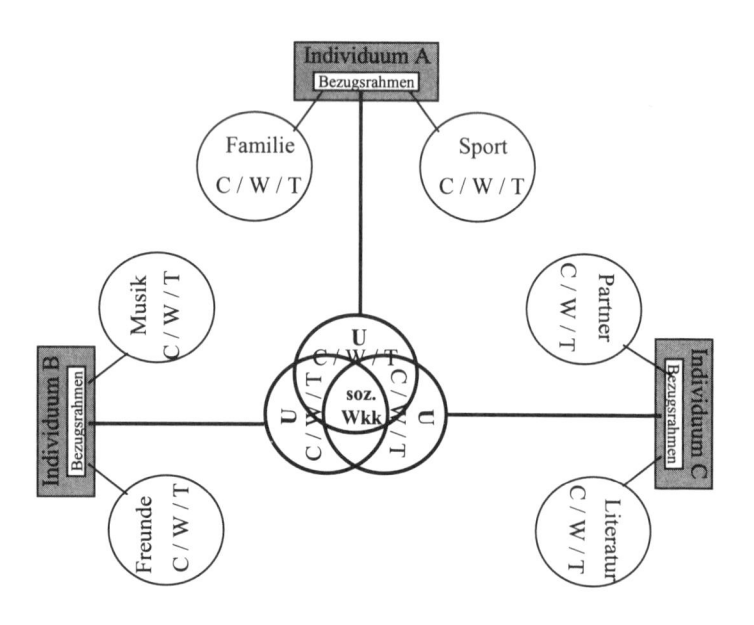

Abb. 9: Soziale Wirklichkeitskonstruktion

U = Unternehmen
soz. Wkk = soziale Wirklichkeitskonstruktion
C / W / T = Codes / Werte / Themen

Quelle: eigene

Was wird in dieser Arbeit explizit unter „Intersubjektivität" verstanden? Es wird angenommen, daß jedes Individuum mehreren sozialen Systemen angehört und dementsprechend verschiedene Bezugsrahmen aus-

strahlt auf andere Bereiche wie der Hof um eine Lichtquelle (Halo: gr.-lat. Hof um eine Lichtquelle), vgl. Staehle 1989, S. 184.

differenziert. Oben wurde bereits erläutert, daß Wahrnehmung und Interpretation im Radikalen Konstruktivismus zusammen fallen. Dennoch soll hier unter „Intersubjektivität" nicht Einstimmigkeit, Konsens, Meinungsgleichheit verstanden werden. Wahrnehmung und Interpretation lassen sich trennen – auch aus der Perspektive des Radikalen Konstruktivismus. Wahrnehmung und Interpretation fallen nur insoweit zusammen, daß der Bezugsrahmen (die vorhandenen Strukturen im Gehirn des Individuums oder im sozialen System) selektiert, *was* aus der Umwelt wahrgenommen und was gar nicht registriert wird. Wahrgenommen wird aufgrund der energetischen Offenheit des Systems. Die anschlußfähigen Codes werden zum Gehirn/Bezugsrahmen weitergeleitet. Ab hier wird die aufgenommene Unterscheidung in operationaler Geschlossenheit weiterverarbeitet. Erzeugen die Codes keine Differenz zu den vorhandenen Strukturen, werden sie lediglich „abgeheftet" und bestärken die bestehende Ordnung. Erzeugen sie dagegen eine Differenz zu den bestehenden Strukturen, muß das System nachdenken, reflektieren, interpretieren. Das System hat zwei Optionen: entweder es negiert die neue Unterscheidung und bewahrt gegebene Strukturen oder es bejaht die neue Differenz und der Bezugsrahmen wird perturbiert und zur Veränderung angeregt. Hat man sich über ein Ereignis jedoch erst einmal ein eigenes Bild gemacht/Strukturen produziert, dann ist es wesentlich schwieriger, diese Strukturen noch einmal zu verändern.

Was denn nun? Nehmen Individuen/Systeme über Anschlußfähigkeit oder Differenzen wahr? Weist der Reiz/Code in der Umwelt keinerlei Anschlußfähigkeit zu vorhandenen Codes/Werten/Themen auf, kann er nicht wahrgenommen werden. Wenn der Radikale Konstruktivismus jedoch konstruiert, daß Individuen ausschließlich über Differenzen wahrnehmen, hieße das spontan: daß Individuen/Systeme bekannte/vorrätige Codes/Themen/Werte nicht wahrnehmen können. Das stimmt nicht. Vorrätige Codes/Werte/Themen werden wahrgenommen, um die eigene Wirklichkeitskonstruktion zu bestärken – durch Differenz zu anderen Wirklichkeitskonstruktionen.

Die Wahrnehmung verläuft in sozialen Systemen angeglichener/ gleichsinniger als die Interpretation: Hält sich ein Individuum im sozialen System „Unternehmen" auf, dann steht der hier entwickelte Bezugsrahmen – die systemspezifische Wirklichkeitskonstruktion – sozusagen in der ersten Reihe. Die Wahrnehmung verläuft spontan. Aus diesem Grund ist die Wahrnehmung der Mitglieder angeglichener als die Interpretation. Je länger nämlich über die wahrgenommene Codierung nachgedacht wird, desto zahlreichere unterschiedliche Bezugsrahmen in den einzelnen Köpfen werden mit dem aufgenommenen Ereignis konfrontiert/verknüpft und damit unterschiedlich interpretiert. Denkt man diese Konstruktion weiter, würden jedoch die unterschiedlichen Interpretationen langfristig die Interpretation des Systems als sozialem Akteur perturbieren. Da die Interpretationen der Mitglieder jedoch in der Regel und je nach Ereignis (z.B. Verwandtschaft zu im System bekannten Ereignissen, Neuigkeitsgrad) sehr unterschiedlich ausfallen, könnte sich daraus wohl nur selten etwas Spezifisches entwickeln. Vorstellbare Ausnahme sind in etwa wiederkehrende Ereignisse: sie werden mit der Zeit ähnlich interpretiert bzw. die „herrschende Interpretation" wird aus welchen Gründen auch immer akzeptiert (Kompromiß) und Eingang in die systemspezifische Interpretation finden.

Diese Konstruktion wird mehreren beobachtbaren Aspekten gerecht: Soziale Systeme/Gruppen zeichnen sich im Unterschied z.B. zu Netzwerken zwischen Einzelpersonen durch ein „Wir-Gefühl", einen gemeinsamen Geist/Teamgeist aus, welches/r nicht allein auf die Systemstrukturen und -ziele/-visionen zurückzuführen ist. Dieses „Gemeinsame" reduziert zum einen die Komplexität im System, indem viele Handlungen nicht immer wieder hinterfragt werden, sondern routiniert ablaufen und selektiert zum anderen gleichsinnig die Wahrnehmung. Daraus resultiert der Konservatismus der Sinnebene des Systems, welcher durch das Wechselspiel mit dem Konservatismus der Strukturebene verstärkt wird (siehe Kap. 2.6). Würde man hier die Konstruktion beenden, würde Konsens und Meinungsgleichheit in sozialen Systemen herrschen. Das ist nicht beobachtbar. Durch die systemspezifische Wirklichkeitskonstruktion haben die Mitglieder eines sozialen Systems eine Basis, eine gemeinsame Anschlußfähigkeit für interne Kommunikationen. Die systemspezifischen Wahrnehmungen und Interpretationen werden durch Bezugsrahmen anderer sozialer System (Familie, Sport, Kunst, Glaube etc.) perturbiert und so bildet sich jedes Individuum im System eine eigene, subjektive Meinung. Die gemeinsame Wirklichkeitskonstruktion dient sozusagen als Differenzierungsgrundlage für weitere Überlegungen. Man weiß um die herrschenden Codes/Werte/Themen, muß sie aber nicht teilen. In anschließenden Diskussionen kann man seine eigenen Meinungen an die systemspezifischen Codes/Werte/Themen anschließen. Insofern herrscht in sozialen Systemen eine höhere Wahrscheinlichkeit, daß

2.1 Theoretische Basis

man nicht vollkommen aneinander vorbeiredet, sondern tendenziell das versteht, was die anderen mit ihren Äußerungen meinen. Die Beobachtungen Luhmanns, daß Interaktionen helfen, Mehrdeutigkeit zu ignorieren und sich auf Entscheidungen zu einigen, die eine neue Situation schaffen[369], und daß die kommunikative Wirksamkeit von Kultur nicht davon abhängt, daß die Individuen einer Meinung sind, wohl aber, daß so getan wird, als wäre dies der Fall[370], sind zutreffend. Eine gemeinsame Basis an Codes, Werten, Themen, die der Gruppe und ihren Mitgliedern Stabilität/Sicherheit verleiht, ist dafür jedoch notwendige Voraussetzung. Die Beobachtung, daß Interaktionen helfen, Mehrdeutigkeit zu ignorieren und sich auf Entscheidungen zu einigen, die eine neue Situation schaffen, soll hier folgendermaßen interpretiert werden: Mehrdeutigkeiten sind verankert in den Bezugsrahmen/Strukturen verschiedener Individuen oder Systeme (z.B. Subkulturen in einem Unternehmen). Haben die verschiedenen Individuen/Systeme viel Zeit und Energie für ihre Deutung investiert, sind sie fest in den Bezugsrahmen verankert. Diese eigene Struktur will man verteidigen, man ist nicht mehr offen für neue Deutungen. Codes, die eine Differenz zur eigenen Struktur aufweisen, welche die eigene Struktur verändern könnten, werden negiert. Dann ist es sinnvoll, Entscheidungen anzustreben, die eine neue Situation schaffen. Günstig wären dann solche Situationen, in welche die Mehrdeutigkeiten durch eine Hintertür in die Diskussion geraten könnten.[371]

Hinzukommt, daß die Konstruktion der unterschiedlichen Bezugsrahmen in den Köpfen der Individuen die Möglichkeit der Selbstreflexion auf individueller Ebene plausibel erklärt. „Aus der Distanz beobachten" heißt für ein Individuum, daß es das Geschehen oder die eigene Rolle in einem sozialen System aus anderen Perspektiven betrachtet. Woher kommen diese anderen Perspektiven? In die Rolle eines anderen kann

---

[369] Vgl. Luhmann 2000, S. 254.

[370] Vgl. Luhmann 2000, S. 244.

[371] Die Tendenz zum Verteidigen wird gestärkt durch mangelndes Selbstbewußtsein. Ist man grundsätzlich zufrieden mit der eigenen Struktur, fühlt man sich nicht genötigt, selbige ständig verteidigen zu müssen und ist offen für Neues. Die Strukturen können sich evolutionär entwickeln. Auf der anderen Seite sieht man auch nicht unbedingt die Notwendigkeit, sich ständig entwickeln zu müssen. Allerdings sind auch Krisen häufiger Anstoß für Veränderungen, sie ziehen jedoch in der Regel Quantensprünge in der Entwicklung der Strukturen nach sich. Es ist ein schmaler Grat zwischen gesundem Selbstbewußtsein und Selbstgefälligkeit.

man sich nur versetzen, wenn man sie selbst zumindest in Ansätzen kennt/erfahren hat. Man kann das soziale System „Unternehmen" entlang von Bezugsrahmen anderer sozialer Systeme, denen man angehört (Familie, Religion, Freundeskreis, vorheriger Job, etc.), beobachten.

Diese Konstruktion paßt zum Kommunikationsverständnis dieser Arbeit. In der jüngeren Literatur zum Thema „Kommunikation" wird vielfach die subjektive Interessenorientierung hervorgehoben. Einige Autoren sind der Meinung, daß Bedeutungskongruenz keine Rolle spielt.[372] Ein Mindestmaß an Bedeutungskongruenz oder zumindest Kompatibilität einiger Codes/Werte/Themen ist Grundlage von Kommunikation und sei es als Mittel zum Zweck: Will man mit der Äußerung einen Zweck verfolgen, sollte „alter" in etwa das verstehen, was „ego" meint. In der Realität ist es jedoch so, daß die meisten Menschen davon ausgehen, daß sie genau verstanden werden, insofern steht Zweckorientierung im Mittelpunkt der Kommunikation. Wesentlich ist der Wille, „alter" verstehen zu wollen. Diese Motivation wird – neben emotionalen Aspekten und Bedeutungskongruenz in anderen Bereichen – durch die Zielverfolgung protegiert, wenn „alter" für die Zielverfolgung wesentlich ist.

Kommunikation verfolgt in dieser Arbeit also zum einen strategische Interessenverfolgung und zum anderen Bedeutungskongruenz. Diese duale Zielführung schließt an Habermas'[373] Unterscheidung zwischen erfolgsorientiertem und kommunikativen/verständigungsorientierten Handeln und Watzlawicks[374] Inhalts- und Beziehungsaspekt der Kommunikation an. Mit Kommunikation versucht man sachliche Interessen zu verfolgen oder emotionale Bedürfnisse zu befriedigen („was") und man überlegt, „wie" man diese Ziele am besten erreichen kann.

– Gemäß der in dieser Arbeit vertretenen Konzeption wird die Wirklichkeit subjektiv, d.h. individuell oder gruppenspezifisch (intersubjektiv) wahrgenommen/interpretiert. Es gibt zwar eine Realität, jedoch kann sie nicht objektiv wahrgenommen/interpretiert werden. Sämtliche gängigen Maßstäbe für die Richtigkeit von Wahrnehmung/Interpretation wurden kritisiert und abgelehnt: es gibt keine Objektivität, keine eine Wahrheit, keinen one-best-way, keine Ratio-

---

[372] Vgl. Luhmann 1996, S. 191ff.; Theis 1994, S. 367f.
[373] Vgl. Habermas 1981a, S. 384ff.
[374] Vgl. Watzlawick et al 1974.

nalität (siehe Kap. 2.5), und inhaltsleere Systemfunktionen geben in dieser Konzeption, in der Individuen als Elemente konzipiert werden, erst recht keinen Sinn/Orientierung (siehe Kap. 1.5.2). Nun stellt sich die Frage, welche individuellen Wirklichkeitskonstruktionen sich bei der Entstehung einer Systemkultur durchsetzen. Innerhalb einer bereits bestehenden Kultur teilen ihre Mitglieder zwar eine gemeinsame Wirklichkeitskonstruktion, die grundlegend für eine gemeinsame Wahrnehmung/Interpretation sorgt, d.h. jedoch nicht, daß es innerhalb der Kultur keine unterschiedlichen Ansichten mehr gibt. Es soll an dieser Stelle ausdrücklich vor der Gefahr der *Stereotypenbildung*, welche bei Gruppenbetrachtungen grundsätzlich besteht, gewarnt werden. Natürlich gibt es Meinungsverschiedenheiten, was in dieser Konzeption dadurch erklärt werden kann, daß nur ein Teil der Wirklichkeitskonstruktion eines Individuums unternehmensspezifisch überformt wird, andere Teile wachsen aus der Sozialisation außerhalb des Unternehmens. Welche Maßstäbe für eine Bewertung der individuellen und gruppenspezifischen Wirklichkeitskonstruktionen (Codes, Werte/Ziele, Themen/Inhalte) und den ihnen folgenden Meinungen und Handlungen können herangezogen werden?

- *Viabilität*: es setzen sich nicht die Wirklichkeitskonstruktionen durch, welche der Realität am nächsten kommen, sondern die, mit denen man bisher gut durchs Leben gekommen ist, da sie sich aufgrund von positiven Erfahrungen bewährt haben. Dies sind Wirklichkeitskonstruktionen, die „auf die Realität passen", Wege zur Zielerreichung aufweisen und Probleme zu lösen vermögen: viable, lebensfähige Wirklichkeitskonstruktionen. Wie oben bereits erwähnt, werden nicht die Wirklichkeitskonstruktionen selektiert, welche am besten auf die Realität passen (sonst würden sich die Wirklichkeitskonstruktionen ja stetig der Realität nähern), sondern nur die ausgesondert, welche sich als unpassend erweisen. Diese radikale Position des Radikalen Konstruktivismus integriert automatisch eine normative Dimension: es geht nicht mehr darum, die Wahrheit, den einzig richtigen Weg zu finden. Ziele müssen auf individueller und sozialer Ebene selbst formuliert werden und diese Ziele können nicht an den Ebenen „Qualität" (des Lebens, der Ziele, der Wege etc.) und „Nützlichkeit" (ethische Maßstäbe) vorbei. Die Viabilität von Wirklichkeitskonstruktionen darf nicht zu kurzfristig marktbezogen gedacht werden, sondern muß zukünftige Visionen und qualitative Faktoren, nicht nur Überlebensfähigkeit, sondern Entwicklungsfähigkeit mit einbeziehen. Voraussetzung dafür, daß die Grenzen der Viabilität nicht zu eng gesteckt werden, sind Interpretationsfreiräume auf der Sinnebene und Kommunikations- und Handlungsfreiräume auf der Strukturebene.

- *Macht* (aufgrund der hierarchischen Stellung, des Wissens, der Fähigkeiten und/oder des Charakters) ist sicherlich ein hilfreicher Erklärungsansatz.[375] Wem Macht zugeschrieben wird, kann jedoch auch nur subjektiv beantwortet werden, da Macht auch eine Konstruktionsleistung von den Wahrnehmenden ist. Der Mechanismus „hierarchische Stellung" ist recht unumstritten/wird wohl recht einstimmig wahrgenommen. Der Mechanismus „Charakter" hingegen wird umstrittener sein. Aber es gibt auch machtfreie Interaktionen und Interaktionen, in denen sich nicht die Wirklichkeitskonstruktionen der „Mächtigeren" durchsetzen.

- *Mehrheiten*: Je mehr Individuen oder Gruppen bestimmte Codes, Werte, Themen präferieren (die sich aufgrund positiver Erfahrungen herauskristallisiert haben), desto mehr kann man davon ausgehen, daß man mit diesen in der Realität zurecht kommt. Spricht man von einem Individuum oder einer Gruppe, sagt man: der/die hat/haben aber eine sehr subjektive Wahrnehmung. D.h. deren Wirklichkeitskonstruktionen weichen stark von der „Norm" ab. Unter „Norm" soll hier die von den meisten Mitgliedern einer Kultur geteilten Gemeinsamkeiten der Wirklichkeitskonstruktionen – das Intersubjektive, verstanden werden.

- *Verständigung/Konsens/Logik*: Welche Teile von Wirklichkeitskonstruktionen sich durchsetzen, wird auch über verständigungsorientierte Kommunikation ausgehandelt. Individuen oder Gruppen versuchen argumentativ ihre Codes, Werte, Themen durchzusetzen. Häufig meint jedes Individuum, jede Gruppe, daß die eigene Argumentation die beste, logischere, rationalste ist. Auch wenn die Rationalitätsprämisse im Kap. 2.5 kritisiert wird, da die Wahrnehmung/Interpretation von Informationen eben subjektiv verläuft und nur einige Informationen für Entscheidungen verfügbar sind, heißt das nicht, daß im Un-

---

[375] In Kap. 2.5 dieser Arbeit wird das Thema Macht/Mikropolitik detaillierter diskutiert.

ternehmen alles vollkommen willkürlich abläuft. Mit logischer, konsistenter, eingängiger Argumentation kann man häufig im Unternehmen und anderswo seine Meinungen, Werte, Codes durchsetzen. Ziel ist es, Kompromisse zu finden, mit denen viele Unternehmenskulturmitglieder sich zurecht finden können, die auf die Realität passen. Ist Einigung nicht möglich, müssen andere Maßstäbe (Abstimmung: Mehrheiten, Macht) greifen.

Abb. 10: Duale Zielführung von Kommunikation

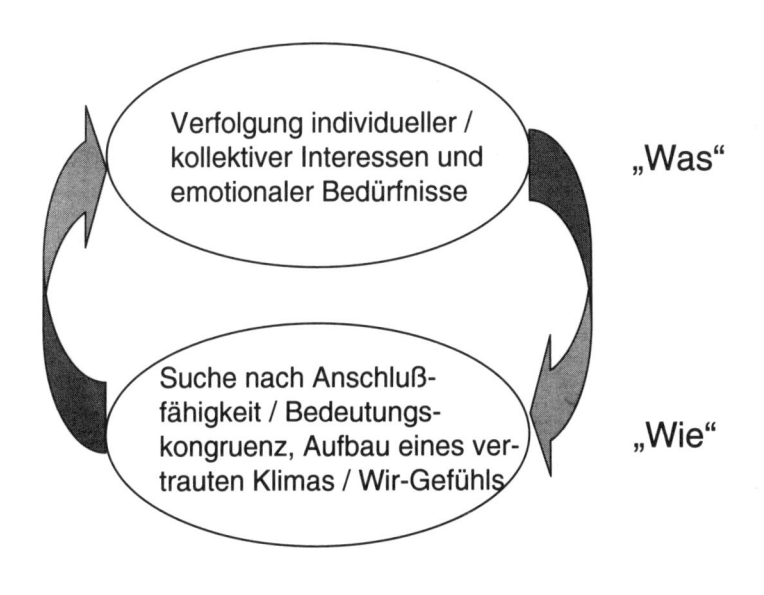

Verfolgung individueller / kollektiver Interessen und emotionaler Bedürfnisse — „Was"

Suche nach Anschlußfähigkeit / Bedeutungskongruenz, Aufbau eines vertrauten Klimas / Wir-Gefühls — „Wie"

Quelle: eigene

Diese Maßstäbe sind nur analytisch zu trennen: konsistente Argumentation hat etwas mit Erfahrungen und Wissen zu tun, mehrheitliche Wirklichkeitskonstruktionen bilden sich u.a. aufgrund positiver Erfahrungen etc.

Diese Maßstäbe sind auch wichtig, zum einen, damit – trotz Konservatismus der Unternehmenskultur – sich verschiedene Gruppen innerhalb des Unternehmens nicht zu weit voneinander fortentwickeln und zum anderen, damit die unternehmensspezifischen Wirklichkeitskonstruktionen sich nicht zu weit von denen ihrer Umwelt (externe Anspruchsgruppen) entfernen. Sonst besteht übertrieben dargestellt die Gefahr, daß die externen Anspruchsgruppen das Unternehmen nicht mehr verstehen und das Unternehmen die Anforderungen der externen Anspruchsgruppen nicht bzw. anders als gemeint wahrnehmen kann. Die Maßstäbe müssen also in der Lage sein, innerhalb des Unternehmens und in dessen Umwelt für grobe *Orientierung* zu sorgen.

2.2 „Teile" der Gruppenkultur/„Mittel" der gruppenspezifischen Wirklichkeitskonstruktion

Das Entstehen von Systemkulturen wurde mit der Darstellung der theoretischen Basis dieser Konzeption bereits dargestellt. Im folgenden Abschnitt soll nun beschrieben werden, in welche Teile der Begriff „Gruppenkultur" theoretisch zerlegt werden kann, mit welchen „Mitteln" die gruppenspezifische Wirklichkeitskonstruktion vollzogen wird.

Die gruppenspezifische Wirklichkeitskonstruktion umfaßt:

1. Gruppenspezifische Unterscheidungen/Codes:
Da die Realität nicht direkt zugänglich ist, konstruieren Individuen über die rekursive Vernetzung von Beobachtungen eine soziale Wirklichkeit. Beobachten heißt unterscheiden und bezeichnen. Individuen eines sozialen Systems entwickeln im Laufe der Zeit über Interaktion eine gemeinsame Unterscheidungsgeschichte, d.h. sie beobachten einander und die Umwelt mit denselben Unterscheidungen. Die gemeinsamen Unterscheidungen führen zur gemeinsamen Wirklichkeitskonstruktion. Über Erfahrungen kristallisieren sich Unterscheidungen heraus, die gut „auf die Realität passen", sie werden gespeichert. Die gemeinsamen Unterscheidungen bilden eine Basis für die Eigenständigkeit von sozialen Systemen. Über die systemspezifischen Codes beobachtet sich das soziale System selbst und seine Umwelt und differenziert sich so von der Umwelt, entwickelt eine eigene Identität. So schließt sich das soziale System operativ ab. Es arbeitet autonom (sämtliche Operationen vollzieht das soziale System eigenständig und unabhängig) und selbstreferentiell (sämtliche Interaktionen des Systems werden durch andere Interaktionen des Systems bestimmt, nicht von außen). Die Resonanzfähigkeit von sozialen Systemen ist von den gruppenspezifischen Codes abhängig, da Themen aus der Umwelt nur dann vom sozialen System wahrnehmbar sind, wenn sie mit den Codes erfaßt werden können.

Luhmann meint, daß sämtliche Unterscheidungen im Unternehmen letztlich auf die Unterscheidung „Zahlung/Nicht-Zahlung" hinausläuft. Pfriem und Kolbeck/Nicolai[376] kritisieren diese zu kurze Sichtweise zu Recht (siehe Kap. 1.5.3). Zahlungsverkehr ist sicherlich ein wesentlicher Faktor für das Fortbestehen eines Unternehmens. Aber es ist mittlerweile kein Geheimnis mehr, daß in Unternehmen in starkem Umfang auch

---

[376] Vgl. Pfriem 1995, S. 250; Kolbeck/Nicolai 1996, S. 123ff.

weiche, qualitative Faktoren ausschlaggebend sind. Mit dem Code Zahlung/Nicht-Zahlung engt Luhmann die Wahrnehmungsfähigkeit sozialer Systeme auf theoretischer Ebene unnötig ein. Bei Luhmann entscheidet das System, u.a. der Systemcode, welche Kommunikationen im System anschlußfähig sind. Durch das Festlegen auf diesen Code von Unternehmen und die Ausschließlichkeit, daß Systemstrukturen über die Anschlußfähigkeit entscheiden, erstickt Luhmann die Möglichkeit für Wahrnehmungs- und Kommunikationsfreiräume, denn verschiedene Codes in einem Unternehmen sind mitverantwortlich für die Existenz möglicher Freiräume. Zudem sollen Codes in dieser Konzeption als veränderlich, entwicklungsfähig gedacht werden. In Kap. 2.7.3 wird konstruiert, daß Codes über Selbstbeobachtung und Selbstbeschreibung entwickelt werden können. In dieser Konzeption kann auf theoretischer Ebene unterschieden werden zwischen Codes einzelner Unternehmensmitglieder, unternehmensweiten Codes und gruppen-/subkultur-spezifischen Codes. Der Code Zahlung/Nicht-Zahlung wird bei den unternehmensweiten Codes zu finden sein, aber eben nicht als einziger.

2. Gruppenspezifisches Vokabular (Sprache, Symbole):
Beobachten heißt unterscheiden und *bezeichnen*. Die Bezeichnung der Objekte und die dahinterliegenden Bedeutungen entwickeln sich über Interaktionen, resultieren nicht aus den Objekten selbst. Nun gibt es einige Objekte, die innerhalb einer gesamten Gesellschaft dieselbe Bezeichnung und recht gemeinsame Bedeutungen aufweisen, z.B. „Tisch". Aber bei nicht-gegenständlichen Dingen, beispielsweise „Intelligenz", werden einer Bezeichnung von verschiedenen Individuen sehr unterschiedliche Bedeutungen zugeschrieben. In einem sozialen System ist es wichtig, daß die Mitglieder den auftretenden Bezeichnungen dieselbe Bedeutung beimessen. Die gemeinsamen Bedeutungen entwickeln sich über gemeinsame Interaktionen und Erfahrungen (s.o.). Zudem benutzen soziale Systeme je nach Betätigungsfeld spezifische Vokabeln („Fachjargon"), die ein Laie nicht kennt. Nicht zu vergessen sind gruppenspezifische Symbole. Hinter Symbolen stecken meist viele Bedeutungen, die von außenstehenden nicht verstanden werden können. Die Bedeutung von Symbolen kann nur über Interaktionen (s.o.) mit den „Kennern" erschlossen werden.

3. Gruppenspezifischer Vorrat an Themen/Wissen und gruppenspezifisches Gedächtnis:

Sinnebene:
Bewähren sich in einem sozialen System herausgearbeitete Wirklichkeitskonstruktionen, d.h. passen sie auf die Realität, dann verfestigen sich die damit zusammenhängenden neuen Gedankenzusammenschlüsse zu Neuronenstrukturen. Sämtliche Individuen, die an dieser Wirklichkeitskonstruktion über Interaktion partizipiert haben, teilen somit ein Stück zumindest ähnliche Struktur. Die Gedankenstruktur (das Gedächtnis) speichert also Wirklichkeitskonstruktionen, mit denen die Mitglieder und das soziale System positive Erfahrungen gemacht haben. Diese Struktur steht den Individuen und dem sozialen System für weitere Operationen zur Verfügung. Sie müssen nicht immer von vorn generiert werden. Gewinnt ein Individuum oder das soziale System neue, relevante Informationen schließen diese an die bereits ausgebildete Struktur an. Hier wird die Gefahr deutlich, daß einheitliche Denkstrukturen einseitig wahrnehmen und interpretieren.

Strukturebene:
Gemeinsame Codes, Werte, Wissen haben spezifische Handlungen zur Folge. Die gemeinsame Sinnebene manifestiert sich in den Strukturen der Gruppe. Systemspezifisches Wissen steckt in den Regelsystemen/in der Operationsweise des Systems, wie z.B. in den Standardverfahren, Leitlinien, Rezeptwissen, Routinen.[377]

Unternehmen treten mit Themen der Umwelt in Kontakt, wenn die Themen im Unternehmen anschlußfähig sind. Es werden die Themen – auf der Sinn- und/oder Strukturebene vorhanden sein, die für das Unternehmen Wert haben. Wie sich die unternehmensspezifische Wissensbasis entwickelt bzw. vergrößert, hängt eng mit dem Thema Unternehmenskulturentwicklung zusammen und wird weiter unten diskutiert.

Interesse ist eng mit Werten verbunden: was für mich Wert hat, interessiert mich. Dies läßt sich auch auf Unternehmen als soziale Akteure übertragen. „Während Informationen systemspezifisch relevante Unter-

---

[377] Vgl. Willke 1997, S. 8.

schiede bezeichnen, entsteht Wissen, wenn solche Informationen in bestimmte Erfahrungskontexte eingebunden sind."[378]

4. Gruppenspezifisches Werte-/Sinnsystem:
Der Begriff „Sinn" wird in dieser Konzeption v.a. im Zusammenhang mit der Sinnebene als Wirklichkeitskonstruktion benutzt. Die Wirklichkeitskonstruktion ist wiederum im starken Maß abhängig von dem Werte-/Sinnsystem eines Individuums/sozialen Systems.

Luhmann versteht unter sinnvoller Kommunikation anschlußfähige Kommunikation. Die Anschlußfähigkeit orientiert sich nicht an Inhalten/Werten, sondern an Systemfunktionen, Codes, Programmen. In Abgrenzung dazu soll in dieser Konzeption der Begriff „Sinn" wieder mit Leben gefüllt werden: Über das Hineinnehmen von Individuen in das soziale System gelangen subjektive, normative Handlungsorientierungen in das System. „Sinnhaftigkeit ‚funktioniert' nicht bloß über möglich und unmöglich, sondern *insbesondere* über besser und schlechter."[379] Sinn eines Unternehmens soll hier nicht ausschließlich Überlebens-, sondern v.a. die Entwicklungsfähigkeit sein. Sinn, Werte, Normen setzen Grenzen, selektieren, reduzieren Komplexität, allerdings sind diese Grenzen sozial konstruiert – keine außer Frage stehenden Faktizitäten. Über Reflexion können und müssen sie in Frage gestellt und entwickelt werden. In einem Unternehmen treffen mehrere Ebenen von Sinn aufeinander: individueller Sinn, gruppenspezifischer Sinn, unternehmensspezifischer Sinn und Sinn externer Anspruchsgruppen. Innerhalb einer Gruppe (auch externe Anspruchsgruppen) gibt es heterogene individuelle/subjektive Werte, Normen und innerhalb eines Unternehmens gibt es differente gruppenspezifische/intersubjektive und individuelle/subjektive Werte und Normen. Diese Differenzen regen zur Auseinandersetzung/Reflexion an, eröffnen Wahrnehmungs-, Kommunikations- und Handlungsfreiräume und weisen Entwicklungspfade auf. In jedem sozialen System (Gruppe/ Unternehmen) entwickeln sich entlang der Tätigkeiten und Kommunikationen bewußt oder unbewußt, quasi automatisch, Sinn, Werte und Normen und eine mehr oder weniger genaue Präferenzordnung/Wertesystem. Diese Präferenzordnung verfestigt sich in den Strukturen und Institutionen des Systems und existiert damit unabhängig von den Mitgliedern des

---

[378] Willke 1997, S. 6.
[379] Pfriem 1995, S. 240.

2.2 „Teile" der Gruppenkultur

Systems. Es ist ein emergentes Phänomen, welches nicht linear auf die Mitglieder zurück geführt werden kann. Allerdings modifizieren sämtliche Kommunikationen und Handlungen im und des Systems diese Präferenzordnung, sie entwickelt sich also permanent. Es ist sinnvoll, die Präferenzordnung – soweit wie möglich – in das Bewußtsein zu rufen und kritisch zu betrachten und sie in Leitbilder/-orientierungen schriftlich/bildlich/symbo-lisch zu fixieren. Diese dienen dann als grobe Orientierungen, welche Werte/Normen sich im weiteren Verlauf innerhalb einer Gruppe oder innerhalb eines Unternehmens durchsetzen. So muß nicht immerzu auf der grundlegendsten Ebene gefochten werden. Es ist erforderlich, die Leitbilder im Auge zu behalten und gegebenenfalls zu verändern, zu entwickeln. Allerdings ist klar, daß Leitbilder/-orientierungen niemals sämtliche Werte der Gruppe/des Unternehmens erfassen, sondern als grobe Essenz zu verstehen sind.

Das Verhältnis von traditionellen zu modernen Werten wird in Kap. 2.7.5.1 thematisiert.

Welche Codes ein soziales System ausbildet, mit welchen Unterscheidungen das System sich selbst und die Umwelt beobachtet und beschreibt, ist wesentlich von den gruppenspezifischen Werten abhängig. Wobei sich die Frage stellt, was war zuerst da, die Henne oder das Ei – die Werte oder die Codes? Es ist zu vermuten, daß in der Gründungsphase eines sozialen Systems sich Werte und Codes koevolutiv ausbilden. Auf der Grundlage eines Wertes wird ein Code ausprobiert, die Erfahrung modifiziert den Wert usw. Dennoch läßt sich behaupten, daß die Werte grundsätzlich die Basis der Systemkultur bilden, sie regeln sämtliche Selektionen, die im Zusammenhang mit der gruppenspezifischen Wirklichkeitskonstruktion anfallen:

– die Beziehungen zwischen den Neuronen/Gedanken;

– welche Codes das soziale System entwickelt, wie sich das System selbst und seine Umwelt beobachtet;

– welche Themen für das soziale System Wert haben, d.h. Werte bestimmen den Themenvorrat/das Wissen und damit den Umweltkontakt;

– das Zuschreiben von Bedeutungen zu Objekten;

– die Einordnung von neuen Ereignissen in ein Ordnungsraster;

- *wie* neue Informationen verarbeitet werden;
- ob eine Wirklichkeitskonstruktion als zur Realität passend beurteilt wird und sich zur Struktur verfestigt.

Die Erfahrungen mit den Werten und den daran anschließenden Selektionen wirken zurück auf das gesamte Sinnsystem.

2.3 Subkulturen

In diesem Kapitel sollen folgende Themenbereiche diskutiert werden:

1. Gibt es überhaupt Unternehmenskulturen?
2. Was sind „Subkulturen" und wie entwickelt sich Intersubjektivität?
3. Chancen und Risiken der Existenz von Subkulturen
4. Zusammenarbeit von Subkulturen
5. Subkulturübergreifende Orientierung
6. Mitgliedschaft in mehreren Subkulturen
7. Subkultur „Unternehmensführung".

1. Gibt es überhaupt Unternehmenskulturen?

Versteht man unter Unternehmenskultur eine systemspezifische Wahrnehmung und Wirklichkeitskonstruktion, die sich entlang der systemspezifischen Sozialisation und der ihrer Mitglieder entwickelt, stellt sich die Frage, ob man überhaupt von „*Unternehmenskultur*" sprechen kann. *Intersubjektivität* entsteht nur zwischen Individuen, die miteinander regelmäßig und viel interagieren/kommunizieren. In kleinen, nicht ausdifferenzierten Unternehmen werden i.d.R. alle Mitglieder in regelmäßigen Kontakt stehen, in größeren Unternehmen nicht. Je größer das Unternehmen, desto wahrscheinlich ist die Ausdifferenzierung von Subsystemen/*Subkulturen* innerhalb des Unternehmens.

2. Was sind „Subkulturen" und wie entwickelt sich Intersubjektivität?

Soziale Gruppen entwickeln sich dort, wo Individuen regelmäßig miteinander kommunizieren und mit der Zeit Intersubjektivität oszillieren können. Aber allein *intensive Kommunikation* führt nicht zwangsläufig zur Entwicklung einer gemeinsamen Wirklichkeitskonstruktion/Intersubjektivität. Intensive Kommunikation ist jedoch grundlegende Basis. Für das Zustandekommen von Subkulturen muß im Anschluß an das hier vertretene Kommunikationsverständnis (siehe Kap. 2.1.4) ein gewisses Maß/eine Basis an Bedeutungskongruenz entwickelt werden, *und* die Mitgliedschaft sollte das einzelne Individuum den individuell oder kollektiv verfolgten Zielen/Zwecken näher bringen. Neben intensiver, regelmäßiger Kommunikation ist etwas „*Gemeinsames*" Grundlage für die Entwicklung von Intersubjektivität: entweder in der Vergangenheit liegende gemeinsame Erfahrungen oder in der Zukunft liegende Ziele/ Aufgaben. Die *Entwicklung von Subkulturen* im Unternehmen läßt sich demnach im Wesentlichen in *drei Kategorien* einteilen:

a) entlang der *unternehmensspezifischen Aufgabe*, z.T. entlang der Fremdorganisation (z.B. teilautonome Organisationseinheiten) oder aufgabenorientierter Selbstorganisation – Ziel: Aufgaben können besser durch die Gruppe gelöst werden,

b) entlang *paralleler unternehmensbezogener Interessen/Ziele/Zwecke* auf selbstorganisierenden Wegen, z.B. verschiedener Niederlassungsleiter gegenüber der Holding – Ziel: Interesse kann in der Gruppe mit mehr Nachdruck verfolgt werden,

c) entlang beziehungsorientierter Selbstorganisation/*paralleler nicht-unternehmensbezogener Interessen und Bedürfnisse*, z.B. die junge Generation, die Raucher, Betriebssport, Seilschaften – Ziel: Befriedigung sozialer Bedürfnisse und Wir-Gefühl.

Diese drei Kategorien sind nicht überschneidungsfrei: es können sich z.B. entlang der unternehmensspezifischen Aufgaben Seilschaften ausbilden oder soziale Kontakte aus beziehungsorientierten Kommunikationen können Basis für unternehmensbezogene Themen/Aufgaben bieten.

Soziale Systeme/Gruppen/Subkulturen zeichnen sich also durch gemeinsame Wirklichkeitskonstruktionen aus, die sich entlang der drei Kategorien entwickeln. Die Dimension „*Bedeutungskongruenz*" von Kommunikation verweist direkt auf die kulturelle Dimension, also auf das wesentliche Merkmal eines sozialen Systems. *Anschlußfähigkeit* ist als Kriterium für die Existenz eines sozialen Systems unzulänglich, da kompatible Codes, Werte, Themen zwischen Individuen häufig zu beobachten sind, d.h. jedoch nicht, daß diese Menschen ein soziales System ausbilden. Soziale Systeme können entlang dieser kulturellen Dimension auch von *Netzwerken* unterschieden werden. Netzwerke zwischen Einzelpersonen innerhalb eines Unternehmens oder zwischen sozialen Systemen können mit „Kompatibilität" der Codes, Werte, Themen charakterisiert werden. Während die Intersubjektivität der sozialen Systeme/Subkulturen tiefverwurzelte *Orientierung* leistet, liefert die Kompatibilität unterschiedlicher Perspektiven, also das Nachvollziehen anderer Perspektiven *Pluralität*. Damit haben soziale Systeme *Grenzen*: Mitglieder sind Individuen, mit in einem bestimmten Bereich parallelisierten Wirklichkeitskonstruktionen. Über diese Grenzen können soziale Systeme Identität ausdifferenzieren. Netzwerke dagegen sind gerade durch ihre *Grenzenlosigkeit* gekennzeichnet.[380]

Der gemeinsame Bereich an systemspezifischen Codes, Werten, Themen erhöht die *Kompatibilitätsmöglichkeiten* zwischen den Gruppenmitgliedern bzgl. anderer Bereiche/Themen und steigert damit die Pluralität: beschäftigt sich ein Gruppenmitglied mit einem neuen Thema, ist es in der Lage, dieses Thema an gemeinsames implizites Wissen anzuschließen und dem Zuhörer das neue Thema so zu erklären, daß er in etwa das versteht, was der Kommunikator meint.

Des weiteren wirkt in diese Richtung auch der sogenannte „*Halo-Effekt*": ist man Mitglied in einer Subkultur und hat mit den anderen Mitgliedern Intersubjektivität in einem spezifischen Bereich entwickelt, überträgt man diese Vertrautheit auf andere Bereiche.

Der Halo-Effekt hat jedoch auch eine problematische Auswirkung: die Übertragung von Vertrauen und Intersubjektivität auf andere Bereiche kann ins Leere laufen, ohne daß es die Beteiligten bemerken. Und an dieser Stelle paßt Luhmanns Beobachtung, die in Kap. 2.1.4 dieser Arbeit bereits thematisiert wurde: „Hier wie auch sonst hängt die kommunikative Wirksamkeit von Kultur also nicht davon ab, dass Individuen in ihren Meinungen übereinstimmen und dies festgestellt wird; wohl aber davon, dass in der Kommunikation so verfahren wird, als ob dies der Fall wäre."[381] So kann es durch Übertragung geglaubter Intersubjektivität auf andere Bereiche im Nachhinein böse Überraschungen geben.

Es soll ausdrücklich darauf hingewiesen werden, daß das Spezifische eines sozialen Systems/das, worauf seine Identität beruht, *Intersubjektivität in einem spezifischen Bereich* bedeutet. Man hat gemeinsame Aufgaben, Ziele, gemeinsame Interessen, gemeinsame Hobbys, gemeinsame Bedürfnisse oder gemeinsame Erfahrungen etc., weshalb man sich regelmäßig trifft und kommuniziert, und via Kommunikation über das Gemeinsame kommt es in diesem Ausschnitt zu einer Angleichung der Wirklichkeitskonstruktion (Codes, Werte, Themen). Voraussetzung für

---

[380] Vgl. Boos/Doujak 1997, S. 140ff.
[381] Luhmann 2000, S. 244.

die Entwicklung von Intersubjektivität ist nicht, daß alle einander sympathisch finden und Mitglied in dieser Gruppe sein wollen. Z.B. in teilautonomen Arbeitsgruppen gibt es immer einige Individuen, die sich besonders mögen und wiederum andere, die sich nicht leiden können. Dennoch entwickeln alle zusammen im Zuge der regelmäßigen Kommunikation und Zusammenarbeit außer frage stehende Selbstverständlichkeiten, die alle Mitglieder der Gruppe teilen oder zumindest tolerieren. Nicht-Mitglieder können mit diesem impliziten Wissen nichts anfangen, sie können es nicht wahrnehmen/verstehen. Auf der aufgabenbezogenen Ebene übernehmen diese Selbstverständlichkeiten *koordinative Wirkung* und reduzieren sich ständig wiederholende Kommunikationen/Absprachen und liefern aufgabenbezogene Orientierung: jedes Individuum weiß, was es an Routineaufgaben zu erledigen hat, welche Aufgaben in seinen Bereich fallen. Auf der Beziehungsebene läßt sich dieser Bereich der Intersubjektivität vielleicht am besten mit dem von Neuberger/Kompa ins Spiel gebrachten Begriff „*Wir-Gefühl*" beschreiben. Dieser Begriff läßt offen, in welchem Ausmaß die Verbundenheit der Gruppenmitglieder nicht ausschließlich auf aufgabenbezogenen Gemeinsamkeiten, sondern auch auf einer emotionalen Zusammengehörigkeit beruht.

Bei den Subkulturen der Kategorie c), entlang paralleler nichtunternehmensbezogener Interessen und Bedürfnisse, spielt dagegen die Beziehungsorientierung die erste Geige, darauf aufbauend werden jedoch auch unternehmensbezogene Aufgaben gelöst.

Negiert man normative Sozialintegration/die Ausbildung von Intersubjektivität, kann die Integration von Individuen nicht aus „Gemeinsamkeiten" resultieren, aber woraus sonst? Luhmann schlägt den Begriff „Karriere"[382] vor (siehe Kap. 2.1.4). Das Gemeinsame ist das egoistische, subjektive Interesse der Personen. Personen identifizieren sich nicht mit bestimmten Zielen, Ideen, Projekten, sondern v.a. mit ihrer eigenen Karriere. Symbole von Karriere sind Einkommen, Position etc. Individuen verfolgen ihre eigenen Interessen in Unternehmen, aber diese subjektiven Interessen sind sicherlich sehr unterschiedlich. Die Zusammenfassung zum Begriff „Karriere" fokussiert ausschließlich auf leistungsbezogene Faktoren und verallgemeinert sehr stark. Zwischenmenschliches wie das Interesse/Bedürfnis nach sozialen Kontakten und die so wichtigen Werte jenseits des mainstreams fallen durch das Sieb. Das Spezifi-

---

[382] Vgl. Luhmann 2000, S. 101ff.

sche eines sozialen Systems kann durch solche Verallgemeinerungen nicht erklärt werden.

Individuen, die nicht nach einer Identifikation mit dem Unternehmen suchen, sondern ausschließlich egoistisch ihre Karriere verfolgen, sind allerdings empirisch beobachtbare Phänomene. Die Erwerbsbiographien weisen einen Trend auf: „Jobhopping". Keine normative Identifikation im Sinne von „sich für das Unternehmen verantwortlich fühlen", sondern funktionale Identifikation im Sinne von „was nützt mir der Job für mein Ego", steht im Vordergrund. Was bedeutet dieser Trend für die kulturelle Dimension von Unternehmen? Das Wort „Kulturhopping" scheint einen Widerspruch in sich zu bergen: Ist ein Individuum nur kurz Mitglied eines Unternehmens/einer sozialen Gruppe, kann es nicht in eine Kultur hinein wachsen, denn dies benötigt Zeit. Das Individuum wird nicht Teil der Kultur, kann die Tiefenstruktur nicht wahrnehmen und kann sie nicht mit entwickeln. Aber wenn nun alle Individuen häufig ihren Job und das Unternehmen wechseln würden, ließe sich dann von einer „Hopping-Kultur" sprechen? Nein, mit „Kultur" hätte das wenig zu tun. Es gäbe dann nämlich nur noch Systeme, die funktional integriert wären (wie bei Luhmanns Konstruktion). „Kultur" fokussiert jedoch v.a. auf die subjektiv kollektive Ebene und normative Sozialintegration. Grundsätzlich führt „Jobhopping" die kulturelle Dimension von Unternehmen an die Oberfläche. Zwar wird die Pluralität der Unternehmen durch „Jobhopping" angereichert - durch Konfrontation mit anderen Codes, Werten, Themen -, aber wenn tief verwurzelte Bezugsrahmen sich gleichzeitig auflösen, kann die erhöhte Pluralität nicht eingeordnet, integriert und entwickelt werden. Tief verwurzelte Orientierung und Pluralität sollten sich ebenbürtig entwickeln (zum Spannungsverhältnis zwischen Orientierung und Pluralität siehe Kap. 2.7.1).

3. Chancen und Risiken der Existenz von Subkulturen

In einem Unternehmen gibt es also unterschiedliche Wirklichkeitskonstruktionen, Subkulturen. Die *Existenz von Subkulturen* ist zum einen *positiv* zu bewerten, da über die Ausdifferenzierung sozusagen ein *Überschuß/Slack* an unterschiedlichen Wirklichkeitskonstruktionen (Codes, Werte, Themen/Wissen), Wahrnehmungfähigkeit und Kommunikations- und Handlungsmöglichkeiten des Unternehmens resultiert. Zudem stellt die Intersubjektivität innerhalb der sozialen Gruppe den Mitgliedern

Orientierung bereit. So müßte man argumentieren, daß je mehr und je unterschiedlichere Subkulturen existieren, dies für das Unternehmen nur von Vorteil ist. Dem muß jedoch gegenüber gestellt werden, daß es *problematisch* ist, wenn sich Subkulturen *zu weit voneinander entfernen*. In dem Zusammenhang denkt man zunächst v.a. an unternehmensinterne Probleme: es besteht die Gefahr, daß sich die Subkulturen und die Mitglieder untereinander nicht mehr verstehen: ein Mitglied aus der Kultur A sagt etwas, und ein Mitglied der Kultur B versteht etwas vollkommen anderes unter dem Gesagten, als A gemeint hat. Zudem können eine große Anzahl verschiedener Codes, Werte, Themen der unterschiedlichen Subkulturen zur *Verzettelung* führen. Das Unternehmen, insgesamt betrachtet, nimmt über die vielen Subkulturen unendlich viele verschiedene Dinge in der Umwelt wahr. Dies ist zum einen positiv, zum anderen kann es aber auch zur *Überforderung* des Unternehmens führen, da die Umweltkomplexität zu groß wird.

Besonders schwierig ist die Existenz von Subkulturen dann, wenn sie ausschließlich ihre eigenen Interessen verfolgen, die Interessen des Gesamtunternehmens aus den Augen verlieren und damit die Operationsweise des Gesamtunternehmens stören. *Lokalpatriotismen und Konkurrenzdenken* gegenüber anderen Subkulturen können großen Schaden anrichten

4. Zusammenarbeit von Subkulturen

Zerlegt man die Unternehmenskultur in verschiedene Subkulturen und deren Beziehungen untereinander, entsteht folgendes Bild: Subkulturen in Unternehmen entwickeln sich i.d.R. entlang der von ihnen zu befolgenden Aufgaben/Ziele, gemeinsamer Interessen und Erfahrungen innerhalb und außerhalb des Unternehmens. Die Forschungs- und Entwicklungsabteilung soll primär Innovationen hervorbringen, die Vertriebsabteilung soll primär das Produkt/die Dienstleistung an den Mann bringen und die Raucher fordern einen Raucherraum etc. Es entwickeln sich Codes, Werte, Themen, die der Aufgabe/dem Ziel und den Individuen gerecht werden. Addiert man die Codes, Werte, Themen der verschiedenen Subkulturen/i.d.R. Abteilungen, verfügt ein Unternehmen über viele verschiedene Codes, Werte, Themen. Aber bekanntlich ist das Ganze mehr als seine Teile: schließlich leben die Subkulturen nicht vollkommen getrennt nebeneinander her. Jede Subkultur muß mit anderen Subkultu-

2.3 Subkulturen

ren zusammenarbeiten, mit einigen stärker, mit anderen weniger und mit einigen gar nicht. *Das Ausmaß der Zusammenarbeit wird u.a. von der Art der Organisationsstruktur perturbiert*: Bei *funktional* gegliederten Organisationen ist die Pluralität innerhalb eines Funktionsbereiches eher gering, man beschäftigt sich nur mit *einem* speziellen Aufgabenbereich („*Monokultur*"). Es existiert ein höherer Absprache-/Koordinationsbedarf zwischen den Bereichen. Dieser Zusammenhang ist kritisch: Damit sich die Subkulturen untereinander wahrnehmen und gut verstehen, benötigen die einzelnen Subkulturen Pluralität bzgl. der Codes, Werte, Themen/ Wissen. Bei weitgehend *autonom arbeitenden Organisationseinheiten* wird der Kommunikationsbedarf und der Pluralitätsgrad innerhalb der Einheit zwar erhöht, aber der Absprachebedarf zwischen den Einheiten wird reduziert und findet v.a. auf der Unternehmensführungsebene statt (gemeinsame Zielformulierung und -abweichungen). Intersubkultureller Austausch muß vielfach formell ins Leben gerufen werden.

Die Subkulturen, die aufgrund ihrer primären Aufgabe zusammenarbeiten, bilden partiell, hinsichtlich der Zusammenarbeit über verstärkte Kommunikation in diesem Bereich, entweder eine, nennen wir es, *Zwischenkultur* oder sie gleichen sich über Kommunikation in Teilen der Wirklichkeitskonstruktionen an, verschmelzen partiell, bilden eine *Schnittmenge*. Die Zwischenkultur umfaßt vollkommen neue Codes, Themen, Werte und die Schnittmenge ist eher als gegenseitige Annäherung bestehender Codes, Themen, Werte zu verstehen. So entsteht ein Stück weit Intersubjektivität zwischen Subkulturen dort, wo sie hinsichtlich der bestimmten Aufgaben/Ziele erforderlich sind. Kommt es aufgrund der unterschiedlichen Wirklichkeitskonstruktionen der Subkulturen bei der gemeinsamen Aufgabenbewältigung zur Frontenbildung, müssen Mitglieder aus den beteiligten Subkulturen gefunden werden, die sich gut verstehen, Anschlußfähigkeit füreinander aufweisen. Sie weisen höhere motivationale Bereitschaft auf, die andere Sicht verstehen und akzeptieren zu wollen.

Das Pluralitätspotential von Subkulturen geht allerdings verloren, wenn sich die Subkulturen gegenseitig annähern, *verschmelzen*. Ziel ist nicht die Integration der Subkulturen/eine starke Einheitskultur, sondern die Existenz von mehreren Subkulturen, die sich gegenseitig tolerieren, verstehen, miteinander arbeiten können. Jedoch ist die Verschmelzung von Subkulturen infolge verstärkter Zusammenarbeit unumgänglich.

5. Subkulturübergreifende Orientierung

Sinn, gemeinsam geteilte Werte, Annahmen, Intersubjektivität und Stabilität erlangen die Unternehmensmitglieder v.a. in ihrer sozialen Gruppe/Subkultur. Welche *subkulturübergreifenden Orientierungen* sind denkbar?

Nach dem „Boom" des Themas „Unternehmenskultur" in den achtziger und neunziger Jahren gibt es heute Autoren, welche die Existenz von Unternehmenskulturen allgemein bestreiten. Z.B. *Helmut Wiesenthal*[383] ist der Meinung, daß überkomplexe, hochabstrakte Aussagen einer Unternehmenskultur keinen Wert für das Unternehmen und ihre Mitglieder haben. Er geht von der Entwicklung von Partikulardeutungen aus (vergleichbar mit der in dieser Arbeit benutzten Vokabel „Subkulturen"), welche sich z.T. gegenseitig in Frage stellen. Wiesenthal plädiert dafür, dieses implizite Wissen nicht zu „bereinigen", sondern zu regionalisieren. Voraussetzung für das Zulassen multipler Identitäten sind Handlungsfelder für partikulare Orientierungen. Stellt man sich hiernach die Frage, was denn ein Unternehmen sei, müßte die Antwort lauten: ein Konglomerat von Gruppen. Im Anschluß an den „methodologischen Individualismus", ließe sich dann hier von „methodologischer Gruppenfokussierung" sprechen. Das löst jedoch nicht das Problem, wie regionalisierte Partikulardeutungen miteinander zurechtkommen und das Unternehmen für sein Handeln verantwortlich gemacht werden kann.

Anna Maria Theis steht Unternehmenskulturen im Sinne einer unternehmensweiten normativen Integration ebenfalls skeptisch gegenüber.[384] Ihrer Meinung nach läßt sich Orientierung zwischen Gruppen und Organisationen über spezifische Interessenkonsense entwickeln. Das Autonomieinteresse verbindet sämtliche autonomen Arbeitsgruppen. Das gemeinsame Autonomieinteresse kann jedoch nicht als Erklärung für etwas Unternehmensspezifisches herangezogen werden, da schlicht alle sozialen Systeme Autonomie verfolgen. Des weiteren schreibt sie, daß die Arbeitsgruppen über selbstorganisierende Kommunikationsnetzwerke miteinander in Kontakt stehen. Unterschiedliche Interpretationen zwischen den Gruppen werden als Tatsache akzeptiert. Das ist eine Wunschvorstellung (siehe Teil II Kap. 4.3.2 „Interne Dialogorientierte

---

[383] Vgl. Wiesenthal 1995, S. 151f.
[384] Vgl. Theis 1994, S. 269ff.

Kommunikation"). Diese Gedanken sind ansonsten weitgehend anschlußfähig an die hier vertretene Subkulturkonzeption und die Überlegungen zur Integration von Fusionen. A.M. Theis betrachtet jedoch nicht die Verbindung zwischen den Individuen innerhalb der Gruppen und sieht nicht, daß Autonomie einer Gruppe eng zusammenhängt mit der Ausbildung der Identität/spezifischen Wirklichkeitskonstruktion/Kultur. Menschen sind soziale Wesen und auf normative Sozialintegration angewiesen. Diese Identität entwickelt die Gruppe, in dem sie sich von anderen differenziert. Insofern ist es leichter gesagt als getan, daß sich die autonomen Gruppen über gemeinsame, kompatible, ergänzende, anschließende Interessen miteinander in Verbindung setzen. Diese Verbindungen wird es zweifellos geben, aber damit wird die sachliche Dimension von Inter-Gruppen-Beziehungen allein in den Mittelpunkt gerückt.

Am Ende ihres Buches spricht sie dann von Möglichkeiten eines Zusammenwirkens zwischen der Integration via spezifischer Interessenkonsense und unternehmensweiter normativer Sozialintegration je nach Phase/Situation des Unternehmens.[385] Das ist eine sehr theoretische Forderung. Wie eine Organisation integriert ist, liegt tief in der Identität des Unternehmens, des Subkulturnetzes, der Subkulturen verankert. Vorstellbar ist höchstens, daß beide Integrationsmechanismen grundsätzlich in einem Unternehmen existent sind (einige Gruppen sind über Interessenkonsense, einige über gemeinsame Codes/Werte/Themen verbunden), daß die Integrationsmechanismen sich ständig abwechseln, ist unwahrscheinlich. Der Integrationsmechanismus innerhalb eines Unternehmens muß nicht einheitlich verlaufen.

Integration heißt Wiederherstellung einer Einheit, Eingliederung. In dieser Arbeit ist Integration nur innerhalb der Subkulturen gefragt. Die Subkulturen sollen gerade nicht zu einer Monokultur verschmelzen. Die Subkulturen sollten untereinander zusammenarbeiten, kommunizieren können und dennoch ihre eigenständige Wirklichkeitskonstruktion bewahren. Die Verschmelzung von Subkulturen ist jedoch nicht auszuschließen. In dieser Arbeit ist die Integration als Prozeß zu verstehen: Zu Beginn von Inter-Gruppen-Kommunikationen geht es häufig um die Verfolgung gewisser Interessen von beiden Seiten. Dort wo viel kommu-

---

[385] Vg. Theis 1994, S. 275f.

niziert wird, kann sich im Laufe der Zeit eine gemeinsame Kultur/ Wahrnehmung/Interpretation/normative Sozialintegration entwickeln.

Gemeinsame Orientierung zwischen wenigen Subkulturen können spezifische gemeinsame Aufgaben/Ziele/Inhalte leisten. Je mehr Subkulturen existieren, die nichts miteinander zu tun haben, desto allgemeiner müssen die gemeinsamen Orientierungen sein: *Unternehmenstradition* (Unternehmensgeschichte, Riten etc.) *und visionäre Strategie/moderne Werte* können/müssen die Unternehmensidentität sichern. Über diese grundlegenden unternehmensspezifischen Leitdifferenzen, Werte und Themenschwerpunkte (*„unternehmensspezifische Basisperspektive"*) kann sich das Unternehmen grob von anderen Unternehmen unterscheiden und somit von der Umwelt abgrenzen. Sie liegen den subkulturellen Wirklichkeitskonstruktionen zugrunde, wobei sie subkulturspezifisch wahrgenommen und interpretiert werden. Voraussetzung für diese Wirkungen ist die Präsenz und Anschlußfähigkeit der Tradition und Visionen in sämtlichen Subkulturen, d.h. sie müssen wahrgenommen, kommuniziert und diskutiert werden.

In die subkulturellen Wirklichkeitskonstruktionen fließt permanent *Fremdeinfluß* mit ein: über das Hineinnehmen der Perspektive des unternehmensspezifischen „generalized other" und der Perspektiven anderer Subkulturen.

Die *unternehmensspezifische Wirklichkeitskonstruktion* ist ein *emergentes Beziehungsnetz* aus heterogenen, subkulturellen Wirklichkeitskonstruktionen, welche über die unternehmensspezifische Basisperspektive zusammengehalten werden muß. Zur Verdeutlichung des Unterschiedes im Ausmaß der gemeinsamen Wirklichkeitskonstruktion/der Intersubjektivität in einer Subkultur und im Unternehmen: innerhalb einer Subkultur werden über ständige Kommunikation feine Leitdifferenzen, Werte, Schwerpunktthemen herauskristallisiert und somit Intersubjektivität hergestellt. Daraus resultiert, daß die Mitglieder ähnlich wahrnehmen und auch interpretieren, z.B. auch eine recht einheitliche Selbstbeschreibung des Subsystems und des Unternehmens liefern. Die Intersubjektivität zwischen den Subkulturen ist wesentlich gröber und abstrakter und erreicht bei weitem nicht das Ausmaß wie innerhalb einer Subkultur. Die unternehmensspezifische Basisperspektive wird von den verschiedenen Subkulturen unterschiedlich wahrgenommen/interpretiert, wobei ein grober gemeinsamer Kern zu erkennen ist.

Ebensowenig wie die subkulturelle Wirklichkeitskonstruktion auf die einzelnen Mitglieder linear zurück gerechnet werden kann, kann die unternehmensspezifische Wirklichkeitskonstruktion auf die einzelnen Subkulturen zurück gerechnet werden.

Aus organisationstheoretischer Perspektive kann auch das *fraktale Prinzip der Selbstähnlichkeit* zur Konstruktion einer unternehmensweiten Integration herangezogen werden: die Subsysteme folgen denselben Bauprinzipien wie das Gesamtsystem.[386] Dies gilt jedoch v.a. für die Subkulturbildung entlang autonomer Organisationseinheiten, da ihnen von der Unternehmensführung in der Struktur ähnliche Vorgaben gemacht und Freiräume gelassen werden, unternehmensspezifische Tradition und Visionen und die Unternehmensführung als Vorbild (v.a. bzgl. Kommunikation und Verhalten) zudem zu verwandten Strukturen führen können.

6. Mitgliedschaft in mehreren Subkulturen

Jedes Individuen ist Mitglied mehrerer Subkulturen: in der Freizeit z.B. im Sportverein, Theaterkreis, Chor etc. Aber auch innerhalb eines Unternehmens gehören viele Unternehmensmitglieder mehreren Subkulturen an.

Je mehr Subkulturen ein Individuum angehört, desto pluralistischer und anschlußfähiger die Wirklichkeitskonstruktion des Individuums z.B. für fremde subkulturelle Wirklichkeitskonstruktionen. Tolerante, pluralistische Individuen sind in dieser Subkulturkonzeption, in Unternehmen mit autonomen Organisationseinheiten besonders wesentlich. Sie müssen an den Schnittstellen der intersubkulturellen Zusammenarbeit integrativ wirken, um Frontenbildung zu vermeiden.

7. Subkultur „Unternehmensführung"

Die *Subkulturen der Unternehmensführung* bekommen in dieser Konzeption besondere Bedeutung: sie stehen i.d.R. mit den meisten Subkulturen des Unternehmens in regelmäßigem Kontakt. Daraus folgt zum einen, daß sie die quantitativ größte Einsicht in die verschiedenen Per-

---

[386] Zum Thema „Selbstähnlichkeit": Wimmer 1997, S. 110; Grabher 1994, S. 42; Krohn/Küppers 1992, S. 79.

spektiven der Subkulturen haben können, wenn sie denn in der Lage sind, diese auch wahrzunehmen. Die Unternehmenspolitik bedarf also eines extrem hohen Maßes an *Pluralität*, um die unterschiedlichen Perspektiven der Subkulturen verstehen zu können. Ist sie nicht in der Lage, die unterschiedlichen Perspektiven der Subkulturen grundsätzlich nachzuvollziehen, wird sie ständig durch Kommunikationen und Handlungen der betreffenden Subkultur überrascht. Erleichterung erfährt die Unternehmensführung durch ihre *Machtposition*. Die Subkulturen kommunizieren schon während ihrer Entstehung regelmäßig mit der Unternehmensführung, so daß die Subkulturen die Perspektive der Unternehmenspolitik mit in die eigene Wirklichkeitskonstruktion integrieren. Dennoch besteht die Möglichkeit, daß im Laufe der subkulturellen Entwicklung sich die Wirklichkeitskonstruktion immer weiter von der Unternehmensführung entfernt. Unternehmensführungen tun grundsätzlich gut daran, dies zuzulassen, da so die Wahrnehmungs- und Handlungsfähigkeit des Unternehmens gesteigert wird. Anzunehmen ist jedoch, daß die Unternehmenspolitik den Anspruch stellt, zumindest die subkulturelle Perspektive und die daran anschließenden Handlungen nachvollziehen zu wollen. Auf dieses Problem kann die Unternehmensführung folgendermaßen reagieren: Entweder tendenziell patriarchalisch: sie perturbiert die Subkultur über Sanktionen derart, daß diese die Perspektive der Unternehmensführung wieder stärker berücksichtigt oder tendenziell reflektiert: sie bemüht sich, die eigene Pluralität zu steigern, um die Subkultur nachvollziehen zu können, erst daran kann eine gerechte Abwägung anschließen.

2.4 Wirkungen der Subkulturen und der Unternehmenskultur

Eine Subkultur/gruppenspezifische Wirklichkeitskonstruktion entsteht also über (fremdorganisierte oder selbstorganisierende) Interaktionen unter den Mitgliedern und mit ihrer Umwelt (andere Subkulturen im Unternehmen und die Umwelt des Unternehmens) und manifestiert sich in den selbstorganisierenden Neuroneninteraktionen (-strukturen). Die Subkultur ist für die gruppenspezifische Wahrnehmung/Interpretation sämtlicher Ereignisse innerhalb der Gruppe und in der Umwelt zuständig.

Die unternehmensspezifische Wirklichkeitskonstruktion resultiert in dieser Konzeption aus dem Beziehungsgeflecht der einzelnen Subkulturen, das auf der Tradition und der visionären Strategie basiert. Die aus Tradition und Strategie gezogenen unternehmensspezifischen Leitdifferenzen, Werte und Schwerpunktthemen liefern lediglich sehr grobe Orientierung, zumal sie subkulturspezifisch wahrgenommen und interpretiert werden. Dennoch läßt sich das Unternehmen über das Netzwerk der subkulturellen Wirklichkeitskonstruktionen als sozialer Akteur interpretieren, der die Umwelt über dieses Netzwerk spezifisch wahrnimmt/ interpretiert und daran spezifisches Handeln anschließt, welches Strukturen konstituiert. Und andersherum entwickelt die Umwelt des Unternehmens ein Gesamtbild des Unternehmens resultierend aus sämtlichen wahrgenommenen Kommunikationen und Handlungen des subkulturellen Netzwerkes.

Grundsätzlich läßt sich sagen, daß die einzelnen Subkulturen und die Unternehmenskultur v.a. die Komplexität reduzieren, d.h. Selektionen vollziehen und zwar im Unternehmen und in der Umwelt.

Versteht man unter „Unternehmenskultur" ein Beziehungsgeflecht von Subkulturen, das z.T. über eine unternehmensspezifische Basisperspektive zusammengehalten wird, scheint es sinnvoll, die Wirkungen der Subkulturen aufzusplitten: in *intra- und intersubkulturelle Wirkungen*. Bei der Wirkung „*Resonanzfähigkeit*" findet die unternehmensspezifische Basisperspektive Berücksichtigung.

1. Intrasubkulturelle Wirkung

a) Subkultur und Fremdorganisation

Die unternehmensinternen „Realitäten", z.B. von der Unternehmensführung schriftlich fixierte Vorgaben wie in erster Linie die Strategie und die formelle Struktur (Fremdorganisation) werden über die gruppenspezifischen Codes (Beobachtung) und ein gemeinsames Vokabular (Bezeichnung) von den Subkulturmitgliedern ähnlich wahrgenommen/interpretiert und bezeichnet. Dies ist die für das Zusammenarbeiten wesentlichste Voraussetzung, bringt Sicherheit und Orientierung. Auch deshalb – und nicht nur aus fachlichen Gründen – benötigt jeder neue Mitarbeiter eine Einarbeitungs- oder Gewöhnungsphase. Durch die gemeinsamen gruppenspezifischen Neuronenstrukturen der Mitglieder und die gemeinsamen Bezeichnungen für die Konstruktionen entfallen unendlich viele Erklärungen. Gemeinsame Wirklichkeitskonstruktionen wirken koordinierend. Die Fremdorganisation eines Unternehmens wird von den Unternehmensmitgliedern also durch *die subkulturelle Linse* wahrgenommen/interpretiert.

Struktur und Strategie werden in der Regel von der Unternehmensführung formuliert. Die *Subkultur der Unternehmensführung* ist besonders stark mit den anderen Subkulturen verflochten. Sie steht in regelmäßiger *Kommunikation* zu den meisten Subkulturen im Unternehmen, hat *Macht* (siehe Kap. 2.5) und *Vorbildfunktion*. Unternehmensstrukturen haben die Aufgabe, die anfallenden Aufgaben im Unternehmen zu kanalisieren. Dafür ist die Aufgabenteilung auf verschiedene Positionen/Stellen erforderlich (Differenzierung). Die Abstimmung und das Zusammensetzen der Teilaufgaben zur Gesamtleistung bedarf der Koordination. Zur Bewältigung der Differenzierung und Koordination formuliert die Unternehmensführung formelle Regeln, welche bestimmte Handlungsweisen formalisieren und Verhaltenserwartungen fixieren. Die Struktur schafft Routine, reduziert Komplexität[387], absorbiert Unsicherheit und erhöht die Orientierung. Je nachdem wie die Struktur subkulturell wahrgenommen/interpretiert wird, regelt sie die Interaktionen der Unternehmensmitglieder untereinander und mit ihrer Umwelt. Diese Interaktionen reichern wiederum die subkulturellen und unternehmensspezifischen Neuronenstrukturen an. Struktur und Strategie werden also auch im Unternehmen nicht einheitlich, unternehmensspezifisch wahrgenommen/interpretiert, sondern innerhalb einer Subkultur ähnlich und zwischen den Subkulturen unterschiedlich, wobei die Wirklichkeitskonstruktionen der Subkulturen nicht vollkommen unabhängig voneinander existieren, schon gar nicht von der führungsspezifischen Wirklichkeitskonstruktion.

---

[387] Zum Begriff „Komplexität" siehe Kap. 1.5.1 dieser Arbeit.

2.4 Wirkungen der Subkulturen und der Unternehmenskultur 185

Externe Berater kennen die Wirklichkeitskonstruktionen der Subkulturen und der Unternehmenskultur nicht. Formulieren sie Struktur oder Strategie entsteht das Problem, daß die Berater etwas vollkommen anderes darunter verstehen als die Unternehmensmitglieder.

Aufgrund der subkulturell unterschiedlichen Wirklichkeitskonstruktionen im Unternehmen scheint es besonders sinnvoll, bei der Formulierung der Struktur und Strategie Mitglieder anderer Subkulturen partizipieren zu lassen. Andernfalls ist es möglich, daß Struktur und Strategien von den Unternehmensmitgliedern anders als gemeint verstanden werden. Es muß darauf geachtet werden, daß Struktur und Strategie sub-„kulturell möglich"[388] sind.

Die Strategie wird in dieser Konzeption zwar als Teil der unternehmensspezifischen Basisperspektive verstanden, dennoch wird sie subkulturspezifisch wahrgenommen. Je mehr Subkulturen an der Strategieformulierung partizipieren, desto ähnlicher wird sie von den verschiedenen Subkulturen interpretiert, kann sie als subkulturübergreifende Orientierung dienen.

b) Subkultur und Selbstorganisation

Es können über formelle Regeln nicht so viele Verhaltenserwartungen geplant und schriftlich fixiert werden, daß keine Unsicherheit bzgl. der Aufgabenbewältigung mehr besteht. Im täglichen Miteinander tauchen viele Fragen auf, die nicht vorhergesehen werden. Es existieren Kommunikations-, Entscheidungs- und Handlungsfreiräume, innerhalb derer sich über Interaktionen eine informelle Struktur ausbildet, um mehr Unsicherheit und Komplexität zu reduzieren. Die selbstorganisierende Unternehmensstruktur (informelle Struktur) ist sozusagen ein „reines" Produkt der subkulturspezifischen Wirklichkeitskonstruktionen, sie existiert ausschließlich in den Köpfen der Subkulturmitglieder und wird nur dort über selbstreferentielle Zirkel konstruiert. Da informelle Strukturen Interaktionen regeln, wirken sie zurück auf die gruppenspezifische Wirklichkeitskonstruktion, die über Interaktionen entsteht. Die informellen Strukturen, die Interaktionen so regeln, daß Komplexität und Unsicherheit reduziert wird, verfestigen sich.

---

[388] Pfriem 1995, S. 291.

Je mehr Raum die Fremdorganisation läßt, desto mehr Selbstorganisation kann ausgebildet werden. Die selbstorganisierende Interaktionsregelung ist sehr an die aufgaben- und *beziehungorientierten* Bedürfnisse der Mitglieder angepaßt – sie entsteht dort, wo Bedarf besteht. Allerdings benötigen die selbstorganisierenden Strukturen eine grobe Orientierung – Ziele, was man mit den Interaktionen erreichen will. Diese Ziele können nicht einfach von außen vorgegeben werden, da die selbstorganisierenden Prozesse vielfach auch unbewußt ablaufen. Die Ziele werden also aus den *Werte-/Sinnsystemen* der Subkulturen und der Unternehmenskultur abgeleitet. Deswegen ist es notwendig, daß die Strategie nicht unabhängig von den spezifischen Subkulturen formuliert wird, sonst besteht die Gefahr, daß informelle Struktur und formelle Struktur und Strategie sich gegenseitig im Wege stehen. Zudem liefern auch die subkulturspezifisch wahrgenommenen/interpretierten formellen Regeln und die Strategie Orientierungen. Sie müssen allerdings von den Gruppenmitgliedern akzeptiert werden.

Die informelle Struktur einer Subkultur wird in dieser Konzeption also nicht mit der Subkultur gleichgesetzt. Die subkulturspezifische Wirklichkeitskonstruktion mit ihren Neuronenstrukturen (regelt Interaktionen zwischen Neuronen) liegt der informellen Struktur (regelt Interaktionen zwischen Subkulturmitgliedern) zum einen zugrunde und zum anderen bilden die Interaktionen der Mitglieder die Basis für die Entwicklung der gruppenspezifischen Neuronenstrukturen. Die informelle Struktur existiert zwar ebenso wie die subkulturspezifische Wirklichkeitskonstruktion ausschließlich in den Köpfen der Mitglieder, aber geht in ihr nicht auf. Sie bedingen einander, sind aber nicht ein und dasselbe.

2. Intersubkulturelle Wirkung

Subkulturen sind selbstreferentielle Subsysteme. Sie können sich gegenseitig nicht anpassen, sondern nur in Schwingung versetzen. Für das in Schwingung versetzen ist Anschlußfähigkeit/Kompatibilität der Codes/Werte/Themen Voraussetzung.

Subkulturen innerhalb eines Unternehmens stellen einander Umwelt dar, *Komplexität* bereit. Die Existenz verschiedener Subkulturen zeigt den Unternehmensmitgliedern bereits innerhalb eines Unternehmens, daß auch andere Perspektiven möglich sind, es eröffnen sich Chancen zur Toleranzsteigerung. Über Kommunikation zwischen den Subkulturen mit

2.4 Wirkungen der Subkulturen und der Unternehmenskultur

ihren unterschiedlichen Perspektiven können die einzelnen Subkulturen die eigene *Pluralität* (Codes, Werte, Themen/Wissen) erweitern/entwickeln. Kommunikation zwischen Subkulturen wird über formelle (i.d.R. aufgabenorientiert) und informelle Strukturen (aufgaben- und/oder beziehungsorientiert) in Bahnen gelenkt. Zudem resultieren aus unterschiedlichen Wirklichkeitskonstruktionen *Differenzen*, welche festgefahrene Strukturen der einzelnen Subkulturen aufweichen können. Die Pluralität der einzelnen Subkulturen ist für deren Wahrnehmungsmöglichkeiten und daran anschließenden Handlungsfähigkeiten wesentlich, und zwar unternehmensintern: zwischen den Subkulturen und in Richtung Unternehmensumwelt.

Die Subkulturen nehmen nicht vollkommen unabhängig voneinander wahr. Die Subkulturen, die partiell gemeinsame Interessen verfolgen, viel miteinander kommunizieren, ziehen die Perspektive der Partner-Subkultur mit ins Kalkül, ebenso die Perspektive der Unternehmensführung.

Allerdings besteht auch die Gefahr der *Abschottung* einzelner Subkulturen. Diese Gefahr wird gefördert, wenn die Subkultur geringe Pluralität/Anschlußfähigkeit aufweist und sich somit wenig in Schwingung versetzen läßt und Kommunikation zu anderen Subkulturen vernachlässigt wird.

3. Resonanzfähigkeit

Kein Unternehmen kann die Mannigfaltigkeit der Umweltereignisse (Umweltkomplexität) aufnehmen. Es muß selektiert werden, was für das Unternehmen Sinn macht/Wert hat/wichtig erscheint. Diese Entscheidungen /Selektionen trifft das Unternehmen mit Hilfe der subkulturellen Wirklichkeitskonstruktionen, des Beziehungsgeflechts der Subkulturen, der formellen und informellen Struktur und der Strategie und Tradition.

Über den Umweltkontakt generiert das Unternehmen, die Subsysteme und die einzelnen Unternehmensmitglieder neue Informationen. Die Informationen können Änderungen der individuellen Wirklichkeitskonstruktionen, der unternehmensspezifischen Basisperspektive, der subkulturellen Wirklichkeitskonstruktionen, des Subkulturnetzes, der Struktur und der Strategie nach sich ziehen. Wobei daran gedacht werden muß, daß sich das Unternehmen nicht an die Umwelt anpaßt, sondern lediglich von der Umwelt „in Schwingungen" versetzt werden kann

(Perturbation). Das Unternehmen entscheidet dann selbst, ob es in Kontakt treten will oder nicht.

Voraussetzung dafür, daß Unternehmen aus der Umwelt Informationen gewinnen können, ist die Abgrenzung des Unternehmens von seiner Umwelt über die unternehmensspezifischen Leitdifferenzen und die Abgrenzung zwischen den internen und den externen Subsystemen über subkulturspezifische Codes, Werte, Themen. Wie unterscheidet sich unser Unternehmen von vergleichbaren Unternehmen und wie unterscheiden sich unsere Subsysteme von vergleichbaren Subsystemen in anderen Unternehmen, was ist das Unternehmensspezifische, was ist das Subsystemspezifische? Die Verbindungen zwischen den grundlegenden unternehmensspezifischen und den subkulturellen Codes, Werte, Themen selektieren, welche Ereignisse der Umwelt beobachtet/bezeichnet werden können.

„Selbstreferenz" betont die zirkuläre Operationsweise sozialer Systeme. Sie schließen sich über zirkuläre Interaktionen operativ ab. Jedes Ereignis wird durch interne Prozesse als Ereignis bestimmt.[389] Die internen Prozesse sind in dieser Konzeption die über Interaktionen der Unternehmensmitglieder entstehenden unternehmensspezifischen Neuroneninteraktionen in den Köpfen der Unternehmensmitglieder und die über Interaktionen der Subsystemmitglieder entstehenden subkulturspezifischen Neuroneninteraktionen in den Köpfen der Subsystemmitglieder. Selbstreferenz schließt den Umweltbezug (Fremdreferenz) allerdings mit ein. Würden Unternehmen und ihre Subsysteme keine Informationen aus der Umwelt aufnehmen, würden sie sich kurzfristig nur noch begrenzt (aus neuen Verweisungen interner Daten) und langfristig nicht mehr von der Stelle bewegen/entwickeln. Allerdings findet der Fremdbezug nur mit der selbstreferentiellen Brille „Unternehmens-/Subkultur" statt. So ist der Fremdeinfluß in die Selbstbestimmtheit des Unternehmens mit eingeschlossen.

Analytisch betrachtet kann das Unternehmen fünf Wege einschlagen, um Kontakt mit der Umwelt aufzunehmen:

a) Perturbation über die Unternehmensmitglieder: Unabhängig von der Unternehmenskultur selektiert das Individuum anhand seiner individuellen Wirklichkeitskonstruktion (Werte, Codes, Themenvorrat), was es aus

---

[389] Vgl. Bardmann 1994, S. 371.

2.4 Wirkungen der Subkulturen und der Unternehmenskultur 189

der Umwelt für wichtig erachtet. Die neuen Informationen, die das Individuum auch für das Unternehmen interessant findet, wird es über Interaktionen an andere Unternehmensmitglieder weitertragen. Je mehr (v.a. „mächtige", siehe Kap. 2.5) Unternehmens-/Subkulturmitglieder diese Informationen ebenfalls für das Unternehmen/die Subkultur als notwendig betrachten, desto größer wird die Wahrscheinlichkeit, daß die Informationen Eingang in die Subkultur/das Subkulturnetz erhalten – den Vorrat an Themen, Codes, das Wertesystem der Subkultur(en)/des Subkulturnetzes modifizieren.

b) Perturbation über die Subkulturen: Über diesen Weg gelangen i.d.R. die meisten Informationen in das Unternehmen. Durch die Existenz von Subkulturen verfügt ein Unternehmen über viele verschiedene Codes, Werte, Themen/Wissen. Daraus resultiert eine große Wahrnehmungsfähigkeit des Unternehmens insgesamt. Die Subkulturen haben sich entlang spezieller gemeinsamer Funktionen, Aufgaben, Inhalte, Interessen, Bedürfnisse, Sympathie zwischen einzelnen Individuen ausgebildet. Mit den spezifischen Codes, Werten, Themen haben die Subkulturen unterschiedliche Schwerpunkte in der Wahrnehmung ihrer Umwelt, lassen sich in diesen Bereichen von der Umwelt leichter in Schwingung versetzen, weisen eine große Anschlußfähigkeit auf. Z.B. werden unternehmensinterne Subkulturen im Bereich Vertrieb große Wahrnehmungsfähigkeit, Anschlußfähigkeit in Richtung externer Subkulturen im Bereich Kunden aufweisen. Hier lassen sich die Überlegungen aus der Rubrik „Wirkungen der Subkulturen zwischen den unternehmensinternen Subkulturen" anschließen. Einige interne Subkulturen werden mit externen Subkulturen regelmäßiger kommunizieren als mit einigen internen. So können auch subkulturelle Allianzen zwischen internen und externen Subkulturen entstehen. Jedoch besteht zwischen internen Subkulturen i.d.R. noch eine andere Verbundenheit: das Wohl des Unternehmens, die Unternehmensstrategie und -tradition.

c) Perturbation über das Subkulturnetz/Tradition/Strategie des Unternehmen als eigenständiger Akteur: Die Resonanzfähigkeit eines Unternehmens kann jedoch nicht auf die einzelnen Subkulturen zurückgeführt werden. Die Beziehungen zwischen den einzelnen Subkulturen, der Strategie und Tradition des Unternehmens bilden eine unternehmensspezifische Basisperspektive. Diese Ebene beeinflußt die einzelnen Individuen, die Subkulturen und das Subkulturgeflecht in ihrer Resonanzfähigkeit. Die kulturelle Dimension von Unternehmen ist kein statisches Phänomen, sondern unterliegt permanenter prozessualer Veränderung. Es entwickeln sich immer neue Schwerpunkte, welche unternehmensinterne Veränderungen nach sich ziehen und den Wahrnehmungsfokus gen Unternehmensumwelt verschieben.[390] Die grundlegenden unternehmensspezifischen Leitdifferenzen, Werte, Schwerpunktthemen liefern sozusagen einen Grob-Selektionsfilter, der sich mit den feineren Selektionsfilter der Subkulturen verbindet.

d) Das Unternehmen und/oder die Mitglieder nehmen über die Struktur Kontakt zur Umwelt auf: Die Struktur eines Unternehmens, unabhängig davon ob die Struktur formell oder informell ist, regelt die Interaktionen innerhalb des Unternehmens und gen Umwelt. Diese Interaktionsstrukturen haben großen Anteil an der Ausgestaltung der subkulturellen Wirklichkeitskonstruktionen und deren Beziehungsgeflechte, so daß sie auf diesem Wege Einfluß auf die Resonanzfähigkeit haben. Die durch die Struktur konstituierten Verhaltenserwartungen zeigen den Unternehmensmitgliedern explizit und implizit Themen auf, um die sie sich zu kümmern haben. Für diese Themen haben sie ein besonders sensibles Gehör gen Informationen aus der Umwelt.

e) Das Unternehmen und/oder die Mitglieder nehmen über die Strategie Kontakt zur Umwelt auf: Die Strategie hat zum einen Einfluß auf die Ausgestaltung der formellen und informellen Struktur und zum anderen auf die unternehmensspezifische Basisperspektive, die subkulturellen Wirklichkeitskonstruktion und das Subkulturnetz und insofern indirekten Einfluß auf die Resonanz. Des weiteren steht sie ebenso wie die Struktur als Selektionsfilter zwischen dem Unternehmen und der Umwelt. Mit wem und was das Unternehmen Kontakt aufnimmt, ist wesentlich von den strategischen Gewichtungen abhängig. Sie liefern grobe Orientierun-

---

[390] Beim Kontakt des einzelnen Unternehmensmitgliedes, der Subkulturen und des Unternehmens als eigenständigem Akteur mit anderen Individuen, Subkulturen und Unternehmen spielt Sympathie eine ausschlaggebende Rolle. Hat ein Unternehmen für einen Auftrag mehrere Angebote eingeholt, so unterscheiden sich diese in der Leistung häufig nicht wesentlich. Sympathie wird zu einem wesentlichen Entscheidungsfaktor. Sympathie könnte man mit Hilfe der hier angestellten Überlegungen definieren als: nicht unbedingt ähnliche, aber kompatible Wirklichkeitskonstruktionen, d.h. kompatible Codes, Werte, Themen und Vokabular – man schwimmt auf einer Wellenlänge.

2.4 Wirkungen der Subkulturen und der Unternehmenskultur

gen, was für das Unternehmen wichtig ist. Wobei die Strategie im Rahmen der Subkulturen und des Netzes möglich sein muß und subkulturell wahrgenommen/interpretiert wird.

Sämtliche Informationen, die aufgenommen werden, können sowohl die selbstorganisierenden (Unternehmens- und Subkulturen, informelle Struktur), als auch die fremdorganisierten (formelle Struktur, Strategie) Phänomene im Unternehmen *modifizieren*.

Sowohl auf der Ebene des Individuums, als auch auf der Ebene der Subkultur, als auch auf der Ebene des Unternehmens sorgen neue Informationen für neue Neuroneninteraktionen, neue Gedanken, die die Wirklichkeitskonstruktionen verändern können. Über die Veränderung der Wirklichkeitskonstruktionen werden die formelle Struktur und die Strategie anders wahrgenommen und interpretiert. Neue Neuroneninteraktionen können die informelle Struktur verändern oder erweitern. Zudem kann die Unternehmensführung über neue Informationen zu der Ansicht gelangen, die formelle Struktur und/oder Strategie neu formulieren zu müssen. Sowohl die Ansicht als auch die Umformulierung ist wiederum auch abhängig von der unternehmensspezifischen Wirklichkeitskonstruktion und der subkulturellen Wirklichkeitskonstruktion der Unternehmensführung.

Auch *wie* neue Informationen verarbeitet werden, bedarf Selektionen, die die Unternehmens- und Subkulturen vollziehen.

2.5 Freiräume und Macht im Unternehmen und des Unternehmens

Warum wird an dieser Stelle das Thema „Macht" angesprochen? Was hat Macht mit der kulturellen Dimension von Unternehmen zu tun? Geht man davon aus, daß die Wirklichkeit sozial konstruiert wird und es keine Objektivität, keine einzig richtige Wirklichkeit gibt, wird auch das Thema „Macht" zu einer flexiblen, dynamischen Größe. Zwar gibt es weiterhin hierarchische Macht im Unternehmen, diese wird jedoch auch intersubjektiv wahrgenommen/interpretiert, informelle Machtspiele/-kämpfe bekommen einen größeren Stellenwert. Durch das Fehlen objektiver Maßstäbe wird Macht zudem wesentlicher: welche Wirklichkeitskonstruktion setzt sich durch?

Freiräume auf der Sinn- und auf der Strukturebene sind die wesentliche Voraussetzung für machtpolitische Spiele. So soll zu Anfang dieses Kapitels der Fokus auf Freiräume im Unternehmen gelegt werden. Anschließend wird thematisiert, wie diese Freiräume im Unternehmen genutzt werden. Zum Schluß werden Freiräume und Macht zwischen Unternehmen und Umwelt diskutiert.

1. Macht im Unternehmen

a) Interne Freiräume

In dieser Konzeption findet Emergenz auf zwei Ebenen statt; auf der Sinnebene: die unternehmensspezifischen und subkulturspezifischen Wirklichkeitskonstruktionen, und auf der Strukturebene: die Eigendynamik der Systemstrukturen innerhalb und zwischen den Subkulturen. Wobei sich beide Ebenen wechselseitig mitkonstituieren: die Strukturen lenken die Art und Weise der Interaktionen der Unternehmensmitglieder und der Subsysteme in bestimmte Bahnen, worüber sich die gemeinsamen Wirklichkeitskonstruktionen entwickeln und diese beeinflussen u.a. die Wahrnehmung/Interpretation der Strukturen durch die Unternehmensmitglieder und damit die daran anschließenden Handlungen. Voraussetzung für Emergenz sind selbstorganisierende Prozesse, welche wiederum Freiräume bedingen. In dieser Konzeption können Freiräume auf zwei Ebenen gedacht werden: *Wahrnehmungs- und Interpretationsfreiräume auf der Sinnebene*, also hinsichtlich der Wirklichkeitskonstruktion (individuelle, gruppenspezifische, unternehmensspezifische)

2.5 Freiräume und Macht im Unternehmen

und intra- und intersubkulturelle *Kommunikations-, Entscheidungs- und Handlungsspielräume auf der Strukturebene.*

Sieht man das Spezifische in sozialen Systemen nicht ausschließlich in den sich selbstreferentiell entwickelnden, an Funktionen orientierten Systemmustern/-strukturen wie Luhmann, sondern in dem Wechselspiel von erstens: emergentem Neuronenzirkel in den Köpfen der Unternehmensmitglieder, ihren daran (Codes, Sinn, Werte, Inhalte) anschließenden Kommunikationen und Handlungspotentialen, zweitens: den emergenten, sozialen, strukturellen Prozessen des Systems und drittens: der Umwelt, treten Freiräume in den Vordergrund. In Luhmanns Theorie existieren zwar auch Freiräume, Kontingenzräume: z.b. welche Kommunikation an welche Kommunikation anknüpft und welche Kommunikation aus der Umwelt der Mechanismus „Sinn" für anschlußfähig hält. Aber diese Kontingenzräume werden auf funktionalistischer Ebene gedacht und werden über selbstreferentielle Muster/Prozesse, die sich nicht an intersubjektive/n Inhalte/Sinn, sondern ausschließlich an Funktionen orientieren, geschlossen. Mit anderen Worten: die bestehenden Freiräume werden durch die emergente Funktionsweise, durch Prozesse des Systems, die sich an die Erfüllung der inhaltsleeren Systemfunktionen orientieren, geschlossen.

Luhmann und Autoren, die an Luhmanns Theorie anschließen, konstruieren auf der Strukturebene ein Spannungsverhältnis zwischen *Redundanz* und *Varietät*. In der Literatur wird zwischen *Informations-* und *Strukturredundanz* unterschieden.[391] Luhmanns Begriff der Redundanz kann mit *Informationsredundanz* gleichgesetzt werden. Es geht um einen Überschuß an Informationsmöglichkeiten innerhalb des Systems, d.h. ein und dieselbe Information ist an verschiedenen Stellen des Systems vorrätig. So ist das System von spezifischen Relationen unabhängiger und Informationen können nicht so leicht verloren gehen. Das System gewinnt Verläßlichkeit. Zudem können bei Luhmann über Redundanz strukturelle Muster gewonnen werden: das, was sich in Kommunikationen bewährt hat, verfestigt sich. So bildet das System strukturelle Muster aus, die Kommunikations- bzw. Entscheidungszusammenhänge einschränken, woraus Gleichmäßigkeit und Erwartbarkeit resultieren.

Unter Varietät versteht Luhmann die Verschiedenartigkeit von Entscheidungen innerhalb des Systems. Diese Verschiedenartigkeit sorgt für

---

[391] Vgl. Zeep 1968, S. 83f.; Grabher 1994, S. 19ff.

interne Komplexität des Systems, so daß eine größere Komplexität der Umwelt wahrgenommen/interpretiert werden kann. Redundanz sorgt für Orientierung und Varietät für Pluralität des Systems. Steigt die Redundanz z.B. durch formelle Strukturen, sinkt die Varietät und andersherum.

Autoren[392], die zwar auch an die neueren systemtheoretischen Ansätzen anschließen, aber nicht Kommunikationen, sondern Individuen als Systemelemente definieren, verstehen unter Redundanz „*Strukturredundanz*", auch „*organizational slack*"[393] genannt: materielle und immaterielle Ressourcen eines Unternehmens, bei denen man nicht genau weiß, wofür sie eingesetzt werden.[394] So wurden diese Ressourcen als etwas Überflüssiges betrachtet, das es wegzurationalisieren galt. Aber man kann ihnen auch die Bedeutung „Puffer" zuschreiben, der eingesetzt werden kann, wenn etwas eintritt, das nicht vorhergesehen wurde. Je turbulenter die Umwelt, desto weniger läßt sich die Zukunft voraussehen, insofern erfährt Slack mehr und mehr an Bedeutung. Redundanz kann als Voraussetzung für die Entwicklungsfähigkeit auf der Sinn- und Strukturebene angesehen werden.

In dieser Konzeption wird die Funktionsweise sozialer Systeme nicht ausschließlich auf der strukturellen Ebene erklärt, sondern aus der wechselseitigen Konstitution zwischen der selbstreferentiellen, emergenten, autonomen, strukturellen Ebene, der unternehmens-/subsystem-spezifischen Sinnebene und der Umwelt. Die Strukturen eines Systems entstehen und entwickeln sich durch selbstorganisierende und fremdorganisierte Kommunikationen und Handlungen innerhalb der Subkulturen, zwischen den internen Subkulturen und mit externen Individuen, Subkulturen und Unternehmen. Und diese Kommunikationen und Handlungen orientieren sich an bewußten und unbewußten, individuellen, gruppen- und unternehmensspezifischen Inhalten, Zielen, Werten. Von dort aus nehmen die Strukturen dann eine *Eigendynamik* an, die von den Unternehmensmitgliedern weder geplant, noch vorhersehbar ist, noch gestaltet werden kann. Allerdings können (und sollten) diese Strukturen von Menschen *reflektiert* und über Perturbation z.T. auch modifiziert werden (siehe Kap. 2.7.6). Kriterien für die Güte der Strukturen stellen hier nicht inhaltsleere Funktionen dar (Überlebensfähigkeit > Anschluß

---

[392] Z.B. Pfriem 1995, S. 117f.; Grabher 1994.
[393] Der Begriff „organizational slack" stammt von Cyert/March 1963.
[394] Vgl. Pfriem 1995, S. 117f.

von Kommunikation an Kommunikation > möglich – nicht möglich, im Wirtschaftssystem zahlen – nicht zahlen), sondern über das Hineinnehmen von Individuen als Elementen des Systems gelangen Inhalte, Werte, Sinn, Ziele/Zwecke in das Unternehmen. In diesem Verständnis sozialer Systeme werden Freiräume auf der Strukturebene nicht durch auf Funktionen gerichtete Kommunikationsstrukturen ausgefüllt, sondern durch Kommunikationen und Handlungen der Unternehmensmitglieder, der Subkulturen und des Unternehmens, die sich an Inhalten, Sinn, Werten, Zielen der Unternehmensmitglieder und des Unternehmens orientieren. Und diese (inter-) subjektiven Aktionen der Mitglieder, der Subsysteme und des Systems perturbieren die Strukturen und haben Chance, Eingang zu finden in deren selbstreferentielle Laufbahnen, die sich über sinnhaft aufeinander bezogene Kommunikationen und Handlungen konstituieren und entwickeln. D.h. auch die Strukturebene soll in dieser Konzeption nicht losgelöst von den Kommunikationen und Handlungen der Systemmitglieder gedacht werden. Die Strukturen bauen auf den Kommunikationen und Handlungen der Systemmitglieder auf. Die unvorhersehbare, unplanbare Eigendynamik der Strukturen resultiert aus der Wert-, Ziel-, Codevielfalt der Unternehmensmitglieder (individuelle und intersubjektive Wirklichkeitskonstruktionen: Wahrnehmungs-/Interpretationsspielräume), aus der Existenz von Handlungs- und Entscheidungsfreiräumen, den Kommunikationen, Entscheidungen, Handlungen und mikropolitischen Prozessen. Weder diese Variablen im einzelnen noch deren Wechselspiel (u.a. selbstreferentielle Zirkel) können aufgrund ihrer hohen Komplexität vom Menschen gänzlich analysiert, erfaßt oder geplant werden. Insofern ist die Strukturebene losgelöst von den Systemmitgliedern als eigenständiger Akteur zu verstehen, die nicht auf die einzelnen Systemmitglieder zurückgerechnet werden kann, dennoch: auch die Strukturebene konstituiert sich allein durch interne und externe Kommunikationen und Handlungen der Systemmitglieder, ebenso wie sich die sozialen Wirklichkeitskonstruktionen nicht auf die einzelnen Systemmitglieder zurückrechnen lassen, aber ausschließlich in deren Köpfen verortet sind. Die soziale Wirklichkeitskonstruktion durchläuft also permanent zwei emergente Prozeßzirkel: zum einen finden die Interaktionen der Systemmitglieder über Strukturen statt, die z.T. über emergente Zirkel entstanden sind/sich entwickeln (Eigenständigkeit der Strukturen) und zum anderen spielen sich emergente Prozesse in den Köpfen zwischen den Neuronen ab (Eigenständigkeit der Neuronenzusammenschlüsse/Interaktionen), die sich über gemeinsame Erfahrungen, Kommunikationen, Entscheidungen, Handlungen angleichen und sich so z.T. zur gemeinsamen Wirklichkeitskonstruktion entwickeln.

So konstruiert muß die Emergenzthese nicht zwangsläufig mit der Eliminierung des Menschen und deren Handlungen aus dem System korrelieren. Das Material, welches die selbstreferentiellen Strukturen (Neuronen/Neuroneninteraktionen, Individuen/Interaktionsstrukturen) zu emergenten, eigenständigen Phänomenen werden läßt, liefert der Mensch.

Konstituiert man Unternehmen als eigenständige Akteure mit emergenten Strukturen und einer spezifischen Wirklichkeitskonstruktion (resultierend aus dem Subkulturnetz), dann öffnet das den Blick für die externe Kommunikation des Unternehmens mit der Umwelt (siehe unten).

Die Freiräume auf der Sinn- und auf der Strukturebene stellen *Komplexität/Pluralität* im System bereit. Pluralität ist zum einen positiv zu bewerten, da sie mannigfaltige Möglichkeiten wahrzunehmen/zu interpretieren und zu kommunizieren/zu entscheiden/zu handeln bereithält, wodurch Flexibilität und Innovationsmöglichkeiten steigen. Andererseits überfordern zu viele Möglichkeiten den Menschen. Gerade in diesem Punkt scheint die Subkulturkonstruktion vorteilhaft: Das Unternehmen insgesamt kann über verschiedene Subkulturen hohe Pluralität aufweisen, ohne das einzelne Unternehmensmitglied zu überfordern. Individuelle Wahrnehmungs-/Interpretationsspielräume auf der Sinnebene werden durch Annäherungen der Wirklichkeitskonstruktionen (selbstorganisierende Neuroneninteraktionen) über selbstorganisierende und fremdorganisierte Interaktionen und gemeinsame Sozialisation der Subsystemmitglieder reduziert. Kommunikations- und Handlungsspielräume auf der Strukturebene werden durch selbstorganisierende Interaktionen der Subsystemmitglieder geschlossen, wobei sich permanent neue öffnen. Orientierungen für die freiraumausfüllenden Interaktionen liefern Werte, Inhalte, Ziele, Zwecke der Unternehmensmitglieder, der Subkulturen und des Unternehmens.

Die soziale Wirklichkeitskonstruktion ist in großem Maße auf bzw. für die Wahrnehmung/Interpretation der Freiräume angewiesen bzw. verantwortlich. Dort, wo Freiräume existieren, müssen sie über Differenztechnik (Codes) erkannt/konstruiert und dann mit Sinn (Werte/Ziele, Themen) gefüllt werden.

2.5 Freiräume und Macht im Unternehmen

Versteht man wie Luhmann den Code als eindimensional, senkt das die Wahrnehmungsfähigkeit (auch der Freiräume) und verringert die daran anschließenden Kommunikations- und Handlungsmöglichkeiten.

Voraussetzung für mikropolitische Prozesse in Unternehmen sind Freiräume. Voraussetzung für Freiräume ist der sinkende Glaube an Determinismen wie Kapitalverwertung, Umwelt-Struktur-Beziehung, Rationalitätsprämissen und die objektive Wirklichkeit. Prozesse in Unternehmen laufen nicht rational, dies ist schon allein deshalb nicht möglich, weil bei keiner Entscheidung sämtliche, für eine rationale Entscheidung notwendigen, Informationen vorliegen und die Informationswahrnehmung und -verarbeitung subjektiv verläuft.[395] Dies gepaart mit der Annahme, daß sich Unternehmen nicht an die Umwelt anpassen, sondern selbst entscheiden, wie sie mit der Umwelt umgehen, läßt Kontingenz und somit Freiräume für alle Unternehmensmitglieder entstehen. Diese Freiräume könnte die Unternehmensführung versuchen, durch formelle Strukturen und Kontrolle einzuschränken. Aber Arbeitnehmer sind nicht unmündige Rädchen, deren Verhalten durch Zwang, Macht und Kontrolle in Bahnen gelenkt werden kann. Sie emanzipieren sich vom Unternehmen und folgen ihren eigenen Bedürfnissen.[396] Zudem erfordern marktliche und technische Entwicklungen autonome, qualifizierte und kreative Mitarbeiter.[397] Diese Eigenschaften lassen sich nicht durch Kontrolle realisieren, im Gegenteil, sie benötigen Freiräume. Abgesehen davon können nicht sämtliche im Unternehmen anfallenden Handlungen antizipiert und geplant werden. Das Unternehmen ist auf das Ausfüllen dieser Freiräume durch die Mitarbeiter angewiesen. Nimmt man an, daß die Wirklichkeit (inter-) subjektiv konstruiert wird, es also nicht die eine Wahrheit gibt, sondern verschiedene, gibt es nicht den „one-best-way", sondern Freiräume. Gemäß dem Radikalen Konstruktivismus sind diese Freiräume keine Objektivitäten einer externen Realität, sondern *subjektiv wahrgenommene Phänomene*. Ob Individuen, Subkulturen im Unternehmen und das Unternehmen für sich Freiräume sehen, ist in hohem Maße von diesen Individuen, Subkulturen, Unternehmen selbst abhängig – von deren Wirklichkeitskonstruktionen. Freiräume können also nicht nur neben festen formellen Strukturen wahrgenommen werden, sondern

---

[395] Vgl. Pfriem 1995, S. 96ff.
[396] Vgl. Lutz 1998, S. 118f.
[397] Vgl. Ortmann 1988, S. 14f.

diese selbst können/müssen zur Disposition gestellt werden. Jedes Unternehmensmitglied, jede Subkultur, jedes Unternehmen hat auf das Ausmaß und auf die Ausgestaltung dieser Freiräume selbst großen Einfluß. Und zwar nicht nur ob der subjektiven Wahrnehmung/Interpretation, sondern auch durch Kampf und Aushandlungsprozesse via Interaktionen.

Freiräume lassen Phänomene wie „Macht", „Politik" und „Verständigung" in den Mittelpunkt der Betrachtung treten.

b) Zum Begriff „Macht" im Unternehmen

Die wohl bekannteste Definition von Macht stammt von Max Weber[398]: Macht bedeutet jede Chance, in sozialen Beziehungen den eigenen Willen auch gegen das Widerstreben anderer durchzusetzen, egal worauf diese Chance beruht. Dahl[399] definiert Macht: Person A hat ob bestimmter Gründe in dem Ausmaß Macht über Person B, als es B dazu veranlassen kann, etwas zu tun, was B sonst nicht getan hätte. Der Unterschied beider Definitionen liegt in dem von Weber benutzten „auch", der damit eine konsensgeschützte Herrschaft einschließt, d.h. für eine Machtbeziehung ist das Widerstreben, der Konflikt nicht notwendig. Macht können nicht nur Personen, sondern auch Gruppen oder ganze Unternehmen haben.

In diesem Abschnitt soll „Macht" als interner, innenpolitischer, mikropolitischer Mechanismus betrachtet werden.

„Macht" soll hier nicht die Argumente „Kapital" oder „Rationalität" ersetzen: diejenigen (Unternehmensführung), welche die Macht haben, treffen sämtliche Entscheidungen, alle anderen sind damit von der Verantwortung freigesprochen. Jedes Systemmitglied hat die Möglichkeit innerhalb seiner Subkultur und jede Subkultur hat die Möglichkeit innerhalb des Subkulturnetzes, Macht zu gewinnen.

Alle Systemmitglieder beeinflussen die Subkultur und das Subkulturnetz und diese beeinflussen wiederum die individuellen Wirklichkeitskonstruktionen. Der Einfluß der Wirklichkeitskonstruktionen der Individuen innerhalb einer Subkultur und der Subkulturen auf andere Subkulturen und das Subkulturnetz ist jedoch nicht gleich groß. Werte/Ziele,

---

[398] Vgl. Weber, M. 1985, S. 28.
[399] Vgl. Dahl 1957, S. 201-215.

Themen, Codes, Vokabular „mächtiger" Individuen und Subkulturen schlagen mehr durch als andere.

In der Regel werden in der Literatur drei Quellen von Macht genannt[400]:

- Formelle Struktur/Hierarchie

- Monopolwissen, Monopolfähigkeiten: mit spezifischem Wissen oder fachlichen Fähigkeiten hält man einen Trumpf in der Hand, auf den andere angewiesen sind und keine Ausweichmöglichkeiten haben.

- Charakter: Zum einen gibt es Menschen, die genetisch (instinktiv), oder/und Menschen/Gruppen, die durch ihre Sozialisation bedingt mehr nach Macht streben als andere. Ihre Macht gründet nicht auf spezifischem Wissen oder Fähigkeiten, sondern in ihrer Art zu denken und zu handeln. Sie haben einen starken Willen, streben nach Unabhängigkeit und sind bereit Verantwortung zu übernehmen. Man könnte sagen, daß ihre subjektiven/intersubjektiven Codes gen „Macht" ausgerichtet sind.

- Auf der anderen Seite haben Sympathieträger[401] mehr Möglichkeiten der Einflußnahme, häufig verfügen sie über besondere soziale Fähigkeiten.

---

[400] Zumeist wird in der Literatur zwischen strukturellen/hierarchischen und personalen Machtquellen differenziert, vgl. z.B. Krüger 1976. Unter personalen Machtgrundlagen werden besondere/s Fähigkeiten, Wissen und das Charisma einer Person zusammengefaßt. Ich halte es für sinnvoll, zwischen besonderem Wissen, fachlichen Fähigkeiten auf der einen Seite und der Persönlichkeit/dem Charakter, sozialen Fähigkeiten und dem Charisma auf der anderen Seite zu unterscheiden. Spezifisches Wissen und fachliche Fähigkeiten stellen zum einen eine Machtquelle in einem spezifischen Umfeld dar und zum anderen sind es eher „harte" Faktoren einer Person/Gruppe. V.a. Machtstreben als grundlegende Triebfeder, aber auch soziale Fähigkeiten und Charisma sind zum einen tendenziell situationsübergreifende Quellen von Macht und zum anderen eher „weiche" Faktoren eines Individuums/einer Gruppe. Wobei die sozialen Fähigkeiten und das Charisma einer Person/Gruppe von deren Umfeld beurteilt wird, also von dessen Wahrnehmung/Interpretation abhängig ist und insofern nur bedingt situationsübergreifend gelten. Macht als grundlegende Triebfeder, also der grundlegende, angeborene Wille einer Person, Macht gewinnen zu wollen, ist dagegen nicht von der Wahrnehmung des Umfeldes abhängig und deshalb gänzlich situationsübergreifend wirksam.

[401] Im Zusammenhang mit der Resonanzfähigkeit von Individuen, Subsystemen und Unternehmen wurde in einer Fußnote bereits gemutmaßt, daß Sympathie mit der

Zwar lassen sich diese „Legitimationen" von Macht nicht immer voneinander trennen, z.B. stehen einige Personen/Gruppen hoch in der Hierarchie aufgrund ihres Wissens, ihrer Fähigkeiten und/oder ihres Charakters, dennoch soll hier folgende These formuliert werden: Im Zuge der Anerkennung und der Vergrößerung von Freiräumen der Individuen und Subsysteme sinkt die Bedeutung der strukturbedingten Macht und steigt die Möglichkeit der Einflußnahme durch Wissen, Fähigkeiten und durch den spezifischen Charakter: Damit steigt auch die Möglichkeit aller Unternehmensmitglieder und Subkulturen zur Verantwortungsübernahme. Allerdings stellt die Kombination aller drei Legitimationen nach wie vor die größte Macht dar.

Macht ist kein statisches, sondern ein sehr dynamisches Phänomen.

c) Mikropolitik

Welche Individuen erlangen innerhalb einer Subkultur Macht und welche Subkulturen nehmen großen Einfluß auf andere Subkulturen, das Subkulturnetz, die Operationsweise des Gesamtsystems?

Analytisch lassen sich hier zwei Fragestellungen trennen: wer erlangt auf der Sinnebene, innerhalb der Wahrnehmungs- und Interpretationsspielräume Macht, d.h. welche individuellen/subkulturellen Wirklichkeitskonstruktionen setzen sich durch und finden Eingang in die subkulturelle/andere subkulturelle Wirklichkeitskonstruktionen, in das Subkulturnetz? Und wer gewinnt auf der Strukturebene, innerhalb der Kommunikations-, Entscheidungs- und Handlungsfreiräume Macht, d.h. aus welchen Interaktionen von welchen Individuen und Subkulturen (mit ihren spezifischen Codes, Werten, Themen) resultieren Meinungen, Entscheidungen, Handlungen, welche sich verfestigen, da sie auf die Realität passen. Daraus resultieren informelle Strukturen, innerhalb derer die Individuen und Gruppen, welche diese Strukturen konstituierten, Macht erhalten. Der enge Zusammenhang, die wechselseitige Konstitution zwischen den Freiräumen/deren Ausfüllen auf der Sinnebene (sozusagen die Grundlage) und auf der Strukturebene liegt auf der Hand und

Kompatibilität der Wirklichkeitskonstruktionen einhergeht. In diesem Fall hieße das, daß Sympathieträger (Personen oder Gruppen) über eine Wirklichkeitskonstruktion verfügen, die mit vielen anderen Wirklichkeitskonstruktionen kompatibel ist.

wurde auch schon unter der Überschrift „Interne Freiräume" ausführlich erörtert. Der Einfachheit halber soll im folgenden in erster Linie von dem Ausfüllen der Freiräume auf der Strukturebene die Rede sein, wobei im Hinterkopf behalten werden sollte, daß die Grundlage der Interaktionen: Kommunikationen, Entscheidungen und der daraus resultierenden Handlungen in den individuellen, gruppenspezifischen, unternehmensspezifischen Wirklichkeitskonstruktionen liegt.

Mikropolitik fokussiert die Anwendung von Macht in Organisationen. Aufgrund flacher werdender Hierarchien, wachsender Freiräume und der Zerlegung der Unternehmenskultur in Subkulturen gewinnen mikropolitische Prozesse in Unternehmen an Bedeutung. Innerhalb der Freiräume finden diverse Interaktionen zwischen den Unternehmensmitgliedern innerhalb einer Subkultur und zwischen verschiedenen Subkulturen statt. Diese Interaktionen haben zumeist auch (z.B. neben fachlichen, konstruktionsspezifischen) z.T. ausschließlich mikropolitische Hintergründe. Bei mikropolitischen Prozessen wird ausgefochten, wer innerhalb der wahrgenommenen Freiräume Macht gewinnt, wer seine Interessen durchsetzt. Nach den Quellen von Macht setzen sich hier Individuen, Gruppen durch, die über spezifische/s Fähigkeiten, Wissen oder Charakter verfügen. Wer innerhalb der Freiräume Macht gewinnt, entscheiden die Individuen/Subkulturen. Es ist nicht anzunehmen, daß die Individuen/Gruppen egoistischen Befehlshabern Macht zuschreiben. Es werden wohl eher Personen/Gruppen Macht gewinnen, die von vielen Individuen/Gruppen aufgrund ihres Know-how akzeptiert und/oder sympathisch empfunden werden und die bereit sind Verantwortung zu übernehmen.

In den Verhaltenswissenschaften wurde durch viele empirische Studien versucht, Charaktereigenschaften von beliebten Führern, z.B. Meinungsführern zu definieren. Das ist eine schwierige Angelegenheit, da jedes Individuum/jede Gruppe vollkommen unterschiedliche subjektive/ intersubjektive Prioritäten aufweist, was es akzeptiert und gut heißt und in jeder Gruppe eine Vielzahl unterschiedlicher Prioritäten zusammenkommen, die dann bestimmen, wer Macht bekommt. Macht ist eben keine unantastbare Faktizität, sondern eine subjektive/intersubjektive Konstruktionsleistung! So können vollkommen unterschiedliche Individuen/ Gruppen Macht gewinnen, je nach dem, mit wem sie es zu tun haben.

Dennoch soll hier eine Fähigkeit besonders hervorgehoben werden, da sie Allgemeingültigkeit besitzt. Das Schlagwort „soziale Kompetenz" hat in den letzten Jahren nicht umsonst einen ungeheuren Aufschwung genommen. In vielen Stellenangeboten wird der Wunsch nach sozialer Kompetenz explizit gefordert. Ein Erklärungsversuch für den Aufschwung dieser Fähigkeit liegt in dem Anstieg, der stärkeren Berücksichtigung und Wahrnehmung von Freiräumen. Freiräume bedingen Personen/Gruppen, die diese Freiräume nicht für egoistische Zwecke mißbrauchen. Personen/Gruppen, die innerhalb der Freiräume über mikropolitische Prozesse Macht gewinnen wollen, benötigen soziale Kompetenz, d.h. sie müssen integrativ zwischen Gleichgestellten, Untergebenen und Höhergestellten wirken. Die Interaktionen haben zwar das Ziel den eigenen Willen durchzusetzen, jedoch nur unter Rücksichtnahme auf Willen, Interessen, Meinungen, Bedürfnisse, Werte, Ziele anderer. Sie können nur versuchen, die anderen von der eigenen Meinung zu überzeugen, wobei sie in der Regel Kompromisse eingehen müssen. Um andere zu überzeugen, muß man die Fähigkeit besitzen, die anderen Meinungen/Interessen nachvollziehen zu können, um Anschlußmöglichkeiten zu den eigenen Interessen herstellen zu können. Diese Überzeugungsleistungen können nur über verständigungsorientierte Kommunikation erfolgen. Personen/Gruppen, die lediglich ihre eigenen egoistischen Interessen verfolgen, diese ohne Rücksicht auf Verluste anderer, gegen den Willen anderer durchsetzen, werden weder über die formelle Struktur noch entlang der Freiräumen langfristig Macht sichern. Es ist auch denkbar, daß Personen/Gruppen (z.B. Streikführer) Macht bekommen, die Werte, Ziele, Meinungen vertreten, die viele andere Personen/Gruppen teilen, die jedoch (noch) nicht auf der Subkultur-/Unternehmensebene verankert sind.

Man könnte denken, die Annahme, daß verständigungsorientierte Kommunikation Macht im Sinne von Beherrschung, Unterdrückung in Teilen verdrängt, ist nur eine Wunschvorstellung. Neben dem Anstieg der Freiräume spricht für diese Annahme, daß wir in einer Demokratie sozialisiert werden, daß der Großteil der Gesellschaft recht gut ausgebildet ist, daß es keine „angeborene Macht" (Adel) mehr gibt und daß das Management häufig nicht mehr aus den Eigentümern des Unternehmens zusammengesetzt ist, also die heutige Unternehmensführung weniger Macht hat. Zudem würde eine weite Verbreitung und das Sich-bewußtwerden der subjektiven Konstruktion der Wirklichkeit die Notwendigkeit von Aushandlungsprozessen deutlich machen. Es gibt keine Wahrheit, keine Objektivität. Das soll kein Plädoyer für machtfreie Unternehmen sein. Es wird und muß immer Menschen/Gruppen geben, die in einem

Unternehmen mehr Macht haben, also mehr ihre Meinungen und Werte durchsetzen als andere, Verantwortung übernehmen und Entscheidungen treffen. Aber es ist ein Plädoyer gegen die „ohnmächtige Machtlosigkeit der Untergebenen". Wer will, kann mitreden und seine Meinungen, Werte in Entscheidungsprozesse einfließen lassen. D.h. wiederum nicht, daß jede Entscheidung allen gerecht wird und jede Entscheidung den kleinsten gemeinsamen Nenner darstellt. Zum Teil werden sich Mehrheiten durchsetzen, z.T. die hierarchisch Höhergestellten, z.T. Fähigkeiten und Wissen, z.T. spezifische Persönlichkeiten und z.T. Kompromisse.

In der Praxis ist zu beobachten, daß die Individuen/Gruppen Macht besitzen, die über nicht substituierbare, für das Unternehmen wesentliche Fähigkeiten verfügen. Gerade das selbstreferentiell entwickelte implizite Wissen von Gruppen ist nur schwierig zu ersetzen. Flache Hierarchien, der Trend zu autonomen Organisationseinheiten, wachsende Freiräume lassen verschiedene Gruppen mit spezifischen impliziten Wissen und damit Macht entstehen. Durch die „Unternehmen im Unternehmen" erwächst unternehmensinterne Konkurrenz. Das Optimierungsstreben der autonomen Einheiten hemmt die Gesamtsicht. Sich besonders stark fühlende Gruppen leisten Widerstände gegenüber Planungen und Weisungen „von oben". Ein bisher nicht bekanntes Problemfeld wächst. Wie dieses Problemfeld perturbiert werden kann, soll in den Kapiteln 2.7.5 und 2.7.6 diskutiert werden.

Zu diesen Ausführungen paßt auch noch ein weiterer zu beobachtender Trend: „Führung von unten". Im Kern bedeutet Führung von unten, daß Führungskräfte nicht mehr von oben ernannt werden, sondern die Mitarbeiter bei der Suche nach geeigneten Führungskräfte partizipieren. Ellenbogeneinsatz und den Vorgesetzten „nach dem Mund reden" führte in der Vergangenheit zu Fehlbesetzungen. Bei der Auswahl der Führungskräfte sollte die Unternehmensführung nicht nur schauen, wer ihnen gefällt, sondern wen die Mitarbeiter akzeptieren würden. Schließlich kommt es in erster Linie darauf an, daß die Mitarbeiter ihren Vorgesetzten respektieren.

2. Macht zwischen Unternehmen und Umwelt

a) Externe Freiräume des Unternehmens – Macht des Unternehmens auf seine Umwelt

Es wurde erläutert, daß sich ein Unternehmen (Subkulturnetz) nicht an die Umwelt anpassen muß/kann. Unternehmen als eigenständige soziale Akteure müssen über das Lernen 1. Ordnung (siehe Kap. 1.5.2 und 2.7.2) hinauskommen, um sich weiter entwickeln zu können. Nicolai, der an Gedanken von Schumpeter anschließt formuliert: „Exzellente Unternehmen sind keine Anpasser. Sie beherrschen nicht nur die Spielregeln des Wettbewerbs, sondern brechen mit ihnen."[402] Mit anderen Worten: Exzellente Unternehmen müssen das Lernen zweiter bzw. dritter Ordnung beherrschen: sie müssen nicht nur die eigene „theorie-in-use"/Operationsweise des Systems reflektieren und gegebenenfalls im Ursprung verändern, sondern ebenso die externen Strukturen/Prozesse der Umwelt/der externen Anspruchsgruppen.[403] Die Umwelt konfrontiert Unternehmen/ spezifische Subkulturen zwar mit Anforderungen, aber Unternehmen/ spezifische Subkulturen entscheiden selbst, ob und wie sie diese Anforderungen wahrnehmen und interpretieren und wie sie damit umgehen. Durch die Anpasserrolle von Unternehmen in der weit verbreiteten Kontingenztheorie wurde der Einfluß von Unternehmen auf deren Umwelten nicht beachtet. Bei den dieser Unternehmenskulturkonzeption zugrunde liegenden theoretischen Ansätzen läßt sich jedoch eine aktive Rolle des Unternehmens hinsichtlich seiner Umwelten anschließen. Es wurde die kulturelle Dimension von Unternehmen als ein emergentes Phänomen konzipiert, welches das Besondere, Eigenständige von Gruppen/Unternehmen zu erklären versucht. Sämtliche Individuen und Gruppen, die mit einem Unternehmen/spezifischen Subkulturen zu tun haben, werden mit den unternehmensspezifischen/subkulturellen/intersubkulturellen Wirklichkeitskonstruktionen und Operationsweisen konfrontiert und müssen mit ihnen zurecht kommen. Ebenso wie die Wirklichkeitskonstruktionen und Operationsweisen von externen Individuen/Gruppen Einfluß auf die unternehmensinternen subkulturellen/ intersubkulturellen Wirklichkeitskonstruktionen haben, beeinflussen die unternehmensinternen Konstruk-

---

[402] Nicolai, 1999, S. 69.
[403] Zum Verhältnis zwischen Lernen 2. und 3. Ordnung siehe Kap. 2.7.3. „Grundsätzliches zur Lern- und Entwicklungsfähigkeit".

tionen die externen.[404] Zwischen der Sinn- und Strukturebene eines Unternehmens und den Sinn- und Strukturebenen der Anspruchsgruppen besteht eine rekursive Beziehung.[405]

Neben diesem z.T. unbewußten Einfluß kann das Unternehmen/die Subkulturen aber auch ganz bewußt Einfluß auf seine Umwelten nehmen. Voraussetzung dafür ist die Wahrnehmung/Interpretation (in Abhängigkeit der spezifischen Wirklichkeitskonstruktion) und das Erarbeiten von externen Handlungsfreiräumen. Da die Realität nicht objektiv wahrgenommen werden kann, sind Wahrnehmungs- und Interpretationsspielräume existent. Je weniger man an Determinismen glaubt, desto mehr können auch externe Handlungsfreiräume wahrgenommen/interpretiert werden.[406] Diese Freiräume erlauben es Unternehmen/Subkulturen, sich nicht an externe „Zwänge" (sie sind auch nur eine mögliche Konstruktion) anzupassen, sondern mit den externen Anspruchsgruppen Aushandlungsprozesse einzugehen und auch dort zu agieren, wo (noch) keine Zwänge zu spüren sind („freiwillige Verantwortungsübernahme").

b) Macht externer Subkulturen auf interne Subkulturen und das Subkulturnetz

Wann haben externe Subkulturen Einfluß auf interne Subkulturen – auf der Sinnebene: hinsichtlich der Wirklichkeitskonstruktion, auf der Strukturebene: welche Meinungen setzen sich innerhalb von Kommunikationen durch, wer fällt die Entscheidungen und wer setzt sich hinsichtlich der Handlungsmöglichkeiten durch?

Themen und Werte externer Anspruchsgruppen, die in einer Subkultur des Unternehmens anschlußfähig sind, können wahrgenommen werden und haben Chance, von der Subkultur aufgenommen zu werden und

---

[404] Auf der nächsten Stufe beeinflußt das gesamte Subsystem „Wirtschaft" andere Subsysteme der Gesellschaft. Da das Wirtschaftssystem groß ist und viel Macht auf andere gesellschaftliche Subsysteme aufweist, ist der Einfluß des Wirtschaftssystems auf die Gesellschaft besonders groß. Dies wäre eine Erklärungsmöglichkeit, warum die gesellschaftlichen Werte in diesem Lande starke Ähnlichkeit mit den im Unternehmen geforderten und verbreiteten Werten aufweisen: Leistung, Erfolgsstreben, Streben nach Macht/Geld, Selbstverwirklichung, quantitatives Wachstum („weiter, größer, schneller").

[405] Siehe zur Rekursivität von Handeln und Struktur Giddens 1984.

[406] Vgl. Pfriem 1995, S. 106ff; vgl. Pfriem 2000, S. 437ff.

somit die Subkultur und gegebenenfalls das Subkulturnetz perturbieren zu können. Es gibt Themen/Zwänge externer Anspruchsgruppen, die gegen den Willen der Subkultur durchgesetzt werden, Macht ist der wirkende Mechanismus. Wer Einfluß hat, entscheidet die Subkultur zwar durch spezifische Selektionen selbst, d.h. jedoch nicht, daß sie nur wahrnimmt, was sie will bzw. wozu sie Lust hat. Subkulturen, die so agieren, werden das Unternehmen in den Ruin treiben. Subkulturen müssen auch *Macht/Zwänge wahrnehmen*. D.h. die Codes müssen auch in der Lage sein, Macht/Zwänge wahrzunehmen, und der Themenvorrat muß Anschlußfähigkeit für diese aufweisen. Betreffen die externen Zwänge nicht nur die Subkultur, die sie wahrgenommen hat, sondern noch andere Subkulturen (bei wesentlichen Zwängen z.B. die Subkultur „Unternehmensführung"), breitet sich der externe Einfluß auf andere Subkulturen/das Subkulturnetz des Unternehmens aus, sofern diese den externen Einfluß wahrnehmen können. Wie die Subkultur(en) die Macht/Zwänge verarbeitet/verarbeiten, ist eine zweite Frage: Das *Sich-Beugen* ist nur eine Möglichkeit. Die Subkulturen können den *Zwang umgehen oder ignorieren* – langfristig wohl nicht besonders erfolgsversprechend. Sie können versuchen, über verständigungsorientierte Kommunikation *Kompromisse* zu erzielen. Entlang des o.g. Zitats von Nicolai sollten exzellente Unternehmen dagegen die Spielregeln nicht nur beherrschen, sondern u.U. brechen. Das hieße in diesem Zusammenhang: Macht/Zwänge sind zu reflektieren. Wo liegen ihre Ursprünge und passen sie heute noch auf die Realität oder sollte man ihnen nicht mehr folgen?

2.6 Konservatismus

Eigenständige, selbstreferentielle Systeme wie in dieser Konzeption auf der Sinnebene: die individuellen, subkulturellen Wirklichkeitskonstruktionen, das Subkulturennetz, die unternehmensspezifische Basisperspektive und auf der Strukturebene: die Eigendynamik der Kommunikations- und Handlungsstrukturen neigen zum Konservatismus. Die Sinnebene liegt der Strukturebene zugrunde. Positive Erfahrungen mit den Wirklichkeitskonstruktionen werden im individuellen, subkulturellen, unternehmensspezifischen Gedächtnis gespeichert und stehen weiteren Operationen zur Verfügung. Der grundsätzlich träge Mensch liebt Routine und Gewohnheiten entlang fester Strukturen. Und Stabilität der Wirklichkeitskonstruktionen ist wichtig, sonst würde sich keine individuelle, subkulturelle und unternehmensspezifische *Identität* entwickeln. Infolge der konservativen Wirklichkeitskonstruktionen verfestigen sich die Kommunikations- und Handlungsstrukturen des Systems. Die Stabilität sorgt für *Komplexitätsreduktion* im Unternehmen: es steigt die Orientierung, d.h. die Handlungen im System sind erwartbarer, voraussagbarer. Bleiben Codes, Themenvorrat und Wertesystem eines Systems stabil, schränkt das jedoch die Wahrnehmungsmöglichkeiten der Mitglieder und des Systems ein. „Zuviel" *Stabilität* der Wirklichkeitskonstruktionen kann zur *Starrheit* sämtlicher Unternehmensbereiche führen:

Informelle Struktur:

Kommunikations-, Entscheidungs- und Handlungsfreiräume (deren Existenz in Form des Raumes für selbstorganisierende Prozesse und deren Wahrnehmung) sind Voraussetzung für die Ausbildung der informellen Struktur. Die Stabilität der individuellen und subkulturellen Wirklichkeitskonstruktionen schränkt jedoch die Wahrnehmungsmöglichkeiten u.a. von Freiräumen sowohl innerhalb der Subkultur als auch in Richtung Umwelt (andere interne Subkulturen/Freiräume zwischen den Subkulturen und Unternehmensumwelt) ein. Weniger intra- und intersubkulturelle Freiräume (Strukturredundanz, Slack) haben geringere Flexibilität und Varietät (Verschiedenartigkeit der Handlungsmöglichkeiten) in bezug auf die einzelnen Subkulturen und das Subkulturennetz zur Folge. Es sinkt die Eigenkomplexität der Subsysteme und des Systems, welche Voraussetzung für selbstorganisierende Prozesse ist. Viele Autoren setzen die

Unternehmenskultur mit der informellen Struktur gleich. In dieser Konzeption wird auch an dieser Stelle deutlich, daß die informelle Struktur auf Grundlage der Wirklichkeitskonstruktionen entsteht und daß die informelle Struktur auf diese zurückwirkt, aber daß sie nicht miteinander identisch sind. Je starrer und eingefahrener die Wirklichkeitskonstruktionen (die über formell und informell strukturierte Interaktionen und daran anschließende selbstorganisierende Neuroneninteraktionen in den Köpfen der Unternehmensmitglieder entstehen), desto geringer die Möglichkeiten zur Ausbildung informeller Strukturen (die ausschließlich über selbstorganisierende Interaktionen entstehen). Je weniger informelle Strukturen sich entwickeln, desto starrer werden die Wirklichkeitskonstruktionen.

Formelle Struktur, Strategie:

Aufgrund stabiler Wirklichkeitskonstruktionen werden die formellen Strukturen in einer Subkultur und die Unternehmensstrategie von den Subkulturmitgliedern recht einheitlich wahrgenommen/interpretiert. Dies reduziert Unsicherheit und Eigenkomplexität und erhöht die Routine/Orientierung, so daß informelle Strukturen natürlich nicht überflüssig, aber zumindest in geringerem Ausmaß nötig erscheinen. Je weniger informelle Strukturen sich ausbilden und je einheitlicher die formellen Strukturen wahrgenommen/interpretiert werden, desto starrer werden die formellen Strukturen: die einheitliche Wahrnehmung senkt die Kritikfähigkeit bzgl. der Struktur und Strategie, es entstehen keine Diskussionen, die zu Verbesserungen führen könnten.

Konservative Wirklichkeitskonstruktionen in der Subkultur „Unternehmensführung" scheinen besonders gefährlich: werden formelle Struktur und Strategie entlang konservativer, eingeschränkter Wirklichkeitskonstruktion formuliert, werden weniger sowohl interne und externe Freiräume als auch Informationen aus der Umwelt wahrgenommen und aus internen Daten aufgrund einheitlicher Neuronenstrukturen können kaum neue Ideen generiert werden. Innovative, flexible Strukturen und Strategien sind so nicht zu erwarten.

Die Unternehmensstrategie findet neben der Tradition des Unternehmens Eingang in die unternehmensspezifische Basisperspektive. Obschon diese grundlegenden Basiscodes, Werte, Themen subkulturell wahrgenommen/interpretiert werden, bilden sie die Verbindung aller

Unternehmensmitglieder. Die Tradition ist per se konservativ, ist die Strategie auch konservativ, orientiert sich an Erfahrungen der Vergangenheit, ist die unternehmensspezifische Basisperspektive, die in jedem Gehirn der Unternehmensmitglieder in modifizierter Form verankert ist, konservativ, hat das negativen Einfluß auf die Art der Wirklichkeitskonstruktionen der Subkulturen und auf die intersubkulturellen Beziehungen. Das soll nicht heißen, daß einige Subkulturen trotzdem nicht pluralistische Wirklichkeitskonstruktionen ausbilden, aber es liegen Steine im Weg.

Resonanzfähigkeit:

Eine stabile Subkultur reduziert die Umweltkomplexität, indem sie die Wahrnehmungsmöglichkeiten der Umwelt (andere Subkulturen, Unternehmensumwelt) durch die Subkulturmitglieder und die Subkultur einschränkt. Wenige oder/und eingefahrene Codes, Werte und Themen sowohl der Individuen als auch der Subkultur können nur einen bestimmten Teil der Umwelt wahrnehmen und interpretieren. Diese eingeschränkte Wahrnehmungsfähigkeit der Umwelt schützt die Subkulturmitglieder vor einer Überlastung infolge zu vieler, nicht zu verarbeitender Informationen. Es besteht jedoch die Gefahr, daß eine Subkultur nur noch wenig Anschlußmöglichkeiten für die anderen Subkulturen des Unternehmens aufweist und somit intersubkulturelle Zusammenarbeit schwierig wird. Im Zuge der steigenden Umweltturbulenzen wird es für Unternehmen/Subkulturen zudem immer wichtiger, nicht den Anschluß an externe Entwicklungen zu verlieren. Neue Informationen aus anderen Subkulturen und der Unternehmensumwelt könnten zur Modifikation/Erweiterung einzelner/mehrerer Subkulturen, der Struktur und Strategie führen. Werden wenige Informationen aufgenommen, so bleibt alles beim alten, die einzelnen Subkulturen schotten sich voneinander ab, es entsteht kein Subkulturnetz mit verschiedenen subkulturellen Allianzen, die zur Pluralitätssteigerung der einzelnen Subkulturen und der intersubkulturellen Wirklichkeitskonstruktionen führen könnten.
 Es wurde oben erläutert, daß die Struktur und die Strategie auch die Resonanzfähigkeit des Unternehmens beeinflussen. Je starrer und inflexibler Strategie und Struktur (und deren Wahrnehmung durch die Unternehmensmitglieder, Subkulturen und dem Subkulturnetz), desto begrenzter die Resonanzfähigkeit.

Hinzukommt, daß innerhalb der einzelnen Subkulturen aufgrund der einheitlichen Denkstruktur Informationen einheitlich verarbeitet werden, so daß nicht viele kreative Ideen folgen werden.

Die eingeschränkte Wahrnehmung der Umwelt betrifft auch die externen Handlungsfreiräume des Unternehmens.

Zusammenfassend läßt sich sagen, daß stabile und starre individuelle, subkulturelle, intersubkulturelle Wirklichkeitskonstruktionen die Umweltkomplexität reduzieren und damit das Individuum/die Subkultur/das Subkulturnetz zum Trugschluß verleitet wird, wenig Eigenkomplexität benötigen zu müssen. Sie erhöht die Orientierung auf Kosten der Eigenkomplexität/Pluralität/Flexibilität. Sie sorgt für eine stabile Identität und begrenzt Möglichkeiten des Wandels/der Entwicklungsfähigkeit.

2.7 Kulturentwicklung von Unternehmen aus radikalkonstruktivistischer Perspektive

Kommt ein Unternehmen zu dem Schluß, daß etwas verändert werden muß (aufgrund von Krisen, Unzufriedenheit der Unternehmensmitglieder, veränderten Rahmenbedingungen etc.), wird in der Regel versucht, die Probleme zu diagnostizieren. Auch klassische Unternehmensberatungen verfahren derart: Erhebung einer Ist-Analyse, Formulierung eines Soll-Zustandes, Generierung von Maßnahmen, Umsetzung der Maßnahmen. Auf diese Weise wird der Status quo – egal auf welcher Ebene: Sinn, Struktur, Strategie – zwar verbessert, aber er selbst wird nicht in Frage gestellt. Die Basis der Veränderung liegt in der Vergangenheit. Aufgrund der konservativen Codes, Werte, Themen, Denkweisen auf der Sinnebene und der konservativen Eigendynamik auf der Strukturebene wird die Realität als außer Frage stehende Faktizität hingenommen. Nun ist es jedoch nicht unwahrscheinlich, daß in diesen Faktizitäten der Ursprung der Schwierigkeiten des Unternehmens steckt. Wird der Ursprung nicht kritisch reflektiert, ist die Gefahr groß, daß mit dem oben beschriebenen Vorgehen lediglich Symptome bearbeitet werden. Aus dem Radikalen Konstruktivismus und den neueren systemtheoretischen Ansätzen resultieren zwei Aufforderungen bzgl. Interventionen: Reflexion außer Frage stehender Faktizitäten sowohl auf der Sinn- als auch auf der Strukturebene und der Blick in die Zukunft, nicht ausschließlich in die Vergangenheit.

Im Anschluß an den Radikalen Konstruktivismus und die neueren systemtheoretischen Ansätzen wird i.d.R. für die Unternehmensentwicklung die systemische Beratung empfohlen. Systemische Beratung ist für die Entwicklung der kulturellen Dimension – insbesondere hinsichtlich der Reflexion außer Frage stehender Faktizitäten – sinnvoll und es wird auch Gedankengut der systemischen Beratung in die folgenden Ausführungen integriert. Dennoch soll im Mittelpunkt der Betrachtung bzgl. der Unternehmenskulturentwicklung nicht externe Beratung, sondern Entwicklung aus eigener Kraft stehen.

Bevor in Kap. 2.7.5 und 2.7.6 die besonderen Potentiale der Kulturentwicklung entlang der Subkulturkonzeption aufgezeigt werden, sollen vorab folgende Themen diskutiert werden: das Spannungsverhältnis zwischen Orientierung/Identität und Entwicklungsfähigkeit/Pluralität (Kap. 2.7.1), Grundsätzliches zur Lern- und Entwicklungsfähigkeit von und in Unternehmen (Kap. 2.7.2), Selbstreflexion der eigenen Wirklichkeitskonstruktion (Kap. 2.7.3) und Problemfelder sehr pluralistischer Unternehmenskulturen (Kap. 2.7.4).

2.7.1 Spannungsverhältnis zwischen Orientierung und Entwicklungsfähigkeit

Im Mittelpunkt der Unternehmenskulturentwicklung (intrasubkulturellen und intersubkulturellen) steht das Spannungsverhältnis zwischen Pluralität/Entwicklung und gemeinsamer Orientierung/Identität auf der Sinn- und auf der Strukturebene, welches bereits schon mehrfach erwähnt wurde. Dieses Verhältnis entwickelt sich, ob man will oder nicht, unbewußt, evolutionär. Aufgrund der selbstreferentiellen Eigendynamik auf der Sinn- und Strukturebene ist es jedoch ratsam, dieses Verhältnis bewußt unter die Lupe zu nehmen (siehe Kap. 1.5.2 „Notwendigkeit von Interventionen") und gegebenenfalls Anstöße für Veränderungen zu geben.

Wo die Grenze zwischen Pluralität und Orientierung/Identität innerhalb einer Unternehmens-/Subkultur idealerweise verlaufen sollte, ist nicht allgemeingültig zu beantworten. Zum einen spielen die Systemmitglieder, ihre individuelle Veranlagungen eine wesentliche Rolle: einige Menschen können besser mit Komplexität umgehen, einige benötigen ein hohes Maß an Stabilität. Zum anderen ist das Ziel, der Zweck des Systems ausschlaggebend: es gibt Unternehmen und Abteilungen, in denen ein hohes Maß an Stabilität sinnvoll ist, z.B. Verwaltungen, hier scheinen viele neue Ideen, Flexibilität etc. in der Regel weniger wichtig zu sein. Forschungs- und Entwicklungs-Abteilungen und Unternehmen benötigen dagegen ein hohes Maß an Varietät. Das Maß an Veränderung und Komplexität der Umwelt nimmt Einfluß auf (perturbiert) den nötigen Komplexitätsgrad des Unternehmens.

In dieser Konzeption der Unternehmenskultur steht das Wechselspiel zwischen Wirklichkeitskonstruktionen der Unternehmensmitglieder (individuelle Sinnebene), deren Interaktionen und Handlungen infolge formeller und informeller Struktur (Strukturebene), der Strategie und den daraus resultierenden gemeinsamen intra- und intersubkulturellen Wirklichkeitskonstruktionen (soziale Sinnebene) im Mittelpunkt der Betrachtung. Entwicklungspotentiale werden innerhalb der und zwischen den (im Wechselspiel der) Ebenen vermutet.

Das Spannungsfeld zwischen Orientierung und Entwicklungsfähigkeit kann auf drei Ebenen spezifiziert werden:

Das Wechselspiel zwischen Sinnebene/Unternehmenskultur, Struktur und Strategie wurde bereits häufig erläutert. In dieser Konzeption werden sowohl die Sinnebene als auch die Strukturebene als selbstreferentielle Systeme, die über selbstorganisierende Prozesse Eigenständigkeit erlangen, konzipiert. In Kap. 2.6 wurde der Konservatismus selbstreferentieller Systeme thematisiert. Betrachtet man die Abbildung, wird eines besonders deutlich: *Orientierungen* egal auf welcher Ebene werden aus der *Vergangenheit* gezogen. Soziale Systeme neigen auf allen drei Ebenen zur Orientierung: auf der Sinnebene zur Identität, auf der Strukturebene zur Starrheit und bzgl. der Strategie zur Orientierung an starre, aus der Vergangenheit abgeleitete Inhalte. Durch den Konservatismus von Unternehmenskulturen tritt das Unternehmen sozusagen auf der Stelle. Eine stabile Unternehmenskultur schränkt die Wahrnehmungsfähigkeit und damit Entwicklungsfähigkeit des Unternehmens stark ein. So wird Unsicherheit und Komplexität reduziert, die Prozesse laufen schneller. Auch die Organisationstheorie und Betriebswirtschaftslehre hatte in den letzten Jahrzehnten aufgrund der theoretischen Annahmen der Kontingenztheorie tendenziell eher Orientierung durch Identität, starre Struktur und Strategieformulierung im Focus.

Infolge der neuen systemtheoretischen Ansätze schwenkt der Focus (wie so oft) jetzt ins andere Extrem: Entwicklungsfähigkeit durch Pluralität, Freiräume, strategische Flexibilität stehen im Mittelpunkt.

Um mit der Komplexität der Umwelt zurecht zu kommen, benötigt das Unternehmen ein hohes Maß an Eigenkomplexität/Pluralität. Je vielseitiger die Codes, desto größer der Vorrat an Themen und Werten, desto größer die internen und externen Wahrnehmungsmöglichkeiten und desto größer die interne und externe Varietät in den Handlungsmöglichkeiten.[407] Die größeren Wahrnehmungs- und Handlungsmöglichkeiten lassen die Vielseitigkeit der Codes und den Vorrat an Themen und Werten wachsen.

---

[407] Vgl. Kap. 1.5.2 dieser Arbeit; vgl. Kolbeck/Nicolai 1996, S. 168ff.

Abb. 11: Spannungsfeld zwischen Orientierung und Pluralität

Sinnebene: unternehmensspezifische Wirklichkeitskonstruktion	
Orientierung durch Identität	**Entwicklungsfähigkeit durch Pluralität**
• relativ einheitliche Wirklichkeitskonstruktionen der Unternehmensmitglieder, starke Einheitskultur: wenige unternehmensspezifische Codes, Werte, Themen	• heterogene Wirklichkeitskonstruktionen der Unternehmensmitglieder, Subkulturen: viele unternehmensspezifischen Codes, Werte, Themen
• konservatives Denken, nicht offen für Kritik, Konflikte und Neues > intolerant	• progressives Denken, offen für Kritik, Konflikte und Neues > tolerant
• risikoscheu, sicherheitsstrebend, auf der Suche nach Stabilität	• risikofreudig, auf der Suche nach Wandel, Entwicklung
• traditionelle, sinnvermittelnde Werte: festgezurrte Orientierungen aus der Vergangenheit resultierend	• „moderne" Werte: offene Orientierungsoptionen entwickeln sich aus dem Blick in die Zukunft

Strukturebene des Unternehmens	
Orientierung durch starre Strukturen	**Entwicklungsfähigkeit durch Freiräume**
• bürokratische, fremdorganisierte Struktur, Regeln und Vorschriften	• Kommunikations- und Handlungsfreiräume (Slacks) für selbstorganisierende Prozesse
• Zentralisation, Kontrolle, Ordnung	• Dezentralisation, Freiheit, Chaos
• autoritäre Struktur: top-down Kommunikation	• partizipative Struktur: laterale Kommunikation

Strategie des Unternehmens	
Orientierung durch starre Strategie	**Entwicklungsfähigkeit durch strategischeFlexibilität/Strategieoptionen**
Formulierung orientiert sich an:	Formulierung orientiert sich an:
• Erfahrungen	• Zukunftsvisionen
• harten, quantitativen Faktoren	• weiche, qualitative Faktoren
• Anpassung an die Umwelt > Anpassungslernen	• determinismusunabhängige eigene Entwicklung > Deutero-Lernen
• Erfolg/Effizienz	• Erfolgspotential
• Produkt- und Technologieorientierung	• Bedarfs- und Funktionsorientierung

Quelle: eigene

2.7 Kulturentwicklung von Unternehmen

Herrschen Pluralität, Freiräume, Zukunftsvisionen und wird eine permanente Lern- und Entwicklungsfähigkeit der Unternehmenskultur gefördert, bleibt jedoch die Frage der Orientierung. Es besteht Gefahr, die mangelnde Orientierung auf der Sinnebene (die zum großen Teil auch aus der gesellschaftlichen Entwicklung resultiert) durch starre Strukturen und durch starre Strategieformulierung auszugleichen. Gefahr deshalb, weil so zwar das gegebene Produkt immer weiter verbessert wird, evtl. auch kostenreduzierend – das dem Unternehmen jedoch nicht viel nutzt, weil das Produkt niemand mehr kaufen will und zudem zwar Orientierung, aber nicht Sinn durch exakte Regelbefolgung wiedergewonnen werden kann.

Die Abbildung ist nun leider kein Baukasten, aus dem je nach Bedarf ein Viertel Pfund Orientierung und dreiviertel Pfund Pluralität herausgenommen werden kann. Es ist problembehaftet, Maßnahmen beider Seiten der Abbildung zu kombinieren. In diesem Zusammenhang können zwei Problemlagen formuliert werden:

Erstens tendieren Unternehmen häufig zu einem der beiden Extreme: entweder suchen sie sämtliche Kommunikationen und Handlungen mit in der Vergangenheit gemachten positiven Erfahrungen zu legitimieren/abzusichern und protegieren damit auf der Sinn- und Strukturebene Konservatismus (diese Gefahr besteht bei einigen alteingesessenen Familienunternehmen) oder es werden sämtliche Aktivitäten an permanent neuen Zukunftsvisionen ausgerichtet (dieses Extrem ist bei einigen New-economy-Unternehmen beobachtbar). Unternehmen brauchen sowohl Orientierung als auch Entwicklungsfähigkeit auf der Sinn- und Struktur- und Strategieebene.

Zweitens stehen die beiden Seiten der Abbildung, also Orientierung und Entwicklungsfähigkeit in einem Spannungsverhältnis. Denkt man über dieses Spannungsverhältnis ausschließlich auf Unternehmensebene nach, läßt es sich keineswegs lösen. Die Lösung liegt dann in der Kombination aus beiden Seiten der Abbildung. Die große Gefahr liegt jedoch darin in einem „Mittelweg" zu enden, der weder ausreichendes Potential an Orientierung noch an möglichen Entwicklungspfaden aufweist, da Orientierung und Entwicklungsfähigkeit sich gegenseitig auflösen. Das muß nicht derart laufen. Stark vereinfacht und verallgemeinert formuliert, sorgt wohl in den meisten Unternehmen die Strukturebene für die Orientierung und die Strategieebene ist für die zukünftigen Entwicklungsziele zuständig, die Sinnebene ist vielen nicht bewußt. Insofern ist es allgemeingültig ratsam, die Sinnebene ins Bewußtsein zu befördern und sowohl auf der Strukturebene als auch auf der Strategieebene Orientierung und Entwicklungsfähigkeit im Auge zu behalten. Dabei sollte beobachtet werden, wo sich Orientierung und Entwicklungsfähigkeit neutralisieren und wo sie nebeneinander existieren und sich entwickeln können.

In dieser Arbeit soll der Versuch unternommen werden, mit Hilfe der Subkulturkonzeption, das Spannungsverhältnis ein Stück weit zu überwinden. Wird die kulturelle Ebene nicht nur unternehmensweit, sondern subkulturell gedacht, eröffnen sich neue Wege, auf denen Orientierung und Entwicklungsfähigkeit sich nicht neutralisieren, sondern nebeneinander existieren können und sogar voneinander profitieren können. Vorab sollen Überlegungen aus der Literatur herangezogen werden, die im Anschluß an die neueren systemtheoretischen Ansätze zur Entwicklungsfähigkeit von Unternehmen thematisiert werden. Wobei z.T. die subkulturelle Perspektive bereits mitläuft. Im folgende Schritt sollen diese Überlegungen auf die Subkulturkonzeption übertragen, modifiziert und ergänzt werden.

2.7.2 Grundsätzliches zur Lern- und Entwicklungsfähigkeit von und in Unternehmen

Aus der Selbstreferentialität der individuellen, subkulturellen und unternehmensspezifischen Wirklichkeitskonstruktion und der Kommunikations- und Handlungsstrukturen folgt, daß diese Systeme nicht von außen (z.B. von Unternehmensberatern) oder durch das Management gesteuert werden können und auch nicht von der Umwelt determiniert werden. Das Sinnsystem eines Individuums und das Sinn- und Struktursystem eines sozialen Systems kann über *Perturbation* in Schwingungen versetzt werden, allerdings nur, wenn im System dafür *Anschlußfähigkeit* besteht. Das System entscheidet dann selbst, ob und wie die neue Information im System Verwendung findet. Besteht keine Anschlußfähigkeit, nimmt das System Interventionsvorschläge noch nicht einmal wahr. Die Selektion, was aus dem Möglichen (Kontingenz) wahrgenommen wird, erfolgt entlang der individuellen/subkulturellen/unternehmensspezifischen Codes, Werte, Wissensbasis. Wesentlich für die bewußte Intervention hinsichtlich einer Systementwicklung ist, daß die Systemmitglieder und das

System bereit sind für Veränderungen (z.B. durch Krisen oder das Bewußtsein, sich permanent weiterentwickeln zu wollen) und daß die internen oder externen Interventionen anschlußfähig sind. Um diese Anschlußfähigkeit zu gewährleisten, ist eine möglichst genaue Kenntnis der spezifischen Wirklichkeitskonstruktion/Sinnebene Voraussetzung.

Befragt man Unternehmen nach ihren Problemen (i.d.R. mit standardisierten Befragungstechniken), antworten diese jedoch auf der Ebene der Kommunikations- und Handlungsstrukturen. Dabei wird verkannt, daß diese Probleme eventuell nur die Auswirkung der Probleme auf der *Sinnebene (Ursprung)* darstellen. Behandelt man die Probleme der Strukturebene direkt, ohne die Sinnebene zu reflektieren, besteht die große Gefahr einer Verstärkung des Problems: Durch die veränderten Strukturen (Kommunikations- und Handlungswege) kann das Problem der Sinnebene noch verschärft werden. Interne und externe Interventionen müssen auf der Sinnebene beginnen, darauf aufbauend müssen Interventionen auf der Strukturebene folgen. Die Sinnebene impliziert die Identität, das Besondere einer Subkultur/eines Unternehmens, damit unterscheidet sich eine Subkultur/ein Unternehmen von allen anderen. So kann es für Probleme auf der Sinnebene keine allgemeingültigen Lösungen geben, sondern ausschließlich individuelle, maßgeschneiderte.

Unter Unternehmensentwicklung wird also eine Veränderung/qualitative Verbesserung der unternehmensspezifischen Wirklichkeitskonstruktion verstanden. Wie läßt sich die spezifische Wirklichkeitskonstruktion verändern/entwickeln? Notwendige Bedingung für Unternehmensentwicklung, ist „Lernen": der Übergangsprozeß von einer Entwicklungsstufe auf eine folgende/auf eine höhere.[408] Dabei kann zwischen dem individuellen/subjektiven und dem organisationalen/intersubjektiven Lernen unterschieden werden.

Beim individuellen Lernen geht es um die Veränderung der individuellen Wirklichkeitskonstruktion. Auch hier ist Anschlußfähigkeit Voraussetzung, sonst werden fachliche und soziale Wissensvermittlungen gar nicht erst aufgenommen, ob sie dann wunschgemäß in die Praxis umgesetzt werden, ist noch eine andere Frage. Die individuelle Wirklichkeitskonstruktion verarbeitet die neuen Informationen nämlich gänzlich subjektiv.

---

[408] Vgl. Hallay 1996, S. 162.

Organisationales Lernen kann auf der Sinn- und der Strukturebene ansetzen. Es lassen sich drei Typen/Niveaus organisationalen Lernens unterscheiden:[409]

- Lernen 1. Ordnung: Anpassungslernen (auch single-loop-learning): Ziel des reaktiven Lernprozesses ist die Anpassung der Organisation an die Umwelt. Die Organisation nimmt ein Signal aus der Umwelt auf und diese neue Information führt zur Veränderung im System. Es geht um die Optimierung des bestehenden Status quo, z.B. der bisherigen Struktur (Kommunikations- und Handlungswege), Produkte. Dabei werden diese Standards selbst nicht in Frage gestellt.

- Lernen 2. Ordnung: Veränderungslernen (auch double-loop-learning): Die bisherigen Standards (v.a. Strukturen, Produkte) werden reflektiert, hinterfragt, diskutiert und gegebenenfalls verändert. Ziel ist die Veränderung der Strukturebene.

- Lernen 3. Ordnung: Deutero-Lernen: Die gruppenspezifische Wirklichkeitskonstruktion und damit implizit die Lernbedingungen, der Lernprozeß, die eigene Lernfähigkeit werden reflektiert. Ziel ist, daß das System lernt zu lernen, indem es selbst die Wirklichkeitskonstruktion reflektiert und entwickelt. Das System soll Problemlösungsmuster reflektieren und speichern und gegebenenfalls wieder hervorholen und kontextspezifisch variieren. Es geht um die Offenheit des Systems für Veränderungen, denn lernen kann nur das System selbst.

Oben wurde erwähnt, daß Probleme häufig der Strukturebene zugerechnet werden ohne die Sinnebene und damit den Ursprung zu reflektieren. Daran anschließend sei die Frage erlaubt, ob das Lernen zweiter und dritter Ordnung aus radikal-konstruktivistischer Perspektive nicht eine rekursive Beziehung aufweisen? Die Strukturen eines Systems sind keine außer Frage stehende Wirklichkeit, sondern deren Wahrnehmung und Interpretation sind subjektive/intersubjektive Konstruktionsleistungen. Mit anderen Worten: Reflektiert man die Strukturen in denen man lebt, reflektiert man die eigene Konstruktion der Strukturen also die Sinnebene. Um Veränderungen anzuschließen muß einem genau dieser Zusam-

---

[409] Siehe Kap. 1.5.2 dieser Arbeit; vgl. ursprünglich Bateson 1981 und Argyris/ Schön 1978.

menhang zwischen der konstruierten Strukturebene und der konstruierenden Sinnebene bewußt sein. Lernen dritter Ordnung wäre demnach Voraussetzung für das Lernen zweiter Ordnung. Andersherum bedingt das Lernen dritter Ordnung die Strukturebene als Differenzierungsgrundlage für die Weiterentwicklung der Wirklichkeitskonstruktion.

Im Zusammenhang mit den neuen systemtheoretischen Ansätzen steht die *Selbstreflexionsfähigkeit* von Unternehmen im Mittelpunkt der Unternehmensentwicklung. Wesentlich für die Unternehmensentwicklung ist, daß die Spannungsfelder zwischen Identität vs. Pluralität auf der Sinnebene (Lernen 3. Ordnung) und Starrheit/Orientierung vs. Flexibilität/Freiräume auf der Strukturebene (Lernen 2. Ordnung) permanent im Auge behalten werden.

2.7.3 Selbstreflexion der eigenen Wirklichkeitskonstruktion (Codes, Werte, Themen) und deren Wirkungsweise

Wesentliche Basis sämtlicher Perturbationsversuche in selbstreferentielle Systeme ist die Selbstreflexionsfähigkeit. Um sich selbst und die Umweltkomplexität differenziert wahrnehmen zu können, muß das System lernen, seine Codes, Werte und die Themen, die den Beobachtungen, Unterscheidungen, Interpretationen und Handlungen zugrunde liegen, zu reflektieren und gegebenenfalls zu verändern/zu erweitern.

Über die Reflexion der Erkenntnisgewinnung können die Grenzen der Wahrnehmungsmöglichkeiten wahrgenommen werden. Da Einsicht der erste Weg zur Besserung ist, können daran Veränderungen und/oder Erweiterungen der Wahrnehmungs- und Handlungsmöglichkeiten anschließen.

Über Selbstreflexion kann das *Verhältnis zwischen Identität und Pluralität* auf der Sinnebene des Systems unter die Lupe genommen werden. Über Reflexion der Struktur und Strategie und des Wechselspiels zwischen Sinn-, Strukturebene und Strategie kann das Verhältnis zwischen starren Strukturen – Freiräumen und starrer Strategie – strategischer Flexibilität diskutiert werden. *Selbstbeschreibungen eröffnen Anschlußmöglichkeiten* für Perturbationen, Interventionen. Wobei es wohl kaum der Erwähnung bedarf, daß bei Intervention auf einer der Ebenen (Sinn, Struktur, Strategie) die anderen mit betroffen sind, Interventionen nur

Sinn machen, wenn man alle drei Ebenen im Auge behält und ihr Wechselspiel soweit möglich in die Überlegungen mit einbezieht.

Selbstreflexion unterstützt jedoch nicht nur das „richtige" Maß herauszufinden, sondern trägt in großem Umfang zur *Pluralitätserweiterung* auf der Sinnebene und *Freiraumausweitung* auf der Strukturebene bei.

Wie reflektiert sich ein soziales System selbst?[410]

Unter *Selbstreflexion* (auch Selbstthematisierung genannt) wird die Fähigkeit eines sozialen Systems verstanden, sich mit Hilfe der systemspezifischen Codes, Werte und Themen selbst zu beobachten (unterscheiden und bezeichnen). Codes, Themenvorrat und Werte liegen der Wirklichkeitskonstruktion zugrunde; werden sie reflektiert, dann reflektiert man die Erkenntnisgewinnung. Werden diese Beobachtungen in schriftliche Form gebracht, spricht man von *Selbstbeschreibung*. Diese Beobachtungen und Beschreibungen, mit denen sich das System selbst reflektiert, werden von den Systemmitgliedern vollzogen.

Nun ist es leichter gesagt als getan, die eigenen Codes, Werte und Themen selbst zu beschreiben, viele befinden sich im *blinden Fleck und im Unterbewußtsein*. Die Codes/Werte/Themen, die innerhalb eines sozialen Systems intersubjektiv geteilt werden, verschwinden aus dem Blickfeld dieses sozialen Systems. Sie werden selbstverständlich, weil *Differenzen fehlen*. Gemäß dem Radikalen Konstruktivismus können wir ausschließlich entlang von Unterscheidungen/Differenzen (zur eigenen Struktur oder zur Struktur eines anderen Individuums/Systems) wahrnehmen und interpretieren. D.h. Selbstbeschreibungen sind nie reine Selbstbeschreibungen, sondern in die Selbstbeschreibung fließt immer *Fremdeinfluß* mit ein.[411] Indem sich das System selbst beobachtet und beschreibt, unterscheidet es zwischen sich und der Umwelt, es macht sich das Selbst bewußt, bildet eine eigene Identität. Das Selbstbild fokussiert Unterschiede zu vergleichbaren Systemen, will man sich selbst beschreiben, tut man dies, indem man sich von anderen abhebt. So umfaßt die Selbstbeschreibung automatisch die Beschreibungen anderer Systeme

---

[410] Zum Thema Selbstreflexion vgl. Luhmann 1996, S. 617ff.; Drepper 1992, S. 136ff.; Willke 1993, S.108ff.

[411] Vgl. Bardmann 1994, S. 370.; vgl. Pfriem 1995, S. 250.

bzw. bestimmter Teile. Wobei der Fremdeinfluß wiederum mit der systemspezifischen Brille wahrgenommen wird.

Hinzukommt, daß, wenn man sich selbst beschreibt, man die Einschätzungen des *„generalized other"* (wie sehen mich andere) mit einfließen läßt, worüber zudem Fremdeinfluß in die Selbstbeschreibung Eingang findet. Das Individuum oder das soziale System versetzt sich in die Rolle eines externen Beobachters, und beobachtet sich selbst mit den Codes und Werten des anderen, überlegt, wie andere mich/das System beobachten, wahrnehmen, interpretieren.

Dennoch besteht das Risiko, daß einige Selbstverständlichkeiten im blinden Fleck verbleiben, z.b. weil die „Vergleichssysteme" in spezifischen Teilen keine Differenzen boten. Selbstbeschreibungen laufen Gefahr, nur die *Wirkungen* der Probleme auf der Sinnebene zu analysieren, nicht den Ursprung.

Aufgrund der Schwierigkeit, *Distanz* für die Selbstbeschreibung zu erlangen, wird die *Gegenüberstellung von Selbst- und Fremdbeschreibung* empfohlen, um rekursive Beobachtungen zu ermöglichen und Differenzen ans Licht zu holen.

In dieser Konstruktion ist nicht nur die unternehmensspezifische, sondern sind zunächst auch die subkulturellen Selbstbeobachtungen denkbar (siehe unten).

Woher kann ein Unternehmen/eine Subkultur
Fremdbeschreibungen beziehen?

Heterogene Unternehmens-/Subkulturmitglieder:
Die Selbstreflexion in Unternehmen/Subkulturen resultiert nicht nur aus systemspezifischen Wirklichkeitskonstruktionen. Es gehen immer auch individuelle Wirklichkeitskonstruktionen in die Selbstthematisierung mit ein, nicht nur indirekt, da sie die Systemkultur beeinflussen, sondern auch direkt. Die Systemwahrnehmung findet über systemspezifische Wirklichkeitskonstruktionen, d.h. Codes, Werte, Themen vermischt mit den individuellen Wirklichkeitskonstruktionen der Systemmitglieder statt. Die Fähigkeit, diese beiden Ebenen zu trennen, wäre wünschenswert. Aus den Differenzen zwischen einzelnen, individuellen Wirklichkeitskonstruktionen und den systemspezifischen Wirklichkeitskonstruktionen könnten viele Informationen generiert werden, mit deren Hilfe eine sinnvolle Veränderung/Erweiterung der Unternehmenskultur erfol-

gen könnte. Sicherlich ist es für jedes Systemmitglied möglich, einige Codes, Werte, Themen der systemspezifischen Wirklichkeitskonstruktion zuzuschreiben und andere den nicht-unternehmensspezifischen. Aber diese Teil-Reflexion wird nicht ausreichen, um die gesamte Wahrnehmung in zwei Bereiche trennen zu können. Insofern fließt auch auf diesem Wege Fremdbeschreibung (mit Hilfe individueller, nicht systemspezifischer Wirklichkeitskonstruktion) immer in die Selbstbeschreibung des Systems mit ein. Demnach wäre es sinnvoll, wenn mehrere Mitglieder (Gruppe) einer Kultur je eine Selbstbeschreibung konstruieren. Gemeinsamkeiten der verschiedenen Selbstbeschreibungen könnte man dann als die Selbstbeschreibung ansehen, die tatsächlich mit Hilfe der Systemkultur angefertigt wurde. Über den „Rest" müßte dann diskutiert werden: fokussiert eine Gruppe einige Aspekte, bleiben zwangsläufig andere unterbelichtet, die von einer anderen Gruppe wahrgenommen werden. Teilen die anderen Gruppen diese Aspekte, würden sie in die abschließende Selbstbeschreibung mit eingehen. Wird ein Aspekt einer Gruppe von den anderen Gruppen nicht als etwas Systemspezifisches angesehen, ist die Wahrscheinlichkeit groß, daß er aus einer individuellen Wirklichkeitskonstruktion eines Gruppenmitgliedes resultiert, das sich durchgesetzt hat (z.B. aufgrund von Macht). Somit könnten Aspekte, die aus individuellen Beschreibungen resultieren (Fremdbeschreibungen), heraus gefiltert werden. Finden die Aspekte Anklang, bieten sie Anregungen, die Systemkultur zu verändern/zu erweitern. Die Differenz zwischen individuellen und systemspezifischen Wirklichkeitskonstruktionen bietet Distanz und Kritikfähigkeit für die Selbstbeobachtung eines Systems.

Interne Subkulturen:
Die Existenz von Subkulturen im Unternehmen, die innerhalb ihrer sozialen Gruppe Intersubjektivität entwickelt haben und sich darüber von anderen internen und externen Subkulturen abgrenzen, bieten sich gegenseitig Fremdbeschreibungen auf subkultureller Ebene. So können viele Differenzen bzgl. der Selbstbeschreibungen einzelner Subkulturen, aber auch des Subkulturnetzes offengelegt werden. (Dieser wesentliche Vorteil der Subkulturkonzeption wird im letzten Abschnitt dieses Kapitels wieder aufgegriffen.) Gemäß dieser Konzeption teilen die Subkulturen eine unternehmensspezifische Basisperspektive, die sich aus Strategie und Tradition speist. Sie ist zwar subkulturell überformt, insofern könnten unterschiedliche Wahrnehmungen/Interpretationen dieser Basisper-

spektive von den verschiedenen Subkulturen wiederum Differenzen hervortreten lassen, aber der gemeinsame Kern liegt im blinden Fleck.

Externe Subkulturen:
Dieser gemeinsame Kern basierend auf der Strategie/den Visionen und der Tradition des Unternehmens kann wohl nur über die rekursive Beobachtung mit unternehmensexternen Individuen/Gruppen reflektiert werden, nur so können Differenzen entstehen. Ebenso wie die Struktur hat die Strategie/Vision grundsätzlich die Aufgabe, Orientierung zu leisten, Komplexität zu reduzieren. Es sollte jedoch über Selbstreflexion im Auge behalten werden, ob die Strategie die Pluralität, Varietät und damit die Wahrnehmungs-, Kommunikations- und Handlungsfähigkeit nicht zu sehr einschränkt. Strategische Flexibilität setzt Selbstreflexion voraus: über Selbstreflexion soll sich die Strategie permanent fortentwickeln.

Auch für die Selbstbeschreibungen der einzelnen Subkulturen ist vergleichende Kommunikation mit externen Subkulturen differenzenbringend.

Externe Beratungen:
Systemische Beratung[412]
Je mehr sich ein System Fremdbeschreibungen anhört, desto eher lernt das System, sich selbst mit anderen Codes und Werten zu beschreiben. Je mehr es sich Differenzen zur Selbstbeschreibung bewußt macht, Muster in den Differenzen erkennt und speichert, desto mehr ist das System in der Lage lernen zu lernen.

Nun könnte man grundsätzlich einwenden, daß hier eine zirkuläre Argumentation vorliegt: die Selbstthematisierung soll eine Möglichkeit sein, die Wahrnehmungsfähigkeit des Unternehmens zu erweitern. Für die Selbstbeschreibung braucht das Unternehmen jedoch sowohl interne (im Unternehmen) als auch externe (anderer, vergleichbarer Unternehmen) Wahrnehmungsfähigkeiten. Je größer die externen Wahrnehmungsmöglichkeiten, desto detaillierter das Selbstbild, weil mehrere und präzisere Unterscheidungen möglich sind. Aber über die *Aufforderung* zur Selbstbeschreibung wird das Unternehmen, bzw. einige Unternehmensmitglieder angeregt Unterscheidungen zu tätigen, worüber die Wahrnehmungs-/Anschlußfähigkeit vergrößert werden kann.

---

[412] Zur systemischen Beratung siehe Kap. 1.5.2 dieser Arbeit; Selvini Palazzoli et al. 1981; 1990; Willke 1996, Kap. 3 und 4; Kolbeck/Nicolai 1996, Kap. 7.

Ziel ist nicht eine punktuelle Selbstbeschreibung, z.B. einmal jährlich, damit wird das Unternehmen den turbulenten Umwelten kaum gerecht, sondern eine permanente Selbstreflexion des Unternehmens, der Subkulturen und auch der Unternehmensmitglieder zu erlernen.

Die Selbstreflexion könnte als permanente Diagnose der „Ist-Kultur" umschrieben werden, die gleichzeitig deren Entwicklung initiiert und begleitet. Wie entwickeln sich Unternehmens- und Subkulturen?

Die Wirklichkeitskonstruktionen der Unternehmensmitglieder dienen in dieser Konzeption als Grundlage der subkulturellen und unternehmensspezifischen Wirklichkeitskonstruktionen. Sowohl auf der Ebene des Individuums als auch auf der Ebene der Subkulturen und des Unternehmens können durch Selbstreflexion die Codes, Werte, Themen, das Vokabular und Gedächtnis verändert bzw. erweitert werden. Diesbezüglich gibt es zwei Möglichkeiten:

Zum einen können sich via Selbstreflexion, über neue Neuroneninteraktionen aus vorhandenen, internen Daten die Wirklichkeitskonstruktionen und damit die Wahrnehmungsmöglichkeiten entwickeln. Die entwickelten Wahrnehmungsmöglichkeiten lassen die Selbstreflexionsfähigkeit des Individuums/der Subkultur/des Unternehmens steigern.

Zum anderen – und das ist für die Unternehmenskulturentwicklung wohl die wesentlichste Möglichkeit – führt die Selbstreflexion zur veränderten/vergrößerten Wahrnehmungsfähigkeit in Richtung Umwelt. Neue Neuroneninteraktionen aus neuen, externen Daten erweitern auf der einen Seite die Selbstreflexionsfähigkeit und damit die Entwicklungsfähigkeit der Wirklichkeitskonstruktion und auf der anderen Seite auch direkt die Codes, Themen, Werte, das Vokabular und Gedächtnis.

Aber auch *ohne Selbstreflexion* können sich die Wirklichkeitskonstruktionen des Unternehmens/der Subkulturen/der Mitglieder entwickeln und zwar über Perturbation, so daß neue Neuroneninteraktionen aus neuen, externen Daten entstehen. Allerdings bringt die fehlende Selbstreflexion die Gefahr des Konservatismus mit sich.

Die Selbstbeobachtung und Selbstbeschreibung umfaßt jedoch nicht nur direkt die Wahrnehmungsinstrumente, sondern auch deren *Auswirkungen*, über die dann wiederum Rückschlüsse auf die Codes, Werte und Themen möglich sind:

2.7 Kulturentwicklung von Unternehmen

a) Reflexion der internen Kommunikations- und Handlungsstrukturen:

In dieser Konzeption wird der Struktur eine Eigendynamik über selbstorganisierende, selbstreferentielle, emergente Prozesse zugeschrieben. So unterliegen die Strukturen auch der Gefahr des Konservatismus, so daß die Reflexion der intra- und intersubkulturellen Strukturen für das *Aufweichen des Konservatismus* besonders wesentlich erscheint.

Pluralität auf der Sinnebene benötigt *Freiräume* auf der Strukturebene. Man ist leicht versucht zu sagen: Pluralität läßt sich steigern durch interne und externe Kommunikations- und Handlungsfreiräume, Raum für selbstorganisierende Interaktion und zwar innerhalb und zwischen den Subkulturen. Das stimmt jedoch nur kurzfristig: Freiräume werden durch sich wiederholende und sich verfestigende Wahrnehmungen/Interpretationen und Interaktionen und Handlungen geschlossen. Es bilden sich gemeinsame Wirklichkeitskonstruktionen und informelle Strukturen aus, welche wiederum Orientierung erhöhen und Pluralität senken. Dennoch sind informelle Strukturen flexibler, sie entstehen dort, wo Bedarf und Sympathie bestehen. Sinkt Bedarf oder Sympathie und bestehen die informellen Strukturen noch nicht so langfristig, lösen sie sich eher wieder auf, als formelle Strukturen, die doch als unantastbar wahrgenommen/interpretiert werden.

Allerdings existieren Freiräume nicht nur neben den eingefahrenen formellen und informellen Strukturen, sondern sie selbst müssen auch permanent auf Tauglichkeit geprüft und beobachtet werden, sie selbst sind zu verschieben, zu übertreten, zu modifizieren, zu verstärken etc. D.h. *Freiraum für Kritik am Bestehenden* auf der Sinnebene ist eine Voraussetzung für sinnvolle Entwicklung formeller und informeller Strukturen. Freiräume existieren nicht punktuell, sondern permanent, überall, da sämtliche Strukturen des Unternehmens von den Unternehmensmitgliedern subjektiv wahrgenommen/interpretiert werden und zum einen die formellen Strukturen nicht den gesamten Handlungsbedarf strukturieren können und zum anderen jedes Unternehmensmitglied die Chance hat, festgefahrene Strukturen, die ihm nicht mehr sinnvoll erscheinen zu thematisieren bzw. durch seine Handlungen zu modifizieren. Strukturen weisen über selbstreferentielle Zirkel eine Eigendynamik auf, aber diese Eigendynamik wird permanent durch menschliches Handeln perturbiert, bewußt und unbewußt.

Werden formelle und informelle Strukturen reflektiert und zu starre Strukturen, zu wenig Flexibilität und Freiräume beobachtet, bleibt allerdings fraglich, ob diese Schwächen an der Wahrnehmung/Interpretation (zuviel Stabilität/Orientierung/Vorgaben auf der Sinnebene) oder an der Struktur selbst liegen. In der Regel werden die Schwächen aus dem Wechselspiel zwischen Sinn- und Strukturebene resultieren.

Bezüglich der Kommunikations- und Handlungsfreiräume ist zu reflektieren, wo sie existieren und welche, wie, warum und von wem genutzt werden.

b) Reflexion der Resonanzfähigkeit des Unternehmens:

Die Resonanzfähigkeit von Unternehmen ist eng mit dem formellen und informellen externen Kommunikations- und Handlungsnetz verknüpft. Entlang dieser Strukturen kann die Umwelt das Unternehmen auf drei Ebenen perturbieren/in Schwingung versetzen:

- Reflexion der Resonanzfähigkeit der *Unternehmensmitglieder* mit ihren individuellen Wirklichkeitskonstruktionen: Über welche Personen gelangen interessante Informationen in das Unternehmen. Kann man diese Fähigkeit anderen Personen beibringen? Gibt es Personen, die diese Fähigkeit mitbringen? Und wie läßt sich diese Fähigkeit einer Person am besten für das Unternehmen nutzen?

- Reflexion der Resonanzfähigkeit der einzelnen *Subkulturen*: sind die einzelnen Subkulturen in der Lage, die für ihre Aufgaben wesentlichen Informationen aus der Umwelt aufzunehmen, weisen sie genügend Pluralität auf?

- Reflexion der Resonanzfähigkeit des *Unternehmens als sozialem Akteur*:

Reflexion der Resonanzfähigkeit der *Strategie und Tradition*: Können die grundlegenden Codes die für das Unternehmen notwendigen Unterscheidungen in der Umwelt setzen? Geben die Werte die richtige Orientierung bzgl. der Codes, der Neuroneninteraktionen, der Themen – eben für die Prioritätensetzung des Unternehmens? Ist der Themenvorrat des Unternehmens vielseitig anschlußfähig für relevante Ereignisse in der Umwelt oder besteht Gefahr der Engstirnigkeit des Unternehmens?

Reflexion der Resonanzfähigkeit des *Subkulturnetzes*: Bestehen Löcher und/oder zuviel/zuwenig Überschneidungen (Slack/Redundanz) in der Wahrnehmung der Umwelt durch die verschiedenen Subkulturen? Werden die von einer Subkultur aufgenommenen Informationen an andere, von diesen Informationen betroffene Subkulturen, weitergeleitet? Wenn nicht, warum nicht – weil die Subkultur nicht wahrnimmt, daß diese Informationen für andere Subkulturen interessant sind oder aus politischen Gründen? Welche Subkulturen haben „externe Wahrnehmungsallianzen" ausgebildet? Sind diese Allianzen flexibel, d.h. verändern sie sich mit den Veränderungen in der Umwelt?

c) Reflexion der Folgen des subkultur- bzw.
unternehmensspezifischen Handelns:

Subkulturen bzw. Unternehmen sind existentiell abhängig von den internen und externen Anspruchsgruppen. Insofern dürfen Subkulturen/Unternehmen nicht nur egozentrisch agieren, sondern müssen in ihre Handlungen auch die Konsequenzen für die Anspruchsgruppen mit einbeziehen.

2.7.4 Problemfelder sehr pluralistischer Unternehmenskulturen

Die Selbstreflexion zielt v.a. darauf ab, die Pluralität einer unternehmensspezifischen/subkulturspezifischen Wirklichkeitskonstruktion zu erweitern, um größere Wahrnehmungsfähigkeit und Handlungsmöglichkeiten zu entwickeln. Es soll an dieser Stelle darüber nachgedacht werden, ob aus sehr pluralistischen Wirklichkeitskonstruktionen, infolge hoher Selbstreflexions- und Resonanzfähigkeit, auch negative Folgen resultieren können.

1. Über Selbstreflexion und Umweltkontakt gelangen viele Informationen ins Unternehmen. So können das Unternehmen, die Subkulturen und Mitglieder bzgl. der *Informationsverarbeitung* überfordert werden. Zuviel Wandel auf der Sinnebene kann die *Identität* des Unternehmens und der Subkulturen gefährden, da gefestigte Orientierungen fehlen. Selbstreflexion heißt, sich selbst kritisch zu betrachten. „Zuviel" Selbstreflexion kann das *Selbstbewußtsein* eines Unternehmens, einer Subkultur an-

greifen/zerstören. Der blinde Fleck hat nicht umsonst eine Selbstschutzfunktion. Es ist reichlich zu überlegen, ob sämtliche tiefliegenden, grundlegenden, gemeinsam geteilten Annahmen in Frage gestellt werden sollten. Zudem sinkt mit der Identität/Orientierung auf der Sinnebene die *Orientierung auf der Strukturebene*. Wie werden die Prioritäten gesetzt? Über das intersubjektive Wertesystem, aber das erweitert sich durch Selbstreflexion und Umweltkontakt ebenfalls: wer setzt die richtige Grenze zwischen Pluralität und Identität auf der Sinnebene und zwischen Orientierung/Routine und Freiraum auf der Strukturebene? Hinzukommt, daß diese Frage nicht für ein gesamtes Unternehmen beantwortet werden kann, da es sicherlich zwischen den Subkulturen Unterschiede gibt bzgl. eines gut funktionierenden Verhältnisses. Dieses Spannungsverhältnis muß mit Hilfe der Selbstreflexion permanent im Auge behalten werden.

2. Selbstreflexion heißt: sich selbst aus einer gewissen Distanz zu beobachten und beschreiben. Es geht darum, sich selbst als Person, als Subkultur oder als Unternehmen kritisch zu über*denken*. Da wir mit den Neuronen wahrnehmen, interpretieren, denken, besteht die Gefahr, daß die Selbstreflexion *Emotionen ausblendet*. Es gibt stark emotionsbeladene Situationen, in denen es positiv ist, aus der Beobachterperspektive die Situation zu versachlichen. Ebenso gibt es jedoch auch Situationen, in denen die Versachlichung kontraproduktiv wirkt. Zudem hemmt die Selbstreflexion *Intuition*. Intuition ist ein spontanes, nicht rationales Gefühl aus dem Bauch heraus, das man nicht rational begründen kann und welches häufig den Gedanken zur selben Sache zuwiderläuft. Jeder hat schon einmal erlebt, daß eine Entscheidung anstand (egal wie wichtig diese Entscheidung war) und man spontan etwas fühlte, dann darüber nachdachte und die Gedanken zu einer anderen Entscheidungsalternative führten. Kurz darauf merkte man, daß es die falsche Entscheidung war und das erste spontane Gefühl zur besseren Entscheidung geführt hätte. Das Problem dabei ist, daß das Nachdenken die Intuition verbaut. Je intensiver man über eine Sache nachdenkt, desto mehr tritt die Intuition in den Hintergrund. Man folgt doch eher Argumenten als diffusen Gefühlen, so sind wir in dieser Gesellschaft sozialisiert. Man kann im Nachhinein sein Handeln besser rechtfertigen. In anderen Kulturen mag das anders sein.

3. Außerdem benötigt die Selbstreflexion *Zeit*. Werden Entscheidungssituationen reflektiert, geht durch die Selbstreflexion *Spontaneität* verlo-

ren. Im Gegensatz zur Welt der Wissenschaft, in der man lange über die Dinge nachdenken kann und eine bestimmte Sache versucht, aus vielen Perspektiven zu betrachten, müssen in der Wirtschaft viele Entscheidungen schnell getroffen werden. D.h. Selbstreflexion in Bezug auf einzelne Situationen ist in Unternehmen nicht unbedingt erstrebenswert, sie verbaut Intuition, nimmt Spontaneität und kostet zuviel Zeit. Selbstreflexion muß sich also auf globale, allgemeine Ereignisse beziehen, nicht auf einzelne Situationen. Ziel der Reflexion ist jedoch, daß das Unternehmen und die Unternehmensmitglieder lernen sollen, permanent zu reflektieren und nicht nur einmal im Jahr eine Firmenbroschüre, verfaßt von zwei Mitarbeitern, erscheinen soll. Regt man das Unternehmen und die Mitglieder zur permanenten Reflexion an, wird es für diese schwierig, diese Fähigkeit auf globale Themen anzuwenden und bei konkreten Situationen auszuschalten. D.h. Selbstreflexion an sich kostet viel Zeit und reduziert zudem auch noch Routine, was zur Verlangsamung der Prozesse eines Unternehmens führt.

2.7.5 Möglichkeiten der Entwicklung der kulturellen Dimension von Unternehmen auf der Sinnebene entlang der radikalkonstruktivistischen Subkulturkonzeption

2.7.5.1 Intersubkulturelle Orientierung

Die Zusammenarbeit selbständiger Einheiten ist ein großes Problem dezentralisierter Organisationsstrukturen. Zum einen streben die Einheiten Autonomie an, zum anderen sollen sie miteinander kooperieren. Da jedoch die Einheiten wie Unternehmen im Unternehmen operieren sollen, ist das Verhältnis zwischen den Einheiten häufig eher konkurrierend denn kooperativ. Das Optimierungsbedürfnis der Einheiten versperrt den Blick für das Gesamtsystem. Hinzu kommt das Problem mangelnder Anschlußfähigkeit der Interaktionen/Kompatibilität der Codes, Werte, Themen zwischen den Einheiten. Wie können die einzelnen Subkulturen in Form von gemeinsamer Anschlußfähigkeit füreinander irritierbar gehalten werden?

Es wurden in Kap. 2.3 bereits verschiedene Meinungen (Luhmann, Theis, Wiesenthal) diskutiert, ob es unternehmensweite Integration überhaupt gibt. In dieser Arbeit geht es nicht um unternehmensweite Integration, da Integration Wiederherstellung einer Einheit bedeutet und eine unternehmensweite Monokultur nicht das erklärte Ziel darstellt. Es geht allerdings um mögliche intersubkulturelle Zusammenarbeit bei Wahrung der subkulturspezifischen Identität. Voraussetzungen für intersubkulturelle Zusammenarbeit kann auf zwei Wegen konstruiert werden: zum einen über traditionelle oder moderne Werte (normative Sozialintegration: Intersubjektivität), die nahezu alle Mitglieder kennen und überwiegend teilen und zum anderen über das Subkulturnetz (funktionale Systemintegration: Kompatibilität der Codes, Werte, Themen). Und nicht zuletzt hat auch die Unternehmensführung hinsichtlich der Zusammenarbeit der Subkulturen Perturbationsmöglichkeiten.

a) Tradition

Läßt permanente Entwicklung Tradition zurück? Es ließe sich konstruieren, daß nicht sämtliche Codes, Werte, Themen permanent Entwicklungen ausgesetzt sind, sondern daß ein gewisser Bereich sehr grundlegender Codes und Werte (z.B. verankert in Riten, Mythen, Geschichten) hohe Stabilität aufweist – und zwar sowohl auf der Ebene der Subkultur als auch auf der subkulturübergreifenden, unternehmensspezifischen Ebene.

Hier lassen sich die in Kap. 2.1.4 genannten Substitute für „Objektivität" anschließen: als *stabile Orientierungen* setzen sich innerhalb einer Subkultur und zwischen den Subkulturen die Codes, Werte, Themen der *mächtigeren* Individuen/Subkulturen durch, die von der *Mehrheit* geteilt werden, die über *Verständigung/Konsens* ausgehandelt werden, die sich langfristig *bewährt* haben, *viabel* sind. Es gibt zwei Erklärungsmöglichkeiten für die Stabilität sinnvermittelnder Werte: sie sind so tief verwurzelt, daß sie nicht reflektiert werden können, vielleicht weil die Individuen/das Unternehmen diese nicht anrühren wollen/will, schließlich entscheidet das psychische/soziale System, ob es sich verändern will oder nicht oder diese Werte werden zwar reflektiert, aber über die Reflexion noch verstärkt, da sie positiv, auf die Realität passend wahrgenommen/ interpretiert werden.

Zu diesem Resultat kommen auch sehr viele Autoren, die sich mit dem Thema Unternehmenskultur auseinandergesetzt haben: z.B. Schein[413]

---

[413] Siehe Kap. 1.3 dieser Arbeit.

2.7 Kulturentwicklung von Unternehmen

unterscheidet zwischen unhintergehbaren grundlegenden Annahmen und reflektierbaren Werten/Normen. Und paßt diese Konstruktion recht gut auf die Realität. Geht man von sich aus, überträgt diesen Gedanken auf die individuelle Ebene, bestätigt sich die Konstruktion: Viele Codes und Werte verändern sich – in Abhängigkeit dessen, welche Art Erfahrungen man macht, womit man seine Zeit verbringt – aber es gibt einige grundlegende Codes, Werte aus der primären Sozialisation und/oder genetisch verankert, die sehr konstant sind und nur unter größten Anstrengungen geringfügig modifiziert werden können, z.b. ob man eher mutig oder vorsichtig agiert. Und z.B. in Familienunternehmen ist es auch sehr gut vorstellbar, daß einige Codes, Werte, die z.T. in Riten, Geschichten etc. bewahrt werden, ein so fester Bestandteil der unternehmensspezifischen Wirklichkeitskonstruktion geworden sind, daß Modifikationen die Identität des Unternehmens ins Wanken brächten und deshalb auch Reflexion das System nicht dazu veranlassen kann, sich diesbezüglich zu verändern. So könnte der blinde Fleck positiv interpretiert werden: als „Selbstschutz" und „Stabilitätsbringer".

Umgang mit Tradition: Traditionelle Werte, Strukturen und traditionelles Verhalten und Handeln bringen sowohl Individuen als auch sozialen Systemen Orientierung und Stabilität. Dennoch kann in der Tradition eines sozialen Systems der *Ursprung für die Probleme* liegen.

Die systemische Beratung versucht durch Gegenüberstellung von Selbst- und Fremdbeschreibung im Beratungssystem die tiefverwurzelten Bereiche der Wirklichkeitskonstruktion an das Tageslicht zu holen. Analog zur Psychotherapie von Individuen soll hier auf eine *Gefahr* hingewiesen werden: Individuen und soziale Systeme begeben sich i.d.R. in therapeutische Behandlung, wenn es ihnen nicht gut geht, wenn sie *labil* sind. In der Therapie wird dann in der Vergangenheit gestochert, um den Kern des Problems ausfindig zu machen. Das sowieso schon labile System wird noch labiler. Wenn die heutigen Probleme nun tatsächlich auf einzelne Ereignisse/Erlebnisse zurückzuführen sind, scheint es sinnvoll, diesen auf den Grund zu gehen, um ihnen offensiv begegnen zu können. Häufig liegen die Probleme jedoch in einem Netzwerk mehrerer kleiner Probleme, die nicht soweit weg vom Bewußtsein entfernt liegen.

Es ist zwar nicht günstig sämtliche Probleme zu verdrängen, statt sie zu lösen, aber jeder Mensch und jedes System hat nur eine *begrenzte*

Kapazität der Problemverarbeitung. Verdrängung von Problemen ist z.T. für Mensch und soziales System sinnvoll. Das wieso, weshalb, warum der heutigen Probleme ist für die Problemdiagnose sehr wichtig, aber während der Diagnose muß auch die *Grenze der Belastbarkeit* des Systems im Auge behalten werden und möglichst schnell umgeschwenkt werden vom Blick in die Vergangenheit zum *Blick in die Zukunft*: es muß ein konstruktiver Weg weg von den Problemen aufgezeigt werden! Die Probleme sind verdrängt worden, weil sie dem System weh tun. Ist das System sowieso schon labil, wird es immer schwieriger, den zu Tage tretenden Problemen offensiv begegnen zu können. Fühlt sich das System überfordert, wird schnell wieder das Verdrängungsinstrumentarium bemüht und die Anschlußfähigkeit für weitere Kommunikationen zu dem Thema strebt gegen Null.

Es steht fest, daß sich viele traditionelle Werte auflösen. Traditionelle Werte verlieren ihre sinngebende Kraft, wenn sie nicht mehr auf die heutige Realität passen – dieser Prozeß wird durch Selbstreflexion beschleunigt. Insofern ist das künstliche Festhalten an Tradition lediglich eine zeitliche Verschiebung des Problems. „Neue Tradition" wird sich kaum entwickeln können aufgrund der rasanten Entwicklungen auf dem wirtschaftlichen Weltmarkt. Es müssen andere sinnvermittelnde Orientierungen gefunden werden. Können moderne Werte traditionelle Werte substituieren? Können moderne Werte derart Sinn vermitteln?

b) Moderne Werte (Strategie/Visionen/Trends)

Was können moderne Werte wie z.B. Lern- und Entwicklungsfähigkeit, ökologische Orientierung, sozialökologische Ethik, „Spaß bei der Arbeit" leisten? Zumindest können diese Werte sowohl für Individuen als auch für Subkulturen und Unternehmen nicht nur Mittel zum Zweck, sondern auch einen *sinnvermittelnden Wert* an sich darstellen, mit dem sie sich identifizieren können. Zudem bieten diese modernen Werte – wie die traditionellen – das Potential, subkulturübergreifende, unternehmensweite Orientierung zu leisten.

Moderne Werte entwickeln sich bewußter, sie werden kommunikativ ausgehandelt. Moderne Werte, die sich in Subkulturen auf informellen Wegen entwickeln, sollten unbedingt von der Unternehmensführung aufgegriffen werden. Auf der anderen Seite kann die Unternehmensführung auch Vorschläge für moderne Werte geben. In partizipativen Kommunikationszirkeln können moderne Werte ausgehandelt werden. Wobei die Ausprägung und der Stellenwert eines Wertes nicht als kleinster gemeinsamer Nenner zu verstehen ist, sondern über gegenseitige Befruchtung Eigenständigkeit erlangt.

Sinn vermitteln können moderne Werte nur, wenn sie für die Unternehmensmitglieder *anschlußfähig* sind und positiv beurteilt werden. Die so ausgehandelten modernen Werte können in den formellen Orientierungsinstrumenten wie z.b. in der *Unternehmensvision, -strategie, -philosophie, den -grundsätzen* schriftlich fixiert werden. Das Beschäftigen, die Formulierung der Strategie findet i.d.R. auf der Führungsebene statt. Dieses Muster muß aufgebrochen werden: je wichtiger Pluralität auf der Sinnebene und Freiräume auf der Strukturebene aufgrund der turbulenten Umwelten werden, desto wichtiger werden gemeinsame Orientierungen. Traditionelle Werte werden aufgeweicht, an ihre Stelle müssen moderne Werte treten, die nicht kraft Tradition akzeptiert werden, sondern *kommunikativ ausgehandelt* werden müssen, um Akzeptanz zu erfahren.

Die Strategie liefert grobe Orientierungen, in welchen Feldern das Unternehmen auf welche Art und Weise tätig sein will. Sind diese Felder eng abgesteckt, verkleinert das die Wahrnehmungsfähigkeit des Unternehmens. Das ist nun nicht nur negativ, werden alle relevanten Faktoren wahrgenommen, ist dagegen nicht viel zu sagen. Dennoch sollte die Strategie nicht nur auf die Aufgabenbewältigung von heute fixiert sein, sondern auch zukünftige *Visionen* im Auge behalten. Da diese noch nicht genau umrissen werden können, ist eine Strategie, welche die Wahrnehmung zu stark einschränkt, nicht offen für Neues.

Generierung moderner Werte/Inhalte: Daß sich Unternehmen permanent entwickeln und lernen müssen, liegt auf der Hand, fragt sich nur in welche Richtung. Es geht nicht nur um Optimierung des operativen Bereichs, sondern auch um sinnvermittelnde und Orientierung leistende Werte und Inhalte. Es gibt Werte/Inhalte, die Unternehmen verfolgen, mit denen sich die Mitarbeiter zwar identifizieren und die Stolz, Verbundenheit zum Unternehmen fördern, die jedoch nicht das Potential aufweisen, im *operativen Bereich Sinn zu vermitteln und Orientierung zu leisten*, z.B. Sport-, Sozial- und Kultursponsoring. Wie können solche Werte/Inhalte generiert werden?

Von außen (Unternehmensberatung, Wissenschaft, Literatur, externe Subsysteme) können zwar Vorschläge gemacht werden, aber diese haben nur eine Chance aufgenommen zu werden, wenn sie auf Anschlußfähigkeit im System stoßen. Dasselbe gilt für Vorschläge einzelner Personen oder Subsysteme des Unternehmens. Tatsächliche Orientierung für das Denken und Handeln im Unternehmen können diese subkulturübergreifenden Werte/Inhalte nur leisten, wenn sie von sehr vielen Mitgliedern und Subkulturen geteilt werden.

Aus dieser Perspektive scheint es sinnvoll, Vorschläge innerhalb einzelner Subkulturen zu sammeln, so daß sich erst einmal sämtliche Mitglieder mit dem Thema auseinandersetzen (erhöht Anschlußfähigkeit). Im Anschluß daran müssen intersubkulturelle Kommunikationszirkel eingerichtet werden, um die Vorschläge zu diskutieren und einen gemeinsamen Nenner zu finden, mit denen sich sehr viele Mitglieder identifizieren können. Zusätzlich könnten in diesen Kommunikationszirkeln Hilfsmittel der Ideengenerierung eingesetzt werden, wie z.B. die Szenarienmethode.

Die daraus gewonnenen Ideen müßten dann wiederum in den einzelnen Subkulturen diskutiert werden. Die Einbeziehung externer Subsysteme in diesen Prozeß erweitert die Perspektive um unternehmensexterne Inhalte. Die so generierten modernen Werte/Inhalte müssen zum einen schriftlich fixiert (z.B. in dem Leitbild, der Strategie), sie müssen umfassend kommuniziert, in zukünftige, inhaltliche Zielorientierungen transformiert und in der Zukunft weiterhin reflektiert werden. Diese Reflexion kann angeregt werden z.B. durch ein Verbesserungsvorschlagssystem.

Grundsätzlich darf und kann Wertebildung ausschließlich von unten wachsen. Die Führungsebenen und -personen sind gut beraten, ein offenes Ohr für neue Trends, Visionen und Werte zu haben. Früher hatten Erfahrungen mehr Wert als heute. Logischerweise haben – im Zuge der schnelleren Entwicklungen/Produktlebenszyklen – auch Erfahrungen einen kürzer werdenden Überzeugungs- und Legitimationswert. Die Zukunft gewinnt hinsichtlich möglicher Orientierungsleistung mehr Gewicht. Die Trends, die sich auf gesellschaftlicher Ebene entwickeln, können und sollten von den Unternehmen genutzt, allerdings auch kritisch hinterfragt werden.

„Open Space" nennt man eine recht neue Methode, die Ideen, Werte, Meinungen der Unternehmensmitglieder herauszufinden und einfließen

2.7 Kulturentwicklung von Unternehmen

zu lassen.[414] Diese Methode ist für Großgruppen (einige hundert bis eintausend Personen) geeignet. Es wird eine Frage oder ein aktuelles Problem in den Raum gestellt und jeder Teilnehmer schreibt seine Gedanken, Stichworte, Fragen zu diesem Thema auf und hängt den Zettel an eine der vielen aufgestellten „Pin-Wände". Moderatoren ordnen die vielen Zettel und Ideen in verschiedene Kategorien. Die Abstimmung, über welche Themen diskutiert werden sollte, erfolgt per Fuß: man bewegt sich zu der Kategorie, die man am stärksten gewichtet und nimmt dort an einer inhaltlich tieferen Diskussion teil.

Sowohl für den Umgang mit Tradition als auch für die Generierung moderner Werte/Inhalte ist *externe Unternehmensberatung* nicht zwingend erforderlich. Die Fremdbeschreibung kann auch über externe Anspruchsgruppen (siehe Teil II Kap. 4.2.2) des Unternehmens eingeholt und entlang der Differenzen zur Selbstbeschreibung diskutiert werden. Erfolgt die Auswahl der externen Anspruchsgruppen partizipativ, ergeben sich zwei Vorteile gegenüber professioneller Beratung: die Fremdbeschreibungen der externen Anspruchsgruppen laufen nicht Gefahr, der Geschäftsführung gefallen zu müssen, da sie unabhängig sind. Und die externen Subsysteme verfügen über langfristige Kenntnis des Unternehmens, der Branche, der Umwelt. Es wird wegen dieser Gründe und weiterer wie z.B. Wettbewerbsspionage und Kosten ein Trend in Richtung interner Beratung vermutet.[415]

Unternehmen müssen unter großer Unsicherheit Entscheidungen treffen. Die Entscheidungsträger finden keine Orientierung mehr in allgemeingültigen Determinismen oder metaphysischen Steuerungsinstanzen. Sie müssen sich ihre Orientierung selber suchen. Die wesentlichen Entscheidungen eines Unternehmens werden mehr und mehr beeinflußt von den subjektiven kulturellen und normativen Orientierungen der Entscheidungsträger.[416] Nur welchen Orientierungen folgen sie? „*Was sollen wir wollen?*"[417] Individuelle Lebenseinstellungen, individuelle Bedürfnisse leisten in den Zeiten der Individualisierung mehr Orientierung als irgend

---

[414] Zur Methode und deren Umsetzung vgl. z.B. Gutenschwager/Schönrock/Voß 2000, S. 192–198.
[415] Vgl. Kolbeck 1997, S. 36.
[416] Vgl. Pfriem 2000, S. 452.
[417] Pfriem 2000, S. 454.

etwas anderes. Dieser Punkt soll unter „Intrasubkulturelle Orientierung, Intersubjektivität" weiter diskutiert werden.

Traditionelle und moderne Werte können zwar unternehmensweit geteilt werden, dennoch geben sie nur sehr grobe Orientierung. Die gemeinsamen Werte dienen eher als gemeinsame Plattform, gemeinsamer Pool an Anschlußmöglichkeiten. Von hier aus lassen sich neue Themen einführen.

c) Subkulturnetz

Es wurden in den Kapiteln 2.1 und 2.3 Probleme und theoretische Ansätze hinsichtlich der Zusammenarbeit von Subkulturen aufgezeigt. Das fraktale Prinzip der Selbstähnlichkeit wurde herangezogen als Erklärungsmöglichkeit, warum Subsysteme eines Systems überhaupt in der Lage sind zusammenzuarbeiten. Gemeinsamkeiten hinsichtlich grundlegender, allgemeiner Werte oder Parallelen in der Prozeßlogik der Subsysteme resultieren aus ähnlichen Strukturen der autonomen Einheiten, einer gemeinsamen unternehmensspezifischen Basisperspektive, durch die Vorbildfunktion der Unternehmensführung aber auch aus regelmäßigem Umgang mit anderen Subkulturen/Perspektiven.

Für die intersubkulturelle Kommunikation ist Intersubjektivität nicht wesentlich und nicht Ziel. Die Codes, Werte, Themen der beteiligten Subkulturen müssen jedoch anschlußfähig/kompatibel sein. Analog zu dem in dieser Arbeit vertretenen Kommunikationsverständnis ist sowohl Kompatibilität der Codes, Werte, Themen als auch die Verfolgung strategischer Zwecke wesentlich für die Kommunikation und Zusammenarbeit zwischen Individuen und Systemen. Mit anderen Worten: Subkulturen müssen durch die Zusammenarbeit einen *Mehrwert* für sich sehen.

Nun wird in der Literatur nach verallgemeinernden Oberbegriffen für gemeinsame *strategische Ziele/Zwecke* gesucht: Autonomieinteresse, Interessenkonsens u.ä. Diese Begriffe treffen die Sache jedoch nicht im Kern. Das Autonomieinteresse fördert das Konkurrenzverhalten und Interessenkonsens ist nur eine Möglichkeit kooperativer Zusammenarbeit. Die Subkulturen können jedoch mit der Zusammenarbeit vollkommen unterschiedliche Interessen und Bedürfnisse verfolgen. Letztlich gibt es mannigfaltige Interessen (inhaltliche, monetäre, voneinander lernen, etc.), weshalb eine Subkultur die Zusammenarbeit mit einer anderen Subkultur positiv interpretiert.

2.7 Kulturentwicklung von Unternehmen

Neben dieser bewußten, expliziten Inhaltsebene gibt es eine emotionale, zwischenmenschliche *Beziehungsebene*. Um ihr gerecht zu werden, ist es sinnvoll, Freiräume für Kommunikationen jenseits unternehmensbezogener Themen zu schaffen. Hier können die Individuen entlang gemeinsamer Bezugsrahmen (Codes, Werte, Themen) außerhalb des Unternehmens (Kinder, Hobbys) einen Pool an Anschlußmöglichkeiten und gegenseitiges Vertrauen aufbauen. Kommunikationen und Zusammenarbeit zwischen Subkulturen beginnen häufig über zwischenmenschliche Kontakte.

d) Subkultur „Unternehmensführung"

Die Subkultur „Unternehmensführung" nimmt unter den Subkulturen eine Sonderstellung ein.

Die Unternehmensführung hat *Vorbild- und damit Orientierungsfunktion*. Geht sie tolerant mit den subkulturspezifischen Perspektiven um, wird das positive Auswirkungen auf die intersubkulturelle Zusammenarbeit im Unternehmen und mit externen Subkulturen haben. Voraussetzung ist der Wille/die Offenheit/Toleranz, die andere Wirklichkeitskonstruktion verstehen zu wollen. Diese Geisteshaltung wird durch den Radikalen Konstruktivismus gefördert: es gibt keine Objektivität, zumindest können wir sie nicht fotografisch wahrnehmen, d.h. andere Ansichten sind nicht falsch, sondern orientieren sich an anderen Codes, Werten, Themen, die dieses Individuum, diese Subkultur, Kultur im Laufe seiner/ihrer Sozialisation bis zum heutigen Tag ausgebildet hat. Und je pluralistischer Codes, Werte, Themen desto größer sind die Möglichkeiten für partielle Anschlußfähigkeit, Ansätze für gegenseitiges Verständnis, Toleranz. Kommunikation zwischen Kulturen fördert die Pluralität der beteiligten Kulturen über den Austausch von Codes, Werten, Themen, Erfahrungen, Meinungen. Und Kommunikation kann zu einem besseren Verständnis zwischen Kulturen beitragen.

Die Subkultur „Unternehmensführung" benötigt besonders hohe Pluralität, da sie große Wahrnehmungsfähigkeit gegenüber sämtlichen Subkulturen des Unternehmens benötigt. Über diese Kommunikationen wird ihre Pluralität angereichert. Die Unternehmensführung sollte den anderen subkulturspezifischen Perspektiven große Toleranz entgegenbringen. Würde sie autoritär vorgehen und ihre Perspektiven vorschreiben, würde dies die Pluralität des Unternehmens stark einschränken, da die Subkulturen eingeebnet würden. *Voraussetzung der Toleranz ist das Vertrauen in die Autonomie einzelnen Subkulturen und in selbstorganisierende Prozesse.* Wenn es nämlich einmal nicht so gut läuft, neigt die Unternehmensführung zu der Meinung, alles besser zu wissen als die anderen Subkulturen, schließlich trägt sie die Verantwortung, also hat sie alleiniges Sagen. Das ist ein Kurzschluß: vielleicht läuft es nicht so gut, weil das Potential der einzelnen Subkulturen nicht ausgeschöpft wird. Dieses Potential kann nur über selbstorganisierende Wege gefunden werden, da keine Unternehmensführung auch nur im Ansatz über das Ausmaß an Komplexität und Wahrnehmungsfähigkeit verfügt, die möglichen Prozesse im Unternehmen und mit der Umwelt zu antizipieren.

Der *Freiraum* für selbstorganisierende Prozesse kann z.B. durch *Fehlerfreundlichkeit/-akzeptanz* vergrößert werden: werden Fehler von der Unternehmensführung mit Sanktionen bestraft, versuchen die Individuen und sozialen Gruppen sich formell besonders gründlich abzusichern, ihre Vorgehensweise zu legitimieren; falls etwas schiefgeht, sind sie somit vor Sanktionen geschützt. Ein solches Verhalten der Unternehmensführung grenzt in sämtlichen Bereichen des Unternehmens Freiräume auf der Sinn- und auf der Strukturebene stark ein – niemand traut sich etwas.

Grundsätzlich hat die Unternehmensführung die schwierige Aufgabe einzuschätzen, welche Personen und Subkulturen viel Selbstorganisation, Verantwortung, Aufgabenreichtum *verkraften* und wann *Überforderung* eintritt. Für diese Aufgabe ist es ratsam, wenn die Unternehmensführung mit der betroffenen Subkultur und auch mit „benachbarten" Subkulturen als Moderator/Schiedsrichter kommuniziert und so diskutiert werden kann, wo die Probleme liegen: in der Wahrnehmung der Unternehmensführung, in der mangelnden Pluralität der betroffenen Subkultur oder tatsächlich in einem zu großen (qualitativen/quantitativen) Aufgaben- und Verantwortungsbereich.

Die regelmäßige Kommunikation zwischen den einzelnen Subkulturen und der Unternehmensführung gibt regelmäßige Gegenüberstellungen zwischen Selbst- und Fremdbeschreibung: die Unternehmensführung beschreibt entlang ihrer Codes, Werte, Themen die bestimmte Subkultur, die Subkultur kann diese Fremdbeschreibung mit ihrer Selbstbeschreibung vergleichen und die Differenzen mit der Unternehmensführung oder/und mit einer dritten Subkultur diskutieren. Es geht im folgenden dann nicht um ein entweder oder, also um die Entscheidung zwischen den beiden Beschreibungen. Die *Differenzen* sollten in Relation zu einer dritten Möglichkeit gesetzt werden. Dieser alternative *dritte Wert* kann von den betroffenen beiden Subkulturen ausgearbeitet werden oder unter Hilfestellung einer dritten Subkultur evaluiert werden.

Die Unternehmensführung sollte umgekehrt auch offen sein für kritische Fremdbeschreibungen von anderen Subkulturen. Diese rekursiven Beobachtungen weichen den Konservatismus der Wirklichkeitskonstruktionen auf, bringen Erkenntnisse für alle beteiligten Subkulturen und reichern ihre Pluralität an.

Die Unternehmensführung muß sich ihrer Vorbildfunktion bewußt sein. Sie muß reflektieren, welchen Einfluß ihr Verhalten und Handeln auf die Individuen und Subkulturen nimmt. Auch hier ist die Gegenüberstellung von Fremd- und Selbstbeschreibung und das Hineinnehmen unbeteiligter, nur beobachtender Perspektiven sinnvoll.

Ist das Unternehmen in autonome Organisationseinheiten gegliedert, sind Führungsteams zusammengesetzt aus den Führungspersonen der Einheiten eine wesentliche Stütze, die Gesamtsicht des Unternehmens nicht aus den Augen zu verlieren (siehe unten „Intrasubkulturelle Struktur").

2.7.5.2 Intrasubkulturelle Orientierung

a) Tradition, Strategie, Visionen

Strategie und Tradition sind auch Bestandteil der intrasubkulturellen Orientierung. Je nach Aufgabenbereich müssen die allgemein gehaltenen modernen Werte wie z.B. Lern- und Entwicklungsfähigkeit, ökologische Orientierung, sozialökologische Ethik, aber auch verbliebene traditionelle Werte mit an den spezifischen Aufgaben orientierten *Inhalten* gefüllt und operationalisierbar gemacht werden. Der Blick in die *Zukunft* auf Erfolgspotentiale, Visionen, Chancen etc. gibt sowohl dem Unternehmen, den Subkulturen als auch deren Mitgliedern *Orientierungen,* wohin es gehen soll und bei Übereinstimmung auch Motivation sich in Richtung Vision zu bewegen, aber sie liefern *keinen Halt*. Stabilität, Sicherheit und Halt gewährt man der *Tradition* doch nur genau wegen der mit ihnen positiv gemachten Erfahrungen, man weiß, spürt – häufig unbewußt –, daß man sich auf sie verlassen kann.

Moderne, in die Zukunft ragende Werte können diese Rückendeckung aus der Vergangenheit nicht leisten, sie werden z.B. in Krisensituationen schneller hinterfragt und kritisiert. Dies ist einerseits positiv zu interpretieren: Lockerung des Konservatismus auf der Sinnebene, aber andererseits geht mit der Schnellebigkeit der Werte *Oberflächlichkeit* einher. Wie kann die *Tiefe der Orientierung* substituiert werden?

b) Intersubjektivität innerhalb sozialer Gruppen

Es geht vielen Unternehmensmitgliedern gar nicht in erster Linie darum, welche Leistungen/Produkte das Unternehmen hervorbringt (zumindest sind diesbezüglich häufig die Grenzen weit gesteckt), sondern darum, ob sie sich mit ihren Kollegen gut verstehen. Viele Individuen haben eine Bindung zum Unternehmen/sie identifizieren sich mit dem Unternehmen aufgrund der *sozialen Kontakte*.[418] Und diese sozialen Kontakte liefern *Orientierung* über soziale *Normen* im Denken, Sprechen und Handeln und geben Halt/Stabilität. Die Mitgliedschaft in einer sozialen Gruppe, die Intersubjektivität ausgebildet hat, bietet einen sicheren „*Heimathafen*". Von dieser sicheren Plattform aus sind Individuen eher bereit, Neues entdecken zu wollen, und können toleranter mit anderen Perspektiven umgehen. *Freiraum* für selbstorganisierende Kleingruppen/Subkulturen, die sich über gemeinsame Aufgaben, Interessen oder Sympathie zusammenfinden, kann einen großen Beitrag leisten für die Identifikation der Mitarbeiter mit dem Unternehmen infolge sozialen Halts.

Oben unter „Intersubkulturelle Orientierung, moderne Werte" wurde formuliert, daß Entscheidungsträger im Unternehmen ihren individuellen Lebenseinstellungen folgen, da es keine allgemeingültigen Orientierungen mehr gibt. Jedoch bringt die Vorstellung, daß sämtliche Entscheidungsträger eines Unternehmens nach ihren individuellen Lebenseinstellungen entscheiden für das Unternehmen nicht unbedingt Vorteile mit sich. Vielleicht ist Teamarbeit auch deshalb en vogue, weil damit das Handeln nach individuellen Bedürfnissen reduziert wird und die Perspektive des Unternehmens protegiert wird. So kann es zu einer Kombination der Verfolgung individueller Bedürfnisse und den Bedürfnissen des Unternehmens kommen. Hinzukommt, daß sich Entscheidungsträger durch Absprachen mit anderen absichern.

In Kap. 2.3 wurden drei Kategorien von Subkulturen in Unternehmen vorgestellt. Die Individuen einer Subkultur können entlang a) gemeinsa-

---

[418] Dieser Meinung sind auch Königswieser/Heintel 1997, S. 98.

mer Aufgaben, b) paralleler Interessen und Bedürfnisse oder c) nichtunternehmensbezogener Gemeinsamkeiten integriert sein. Entlang dieser gemeinsamen Plattform entwickeln sich über Kommunikationen/Interaktionen systemspezifische Codes/Werte/Themen. Nun sind sämtliche Unternehmensmitglieder aufgrund ihrer Stelle/Aufgabe Mitglied einer Subkultur der Kategorie a). Werden ihre sozialen Bedürfnisse dort befriedigt und verfolgen sie keine weiteren spezifischen Interessen, sind sie ausschließlich Mitglied einer Subkultur. Viele Mitglieder gehören jedoch zusätzlich noch einer weiteren Subkultur an, da sie mit Individuen anderer Subkulturen gemeinsame Interessen innerhalb oder außerhalb des Unternehmens verfolgen. Aus diesen Querverbindungen entstehen mannigfaltige intersubkulturelle Kommunikationen, aus welchen intersubkulturelle Zusammenarbeit aber auch Frontenbildung resultieren können.

Die Subkulturen sind abzugrenzen von personalen Netzwerken in Unternehmen, die aufgrund eines Problems entstehen und nach Bewältigung des Problems wieder zerfallen. Die gewachsenen Subkulturen sind langfristig bestehende Gruppen, die Intersubjektivität auf der Sinnebene entwickeln, welche sich in den Strukturen manifestieren. Während sich in personalen Netzwerken Kompatibilität zwischen den individuellen Codes, Werte, Themen entlang des gemeinsamen Problems entwickeln kann, entwickelt sich in den Subkulturen eine gemeinsame emergente Sinnebene, die nicht mehr auf die einzelnen Mitglieder zurückgerechnet werden kann (siehe Kap. 2.1).

Auch für Innovationen ist Bedeutungskongruenz nicht unwesentlich: Innovationen entstehen i.d.R. nicht aus einem Gehirn, sondern aus der Verknüpfung der Wissenspotentiale verschiedener Individuen. Sicherlich gibt es Innovationen im Sinne von Wissensverknüpfung über Kommunikationen zweier Menschen, die sich das erste Mal unterhalten. Aber die besseren Voraussetzungen für Wissensverknüpfungen liegen dort, wo eine höhere Wahrscheinlichkeit herrscht, daß alter tatsächlich das versteht, was ego mit seiner Äußerung meint. Die Kehrseite der Medaille liegt auf der Hand: wenn Menschen entlang einer gemeinsamen Wirklichkeitskonstruktion wahrnehmen und interpretieren ist ihre Innovationskraft stark eingeschränkt. Dagegen spricht wiederum, daß Individuen mehrere Wirklichkeitskonstruktionen/Bezugsrahmen aufgrund der Mitgliedschaft in mehreren sozialen Gruppen im Kopf haben, über externe Kommunikationen (Unternehmensumwelt, andere interne Subkulturen)

Informationen generieren und über Selbstreflexion dem Konservatismus entgegen wirken können.

Wie kann die Intersubjektivität einer sozialen Gruppe auf der Sinnebene gefördert werden?

Soziale Kompetenz: soziale Kompetenz zielt auf die Orientierung durch zwischenmenschliche Beziehungen und damit eng verknüpft die Intersubjektivität. Es geht um die Integrationsfähigkeit der einzelnen Individuen in soziale Gruppen, um die Teamfähigkeit. Welche Fähigkeiten zeichnen integrative, sozial kompetente Individuen aus, in welche Bestandteile läßt sich der Begriff zerlegen? Diese Frage ist schwierig zu beantworten, da die Beurteilung von der sozialen Gruppe abhängt. Dennoch läßt sich vielleicht verallgemeinernd sagen, daß sozial kompetente Menschen offen und freundlich auf andere Menschen zu gehen, kommunikativ sind, nicht ausschließlich auf ihren eigenen Vorteil bedacht sind, sich mit ihren Mitmenschen auseinandersetzen, zuhören können, kooperativ und (ambiguitäts-)tolerant sind.

Inwieweit soziale Kompetenz lernbar ist, ist sicherlich strittig. Im Rahmen der Personalentwicklung können eben aufgezählte Inhalte in Form von Seminaren/Trainings trainiert werden. Voraussetzung für die Fruchtbarkeit solcher Seminare ist jedoch der Wille der Betroffenen, diese Inhalte lernen zu wollen. Um die Defizite im Umgang miteinander in einer Gruppe zu diagnostizieren, ist wiederum die Gegenüberstellung von Fremd- (andere Subkulturen) und Selbstbeschreibung sinnvoll.

Präventiv sollte bei der Einstellung neuer Mitarbeiter auf oben genannte Fähigkeiten geachtet werden.

Grundsätzlich kann hinsichtlich der Förderung von Intersubjektivität auf klassische Methoden der Teamentwicklung zurückgegriffen werden. Danach wirkt kohäsionsfördernd: die Häufigkeit der Kommunikationen/Interaktionen, Einigkeit über Gruppenziele, Erfolg, Intergruppen-Wettbewerbe.[419] Zur Zeit sind „Outdoor-Seminare" in Mode. Sie bieten den Vorteil, daß die emotionale Ebene der Beteiligten angesprochen wird. Was „Vertrauen" und „Verläßlichkeit" heißen, kann beispielsweise durch das gegenseitige Abseilen von einem Turm grundlegender erfahren werden, als wenn man nur darüber redet.

---

[419] Vgl. Staehle 1989, S. 258.

Ziel von Königswieser/Heintel sind „reife Teams": wenn Teams gelernt haben sich zu beobachten und beschreiben, Feedback aufzunehmen und zu reflektieren, Zukunftsszenarien/mögliche Entwicklungspfade zu formulieren, entwickelt sich das Team nicht naturwüchsig, sondern steuert sich selbst. Reife Gruppen sind nach Königswieser/Heintel die adäquateste Strategie der Komplexitätssteuerung. Wie läßt sich die Entwicklung hin zu reifen Gruppen protegieren? Für eine erfolgreiche Teamentwicklung muß der Unterschied zwischen reifen und unreifen Gruppen den Schlüsselpersonen bekannt sein, es müssen Raum und Zeit für die Konstituierung der Teams zur Verfügung stehen, soziale Kompetenz der Mitglieder vorhanden sein und es können Instrumente des Projektmanagements eingesetzt werden: Klarheit der Aufgabe, das Setzen von Meilensteinen, Gruppengröße etc.[420]

c) Selbstreflexion des Positiven

In Kapitel 2.7.4 wurde bereits erwähnt, daß permanente Selbstreflexion auch das Selbstbewußtsein einer Subkultur/eines Unternehmens angreifen kann. Gemäß dem Radikalen Konstruktivismus und der Differenzlogik verbindet man mit dem Begriff „Selbstreflexion" eine kritische, Differenzen hervorbringende Herangehensweise. Aus Selbstreflexion auf der Ebene des Individuums, einer Subkultur und des Unternehmens resultieren zwar Differenzen und Kritik und damit die Chance der Pluralitätsanreicherung, aber über das Nachdenken über die eigenen Codes, Werte, Themen/Wissen und deren Auswirkungen (Wahrnehmung der Struktur, Strategie, Handlungsfolgen, Resonanzfähigkeit) werden ja nicht nur Defizite bewußter, sondern auch Positives. Je häufiger über bestimmte Codes, Werte, Themen/Wissen und deren Auswirkungen reflektiert und Spezifisches positiv bewertet wird, desto *stabiler* werden diese positiven Aspekte. Wobei dann bzgl. dieser Codes, Werte, Themen die Gefahr des *Konservatismus* verstärkt wird, da sie irgendwann gar nicht mehr in Frage gestellt werden, immer selbstverständlicher werden und aus dem Blickfeld geraten.

Werden reflektierte Codes, Werte, Themen/Wissen positiv interpretiert, stärkt dies das *Selbstbewußtsein* des Individuums/der sozialen

---

[420] Vgl. Königswieser/Heintel 1997, S. 100ff.

Gruppe. Selbstbewußtsein ist eine Voraussetzung für Toleranz, es können andere Perspektiven, Handlungen neidlos anerkannt werden.

Wie man weiß, ruhen Erfolge nicht nur auf substantiellen Faktoren, sondern in hohem Maße auf mentalen Faktoren. Hier soll jetzt kein Plädoyer für unternehmensspezifische „Gehirnwäschen" gehalten werden. Dennoch soll vor einem permanent negativ kritischen Umgang mit sich selbst, der sozialen Gruppe, des Unternehmens gewarnt werden. Permanente Selbstkritik senkt den Glauben an sich selbst. Wenn Selbstreflexion betrieben wird, dann sollten nicht nur Schwächen, sondern auch Stärken betrachtet werden.

2.7.5.3 Intrasubkulturelle Pluralität

Die Intersubjektivität einer Subkultur neigt zum *Konservatismus* und läuft somit Gefahr, die Pluralität stark einzuschränken. Der Konservatismus von sozialen Gruppen ist stärker als bei einzelnen Individuen, weil sich die Mitglieder der Gruppe in ihrer Wirklichkeitskonstruktion permanent gegenseitig bestärken: „alter" sieht die Dinge ebenso wie „ego"; dann muß es so stimmen. Wie läßt sich die Pluralität der einzelnen Subkulturen steigern? Wie können die einzelnen Subkulturen „irritierbar" gehalten werden im Sinne von Sensibilität gegenüber relevanten Veränderungen im Umfeld?[421]

a) Selbstreflexion der Subkulturen

Selbstreflexion der eigenen Codes, Werte, Themen, ist nur über rekursive Beobachtung – also über die Gegenüberstellung von Selbst- und Fremdbeschreibung sinnvoll, aus der Differenzen ersichtlich werden, welche die konservativen, nicht mehr auf die Realität passenden Aspekte aufweichen. Die Konzeption ermöglicht diese *Gegenüberstellungen von Fremd- und Selbstbeschreibungen über die verschiedener Subkulturen*. So können blinde Flecken der einzelnen Subkulturen ans Licht geholt werden. Voraussetzung für das Annehmen/Wahrnehmen von Fremdbeschreibung und Formulierung einer detaillierten Selbstbeschreibung ist allerdings wiederum Pluralität der einzelnen Subkulturen.

---

[421] Vgl. Wimmer 1997, S. 112.

2.7 Kulturentwicklung von Unternehmen 245

In Kap. 2.3 wurden drei Kategorien, mit denen die Subkulturen eines Unternehmens unterschieden werden können, vorgestellt. Subkulturen entwickeln sich entlang unternehmensspezifischer Aufgaben, gemeinsamer Interessen und Bedürfnisse gegenüber dem bzw. im Unternehmen und/oder nicht-unternehmensbezogener Gemeinsamkeiten. Können die so entwickelten Subkulturen sich denn überhaupt selbst identifizieren, nehmen sie sich selbst als Subkultur wahr?

Geht man von einem Unternehmen aus, welches in autonome Organisationseinheiten gegliedert ist, können sich diese Einheiten voneinander schon allein über die expliziten Aufgaben, formalen Vorgaben unterscheiden und so selbst identifizieren. Über die gemeinsame Aufgabenbewältigung entwickeln sich spezifische Codes, Werte, Themen/Wissen. Zudem entwickeln sich innerhalb dieser und zwischen diesen Einheiten Subkulturen entlang gemeinsamer Interessen gegenüber dem Unternehmen. Genau diese gemeinsamen Interessen können der „Aufhänger" für die Selbst- und Fremdidentifikation sein, entlang der gemeinsamen Interessen bilden sich intersubjektive Codes, Werte, Themen aus.

Aber sind die Subkulturen, deren Intersubjektivität sich aus nicht-unternehmensbezogenen Faktoren speist, die sich innerhalb und zwischen den autonomen Organisationseinheiten ausbilden, identifizierbar? Gibt es eine spezifische Gemeinsamkeit zwischen den Mitgliedern dieser Subkulturen, z.B. die Mitgliedschaft in der Betriebs-Fußballmannschaft, dann kann sie sich selbst identifizieren. Ist die Gemeinsamkeit jedoch nicht offensichtlich, sondern liegt im Verborgenen, wie z.B. Sympathie, „man schwimmt auf einer Welle", ist miteinander befreundet, die gemeinsame Ebene resultiert aus Erfahrungen/Interessen/Bedürfnisse außerhalb des Unternehmens, dann können sich diese Subkulturen schwerlich selbst identifizieren. Wobei nicht ausgeschlossen ist, daß einige dieser Subkulturen als Subkulturen von anderen identifiziert werden können (Fremdidentifikation).

Grundsätzlich ist es für Vorgesetzte nicht unwichtig zu wissen, welche Freundschaften in ihrer Einheit bzw. zwischen welchen Einheiten existent sind. Über diese Kanäle verlaufen die selbstorganisierenden Kommunikationen. Stehen diese „Freundschafts-Subkulturen" dem Unternehmen positiv gegenüber, sind sie für die Stimmung förderlich. Stehen sie jedoch dem Unternehmen oder bestimmten Entscheidungen und Planungen negativ gegenüber, können sie erhebliche Widerstände in den unterschiedlichen Unternehmensbereichen, denen sie angehören, produzieren.

Beispielsweise in den jungen „New-economy-Unternehmen" wird die Bildung von Freundschaften im Unternehmen über „Kaffeeautomaten am Springbrunnen", Basketballkörbe etc. gefördert. Soziale Kontakte außerhalb des Unternehmens nehmen ab (Individualisierung). Über soziale Kontakte im Unternehmen wird laterale Kommunikation und eine engere Bindung zum Unternehmen protegiert. So lange alles gut läuft, ist dagegen wenig zu sagen. Doch wenn es zu Streitereien kommt, können erhebliche Probleme für das Unternehmen entstehen: Informationen werden nicht mehr weitergegeben, „Mobbing" ist nicht zufällig ein wesentliches Schlagwort der Unternehmenspraxis.

Ist Freundschaft im Spiel, hat man eine andere Erwartungshaltung seinen Freunden gegenüber, z.B. hinsichtlich Solidarität. Die Perspektive „was ist gut für das Unternehmen" fällt hinter der Frage „wie werde ich meinen Freunden gerecht" zurück. Mit anderen Worten: viele Freundschaften im Unternehmen sind zwar zum einen positiv zu sehen, zum anderen aber auch problematisch. Aus ethischen Motiven wird hier keine Instrumentalisierung von Freundschaften empfohlen. Dort wo sie sich entwickeln, lassen sie sich zwar beobachten, aber sollten sie nicht für Unternehmenszwecke ausgenutzt werden.

Es sollten sich also nur die Subkulturen selbst beschreiben, die sich entlang unternehmensspezifischer Aspekte (Aufgaben oder parallele Interessen) auf formellen oder informellen Wegen ausgebildet haben. Die Subkulturen, welche miteinander in Kontakt stehen, können einander Fremdbeschreibungen liefern.

Rudolf Wimmer empfiehlt, im Zuge einer Selbstbeschreibung auf die aufgebauten einzigartigen Leistungspotentiale/Kernkompetenzen zu fokussieren, sie zu überprüfen und anschließend über Möglichkeiten von deren Weiterentwicklung nachzudenken.[422]

Wie oben bereits erwähnt ist auch für Königswieser/Heintel die Selbstreflexion der Subkulturen wesentlich für die „Reife" der sozialen Gruppe. Es sind die Gruppen reif, welche sich selbst beschreiben können und über Szenarien anschlußfähige Ziele und neue Wege generieren.

---

[422] Vgl. Wimmer 1997, S. 112f.

Diese Gruppen, die an sich selbst arbeiten, über sich selbst reden können (Metakommunikation), steuern sich selbst.[423]

b) Resonanzfähigkeit

Eine Subkultur läßt sich nur dann von der Umwelt (interne und externe Anspruchsgruppen) in Schwingung versetzen, wenn Anschlußfähigkeit gegeben ist. So hängt auch die Resonanzfähigkeit eng mit der Pluralität zusammen. Je größer die Anschlußfähigkeit der Subkultur, desto größer ihre Wahrnehmungs- und Handlungsfähigkeit, desto mehr Informationen, Gedanken, Perspektiven gelangen in die Subkultur, welche die Pluralität erweitern.

Um Lokalpatriotismen entgegenzuwirken, ist die Resonanzfähigkeit der Subkulturen untereinander, aber besonders auch gegenüber der Unternehmensebene/-politik notwendig, um nicht die Gesamtsicht aus den Augen zu verlieren. Institutionalisierte Kommunikation zwischen den Subkulturen und der Unternehmensführung sind wesentlich.

Pluralität, Selbstreflexion und Resonanzfähigkeit bedingen und folgen sich wechselseitig, sie entwickeln sich koevolutionär.

c) Wie kann die Pluralität erhöht werden, d.h. wie können Selbstreflexions- und Resonanzfähigkeit der einzelnen Subkulturen auf der Sinnebene gesteigert werden?

– *Heterogene Subkulturmitglieder*: Differieren die individuellen Wirklichkeitskonstruktionen/subjektiven Bezugsrahmen der Subkulturmitglieder, liegt der subkulturspezifischen Wirklichkeitskonstruktion eine größere Pluralität an Werten, Themen, Codes, Sprache zugrunde, so daß die interne und externe Wahrnehmungsfähigkeit steigt. Auch an dieser Stelle läßt sich noch einmal betonen, daß es für die Flexibilität des Unternehmens wichtig ist, daß die Unternehmensmitglieder nicht vollständig im Unternehmen aufgehen, sondern aus anderen Lebensbereichen Werte, Themen, Sprache, Erfahrungen in das Unternehmen hinein tragen. Ob sich ein Individuum in seinem Handeln an den individuellen oder an den Präferenzen der Subkultur orientiert,

---

[423] Vgl. Königswieser/Heintel 1997, S. 100f.

ist nicht voraussagbar. Wie oben erläutert, kann man die Wahrnehmungsfähigkeit zwischen individuellen und subkulturspezifischen Wirklichkeitskonstruktionen in der Praxis nicht trennen, aber die individuellen Wirklichkeitskonstruktionen beeinflussen zum einen die Subkultur und zum anderen nehmen sie direkten Einfluß auf die Wahrnehmungsfähigkeit des Unternehmens.

– *Personalentwicklung*: Auch auf der individuellen Ebene kann die Lernfähigkeit der Subkulturen und des Unternehmens angeregt werden. Wie sich die individuellen Wirklichkeitskonstruktionen dann zur subkulturellen und unternehmensspezifischen Wirklichkeitskonstruktion vermischen, d.h. welche Neuroneninteraktionen infolge zwischenmenschlicher Interaktion entstehen, läßt sich nicht beeinflussen, da Sub- und Unternehmenskultur selbstorganisierende, emergente Phänomene sind. Es ist grundsätzlich die Frage zu stellen, ob dieser Ansatz den Menschen nicht überfordert. Der Mensch bildet die Basis dieses Ansatzes, eine der Grundlagen der intersubjektiven Wirklichkeitskonstruktion einer Gruppe bilden die individuellen Wirklichkeitskonstruktionen ihrer Mitglieder. Insofern macht Personalentwicklung Sinn. In diesem Ansatz erlangen die Unternehmensmitglieder Orientierung v.a. über die Intersubjektivität in der sozialen Gruppe und über zwischenmenschliche Beziehungen entlang der formellen und v.a. informellen Strukturen. Intrasubkulturelle Pluralität wird angereichert durch die Existenz vieler Subkulturen und deren wechselnde intersubkulturelle Zusammenarbeit. Voraussetzung dafür sind pluralistische Subkulturen: heterogene Mitglieder, laterale Kommunikation, informelle Beziehungen, Differenzen. Unternehmen, die auf diesen Wegen Orientierung und Pluralität verfolgen, benötigen Mitglieder, die über folgende – nicht selbstverständliche – Fähigkeiten/Wissen verfügen oder sie erlernen können:

1. Bewußtsein, daß die Wirklichkeit sozial konstruiert wird:
Es gibt keine einzige richtige Perspektive/Objektivität, es gibt auch keine falsche Perspektive, sondern lediglich andere. Um mit dem Vertreter der anderen Perspektive kommunizieren zu können, muß versucht werden, die andere Meinung nachzuvollziehen, zu verstehen, um Anschlußmöglichkeiten für Diskussionen ausfindig zu machen.

2. Kritik- und Konfliktfähigkeit:

2.7 Kulturentwicklung von Unternehmen

Differenzen zwischen Selbst- und Fremdbeschreibungen auf individueller und sozialer Ebene werden innerhalb der neueren systemtheoretischen Ansätze positiv interpretiert. Sie sind wesentlich, um den Konservatismus der selbstreferentiellen Wirklichkeitskonstruktionen z.T. zu reduzieren.

3. Kritische Selbstreflexion:
Ein Individuum beschreibt sich selbst und andere Individuen beschreiben das Individuum aus ihrer Sicht (Fremdbeschreibungen). Differenzen zwischen Selbst- und Fremdbeschreibungen geben dem Individuum Denkanstöße, sich evtl. selbst entwickeln zu wollen. Diese Gegenüberstellungen sollten regelmäßig stattfinden. Durch Reflexion der Stärken wird das Selbstbewußtsein gefördert und durch Reflexion von Schwächen werden Entwicklungspotentiale aufgezeigt. Zudem wird auch gleichzeitig Kritikfähigkeit protegiert: Kritik äußern und Kritik bekommen.

4. Mut, neue, nicht vorgezeichnete Wege wahrzunehmen, zu konstruieren und zu gehen:
Um Wahrnehmungs-/Interpretationsfreiräume auf der Sinnebene und Kommunikations- und Handlungsfreiräume auf der Strukturebene erst einmal wahrzunehmen, muß das Individuum motiviert sein, diese zu suchen. Um sich z.B. Wirklichkeitskonstruktionen mächtiger Individuen entgegenzusetzen und informelle, nicht abgesicherte, eigenverantwortliche Wege zu gehen, braucht das Individuum Mut. Dieser Mut kann durch positive Interpretation von Fehlern und Risiken als Quellen für Lernfähigkeit und Kreativität/Innovationskraft im Unternehmen gefördert werden. Vor allem die Unternehmenspolitik, aber auch andere Machtpositionen müssen versuchen Barrieren der freien Meinungs- und Interessenäußerung abzubauen.

Solche Inhalte für Personalentwicklungsmaßnahmen allgemeingültig vorzuschlagen ist zugegebenermaßen sehr *normativ*. Die Inhalte sind als ein *Vorschlag* zu verstehen. Grundsätzlich müssen Inhalte mit den betreffenden Individuen partizipativ formuliert werden. Haben die Individuen nicht den Willen und keine Anschlußfähigkeit für die Inhalte, werden die Schulungen wenig bewirken.

Diese oder andere Inhalte im Bereich der Personalentwicklung werden in der Regel über Seminare/Training vermittelt.

- *„Ausflüge aus dem Heimathafen":* Grundsätzlich läßt sich aus der Distanz besser beobachten; „steckt man mittendrin, sieht man den Wald vor Bäumen nicht". Neigt eine Subkultur besonders zum Konservatismus oder denkt besonders egoistisch und nicht an das Unternehmen, sollte Kommunikation/Interaktion mit anderen Perspektiven protegiert werden. Projekte, Job-Rotation oder personale Netzwerke bieten gute Möglichkeiten für einzelne Individuen, sich mit anderen Perspektiven auseinanderzusetzen, Toleranz zu üben und die eigene subkulturspezifische Wirklichkeitskonstruktion kritisch zu beleuchten. Kehren die Ausflügler zurück in „ihren Heimathafen/ihre Subkultur", bringen sie „frischen Wind" mit, welcher bei Anschlußfähigkeit zur Erweiterung bestehender Codes, Werte, Themen führen kann.

2.7.5.4 Intersubkulturelle Pluralität

a) Selbstreflexion auf Unternehmensebene

Die intersubkulturelle Pluralität ergibt sich nicht aus der Summe der Pluralität der einzelnen Subkulturen. Das Subkulturnetz – unabhängig davon wie es sich ausbildet – bringt eine eigene Pluralität hervor, die nicht linear auf die einzelnen Subkulturen zurückgerechnet werden kann. Diese eigene intersubkulturelle Pluralität entwickelt sich entlang formeller und informeller Kommunikations- und Handlungsstrukturen zwischen den unternehmensinternen und zwischen internen und externen Subkulturen. Sie ist – neben der intersubkulturellen Orientierung – die Grundlage, auf der sich das Unternehmen selbst beschreibt, sich von der Umwelt differenziert, eine eigene Identität ausbildet, auf der die Umwelt und deren Freiräume wahrgenommen/interpretiert werden und auf der externe Kommunikationen und Handlungen stattfinden.

Bei der Selbstreflexion des Unternehmens geht es um Status Quo und Potential der sehr groben unternehmensweiten Codes, Werte, Themen/ Wissen und der Kernkompetenzen, die aus der Verflechtung der Subkulturen (Wissensverknüpfung) resultieren bzw. resultieren könnten. Gerade die Verknüpfung von explizitem und implizitem Wissen zwischen verschiedenen Subkulturen ist ein sehr spannendes und noch nicht ausgereiztes Feld, dessen Möglichkeiten durch die Unternehmen im Unternehmen wachsen.

2.7 Kulturentwicklung von Unternehmen

b) Pluralistische Subkulturen und wechselnde intersubkulturelle Zusammenarbeit

Basis für intersubkulturelle Pluralität sind pluralistische Subkulturen. *Die differenzenbringende Gegenüberstellung von Fremd- und Selbstbeschreibung ist der Vorzug der Subkulturkonzeption.* Selbstverständliche und festgefahrene Wirklichkeitskonstruktionen und Strukturen werden aufgeweicht. Pluralistische Subkulturen eröffnen sich gegenseitig Anschlußmöglichkeiten, die Voraussetzung für intersubkulturelle Zusammenarbeit.

Wechselnde Aufgaben im Unternehmen machen wechselnde intersubkulturelle Zusammenarbeit erforderlich. Intersubkulturelle Zusammenarbeit bietet Erfahrungspotentiale auf sachlicher und zwischenmenschlicher Ebene. Es bilden sich zwischen den zusammenarbeitenden Subkulturen Schnittmengen oder Zwischenkulturen (Codes, Werte, Themen), die im Gedächtnis der Subkulturen gespeichert werden und bei erneuter Zusammenarbeit hervorgeholt werden können. Sollen bestimmte Subkulturen häufig zusammenarbeiten, entsteht hier wiederum die Gefahr eingefahrener Wirklichkeitskonstruktionen und Kommunikations- und Handlungsstrukturen. Zudem sollte die *Einebnung* verschiedener Subkulturen möglichst vermieden werden, da mit ihr ein Verlust intersubkultureller Pluralität einher geht. Sinnvoller erscheint stets *wechselnde intersubkulturelle Zusammenarbeit*.

Häufige Zusammenarbeit mit unterschiedlichen Subkulturen fördert die Toleranz für andere Perspektiven.

Über den Vergleich zwischen Selbst- und Fremdbeschreibung werden Differenzen zwischen der eigenen Wirklichkeitskonstruktion und einer anderen explizit deutlich. Diese Differenzen fordern zum Nachdenken über das eigene Wahrnehmen und Interpretieren – den eigenen Bezugsrahmen auf. Wobei in der Selbstbeschreibung schon teilweise die *Fremdbeschreibung* eingebunden ist. Wenn man sich selbst beschreibt, beschreibt man sich nicht nur aus eigener Sicht, sondern in diese Überlegungen fließen auch die Beschreibungen anderer Personen mit ein und zwar nicht unbedingt von bestimmten anderen Personen, sondern die des „*generalized other*" (siehe Kap. 1.2.1). Man denkt, daß andere einen selbst so beobachten. Allerdings kann man sich dabei sehr täuschen. Man kommt zu einem Urteil. Fragt man im Anschluß tatsächlich „alter", wie er „ego" gesehen hat, kann etwas völlig anderes bei dieser Fremdbeschreibung herauskommen. Die Aufforderung zu Fremdbeschreibungen und die Kommunikation darüber bewirken eine *Reduzierung des Auseinanderdriftens verschiedener Wirklichkeitskonstruktionen*. Je häufiger Selbst- und Fremdbeschreibungen verglichen werden, desto eher können bestimmte *Regelmäßigkeiten in den Abweichungen* offensichtlich werden, die in den folgenden Selbstbeschreibungen Eingang findet und Differenzen zwischen Selbst- und Fremdbeschreibungen reduziert.

Durch intersubkulturelle Zusammenarbeit wird aber nicht nur dem Konservatismus subkulturspezifischer Wirklichkeitskonstruktionen entgegen gewirkt, sondern diese Konstruktion birgt zudem den Vorzug, daß implizites, subkulturelles Wissen/die Kernkompetenzen auf diesen Wegen verknüpft und somit weiterentwickelt werden können.

Das Subkulturnetz muß man sich als sehr dynamisches Gebilde vorstellen, das sich durch häufig wechselnde Subkultur-Allianzen laufend verändert. Dieses Netz ist für die Resonanzfähigkeit des Unternehmens zuständig. Werden Löcher in der Umweltwahrnehmung gefunden, muß genau geprüft werden, ob die Fehler *bei einzelnen Personen, einzelnen Subkulturen, deren Strukturen oder im Subkulturnetz* liegen.

Es erscheint sinnvoll, den fremdorganisierten und selbstorganisierenden Wandel des Subkulturnetzes, also die wechselnden Subkultur-Allianzen (zwischen internen und zwischen internen und externen Subkulturen) laufend zu beobachten und die Gründe herauszufinden. Für die Unternehmenspolitik und -planung könnten hier wesentliche Hinweise gewonnen werden.

2.7.6 Möglichkeiten der Entwicklung der kulturellen Dimension von Unternehmen auf der Strukturebene entlang der radikal-konstruktivistischen Subkulturkonzeption

Die Stabilität/Orientierung und Pluralität auf der Sinnebene der Unternehmensmitglieder und des Unternehmens wird beeinflußt durch die formellen und informellen Strukturen des Unternehmens, welche wiederum durch die unternehmenskulturelle Brille wahrgenommen/interpretiert/befolgt werden. Strukturen, die exakt vorgeben, wer mit wem, weshalb interagiert, schaffen Orientierung, Funktionalität, Routine/Gewohnheiten, sorgen für Schnelligkeit, Handlungsfähigkeit, aber sie senken Komplexität, Freiräume, selbstorganisierende Dynamik, Kreativität, Spontaneität, das Zustandekommen informeller Beziehungen, Freundschaften.

Auf der Strukturebene sollen Orientierung und Varietät nicht getrennt voneinander thematisiert werden: Orientierung kann in dieser Konstruktion nicht über starre Strukturen erreicht werden, sondern in erster Linie über die Sinnebene. Starre Aufgaben- und Stellenbeschreibungen führen meist zur demotivierenden Monotonie und sind mit einem Pluralitätsstreben unvereinbar. Kommunikations- und Handlungsfreiräume für informelle Strukturen protegieren nicht nur – wie bisher zumeist in der Literatur zu lesen – Varietät und Chaos, sondern auch Orientierung.

Hier, an der Schnittstelle zwischen Sinn- und Strukturebene, muß unbedingt erwähnt werden, daß die *Reflexion der Strukturen* sehr wesentlich ist. Die Strukturen erlangen über Selbstreferentialität Eigenständigkeit, so daß sie zum Konservatismus neigen. Theoretische Ansätze, die Strukturen Eigenständigkeit zugestehen, warnen explizit vor dem Kurzschluß, die Fehler beim Individuum/einer Subkultur/Sündenbock zu suchen, und verweisen auf Probleme der formellen und informellen Strukturen.

2.7.6.1 Intrasubkulturelle Struktur

Welche Strukturen protegieren die Existenz pluralistischer Subkulturen?

a) Autonome Organisationseinheiten als Primärorganisation

Wird die Umweltkomplexität sozusagen zerlegt und auf verschiedene Subkulturen aufgeteilt, kann eine Subkultur in einem spezifischen Bereich große Pluralität aufweisen, ohne daß die Mitglieder überfordert werden. Z.B. die altbekannte funktionalistische Gliederung förderte zwar die Existenz von Subkulturen entlang der Funktionen, aber das waren nicht pluralistische Kulturen, sondern *Monokulturen*. Im Anschluß an die neueren systemtheoretischen Ansätze können sich Monokulturen gegenseitig nicht in Schwingung versetzen, da sie füreinander keine Anschlußmöglichkeiten aufweisen, d.h. die Zusammenarbeit zwischen den internen Subkulturen ist sehr schwierig. Und diese Konstruktion paßt auf die Realität – die Praxis klagt über die Kommunikationsbarrieren und Abspracheschwierigkeiten zwischen den Funktionsbereichen. Hinzukommt die eingeschränkte Wahrnehmungsfähigkeit der Monokulturen gen Umwelt. Die funktionalistische Gliederung mag ihre Berechtigung gehabt haben, als sich in der Unternehmensumwelt nicht viel bewegte, der Produktlebenszyklus lang währte und es v.a. darum ging, bekannte Prozesse und Aufgaben schnell, zuverlässig und qualitativ hochwertig zu erledigen.

Der Zenit der Spezialisierung, Spezialisten, spezialisierten/detaillierten Regeln in Unternehmen (und auch in der Gesellschaft) ist überschritten, der Trend geht einmal mehr in die entgegengesetzte Richtung: Allrounder mit mannigfaltigen Anschlußmöglichkeiten und Vereinfachung von Regeln sind wieder gefragter. *Dezentrale, autonome Organisationseinheiten, Projekt- und Teamarbeit mit ganzheitlicher/m Aufgabenstellung/Verantwortungsbereich, die mit der Unternehmensführung Ziele für diese Einheiten aushandeln (MbO), die den Weg zu diesen Zielen eigenständig, autonom wählen können*, kommen den genannten Anforderungen wohl am nächsten. In den weitgehend selbständigen Einheiten treffen unterschiedliche Fachwissen aufeinander, können strategische und operative Tätigkeiten kombiniert, kann Ganzheitlichkeit erlebt werden und ist zügige Rückkopplung zwischen Handlung und Folgen möglich.[424] Diese Faktoren protegieren die Entwicklung pluralistischer Subkulturen.

b) Führungsteams

Aus kultureller Perspektive scheint es nutzbringend, regelmäßige Treffen der Führungspersonen der autonomen Einheiten zu institutionalisieren. In der Bewältigung der Paradoxie „Konditionierung von Autonomie"[425] liegt eine zentrale Herausforderung der Steuerung netzwerkförmiger Binnenstrukturen von Unternehmen.[426] Ziel dieser Kommunikationszirkel wäre es, der Einzelnutzenmaximierung der einzelnen Subeinheiten entgegenzuwirken und das Gesamtinteresse des Unternehmens nicht aus den Augen zu verlieren. Dieses Gremium muß von oben, aus der Distanz das Netz der Subeinheiten und Subkulturen beobachten. Es sollte übergreifende Berührungspunkte der Einheiten erkennen und Kommunikationsstrukturen bereiten.[427] Von hier können Anstöße für intersubkulturelle

---

[424] Vgl. Schulz 1999, S. 184f.
[425] Baecker 1997, S. 43.
[426] Vgl. Wimmer 1997, S. 120.
[427] Vgl. Wimmer 1997, S. 120.

Zusammenarbeit im Sinne von Verknüpfung spezifischer Wissenspotentiale gegeben werden.

Zudem müssen in diesem Gremium gemeinsam akzeptierte Spielregeln formuliert werden, wie/in welchen Punkten die Einheiten irritierbar gehalten werden können, d.h. die autonomen Einheiten dürfen sich in gewissen Punkten weder dem Einfluß der Hierarchie noch des Subsystemnetzes (betroffener Subeinheiten) entziehen.[428] Gerät eine Einheit in solche Gefilde, muß das Thema im Gremium ausdiskutiert werden. Eine derartige systemintegrierende Kraft kann das Führungsteam nur leisten, wenn die Spielregeln klar, transparent und gleichberechtigt gelten. Einzelentscheidungen dürfen nur die Ausnahme darstellen. Zudem sollten die Entscheidungsprozesse in diesem Gremium konsensorientiert sein, da so Dissens im Nachhinein erschwert wird.[429]

Diese Zirkel sollten auch je nach Thema Personen aus der Unternehmensführung oder den autonomen Einheiten einladen.

c) Feste Kopplung

Innerhalb der Subkulturen, autonomen Einheiten, Teams kommunizieren die Mitglieder regelmäßig miteinander. Es bildet sich entlang gemeinsamer, unternehmensbezogener Aufgaben, paralleler Interessen oder nichtunternehmensbezogener Gemeinsamkeiten *Intersubjektivität* aus. Die Mitglieder einer Subkultur sind fest gekoppelt, d.h. daß sie viele gemeinsame Variablen aufweisen und diese Variablen relevant sind. Feste Kopplung führt zur einer Verstärkung der *Handlungsfähigkeit* auf Kosten der Pluralität/Flexibilität. Die Gefahr des *Konservatismus'* der Strukturen ist hoch, weil die gemeinsame Wirklichkeitskonstruktion untereinander ständig bestärkt wird und somit mehr und mehr zur außer Frage stehenden Faktizität gerinnt.

Roswita Königswieser und Peter Heintel meinen, daß nur die sozialen Systeme, in denen direkte Kommunikation stattfinden kann, in der Lage sind, sich selbst zu steuern.[430] Die direkte Kommunikation wird in dieser Arbeit ebenfalls als wesentliche Voraussetzung für die Entwicklung von

---

[428] Vgl. Wimmer 1997, S. 119ff.

[429] Vgl. Wimmer 1997, S. 122.

[430] Vgl. Königswieser/Heintel 1997, S. 94.

Intersubjektivität auf der Sinnebene und fester Kopplung auf der Strukturebene verstanden.

d) Kommunikations- und Handlungsfreiräume

Innerhalb der autonomen Einheiten/Teams müssen Kommunikations- und Handlungsfreiräume für selbstorganisierende Prozesse gelassen werden. So wird im Team *laterale Kommunikation* gefördert, die Chance zur Ausbildung von *Intersubjektivität* (Orientierung/Identität) und *Pluralität (Wissensverknüpfung)* wird erhöht. Formelle Strukturen sind aufgabenorientiert. Kommunikations- und Handlungsfreiräume für die Ausbildung informeller Strukturen sind nicht nur bzgl. der Aufgabenorientierung wesentlich, da sie Unvorhersehbares ermöglichen können, sondern sind Voraussetzung für *zwischenmenschliche Beziehungen* und damit für die Entwicklung emotionaler/sozialer Intelligenz innerhalb der sozialen Gruppen. Und den sozialen Kontakten wird – wie oben erwähnt – hinsichtlich ihrer *Orientierungskraft* in dieser Konzeption eine große Rolle beigemessen. Die durch Aufgabenanreicherung gestiegene Komplexität/Pluralität innerhalb einer Subkultur, kann über Intersubjektivität und soziale Beziehungen ausgeglichen werden.

Zudem sind Kommunikations- und Handlungsfreiräume innerhalb der autonomen Einheiten wesentliche Voraussetzung für die Ausdifferenzierung von Subkulturen entlang gemeinsamer Interessen im Unternehmen und nicht-unternehmensbezogener Faktoren. Die Freiräume müssen wahrgenommen oder aber, wenn sie eigentlich gar nicht vorhanden sind, geschaffen und erkämpft werden. Durch mutiges, eigenverantwortliches, selbständiges Arbeiten der Individuen und Teams und Fehlerfreundlichkeit und Rückendeckung für Experimente seitens der Führungsebene kann die Wahrnehmung und Nutzung von Freiräumen protegiert werden.

e) Externe Kommunikation

Wesentlich für die intrasubkulturelle Pluralität ist die *externe Kommunikation (mit unternehmensinternen und -externen Subkulturen)*. Je weniger externe Kommunikation stattfindet, desto eingefahrener wird die subkulturspezifische Wirklichkeitskonstruktion (siehe „Intersubkulturelle Struktur").

2.7 Kulturentwicklung von Unternehmen

2.7.6.2 Intersubkulturelle Struktur

Welche Strukturen ermöglichen interkulturelle Zusammenarbeit derart, daß die Subkulturen nicht eingeebnet werden, sondern sich gegenseitig produktive Komplexität bereitstellen?

a) Lose Kopplung der Subkulturen/Intersubkulturelle Zusammenarbeit: netzwerkförmige Binnenstruktur im Unternehmen als Parallelorganisation

Subkulturen sind z.B. durch zwischenmenschliche Beziehungen oder durch aufgabenbezogene Aspekte lose miteinander gekoppelt. Auch in Bezug auf Strukturen geht es um *Redundanz/Slack*. Z.B. Ketten- oder Baumstrukturen sind nicht-redundant, d.h. bei Ausfall eines Elementes zerfällt das System in zwei Einheiten, es stehen keine alternativen Lösungen zur Disposition. Redundante Strukturen zeichnen sich durch lose Kopplung der Subsysteme/Subkulturen aus. Lose Kopplung von Elementen oder Systemen meint, daß diese nur wenige gemeinsame Variablen aufweisen oder die gemeinsamen Variablen schwach sind.[431] Grabher zitiert Weicks Katalog von Funktionen loser Kopplung[432]:

- Störungen eines Subsystems erschüttern nicht das gesamte System
- Die Eigenständigkeit der Elemente/Teilsysteme erhöht die Umweltsensibilität
- Möglichkeit lokaler Anpassung, Bewältigung lokaler Kontingenzen
- Erhöhung der Varianz durch Kompartmentierung

Nun sind in einem Unternehmen nicht sämtliche Subkulturen einheitlich lose oder fest gekoppelt, einige Subkulturen sind fest gekoppelt. Um diese Kristallisationskerne entfalten sich lose gekoppelte Subsysteme.[433] Grabher meint – hier stark vereinfacht wiedergegeben –, daß *lose Kopplung Anpassungsfähigkeit* (in dieser Konzeption mit *Pluralität* vergleich-

---

[431] Vgl. Glassmann 1973, S. 84, wiedergegeben nach Grabher 1994, S. 31.
[432] Vgl. Grabher 1994, S. 31ff.
[433] Vgl. Grabher 1994, S. 34.

bar) und *feste Kopplung Handlungsfähigkeit* (in dieser Konzeption mit *Orientierung* vergleichbar) protegiert.[434]

In Unternehmen sind sowohl lose als auch feste Kopplungen sinnvoll. Fokussiert ein Beobachter ausschließlich auf Systeme/Gruppen, sieht er nur die Möglichkeiten fester und loser Kopplung zwischen den Systemen. Fokussiert man ausschließlich auf die individuelle Ebene, nimmt man lediglich die Möglichkeiten loser und fester Kopplung zwischen den Personen wahr. *Die Subkulturkonzeption ermöglicht diese Kombination jedoch andersartig: innerhalb der einzelnen Subkulturen sind die Elemente (Individuen) tendenziell eher fest gekoppelt und die Subkulturen untereinander sind tendenziell eher lose gekoppelt – mit Ausnahme langfristiger Subkultur-Allianzen.*

Ein weiterer Vorteil autonomer lose gekoppelter Subsysteme liegt in der Möglichkeit *paralleler Entwicklung.*[435] Es wird deutlich, daß es nicht nur den one-best-way zur Lösung eines bestimmten Problems gibt. Werden diese parallelen Entwicklungen über ein *Intranet* allen Subsystemen zur Verfügung gestellt, eröffnen sich neue Kombinationsmöglichkeiten, und das Wissen über andere Entwicklungen/Problemlösungen destabilisiert die Strukturen der eigenen Problemlösung, protegiert Toleranz und Offenheit für andere Perspektiven/Wege.

Aufgrund der Autonomie, Selbstreferentialität und der Intersubjektivität besteht grundsätzlich die Gefahr der *Abschottung* der einzelnen Subkulturen. Zwar weisen Organisationseinheiten im Vergleich zu einzelnen Funktionsbereichen bei der funktionalen Gliederung größere Pluralität auf, so daß sie über größere Wahrnehmungsfähigkeit verfügen, auch in Richtung anderer Subkulturen, aber aufgrund ihrer *Autonomie* sehen sie evtl. keine Notwendigkeit, sich mit anderen Subkulturen auseinanderzusetzen, sich auszutauschen. Zwischen Subkulturen, die aufgrund ihrer Aufgaben partielle Schnittstellen aufweisen, und zwischen autonomen Organisationseinheiten und der Subkultur „Unternehmensführung" wird es i.d.R. formelle Strukturen geben. Aber auch zwischen anderen Subkulturen sollte kommuniziert werden. Intersubkulturelle Kommunikation muß vielfach *formell angestoßen* werden, wenn sie sich – aufgrund der Autonomie – nicht selbst entwickelt.

---

[434] Vgl. Grabher 1994, S. 34.
[435] Vgl. Grabher 1994, S. 35ff.

2.7 Kulturentwicklung von Unternehmen

Das bereits häufig erläuterte Spannungsfeld zwischen Orientierung/ Identität und Pluralität auf der Sinnebene hat innerhalb der einzelnen Subkulturen weiter Bestand. Die Orientierung bringende Intersubjektivität innerhalb einer Subkultur kann die Pluralität stark einschränken. Der Konservatismus und das Festhalten an der spezifischen Intersubjektivität kann durch intersubkulturelle Kommunikationen und Handlungen aufgeweicht werden.

Über intersubkulturelle Kommunikation sollen sich Subkulturen nicht aneinander anpassen, sie sollen nicht eingeebnet werden. Die Vorteile von Subkulturen für ein Unternehmen wurden bereits genannt. Ziel intersubkultureller Kommunikationen und Handlungen ist die *gegenseitige Anreicherung der Pluralität*.

Ist ein Unternehmen in autonome Organisationsbereiche gegliedert, wird nicht mehr in erster Linie Synergieeffekten nachgejagt. Einige Tätigkeiten/Aufgaben fallen in einigen Organisationseinheiten parallel an und werden getrennt voneinander subkulturspezifisch erledigt. Gerade in diesen Bereichen ist Erfahrungsaustausch (s.u. Wissens-Intranet) sinnvoll. Aufgrund von internen und/oder externen Ereignissen wird es häufig Situationen geben, in denen es notwendig erscheint, daß zwei oder mehrere Subkulturen eine spezifische Aufgabe gemeinsam angehen. Für diese Fälle ist es ratsam, eine *grundsätzliche Bereitschaft* der einzelnen Subkulturen für eine Zusammenarbeit mit anderen Subkulturen bereit zu halten. Diese Bereitschaft kann sich über positive Erfahrung bei der Zusammenarbeit mit anderen Subkulturen entwickeln. Man lernt den Umgang mit anderen Perspektiven und hat die Chance zu lernen, daß nicht die eigene Perspektive die einzig wahre ist.

Verallgemeinert lassen sich intersubkulturelle Kommunikationen folgendermaßen kategorisieren:

- *Ignoranz*: die andere Perspektive wird aufgrund mangelnder eigener Pluralität nicht wahrgenommen, da keine Anschlußmöglichkeiten vorhanden sind. Gegengift: Pluralität einzelner Subkulturen fördern.

- *gegenseitige Frontenbildung*: die Subkulturparteien denken: die andere Perspektive ist falsch, dumm, die eigene ist die richtige und muß auf jeden Fall durchgesetzt werden. Differenzen zwischen den Subkulturen sind positiv: sie können zur Selbstreflexion anregen und eingefahrene Perspektiven permanent in Frage stellen. Aber Frontenbildung infolge von Differenzen kombiniert mit Starrsinnigkeit ist mühsam. Wie kann Frontenbildung ex ante verhindert werden? Regelmäßige Zusammenarbeit mit unterschiedlichen Subkulturen und das Bewußtsein, daß die Wirklichkeit sozial konstruiert wird, fördert die Toleranz für andere Perspektiven. Frontenbildung kann begegnet werden durch „Moderatoren": entweder zwei oder mehrere Individuen aus den streitenden Subkulturen, die sich wohlgesonnen sind, oder durch Individuen einer unbeteiligten Subkultur. Informelle Subkultur-Allianzen infolge von Freiräumen bergen nicht das Potential an Frontenbildung wie formell organisierte.

– *einseitige Engstirnigkeit*: die eine Subkultur meint, über die einzig richtige Perspektive zu verfügen, die andere ist falsch; die andere Subkultur ist reflektierter, nimmt die Differenzen der Wirklichkeitskonstruktionen wahr, vergleicht sie mit der eigenen, modifiziert evtl. die eigene und kann die andere Perspektive nachvollziehen, ohne sie zu teilen. Hier muß aufgepaßt werden, daß die toleranteren Subkulturen nicht permanent gegenüber den starrsinnigen den Kürzeren ziehen, nachgeben. Damit wird die starrsinnige Subkultur zu allem Überfluß nämlich noch bestätigt, und die toleranten Subkulturen werden sich häufig überrollt fühlen und sich fragen, was ihnen die Toleranz nutzt, und sich evtl. dann, wenn keiner damit rechnet auch einmal stur stellen. Das Problem ist zudem, daß einmal ausgehandelte Bereiche von der starrsinnigen Subkultur als Faktizität und von der toleranten Subkultur als tolerantes Zugeständnis ihrerseits mit daran anschließenden Erwartungen wahrgenommen/interpretiert werden. Diese Erwartungen werden jedoch von der starrsinnigen Subkultur erst recht nicht wahrgenommen, so daß Frontenbildung droht.

– *gegenseitige Toleranz*: infolge der intersubkulturellen Kommunikation wird die andere Wirklichkeitskonstruktion versucht nachzuvollziehen. Es werden beidseitig Differenzen wahrgenommen und reflektiert, die eigene Wirklichkeitskonstruktion wird in Frage gestellt. Die Differenzen werden nicht als Bedrohung für die eigene Wirklichkeitskonstruktion wahrgenommen/interpretiert, sondern als Chance, die eigene Wirklichkeitskonstruktion weiterzuentwickeln.

Grundsätzlich ist es ratsam, intersubkulturelle Zusammenarbeit aus einer *dritten Perspektive* beobachten zu lassen.

Welche Strukturen fördern tolerante intersubkulturelle Zusammenarbeit? Welche Formen loser Kopplung der Subsysteme sind denkbar?

2.7 Kulturentwicklung von Unternehmen

Mögliche intersubkulturelle Strukturen sind Projekte und Netzwerke. Die Unterschiede zwischen diesen Strukturen haben Boos/Doujak herausgearbeitet[436]:

Abb. 12: Eine Gegenüberstellung von Projekten und Netzwerken

Projekte		Netzwerke
stabile Rahmenbedingungen	← →	instabile Rahmenbedingungen
Abgrenzbarkeit der Aufgabeninhalte	← →	offene Aufgaben
Planbarkeit und Kontrolle	← →	Offenheit und Vertrauen
Entscheidungsvorbereitung, Entscheidung, Umsetzung	← →	Entscheidungen passieren (oder nicht)
klare Verantwortung	← →	diffuse Verantwortung
Methodenstandards	← →	Methodenvielfalt
Steuerung	← →	Selbststeuerung
Interaktion auf Basis von Vereinbarungen und Verträgen	← →	Interaktion auf Basis von Geben und Nehmen
Steuerungsgrößen: Zeit, Ressourcen Ressourcen, Ziele	← →	Steuerungsgrößen: Beziehungskapital, gemeinsame Vision, aktueller Anlaß

Quelle: Boos/Doujak 1997, S. 136.

Die genannten Strukturen sind für spezifische Aufgabenarten geeignet[437]:

- Autonome Organisationseinheiten als hierarchische Stammorganisation (prädestiniert für vorhersehbare und zuordenbare Probleme),

- Projektmanagement (geeignet für neuartige, identifizierbare und abgrenzbare Aufgaben),

- Einzelpersonen-Netzwerke (für unvorhergesehene und nicht ausgegorene Probleme).

U.a. entlang autonomer Organisationseinheiten, Projekt- und Teamarbeit entwickeln sich Subkulturen. Die Literatur fokussiert zur Zeit stark auf Netzwerke, da Netzwerke viel Selbstorganisation, Flexibilität, Intensivie-

---

[436] Boos/Doujak 1997, S. 136.
[437] Vgl. Boos/Doujak 1997, S. 138.

rung der Kommunikation und Wissensverknüpfung versprechen. Dem soll hier zugestimmt werden.

Dennoch muß explizit darauf hingewiesen werden, daß Individuen auch einen sicheren Heimathafen, eine feste Zugehörigkeit zu einer Subkultur, eine Plattform benötigen, wo sie Sicherheit empfinden und von der aus sie starten können. Die Netzwerkstruktur kann keine Primärstruktur von Unternehmen sein, sondern nur eine Sekundärstruktur.

Der Meinung von Boos/Doujak, daß Netzwerke nur für unvorhergesehen, nicht ausgegorene Problemstellungen geeignet sind, soll sich nicht angeschlossen werden. Netzwerke können sich auch entwickeln bzw. ins Leben gerufen werden entlang konkreter Aufgaben, deren Ende jedoch offen ist. Dies scheint dann sinnvoll, wenn für diese Aufgabe verschiedene Know-hows zusammengeführt werden sollten, die ansonsten nichts miteinander zutun haben. Netzwerke sind „mehr Sternschnuppe als System"[438], d.h. sie entstehen entlang des Problems und wenn das Problem gelöst ist, zerfallen sie wieder.

Einzelperson-Netzwerke bilden i.d.R. keine Subkultur aus, in denen sich implizites Wissen in Strukturen manifestiert. Insofern zählen Netzwerke aus der in dieser Arbeit vertretenen Perspektive zu den möglichen intersubkulturellen Strukturen, besser gesagt: Prozessen.

Neben Einzelpersonen-Netzwerken sind bzgl. intersubkultureller Kommunikation und Zusammenarbeit auch Gruppennetzwerke zwischen autonomen Organisationseinheiten, Projektteams und Subkulturen vorstellbar.

Des weiteren wäre Projektarbeit hinsichtlich intersubkultureller Zusammenarbeit folgendermaßen ergiebig: und zwar über Teams, die langfristig ähnlichen Aufgaben nachkommen mit rotierenden Mitgliedern. Es soll nicht das gesamte Team rotieren, sondern die Mitglieder sollten einzeln wechseln. So kann sich Wissen in den Strukturen manifestieren, welches die Neuankömmlingen lernen können. Es entsteht ein soziales System, welches nicht auf die einzelnen Mitglieder zurück gerechnet werden kann. Solche Teams wurden oben als Zwischenkulturen bezeichnet. Dieserart Teams bieten verschiedene Vorteile: sie bieten den Teilnehmern einen Ausflugsort aus ihrem Heimathafen und damit Einblicke in andere Perspektiven, so wird dem Konservatismus des Heimathafens entgegengewirkt, die Teilnehmer bringen neue Codes, Werte, Themen

---

[438] Boos/Doujak 1997, S. 146.

zurück in ihr Stammteam. Innerhalb dieser Teams treffen unterschiedliche Perspektiven aufeinander, es kann viel voneinander gelernt und Verbindungen für weitere *intersubkulturelle Zusammenarbeit auf selbstorganisierendem Weg* aufgebaut werden.

Aufgrund ähnlicher Aufgaben werden spezifische Strukturen ausgebildet, welche den Teilnehmern vermittelt werden. Die Teilnehmer werden diese Strukturen jedoch unterschiedlich wahrnehmen und interpretieren und durch ihre Kommunikationen und Handlungen weiterentwickeln. Durch die wechselnden Mitglieder laufen die Strukturen nicht Gefahr, sich konservativ zu entwickeln.

In welchen Zyklen – Vollzeit für einen bestimmten Zeitabschnitt, oder nur ein Mal pro Woche für drei Stunden – sich die Mitglieder treffen, hängt von der Aufgabe ab. Inhalte könnten sein: „Wertebildung von unten", Beobachtung des Gesamtunternehmens, spezifischer Subeinheiten, Aufbau und Pflege eines Wissens-Intranet, Redaktion der Firmenzeitschrift, Organisation von Firmenfesten, o.ä.

Alle hier vorgestellten intersubkulturellen Strukturen können sich auf selbstorganisierenden und fremdorganisierten Wegen entwickeln. Häufig muß der Anstoß für intersubkulturelle Zusammenarbeit fremdorganisiert sein. Zudem scheint eine Fremdbeobachtung der Zusammenarbeit, das Setzen von Meilensteinen u.ä. sinnvoll. Der Schwerpunkt der Zusammenarbeit selbst sollte dann jedoch auf selbstorganisierenden Wegen erfolgen.[439]

*b) Kommunikations- und Handlungsfreiräume
intersubkultureller Zusammenarbeit*

Es sollten Kommunikations- und Handlungsfreiräume für selbstorganisierende Prozesse bereitgehalten werden (siehe Kap. 2.5). Bei erzwungener Zusammenarbeit kann es aufgrund der unterschiedlichen Perspektiven leicht zur *Frontenbildung* kommen. Verständnis für andere Perspektiven hat man bekanntlich eher für Menschen, die man mag. Intersubkulturelle Kommunikations- und Handlungsstrukturen dürfen aus diesem Grund nicht nur aufgaben-, sondern müssen auch *beziehungsorientiert* formuliert werden. Formelle Strukturen werden i.d.R. unabhängig von

---

[439] Diese Meinung vertritt auch Herbert Furch, Vorstandsmitglied der VA Technologie AG, vgl. Boos/Furch 1997, S. 205ff.

bestimmten Personen, ausschließlich aufgabenorientiert formuliert. Geht es um die personelle Besetzung der Stellen, steht ebenfalls die fachliche Qualifikation im Vordergrund. Soziale Kompetenzen erfahren jedoch in Theorie und Praxis einen Aufwärtstrend. Grundsätzlich sollte die Beziehungsorientierung bei der Stellenbesetzung größere Berücksichtigung finden. Bei einigen Stellenbesetzungen scheint die Beziehungsorientierung besonders wesentlich: z.B. an den Schnittstellen verschiedener Subkulturen. *Informelle intersubkulturelle Strukturen weisen grundsätzlich stärkere Beziehungsorientierung auf.*

c) Externe Kommunikation

Kommunikationen und Handlungen mit der Umwelt können auf drei Ebenen erfolgen: auf individueller, subkultureller, unternehmensspezifischer Ebene. Ebenso wie die neueren systemtheoretischen Ansätze werden in dieser Konzeption soziale Systeme (u.a. Subkulturen, Unternehmen) als soziale Akteure interpretiert. Zwar werden die Kommunikationen und Handlungen zwischen Gruppen oder Unternehmen von Individuen vollzogen, sie agieren jedoch als Repräsentanten des Systems und werden von der Umwelt als solche wahrgenommen. Willke definiert kollektives Handeln „als systemisch koordiniertes Handeln mit dem Ziel, das System insgesamt gegenüber seiner Umwelt in einer bestimmten Weise zur Geltung zu bringen."[440] Kollektives Handeln kann nicht linear auf individuelles Handeln und individuelle Handlungspräferenzen zurückgeführt werden.

Kommunikationen mit externen Subkulturen werden zum einen über einzelne Subkulturen vollzogen, zum anderen aber auch über das Subkulturnetz. Bei langfristiger Zusammenarbeit zwischen einigen internen und externen Subkulturen werden die Kommunikationen und Handlungen durch formelle und informelle Strukturen in Bahnen gelenkt. Freiräume sind geschlossen, die Gefahr des Konservatismus besteht. Deshalb sind auch an dieser Stelle *wechselnde Subkultur-Allianzen* zwischen Unternehmen und der Umwelt ratsam.

Im Vergleich zu unternehmensinterner subkultureller Zusammenarbeit, teilen interne und externe Subkulturen *keine gemeinsame grundlegende Unternehmensperspektive*: resultierend aus Strategie, Tradition,

---

[440] Willke 1993, S. 190.

2.7 Kulturentwicklung von Unternehmen

Unternehmensidentität. Bei langfristiger Zusammenarbeit können sich interne und externe Subkulturen allerdings näher kommen als einige interne Subkulturen. Grundsätzlich nimmt man zwar an, daß die Subkulturen für „ihr" Unternehmen das Beste herausholen wollen. Gerade im Zuge der Strukturierung in autonome Organisationseinheiten ist es jedoch auch vorstellbar, daß interne und externe Subkulturen, z.b. einige Einkaufs- und Verkaufsabteilungen ein engeres „Wir-Gefühl" entwickeln als mit dem eigenen Unternehmen. Die interne und externe Subkultur unterscheiden sich voneinander weniger als die Subkulturen von ihrem Unternehmen. Über aufgaben- und beziehungsorientierte Kommunikationen und Handlungen, gemeinsame Erfahrungen, gemeinsame Ziele, Strategien und Tradition wächst eine Kultur mit eigenen Codes, Werten, Themen. *Die Unternehmens-Umweltgrenze ist dann nicht mehr klar zu ziehen.*

Eine solche Entwicklung ist nicht allgemeingültig positiv oder negativ zu beurteilen. Sie kann für beide Unternehmen Vorteile bringen, nämlich z.b. eine gut funktionierende Zusammenarbeit, aber auch Nachteile, z.b. Abweichung von der Unternehmensstrategie, mangelnde Loyalität gegenüber dem Unternehmen. Aus altherkömmlicher Manager-, Unternehmensführungsperspektive würde eine solche Entwicklung wohl überwiegend negativ beurteilt: „das Beiboot gerät außer Kontrolle".

Fest steht jedoch, daß infolge der Spezialisierung von Unternehmen die Zusammenarbeit mit anderen Unternehmen in den letzten Jahrzehnten immer wesentlicher wurde und daß interne und externe Subkulturen z.T. intensiv zusammen einen Acker bestellt haben, so daß es fraglich ist, ob überhaupt eine Alternative zur Entwicklung einer eigenständigen Kultur besteht. Auf jeden Fall resultiert aus derart enger Verzahnung die *Einebnung* zweier oder mehrerer Subkulturen, sie können einander nicht mehr Komplexität zur Pluralitätsanreicherung zur Verfügung stellen. Ist die eigenständige Zwischenkultur *kompatibel* mit den anliegenden internen und externen Subkulturen, gibt es Anschlußmöglichkeiten, kann Abschottung und Starrheit verhindert werden. Liegt keine Anschlußfähigkeit zu umliegenden Subkulturen vor, stellt diese Zwischenkultur eine Gefahr für beide Unternehmen dar. Aus dieser Perspektive ist es sinnvoll, eine Zusammenarbeit mit „artverwandten" Unternehmen anzustreben, allerdings mit dem Nachteil einer eingeschränkten gegenseitigen Pluralitätsanreicherung.

2.8 Zusammenfassung und kritische Würdigung der radikal-konstruktivistischen Subkkulturkonzeption

Die Zusammenfassung der radikal-konstruktivistischen Konzeption soll sich auf das Wesentliche und Neue der Subkulturkonzeption beschränken.

Die Möglichkeiten der Entwicklung von Orientierung und Pluralität aus subkultureller Perspektive wurden in Kap. 2.7.5 auf der Sinnebene in vier und in Kap. 2.7.6 auf der Strukturebene in zwei Abschnitte gegliedert. Diese Gliederung des Inhaltsverzeichnisses findet sich in Abbildung 13 auf der nächsten Seite wieder.

Das Wesentliche resultierend aus der Subkultur-Perspektive:

1. Immer mehr Unternehmen gliedern sich – laut H. Willke – in *autonome Organisationseinheiten*. Die Konstruktion „Unternehmenskultur" mit signifikanten Wirkungen auf sämtliche Individuen paßt nicht mehr auf die Realität. Die Unternehmen im Unternehmen bilden eigene *Subkulturen* aus, entwickeln eigene Identitäten. Jedes Unternehmensmitglied ist Mitglied einer autonomen Organisationseinheit und der dort ausdifferenzierten Subkultur. Allerdings können die Mitglieder einer Subkultur „Organisationseinheit" auch Mitglied weiterer Subkulturen sein: einer Subkultur, die sich entlang von gemeinsamen unternehmensbezogenen Interessen oder entlang von Gemeinsamkeiten, die außerhalb des Unternehmens liegen, entwickelt.

2. Aus der Kritik an Luhmann resultiert, daß Individuen (mit ihren Kognitionen, Emotionen, Kommunikationen und Handlungen) als Elemente sozialer Systeme definiert werden sollen. Es wird die kulturelle Dimension weder auf rein *individueller* noch auf rein *kollektiver Ebene* gedacht, sondern aus dem Wechselspiel dieser beiden Ebenen. Soziale Systeme (z.B. Unternehmen, Subkulturen) sollen nicht als Konglomerat von Individuen, sondern als *soziale Akteure* verstanden werden. Über emergente Prozesse in den Köpfen der Mitglieder, die sich in Kommunikationen und Handlungen äußern, erlangen soziale Systeme Eigenständigkeit/Identität sowohl auf der Sinnebene (systemspezifische Wirklichkeitskonstruktion) als auch auf der Struktur-

2.8 Zusammenfassung und kritische Würdigung

Abb. 13: Möglichkeiten der kulturellen Entwicklungen aus der Subkulturperspektive

		Sinnebene: Kap. 2.7.5	Strukturebene: Kap. 2.7.6
Intrasubkulturelle Ebene	Orientierung	**Kap. 2.7.5.2** ■ Tradition, Strategie, Visionen ■ Intersubjektivität ■ Selbstreflexion des Positiven	**Kap. 2.7.6.1** Welche Strukturen protegieren die Existenz pluralistischer Subkulturen? ■ Autonome Organisationseinheiten ■ Führungsteams ■ Feste Kopplung ■ Kommunikations- und Handlungsfreiräume ■ Externe Kommunikation
	Pluralität	**Kap. 2.7.5.3** ■ Selbstreflexion ■ Resonanzfähigkeit ■ Wie können Pluralität, Selbstreflexions- und Resonanzfähigkeit erhöht werden? – Heterogene Subkulturmitglieder – Personalentwicklung – Ausflüge aus dem Heimathafen	
Intersubkulturelle Ebene	Orientierung	**Kap. 2.7.5.1** ■ Tradition ■ Moderne Werte (Strategie/Visionen) ■ Subkulturnetz ■ Unternehmensführung	**Kap. 2.7.6.2** Welche Strukturen fördern nicht die Einebnung der Subkulturen, sondern das gegenseitige Bereithalten von Komplexität? ■ Lose Kopplung der Subkulturen/Intersubkulturelle Zusammenarbeit ■ Kommunikations- und Handlungsfreiräume ■ Externe Kommunikation
	Pluralität	**Kap. 2.7.5.4** ■ Selbstreflexion auf Unternehmensebene ■ Pluralistische Subkulturen und wechselnde intersubkulturelle Zusammenarbeit	

Quelle: eigene

ebene (systemspezifische Operationsweise/Prozesse/Strukturen). Das soziale System unterscheidet sich von anderen über diese spezifische Wirklichkeitskonstruktion und Operationsweise, die es von der Umwelt abhebt. Über diese spezifischen Gemeinsamkeiten, die das soziale System von anderen unterscheidet, wird es von seiner Umwelt als sozialer Akteur wahrgenommen. Das Spezifische des sozialen Systems kann nicht linear auf die Mitglieder zurück gerechnet werden.

3. Die *individuellen Wirklichkeitskonstruktionen* bieten die Grundlage für die subkulturspezifische Wirklichkeitskonstruktion. Dabei gehen die Individuen nicht vollkommen im Unternehmen auf. Individuen entwickeln in verschiedene Lebensbereichen unterschiedliche Bezugsrahmen: Familie, Religion, Hobbys, Arbeit u.a. Die Entwicklung von *Intersubjektivität*/einer gemeinsamen Wirklichkeitskonstruktion bezieht sich lediglich auf einen Bereich, in dem regelmäßige, direkte Kommunikation stattfindet. Wobei die Codes, Werte, Themen der nicht-unternehmensbezogenen Bezugsrahmen der einzelnen Individuen die unternehmensbezogenen Kommunikationen und Handlungen perturbieren können. Gerade während des Kennenlernens suchen die Beteiligten gemeinsame Codes, Werte, Themen, über die man ins Gespräch kommt. Die Vertrautheit und Bedeutungskongruenz in einem Bereich wird per Halo-Effekt auf andere Bereiche übertragen. Dies kann zu erheblichen Mißverständnissen führen.

4. Die intersubjektive Wirklichkeitskonstruktion (Sinnebene) manifestiert sich in der Operationsweise/den Strukturen und Prozessen der Subkultur. Die *Sinn- und Strukturebene perturbieren einander*. Haben sich Sinn- und Strukturebene erst einmal entwickelt und profiliert, neigen sie zum *Konservatismus*, welchem v.a. durch Reflexion begegnet werden kann.

5. *Kommunikation* verfolgt in dieser Konstruktion eine duale Zielführung: (inter-) subjektive Interessenverfolgung und Bedeutungskongruenz oder zumindest Kompatibilität/Anschlußfähigkeit.

6. Stabilität, Halt, konkrete *Orientierung* erfährt das Individuum über die *Intersubjektivität* in der sozialen Gruppe/Subkultur, welche sich über regelmäßige Kommunikation entwickelt. Innerhalb der Subkultur sind deren Mitglieder *fest gekoppelt*, d.h. sie weisen viele gemeinsame Variablen (Intersubjektivität) auf, welche die *Handlungsfähig-*

2.8 Zusammenfassung und kritische Würdigung

keit des Systems erhöhen. In einem Unternehmen existieren also *subkulturspezifische, „multiple Identitäten".*

7. Die Subkulturkonzeption ermöglicht – theoretisch modellhaft – große *Pluralität* durch die verschiedenen Subkulturen und dennoch keine Überforderung der Komplexitätsverarbeitungskapazität der Unternehmensmitglieder, da erstens die Pluralität einer Subkultur geringer ist als die des Subkulturnetzes und zweitens über die Intersubjektivität innerhalb der Subkulturen Komplexität reduziert wird.

8. Die Subkulturen sind in einem dynamischen Prozeß miteinander verwoben. Kommunizieren einige Subkulturen häufig zusammen, werden sie immer fester gekoppelt, gleichen sich in ihrer Wirklichkeitskonstruktion immer weiter an (*Einebnung der Kulturen*). Um Einebnung zu verhindern, da mit ihr der Verlust der Pluralität des Unternehmens einher geht, scheint es sinnvoll, die *Autonomie* der einzelnen Subkulturen zu wahren. Integration der Subkulturen ist also gerade nicht das Ziel. Diesbezüglich besteht jedoch die Gefahr, daß die einzelnen Subkulturen v.a. ihre Interessen verfolgen und die *Gesamtsicht des Unternehmens* aus den Augen verlieren. Intersubkulturelle Kommunikation muß z.T. formell angestoßen werden. Die Subkulturen müssen in der Lage sein, sich gegenseitig perturbieren zu können. Dafür ist Anschlußfähigkeit/Kompatibilität der Codes, Werte, Themen erforderlich. Die Pluralität der Codes, Werte, Themen wird durch intersubkulturelle Zusammenarbeit gefördert.

9. Der Umgang mit multiplen Identitäten im Unternehmen/die Zusammenarbeit von Subkulturen ist ein neues Feld der betriebswirtschaftlichen Theorie und Praxis. Grundsätzlich sollte Resonanzfähigkeit zwischen den Subkulturen eines Unternehmens auf der Sinn- und Strukturebene der Subkulturen verankert sein (theoretisch z.B. über das Prinzip der Selbstähnlichkeit konstruierbar). Wechselnde intersubkulturelle Zusammenarbeit in Form von Projekten, Einzelpersonennetzwerke u.ä. fördert die grundsätzliche Bereitschaft der Individuen und Subkulturen andere Perspektiven verstehen und von ihnen lernen zu wollen. Die Distanz zum Heimathafen schärft den Blick für blinde Flecken. In den Ausflugsorten geben sich die Individuen gegenseitig Anstöße für neue Codes/Werte/Themen/Perspektiven. Das während der Ausflüge Gelernte wird bei Heimkehr in den Heimathafen an die anderen Subkulturmitglieder vermittelt und manifestiert

sich gegebenenfalls in den subkulturellen Sinn- und Strukturebenen. Diese Erweiterung erhöht die intersubkulturelle Resonanzfähigkeit und die Qualität folgender intersubkultureller Zusammenarbeit (positive Wissensspirale).

10. *Unternehmensweite Orientierung* ist lediglich sehr grob vorstellbar in Form von verbliebener Tradition, Stolz, Visionen, Strategie und des unternehmensspezifischen Subkulturnetzes. Auf dieser Ebene unterscheidet sich das Unternehmen von der Umwelt, bildet eine *unternehmensspezifische Identität* aus.

11. Die Subkulturkonzeption und die Betrachtung sowohl der individuellen als auch der kollektiven Ebene bieten – stark vereinfacht formuliert – tendenziell den Vorteil der *Verbindung zwischen loser Kopplung* zwischen den Subkulturen im Unternehmen (Pluralität, Resonanzfähigkeit) *und fester Kopplung* zwischen den Individuen innerhalb einer Subkultur (Orientierung/Handlungsfähigkeit) und damit Möglichkeiten, das *Spannungsfeld zwischen Orientierung und Pluralität ein Stück weit zu öffnen*. Möglichkeiten, die Orientierung und Pluralität innerhalb einer Subkultur und auf Unternehmensebene zu protegieren, wurden in den Kapiteln 2.7.5 und 2.7.6 erläutert und in Abb. 13 zusammengefaßt.

12. Die Subkulturkonzeption ermöglicht hinsichtlich der Selbstbeobachtung, -beschreibung, -reflexion das Aufdecken von *blinden Flecken* der einzelnen Subkulturen durch vielfältige Möglichkeiten der *Gegenüberstellung von Selbst- und Fremdbeobachtung (intersubkulturelle Kommunikationszirkel: Form der internen Beratung)*. Zudem tragen die Deutungsdifferenzen zwischen den Subkulturen zu einer intensiveren Auseinandersetzung mit den sie konstituierenden Sachverhalten bei.

13. Die Subkultur-Perspektive liefert einen Beitrag, die in der Praxis zu beobachtende Verwässerung von *Unternehmens-Umwelt-Grenzen* theoretisch zu erklären: Arbeiten unternehmensinterne und -externe Subkulturen langfristig, intensiv miteinander, kann es zur Einebnung der beiden Kulturen kommen, sie entwickeln mit der Zeit ein intensiveres „Wir-Gefühl" als jeweils mit ihren Unternehmen, eine eigene gemeinsame Identität und Intersubjektivität. Dies ist möglich, weil

2.8 Zusammenfassung und kritische Würdigung 271

der unternehmensweiten, -spezifischen Orientierung in dieser Konzeption nicht sehr viel Gewicht eingeräumt wird.

14. Die Subkultur-Konzeption erklärt die Notwendigkeit und protegiert die Existenz von *Slacks* sowohl auf der Sinnebene: Überschuß an Weltbildern, Werten, Visionen, Deutungen, Perspektiven, Zielen etc. aufgrund multipler Identitäten als auch auf der Strukturebene: intrasubkulturelle Kommunikations- und Handlungsfreiräume zum Ausbau der Autonomie der einzelnen Subkulturen durch selbstorganisierende Prozesse und zur selbstorganisierenden intersubkulturellen Zusammenarbeit.

15. Es gibt noch eine weitere Möglichkeit, Pluralität und Orientierung gleichzeitig zu verfolgen: ein *Wissens-Intranet*.[441] Infolge autonomer Organisationseinheiten ist es wahrscheinlich, daß Erfahrungen eines Subsystems einem anderen Subsystem wichtige Erkenntnisse bringen könnten. Um im Bereich Wissen, Erfahrungen Synergieeffekte zu erzielen, ist es sinnvoll, ein computergestütztes System zu entwickeln. Mit Hilfe eines Anforderungskatalogs halten sämtliche Unternehmensmitglieder wichtige Erfahrungen, Erkenntnisse, Informationen etc. schriftlich fest, die dann anderen zur Verfügung stehen. Damit ein solches System tatsächlich funktioniert, sollte es mit einem Anreizsystem kombiniert werden. Orientierung liefert ein solches Intranet durch die Entwicklung einer subkulturübergreifenden Wissensbasis und Pluralität durch das Nutzen nicht selbst gemachter Erfahrungen, gewonnener Informationen etc.

---

[441] Hellmut Willke hat sich mit Möglichkeiten firmeneigener Datenbanken beschäftigt, vgl. Willke 1995 Kap. 7.

Teil II

Die Entwicklung der kulturellen Dimension im Rahmen der Integration eines Fusionsprozesses

Die Umweltkomplexität von Unternehmen steigt. Es stehen immer weniger allgemeingültige Orientierungen, wie Steuerungsmechanismen und Determinismen (z.B. Tradition, Religion, Macht, Rationalität, Knappheit) bereit, welche die Umweltkomplexität einzuschränken vermögen. Gleichzeitig wächst der Kontingenzraum möglicher Entscheidungalternativen.[1] Zudem hat sich Deutschland von einem Produktions- zu einem wissensintensiven Dienstleistungsstandort entwickelt. Statt die hohe Komplexität durch Bürokratie beherrschbar zu machen, sollten Unternehmen ihre Eigenkomplexität erhöhen, um die Komplexität bewältigen zu können.[2]

Im Anschluß an den Radikalen Konstruktivismus wird die kulturelle Dimension eines Unternehmens als Basis für die organisationale Lern- und Entwicklungsfähigkeit interpretiert. In der Diskussion um Komplexität, Dynamik, und Entwicklung darf die Orientierung für Individuen und soziale Systeme jedoch nicht ins Abseits geraten. Die auf dem Radikalen Konstruktivismus fußende Subkulturkonzeption stellt Möglichkeiten zur Orientierung und Lern- und Entwicklungsfähigkeit innerhalb eines Unternehmens vor.

Sieht ein Unternehmen innerhalb des Systems nicht die nötigen Potentiale, spezifische/s Kapazitäten, Wissen zu entwickeln, um die Eigenkomplexität zu erhöhen, hat es die Möglichkeit, extern Wissen zu beziehen. Eine diesbezüglich weitverbreitete Option stellen Fusionen dar. Es

---

[1] Vgl. Gross 1994.
[2] Vgl. Pfriem 1999a, S. 20f.

gibt wenig Literatur zum Thema „Fusionen" und zudem behandelt die Literatur v.a. die Strategieentscheidung, also die Frage „Wollen wir fusionieren?". Wird fusioniert, schließt die Phase der Umsetzung/des Integrationsprozesses – auch Post-Merger-Management genannt – an. Wobei die getrennte Behandlung dieser beiden Phasen insofern kritisch zu betrachten ist, als daß Überlegungen bzgl. möglicher Vor- und Nachteile der Integrationsphase bereits in die Strategieentscheidung Eingang finden müßten.[3] Aus subkultureller Perspektive ist v.a. die Integrationsphase interessant, verbunden mit der Aufforderung, diese Überlegungen bereits in die Strategieentscheidung aufzunehmen.

Nun liegt die Mißerfolgsquote von Fusionen jedoch bei ungefähr 50%.[4] Die hohe Mißerfolgsquote von Fusionen resultiert nach Meinung vieler Experten aus Schwierigkeiten im Umgang mit der kulturellen Dimension während des Integrationsprozesses.

Margit Müller, welche Fusionen aus historischer Sicht aufarbeitet, resümiert, daß Fusionen hinsichtlich der erhofften Rentabilitätssteigerungen nicht das halten konnten, was sie versprachen. Es sind jedoch stets erhebliche Lernprozesse durch Fusionswellen zu verzeichnen.[5] Wie läßt sich diese Chance nutzen?

Die kulturelle Dimension – die Sinnebene der beteiligten Individuen, Gruppen und Unternehmen und die Strukturebene der sozialen Systeme – ist ein wesentliches Fundament, auf welchem sämtliche Integrationsbemühungen aufbauen. Insofern verdient die kulturelle Dimension eine explizite Diskussion. D.h. nicht, daß die Akkulturation im Mittelpunkt sämtlicher Fusionsüberlegungen stehen sollte. Wenn jedoch erwogen wird zu fusionieren, muß die kulturelle Dimension permanent im Auge behalten werden. Und sie sollte nicht nur als das große Problem, sondern als Chance angesehen werden.

Die Betrachtung von Integrationsprozessen ist als ein exemplarisches Anwendungsbeispiel für die Subkulturkonzeption zu verstehen. Lassen sich aus der Subkulturperspektive die Ursprünge für Praxisprobleme beobachten und eröffnet sie Lösungsmöglichkeiten?

Die Probleme während eines Fusionsprozesses werden recht einstimmig benannt: das Machtgefälle zwischen dem „stärkeren" und „schwä-

---

[3] Vgl. Clever 1993.
[4] Vgl. Siebenhaar/Zeller 1993, S. 149; Clever 1993, S. 122.
[5] Vgl. Müller 1999, S. 78.

cheren" Unternehmen (die Schwachen werden geschluckt), die Kulturen, Identitäten und Strukturen wanken, es fehlt an Orientierungen, die Individuen sind aufgrund der hohen Pluralität überfordert und haben Angst vor Veränderungen/Verschlechterungen, es herrscht Konkurrenz zwischen den Mitgliedern der beteiligten Unternehmen, aufgrund der vielfältigen internen Probleme findet externe Kommunikation kaum noch statt. Wo liegen die Ursachen für die auftretenden Schwierigkeiten und welche Lösungen sind denk- und umsetzbar? Wie kann die hohe Pluralität infolge der mannigfaltigen Wirklichkeitskonstruktionen genutzt und möglichst schnell Orientierung geschaffen werden? Wie können diese Probleme in Chancen überführt werden?

Die Vorzüge der Subkulturperspektive für die Betrachtung von Fusionsprozessen könnte in folgenden Punkten liegen: Sie betrachtet das Zusammenspiel sowohl zwischen individueller und sozialer/kollektiver Ebene als auch zwischen Sinn- und Strukturebene, und sie vermag das Spannungsfeld zwischen Orientierung/Handlungskoordination und Pluralität/Lern- und Entwicklungsfähigkeit ein Stück weit aufzulösen bzw. zu nutzen.

Aufgrund der Beobachtung, daß Fusionen und Kooperationen häufig behandelt werden, als wären sie in etwa das Gleiche[6], soll ausdrücklich auf die Trennung dieser Themen hingewiesen werden. Es geht hier nicht um die Zusammenarbeit zweier rechtlich und wirtschaftlich selbständiger Unternehmen, sondern um die Integration/Verschmelzung zweier Unternehmen zu einem.

Hinsichtlich der kulturellen Integration sind theoretisch vier Formen denkbar[7]:

– Anpassung des gekauften Unternehmens an das kaufende Unternehmen,

– Beibehaltung beider Unternehmenskulturen,

– Zusammenbruch der Unternehmenskultur des gekauften Unternehmens,

– Integration/gegenseitige Ergänzung.

---

[6] Z.B. bei Jansen 2000.
[7] Vgl. Gödecke 1999, S. 63f.

Im Folgenden soll auf die zuletzt genannte Form fokussiert werden, da sie das größte Potential an möglicher Lern- und Entwicklungsfähigkeit offeriert. Dabei soll aufgezeigt werden, daß die ersten beiden Formen nicht möglich sind.

Je nach theoretischer Grundlage werden andere Themenschwerpunkte der kulturellen Integration eines Fusionsprozesses gesehen. Hier sollen, durch Abgrenzung zu anderen theoretischen Betrachtungen der kulturellen Dimension, die Vorzüge der Subkulturperspektive verdeutlicht werden. Sie deckt einige Ursprünge für die Probleme der Integration auf und eröffnet damit Interventionsmöglichkeiten für die Praxis.

In Kap. 3 wird geprüft, mit welchen theoretischen Ansätzen die betriebswirtschaftliche Literatur den Integrationsprozeß fundiert. Werden diese Ansätze der kulturellen Dimension gerecht?

In Kap. 4 wird diskutiert, welche Erkenntnisse die Subkulturkonzeption dem Integrationsprozeß hinsichtlich der Entwicklungs- und Lernfähigkeit (Pluralität/Orientierung) auf der Sinn- und Strukturebene liefern kann.

Kapitel 3

Betriebswirtschaftliche Ansätze zur kulturellen Dimension der Integration

„So etwas wie eine einigermaßen geschlossene Theorie gibt es, soweit ich sehen kann, bis heute dennoch nicht. Die Fusionswellen kamen für die Zeitgenossen immer *überraschend* und sie fanden sie *unvorbereitet*. Die Häufung von Unternehmenszusammenschlüssen erschien jeweils als singuläres und im Grunde unerklärbares Wirtschaftsphänomen. Daher gab es weder ausreichend Zeit noch genügend Gründe, eine Theorie zu entwickeln."[8]

Nach Durchsicht der betriebswirtschaftlichen Fusions-Literatur kann diesem Zitat nur zugestimmt werden. Der Strategieentscheidung „Fusion – ja oder nein" liegen verschiedene mathematischen Berechnungsmodelle zugrunde. Den Integrationsprozeß haben aus theoretischer Perspektive erst sehr wenige Autoren unter die Lupe genommen.

In Kap. 3.1 soll der Integrationsprozeß aus kontingenztheoretischer Perspektive betrachtet werden. Sie soll im Folgenden als Differenzierungsgrundlage dienen. In 3.2 wird der Fusionsprozeß von Mani Dabui (1998) mit dem Ressourcenorientierten Ansatz theoretisch hinterlegt. Aufgrund der unterschiedlichen theoretischen Basen wird die Integration während des Fusionsprozesses – insbesondere die unternehmenskulturelle Dimension – aus zwei verschiedenen Perspektiven betrachtet.

---

[8] Malik 1999, S. 252.

3.1 Kontingenztheoretischer Ansatz

Der Kontingenzansatz wurde in Kap. 1.1.1 bereits zusammengefaßt dargestellt. Der Integrationsprozeß sieht aus kontingenztheoretischer Perspektive überspitzt formuliert folgendermaßen aus: Das Käuferunternehmen stellt die neue Unternehmensführung, welche die Integration top-down gestaltet. Den Mitarbeitern fällt eine Objektrolle zu. Koordiniert wird über Fremdorganisation. Die Unternehmensführung überschaut die Komplexität und lenkt sie in formelle Strukturen. Das gekaufte Unternehmen hat sich dem kaufenden Unternehmen anzupassen. Die Anpassung findet auf organisatorischer, informationstechnischer, unternehmenskultureller[9] und auf strategischer[10] Ebene statt. Ob diese Anpassung gelingt, ist v.a. von diesen Einflußfaktoren: Organisation, Informationstechnik, Unternehmenskultur, Strategie, die den Integrationsprozeß determinieren, abhängig.

Die Unternehmenskulturen beider Unternehmen sollen über bestimmte Parameter analysiert und in Richtung einer Sollkultur gestaltet werden.[11] Ziel ist ein „Fit" zwischen den beiden Unternehmenskulturen und zwischen der Unternehmensstruktur und der Strategie.[12] Die Wirklichkeit wird objektiv wahrgenommen. Unter Kommunikation wird die Übertragung von Informationen vom Sender zum Empfänger verstanden. Die Kontingenztheorie wurde in Teil I Kap. 1.1.3 bereits grundlegend kritisiert.

In der Radikalität ist diese veraltete, technokratische Sichtweise jedoch sehr selten zu lesen. Je nach Autor wird die eine oder andere Annahme aufgeweicht. Unternehmen werden als Kulturen angesehen, Kultur ist eine alles beeinflussende Größe, Kulturen sind nicht im technokratischen, sondern im ganzheitlichen Sinne (Verständnis über die Zusammenhänge und die Auswirkungen der Erkenntnisse in den Phasen des Fusionsprozesses) beeinflußbar, die Mitarbeiter werden in den Prozeß einbezogen,[13] „kulturbewußtes Management" verdrängt „Kulturmanagement".

---

[9] Vgl. Clever 1993, S. 125, Abb. 1.
[10] Vgl. Frank/Stein 1993, S. 136.
[11] Vgl. Clever 1993, S. 116ff.
[12] Vgl. Clever 1993, S. 121.
[13] Vgl. Clever 1993, S. 112ff.

3.1 Kontingenztheoretischer Ansatz

Die Literatur zu diesem Thema trägt auch häufig den Titel „Post-Merger-Management" und wurde zumeist von Unternehmensberatern verfaßt, welche eine theoretische Grundlage für ihre praktischen Empfehlungen für sich behielten.[14] Zudem – oder gerade deswegen – gehen die Autoren nach wie vor von einem großen Einfluß des Managements – auch auf die Unternehmenskultur – aus. Zitate wie „Unternehmenskultur resultiert aus Führungsprozessen" oder „das Management ist Schaffer, Vermittler und Anker der Unternehmenskultur"[15] sind keine Ausnahme.

Aber auch in wissenschaftlichen Ausführungen wird die Kontingenztheorie dem Integrationsprozeß zugrundegelegt.[16] Leider basieren auch die meisten empirischen Untersuchungen auf kontingenztheoretischen Modellen: Es wird der Einfluß des Kontext und der Ziele auf die Integrationsgestaltung gemessen, der Einfluß der Integrationsgestaltung auf die Barrieren und die Geschwindigkeit und der Einfluß dieser Variablen auf die Effizienz. Dabei wird vollkommen unkritisch mit dem Kontingenzansatz umgegangen. Während Systemtheoretiker und Konstruktivisten über den Vergleich mit z.B. der Kontingenztheorie die Vorzüge ihres theoretischen Ansatz zu erklären suchen, vermitteln einige Anhänger der Kontingenztheorie auch heute noch den Eindruck als gäbe es keinen anderen theoretischen Ansatz. Da diese Arbeit die Annahmen der Kontingenztheorie kritisiert und als überholt ansieht, wird im Folgenden kaum auf die einschlägige Fusionsliteratur (z.B. Haspeslagh/Jemison 1991a, Gerpott, 1993) Bezug genommen.

---

[14] Vgl. z.B. Clever 1993; Eiffe/Mölzer 1992.
[15] Vgl. z.B. Chromy/Stork 1999, S. 134ff.
[16] Vgl. Gerds 2000.

3.2 Der Ressourcenorientierte Ansatz

Theoretische Grundlage:

Der Ressourcenorientierte Ansatz (Resource-based View of the firm) läßt sich der „Strategischen Unternehmensführung" zuordnen. Der Ansatz geht davon aus, daß Differenzen der Stärken und Schwächen von Unternehmen aus der asymmetrischen Allokation von Ressourcen resultieren und daraus Quellen strategischer Wettbewerbsvorteile wachsen können.

Unter „Unternehmensressourcen" werden alle Einsatzgüter und Vermögensgegenstände, Fähigkeiten und Stärken eines Unternehmens verstanden, welche strategische Erfolgspotentiale hervorbringen können.[17] Strategischer Erfolg wird zentral beeinflußt durch *materielle* (z.B. physische Komponenten von Netzwerken, Technische Einrichtungen, Grundstücke, Gebäude) und *immaterielle Ressourcen* (Exklusivrechte, Kommunikationskonstanten wie z.B. guter Ruf des Unternehmens und einiger Mitarbeiter, Produkte, Kontakte, Unternehmens-Umwelt-Beziehungen, individuelles Wissen und organisationales Wissen, welches sich z.B. in der Tiefenstruktur, Kultur, in den lebensweltlich geprägten Wahrnehmungs- und Interaktionsmustern manifestiert).[18] Diese Ressourcen müssen bestimmte *Charakteristika* aufweisen, welche die Heterogenität von Unternehmen bewahrt: Knappheit, Dauerhaftigkeit, mangelnde Imitierbarkeit (Unternehmenskultur!) und mangelnde Handelbarkeit (d.h. auf Märkten nicht frei zu erwerben).[19]

Porter[20] hat versucht die Strategische Unternehmensführung mit der Ökonomie theoretisch zu fundieren. Daraus resultierte die grundlegende Fragestellung: Wieso sind Unternehmen unterschiedlich? Wie lassen sich supranormale Gewinne von Unternehmen erklären? Es gibt zwei Denkschulen des Ressourcenorientierten Ansatzes: die „Structural School" basiert auf der orthodoxen Ökonomie und die „Process School" wird durch die evolutorische Ökonomie theoretisch fundiert.

Gemäß den Annahmen der orthodoxen Ökonomie (deterministische Gleichgewichtsvorstellung, rationale Entscheidung, optimale Anpassung,

---

[17] Vgl. Barnay 1991, S. 101.

[18] Vgl. Dabui 1998, S. 72ff.

[19] Zu den Charaktereigenschaften der Ressourcen vgl. z.B. Barnay 1991, S. 102ff.; Grant 1991, S. 111ff.

[20] Vgl. Porter 1981.

vollkommener Faktormarkt) entspricht der Preis einer Ressource dem erwartbaren Wert für die Produkt-Markt-Strategie. Demnach sind supranormale Gewinne nicht erklärbar. Die Structural School geht davon aus, daß die Unternehmensführung über keinen Handlungsspielraum verfügt. Im Sinne des Ressourcenorientierten Ansatzes hat das Management lediglich die Aufgabe, Ressourcen zu identifizieren, zu beschaffen, zu kontrollieren. Aufgrund externer Veränderungen verändert sich der Wert dieser Ressourcen, so daß die Erzielung von Renten möglich ist. Ex ante läßt sich der spätere Wert einer Ressource nicht bestimmen, sondern nur spekulieren. Ließe sich der Wert antizipieren, könnten andere Unternehmen den Wert ebenfalls antizipieren und das Erreichen außergewöhnlicher Gewinne wäre nicht möglich. Supranormale Gewinne können nur durch Glück erklärt werden oder durch eine Tautologie: Die Überlegenheit der Ressourcenausstattung führt zu Wettbewerbsvorteilen und damit zum supranormalen Gewinn, welcher die überlegene Ressourcenausstattung begründet,...[21]

Im Folgenden wird jedoch der Process School alleinige Aufmerksamkeit geschenkt; sie liegt den meisten Veröffentlichungen zum Ressourcenorientierten Ansatz zugrunde. Gemäß der Process School wird das Handeln von Unternehmen als Anpassung an die Umwelt verstanden *und* durch endogene Faktoren erklärt. Supranormale Gewinne können erreicht werden durch den gezielteren Einsatz bestehender Ressourcen und –bündel, aber auch durch das Kreieren neuer Ressourcenkombinationen.

Prahalad/Hamel haben diese Denkrichtung durch einen vielzitierten Artikel publik gemacht.[22] Prahalad/Hamel vergleichen das Unternehmen mit einem Baum dessen Wurzeln einige wenige Kernkompetenzen darstellen und die Produkte, die aus ihnen erwachsen sind die Blätter und Früchte. Die Bündelung von Fähigkeiten zu Kernkompetenzen kann sich an Kundenwünschen ausrichten, sollte jedoch auch Produkte kreieren können, welche die Kunden noch gar nicht erahnen. Das Unternehmen hat die Aufgabe schneller und billiger als die Konkurrenz solche Kernkompetenzen aufzubauen, aus denen überraschende Produkte entwickelt werden können. Wobei die dezentralen strategischen Geschäftseinheiten die Zusammenführung von Fähigkeiten zu Kernkompetenzen erschwe-

---

[21] Zu dieser Argumentation vgl. Fischer/Nicolai 2000, S. 227ff.
[22] Vgl. Prahalad/Hamel 1991; Gedankliche Wurzeln des Ressourcenorientierten Ansatzes liegen bei Penrose 1959.

ren. *Zwischen den einzelnen Ressourcen und den Kernkompetenzen besteht keine eindeutige Beziehung.*[23] Damit lösen sich Prahalad/Hamel von der ökonomischen Rationalität und von dem Anpassungsdeterminismus von Unternehmen an die Umwelt und sehen im Sinne Schumpeters für Unternehmen die Chance in ihrer Umwelt kreativ Neues zu gestalten. Wobei der Ressourcenorientierte Ansatz seinen Fokus nicht auf den Einfluß des Unternehmens auf die Umwelt legt, sondern ausschließlich auf die interne Generierung von Kernkompetenzen.

Die Fähigkeiten, aus denen sich Kernkompetenzen entwickeln, liegen in den Unternehmensmitgliedern. Sie dürfen ihren Blick nicht zu eng führen, damit sie die Chancen wahrnehmen, die sich aus der Kopplung von eigenen Erfahrungen mit den Erfahrungen anderer ergeben können. Kernkompetenzen entstehen aus kollektiven Lernprozessen.[24] Die Unternehmensführung und das Management der strategischen Geschäftseinheiten haben die Aufgabe, die Kompetenzen der einzelnen strategischen Geschäftseinheiten zu analysieren und mit Hilfe flankierender organisatorischer Maßnahmen, wie z.B. Projektteams und Rotation die verstreuten Kompetenzen zu Kernkompetenzen zu bündeln. Es geht um die Bestandsaufnahme der vorhandenen Fähigkeiten und um deren ungewohnte Anwendung.[25]

Ressourcenorientiertes Postmerger-Management

Es gibt sehr wenige theoretisch fundierte Literatur zum Postmerger-Management. Eine Ausnahme stellen die Ausführungen von Mani Dabui[26] dar. Dabui versteht unter Postmerger-Management die zielorientierte Gestaltung der Integration von Unternehmensvereinigungen. Dabui ist auf der Suche nach einem theoretischen Ansatz, welcher sowohl die Strategieentscheidung „Fusion, ja oder nein" als auch den Integrationsprozeß fundieren kann. Bieten „Ziele" einen Ansatzpunkt? Wertsteigende Ziele wie z.B. Marktmacht, Wachstum, Risikoreduktion oder Managementziele wie z.B. Macht, Prestige können auch über andere Wege als Fusionen erreicht werden, sind also keine zwingenden Begründungen.

---

[23] Vgl. Prahalad/Hamel 1991, S. 71.
[24] Vgl. Prahalad/Hamel 1991, S. 69.
[25] Vgl. Prahalad/Hamel 1991, S. 71.
[26] Vgl. Dabui 1998.

Zudem erwachsen die Entscheidungsprobleme eines Postmerger-Managements v.a. aus der spezifischen Situation der Integration zweier heterogener sozio-technischer Systeme. Allerdings geht es immer um die Erlangung von Wettbewerbsvorteilen. Da eine Fusionsentscheidung eine strategische Entscheidung ist, geht es in diesem Themenkomplex um strategische Ziele, strategische Wettbewerbsvorteile, strategisches Management und strategische Unternehmensführung. Aus dem Bereich der strategischen Unternehmensführung wählt Dabui den Ressourcenorientierten Ansatz als theoretische Grundlage für den Fusionsprozeß.

Zur Strategieentscheidung „Fusion ja oder nein": Die o.g. Ressourceneigenschaften verhindern interne Entwicklung bzw. Imitation und Zukauf strategischer Ressourcen. Strategische Ressourcen wie z.B. Tiefenstruktur, organisationales Wissen können nur durch den Übergang des Systems insgesamt gewonnen werden. Zudem kann Knappheit strategischer Ressourcen und ihr Schutz durch Property rights durch Fusionen überwunden werden. Des weiteren können Fusionen Zeitvorteile realisieren, Eintrittsbarrieren überwinden und Nutzungsmöglichkeiten vorhandener Ressourcen verbessern. Damit interpretiert Dabui den Erwerb strategischer Ressourcen als spezifisches Motiv/Ziel von Fusionen.[27] Insofern geht es bei der Integration zweier Unternehmen nicht unbedingt um die Angleichung der Unternehmen, sondern z.T. um Bewahrung der Heterogenität.

*Entscheidungsprobleme eines ressourcenorientierten
Postmerger-Managements:*

Postmerger-Management ist „Teil einer planvollen Gestaltung der das Unternehmen konstituierenden Faktorbündel mit dem Ziel, den zur Erlangung von Wettbewerbsvorteilen erforderlichen Fit zwischen System (Ressourcenbündel) und Umwelt zu gewährleisten."[28]

Wesentliche Aufgabe des Postmerger-Managements ist der Transfer (Akkumulation oder Komplettierung) oder die Elimination materieller und immaterieller Ressourcen:

---

[27] Vgl. Dabui 1998, S. 95.
[28] Dabui 1998, S. 103.

1. Der *Transfer materieller Ressourcen* ist eng verzahnt mit einer Reorganisation der Vereinigungsparteien. Es muß eine Entscheidung zwischen einer Zentralisation von Ausführungs-, Weisungs- sowie Entscheidungskompetenzen bzw. ihrer Dezentralisation und der Implementierung zusätzlicher Koordinationsinstrumente getroffen werden. Besteht das Ziel einer Fusion in dem Transfer materieller Ressourcen, kann das Postmerger-Management auf die technokratische Gestaltung des Leistungs- und Managementsystems reduziert werden.[29]

2. Bzgl. der *Elimination materieller Ressourcen* kann zwischen marktlicher Verwertung und Stillegung entschieden werden.

3. Den *Transfer immaterieller Ressourcen* unterteilt Dabui in Kommunikationskonstanten (Marken und persönliche Beziehungen) und Wissen. Ähnlich wie bei dem Transfer materieller Ressourcen besteht bei der Übertragung von Kommunikationskonstanten die Aufgabe des Postmerger-Managements in der Implementierung geeigneter Koordinationsmechanismen und in der Veränderung der Tätigkeiten und innerbetrieblicher Informations- und Kommunikationsbeziehungen bestimmter Stellen. Wegen der Interdependenzen zwischen den Managementteilsystemen führen diese Eingriffe in die organisatorischen Strukturvariablen zur Umgestaltung der betroffenen Informations-, Planungs-, Kontroll- und Personalmanagementsysteme.[30]

Hauptaugenmerk liegt auf dem *Transfer von Wissen durch organisationales Lernen*. Dabui schließt diesbezüglich an Luhmann an: Systeme konstruieren ihre Wirklichkeit subjektiv, sind operational geschlossen, selbstreferentiell, energetisch offen, Letztelement von Systemen sind Kommunikationen. Erwartungsmuster, welche den Wissensvorrat konstituieren, reduzieren die Systemkomplexität. Also lernen Systeme auf der Ebene der Erwartungen, nicht auf der Ebene von Handlungen. Ein Wandel der Erwartungsmuster vollzieht sich auf dem Wege des kommunikativen Handelns und wird als Anpassung an äußere oder innere Veränderungen interpretiert. Interorganisationaler Wissensaustausch bei Fusionen wird verstanden als Anpassung an innere Veränderungen (Selbstanpassung):[31] Durch eine Fusion treffen heterogene Erwartungs-

---

[29] Vgl. Dabui 1998, S. 163.
[30] Vgl. Dabui 1998, S. 136.
[31] Vgl. Luhmann 1996, S. 56, S. 479.

3.2 Ressourcenorientierter Ansatz

muster aufeinander und diese steigern die Systemkomplexität. Um aufgrund doppelter Kontingenz nicht handlungsunfähig zu werden, kommt es zur Erwartungsstrukturänderung (Tiefenstruktur-Ebene) durch Selbstanpassung.

Aufgaben des Postmerger-Managements: *Explizites Wissen* kann durch intensiven Informationsaustausch transferiert werden. Informations- und Kommunikationsstrukturen sollten dahingehend gestaltet und die erforderlichen Reorganisationsprozesse implementiert werden. Entscheidungsprobleme sieht Dabui in der Wahl zwischen Fremdorganisation und Selbstorganisation und in der Identifikation von Know-how-Trägern.

Die intersubjektive Vermittlung *impliziten Wissens* von einer Person zur anderen ist laut Dabui nur durch Beobachtungslernen[32] möglich, d.h. es wird der direkte Kontakt zwischen „Lehrer" und „Schüler" vorausgesetzt. Sinnvolle Maßnahmen des Postmerger-Managements sieht Dabui in temporären Personaltransfers, in der dauerhaften räumlichen Zusammenfassung der betroffenen Stelleninhaber, in der Schaffung einer Lernatmosphäre, welche die Wahrnehmungsfähigkeit schärft und die Bereitschaft steigert, das Erlernte umzusetzen.

Wie kann jedoch *implizites, kollektives Wissen* (Tiefenstruktur) transferiert werden? Überträgt man Banduras Beobachtungslernen auf Kollektive, hieße das, daß Interaktions- und Perzeptionsmuster durch Beobachtungen in der Gruppe erworben werden könnten. Daraus folgt, daß der Personenkreis überschaubar im wahrsten Sinne des Wortes sein muß. Deshalb geht Dabui nicht von einer Einheitskultur eines Unternehmens aus, sondern eher von einem aus Subkulturen zusammengesetzten Gebilde. Über Interaktionen mit anderen Subkulturen können tiefenstrukturelle Elemente anderer Subkulturen gelernt werden. Daneben stellt Dabui die Möglichkeit, implizites, kollektives Wissen im Zuge autopoietischen Lernens zu entwickeln (Selbstanpassung). Der Transfer von Wissen kann danach nicht mehr als einseitiger Vorgang der Übertragung von Wissen verstanden werden. Es entwickeln sich neue Erwartungsmuster, in welche tiefenstrukturelle Elemente beider Unternehmen mit einfließen.

Postmerger-Management ist ein Balanceakt zwischen Erhalt und Transformation strategischer Ressourcen. Verschiedene Interdependenzen, nämlich zwischen den Teilsystemen eines Unternehmens, zwischen

---

[32] Vgl. Bandura 1986, S. 47ff. und 106ff.

den Maßnahmen eines Postmerger-Managements und zwischen den zu transferierenden Ressourcenkategorien bringen dem Postmerger-Management Probleme. „Der Erfolg eines Postmerger-Managements hängt folglich davon ab, ob es gelingt, das zur Realisation von Wettbewerbsvorteilen notwendige mit dem im Hinblick auf die Bewahrung von Kernkompetenzen zulässige Maß an strukturändernden Aktionen zu vereinen."[33]

Gestaltungsansätze eines ressourcenorientierten Postmerger-Managements:

Dabui sieht die Gefahr, daß der Versuch, Fähigkeiten zu transferieren, eben diese zerstören kann (Akquisitionsparadox[34]). Das zeigt die Grenzen einer top-down-Gestaltung. Dabui schließt sich, hinsichtlich des Einflusses des Managements, *Kirsch* an und überträgt sein „*Modell der geplanten Evolution*"[35] auf das Postmerger-Management: Auf einer Makroebene wird eine umfassende, konzeptionelle Gesamtsicht der Unternehmensentwicklung entworfen, sie setzt die Rahmenbedingungen für Transfer und Elimination von Ressourcen. „Die Annahmen über die anzustrebende Konstellation des Faktorbündels spiegeln dabei die konzeptionelle Gesamtsicht einer mit Hilfe von Fusionen oder Akquisitionen zu bewältigenden Unternehmensentwicklung wider."[36]

Die Umsetzung von Transfer- und Eliminationsmaßnahmen wird in Einzelschritte zerlegt und an die betroffen Teilsysteme delegiert. Wie die Entscheidungsprobleme dort gelöst werden, bleibt den Mitarbeitern überlassen. Sie können formale Strukturen umsetzen, neue Erwartungsmuster generieren etc. Diese Delegation ist sinnvoll, weil die betroffenen Stellen über implizites Wissen z.B. hinsichtlich o.g. Interdependenzbeziehungen in ihrem Bereich verfügen. Dem Postmerger-Management fällt die Aufgabe der zielorientierten Steuerung zu. Die konzeptionelle Gesamtsicht stellt den normativen Orientierungsrahmen, damit sich die selbstorganisierenden Prozesse im Einklang mit den durch die Fusion angestrebten Wettbewerbszielen entwickeln. Zudem bedarf die Offenheit

---

[33] Dabui 1998, S. 160.

[34] Vgl. Haspelagh/Jemison 1992, S. 170.

[35] Vgl. Kirsch/Esser/Gabele 1979.

[36] Dabui 1998, S. 171.

3.2 Ressourcenorientierter Ansatz

der Selbstorganisation gewisser Regulative, damit die Freiräume nicht mißbraucht werden. So soll die Selbstorganisation als top-down-induziert verstanden werden.[37]

Das Postmerger-Management ist also zuständig, günstige Rahmenbedingungen zu schaffen, damit die selbstorganisierenden Prozesse zielgerichtet verlaufen. Dabei geht es um die Installation von Foren oder Arenen, in denen durch Interaktion Varietät produziert und dann durch Selbstanpassung reduziert werden kann und so neue Strukturmuster generiert werden können. Zudem muß das Postmerger-Management die durch die Fusion angestrebten Veränderungen hinsichtlich des Ressourcenportfolios vermitteln.[38]

Dabui thematisiert strukturelle Trägheit als zentrales Problem der geplanten Evolution und nennt dafür drei Ursachen[39]: a) Wahrnehmungsbarrieren (hinsichtlich des Veränderungsbedarfs: verzögerte Wahrnehmung des Misfits zwischen System und Umwelt), b) Fähigkeitsbarrieren (mangelnde Handlungsspielräume, fehlendes Know-how bzgl. des Change-Management), c) Willensbarrieren (motivationale Widerstände aufgrund von Unsicherheit u.a.). An diesen Ursachen muß das Postmerger-Management ansetzen:

Zu a): Die Vermittlung der konzeptionellen Gesamtsicht zeigt den Misfit zwischen System und Umwelt und Wege einen Fit durch eine Fusion herzustellen. Gleichzeitig kann so die Richtung der selbstorganisierenden Prozesse kanalisiert werden. Allerdings kann diese Vermittlung auf Akzeptanz- und Glaubwürdigkeitsprobleme stoßen;

Zu b): Eröffnung von Handlungsspielräumen, Aus- und Fortbildung;

Zu c): Förderung für die Bereitschaft für Veränderungen: Neuordnung des Anreiz- und Sanktionssystems; Verankerung in den Führungsgrundsätzen.

Personelle Aspekte: Im Anschluß an Witte[40] und Kirsch[41] schlägt Dabui für die Postmerger-Phase ein Promotorengespann (Macht- und Fachpro-

---

[37] Vgl. Dabui 1998, S. 173.
[38] Vgl. Dabui 1998, S. 175.
[39] Vgl. Dabui 1998, S. 175ff.
[40] Vgl. Witte 1973, S. 14ff.
[41] Vgl. Kirsch/Esser/Gabele 1979, S. 322f.

motoren) vor, welches die konzeptionelle Gesamtsicht über Kommunikation durchzusetzen vermag – ohne Sanktionsgewalt.

Ob die selbstorganisierenden Prozesse in die geplante Richtung laufen, ist stark abhängig davon, ob die betroffenen Unternehmensmitglieder sich mit den Zielinhalten der Fusion identifizieren. Aus diesem Grund ist die Partizipation an dem Entwurf der konzeptionellen Gesamtsicht des operativen Management empfehlenswert. Dagegen spricht der Geheimhaltungsbedarf bei Fusionsverhandlungen, um die Kaufpreisverhandlungen nicht zu erschweren.

Kritische Würdigung:

Die folgende kritische Würdigung widmet sich zuerst den Ausführungen Dabuis zum Ressourcenorientierten Postmerger Mangement. Auf der einen Seite können entlang der Ausführungen Dabuis einige Schwächen des Ressourcenorientierten Ansatzes offengelegt werden, auf der anderen Seite hat Dabui allerdings nicht die Potentiale des Ressourcenorientierten Ansatzes ausgenutzt. Zum Schluß sollen die Grenzen des Ressourcenorientierten Ansatzes im allgemeinen und für die Integration von Fusionsprozessen im speziellen aufgezeigt werden.

Dabui meint, daß Fusionen das Ziel verfolgen, den *Misfit* zwischen dem eigenen Unternehmen und der Umwelt auszuräumen.[42] Durch den Erwerb strategischer Ressourcen (die das Unternehmen nicht oder nicht in einem kurzen Zeitraum entwickeln kann) zur Generierung strategischer Wettbewerbsvorteile soll der Fit wiederhergestellt werden. Damit bleibt Dabui der ökonomischen Fundierung des Ressourcenorientierten Ansatzes treu. Das Handeln von Unternehmen wird zum einen als Anpassung an ein extern vorgegebenes Marktgleichgewicht verstanden, zum anderen aber auch durch endogene Faktoren erklärt. Die Konstruktion, daß es genau einen „Fit" zwischen Unternehmen und Umwelt gibt, impliziert Annahmen, die nicht geteilt werden sollen: Nur wenn von einer objektiv wahrnehmbaren Welt ausgegangen wird, gibt es einen besten Weg, welchem Theorie und Praxis hinterher jagen.[43] Die *optimale Anpassung* des Unternehmens an die Umwelt soll durch möglichst *rationales, effizientes Verhalten* hergestellt werden. „Die Angleichung von

---

[42] Vgl. Dabui 1989, z.B. S. 99, 103.
[43] Vgl. Fischer/Nicolai 2000, S. 247f.

Unternehmensstrategien ist damit die erwartbare Folge von verbesserten Analysemethoden."[44] Diese Annahmen widersprechen jedoch im Kern dem Anspruch des Ressourcenorientierten Ansatzes, der doch nach den Unterschieden der Unternehmen fahndet.

Gegen diese hartnäckigen Annahmen gibt es mittlerweile viele gute Konstruktionen: Wie in Teil I Kap. 1.5 und 2.1 erörtert, gehen Neurophysiologen und die Epistemologie heute nicht mehr von der objektiven Wahrnehmung der Welt aus, sondern von (inter-)subjektiven Wirklichkeitskonstruktionen. Damit gibt es weder den „one-best-way" noch kann Rationalität eindeutig definiert werden. Verfolgt man die zusammenhängenden Prämissen „Effizienz", „Anpassung", „Rationalität", läßt sich bestenfalls der Status Quo verbessern. Der Status Quo selbst wird jedoch nicht in Frage gestellt. Auf diese Weise wird noch nicht einmal die Möglichkeit bahnbrechender, kreativer Ideen und Wege wahrgenommen.

Dabui versucht also die Strategieentscheidung „Fusion", mit dem Ressourcenorientierten Ansatz zu erklären. Dafür wäre entlang des Ressourcenorientierten Ansatzes doch erst einmal die Frage nach den eigenen Fähigkeiten, den bisherigen Kernkompetenzen und den möglichen zukünftigen Kernkompetenzen zu stellen. Diese Frage wird von Dabui nicht thematisiert. Einziger Fokus liegt auf dem Transfer von Ressourcen.

Der Transfer materieller Ressourcen, der Kommunikationskonstanten (z.B. Markenname) und des expliziten Wissens wird über Erfahrungslernen entlang der *Stimulus-Response-Logik* unproblematisch gesehen. „In allen Fällen, in denen es gelingt, Unternehmensvereinigungen zu isolieren, die ausschließlich auf den Erwerb materieller bzw. nicht oberflächen- oder tiefenstrukturell begründeter immaterieller Ressourcen gerichtet sind, darf somit der Gegenstand eines Postmerger-Management auf eine technokratische Gestaltung des Leistungs- und Managementsystems gemäß den analysierten Aufgabeninhalten eingegrenzt werden."[45] Die Isolation des Transfers von materiellen Ressourcen, Kommunikationskonstanten und des expliziten Wissens ist aus Perspektive dieser Arbeit schwierig, wenn nicht unmöglich. Hier stellt sich die Frage des Integrationsgrades. Wird fusioniert, aber die beiden Unternehmen bleiben vollkommen losgelöst voneinander bestehen und es wird ausschließ-

---

[44] Fischer/Nicolai 2000, S. 248.
[45] Dabui 1998, S. 163.

lich Geld transferiert, mag dies unkompliziert sein. Hierfür ist jedoch kein Postmerger-Management notwendig. Wenn – wie partiell auch immer – die Unternehmen integriert werden sollen, dann sind die beteiligten Unternehmensmitglieder betroffen und ein umfassender Veränderungsprozeß steht ins Haus. Dabui versteht unter Kommunikation, daß Informationen vom Sender zum Empfänger übertragen werden. Demnach kann explizites Wissen über Kommunikation ohne Probleme weitergegeben werden. Dieses Verständnis steht in starkem Gegensatz zu dem in dieser Arbeit vertretenen Kommunikationsverständnis (siehe Kap. 2.1.4). Zudem sieht Dabui nicht die Potentiale eines sozialen Lernprozesses durch Verknüpfung explizierbaren[46] Wissens.

Individuelles implizites Wissen soll durch Beobachtungslernen transferiert werden. Es soll hier nicht in Abrede gestellt werden, daß in sozialen Systemen auch über Beobachtung gelernt wird. Dieser Transfermechanismus stellt das Lernen auf der Ebene von Verhalten und Handlungen heraus. Nur wird eine Handlung ebenfalls nicht fotografisch, sondern (inter-)subjektiv wahrgenommen. Dabui thematisiert dabei nicht, daß Individuum B die Handlung evtl. vollkommen anders interpretiert als Individuum A gemeint hat. Zudem ist implizites Wissen nur zum Teil sichtbar/beobachtbar.

Hinsichtlich des Transfers kollektiven impliziten Wissens arbeitet Dabui zum einen die Möglichkeit des Beobachtungslernens und zum anderen die der *Selbstanpassung* heraus. Dieser Theoriemix ist nicht unproblematisch, weil Dabui mit Luhmann dahingehend übereinstimmt, daß Systeme auf der Ebene von Erwartungen lernen, nicht auf der Ebene von Handlungen. Beobachtungslernen findet jedoch genau auf der Ebene von Handlungen statt. Zudem versteht Dabui zu Beginn ihrer Ausführungen Unternehmen als sozio-technische Systeme und während der Ausführung zur Selbstanpassung im Sinne Luhmanns, als selbstreferentielle, autonome, informational offene, operational geschlossene Systeme. Theoriemix wird in dieser Arbeit grundsätzlich befürwortet. Inkompatible Stellen müssen jedoch thematisiert werden.

---

[46] Aulinger/Pfriem/Fischer führen entlang radikal-konstruktivistischen Gedankenguts aus, daß es Wissen (und Informationen) nur in den Köpfen gibt und damit nicht expliziert vorhanden sein kann. Wissen kann jedoch in Form von Daten explizierbar sein, vgl. Aulinger/Pfriem/Fischer 2001, S. 77ff.

3.2 Ressourcenorientierter Ansatz

Hinsichtlich des kollektiven Beobachtungslernens wird wiederum die Subjektivität der Wahrnehmung nicht thematisiert. Die Idee der Selbstanpassung von Luhmann für den Transfer kollektiven impliziten Wissens zu nutzen, ist sehr ergiebig. Durch eine Fusion wird die Systemkomplexität durch das Aufeinandertreffen verschiedener Erwartungsmuster gesteigert und es werden über den Weg der Selbstanpassung neue Erwartungsmuster generiert. Ohne es zu thematisieren, verläßt Dabui an dieser Stelle die ökonomischen Wurzeln des Ressourcenorientierten Ansatzes. Die Selbstanpassung von Luhmann läßt keinerlei Zielgerichtetheit zu. Die neuen Erwartungsmuster, die sich entwickeln, sind absolut nicht steuerbar, sondern emergent. Gehört man jedoch der alten Denkschule an, wird diese Unbeherrschbarkeit von Situationen und Entwicklungen nicht als Chance zur Generierung bahnbrechender Entwicklungen interpretiert, sondern als unangenehme Situation, welche man zu beherrschen versucht. Dabui geht davon aus, daß kollektives Wissen, wie z.B. die Unternehmenskultur, durch den Übergang der gesamten Organisation (Fusion) übertragen werden kann.[47] Diese Vorstellung ist mit der Selbstanpassung von Luhmann unvereinbar.

Unter Postmerger-Management versteht Dabui die *zielorientierte Gestaltung* der Integration von Unternehmensvereinigungen.[48] Für den Transfer impliziten, kollektiven Wissens nutzt Dabui das Modell der geplanten Evolution von Kirsch. In diesem Kapitel wird ein weiteres Problem von Dabuis Ausführungen und dem Ressourcenorientierten Ansatz offensichtlich. Durch den Fokus auf das Innere des Unternehmens gerät die Unternehmensumwelt, die *System-Umwelt-Beziehung*, externe Kommunikation, externe Anspruchsgruppen, Inhalte externer Unternehmenspolitik in den blinden Fleck[49] und zwar soweit, daß noch nicht einmal das Unternehmen ins Blickfeld gelangt, mit welchem fusioniert werden soll.

Die „von oben" formulierte Gesamtsicht bezieht Dabui nur auf das eine Unternehmen. Dabuis gesamte Ausführungen beziehen sich ausschließlich auf die Perspektive *eines* Unternehmens: welcher Misfit besteht zwischen dem einen Unternehmen und seiner Umwelt, welche Ressourcen kann man nur durch eine Fusion erlangen, wie lassen sich

---

[47] Vgl. Dabui 1998, S. 95.

[48] Vgl. Dabui 1998, S. 53.

[49] Die Probleme des Postmerger-Managements leitet Dabui ausschließlich aus theoretischen Überlegungen ab, nicht aus der Praxis.

diese Ressourcen am besten transferieren, damit die mit der Fusion angestrebten Ziele des einen Unternehmens erreicht werden und wie lassen sich die Ziele in einer konzeptionellen Gesamtsicht zusammenfassen und wie kann diese zur Umsetzung in Einzelschritte zerlegt und an wen delegiert werden. Der letzte Satz ihrer Arbeit bestätigt diese Vermutung: „Ob die einer Fusion bzw. Akquisition zugrunde liegende ressourcenorientierte Zielsetzung von den Unternehmensmitgliedern beider Seiten getragen wird, hängt daher auch davon ab, inwieweit die Vereinigungspartner in ihren konzeptionellen Gesamtsichten übereinstimmen."[50] Wie oben bereits erwähnt, sollte die Ressourcenanalyse beider Unternehmen und Möglichkeiten gemeinsamer Kernkompetenzenentwicklung zuallererst thematisiert werden. Aus ressourcenorientierter Perspektive gesprochen: Kommen zwei Unternehmen nach Analyse der eigenen Fähigkeiten und Kernkompetenzen zu dem Schluß, daß sie extern Fähigkeiten beziehen sollten, um mögliche zukünftige Kernkompetenzen entwickeln zu können, sollten die möglichen zukünftigen Kernkompetenzen i.d.R. von beiden Seiten verfolgt werden.[51] Wenn man Fusionen als Chance für einen gegenseitigen *sozialen Lernprozeß* begreift, ist doch die wesentliche Frage, wie beide Unternehmen im Prozeß der Annäherung/Integration voneinander lernen können. Dabui verfolgt dagegen die Fragestellung: wie kann das Ressourcenportfolio des einen Unternehmens verbessert werden?

Die Idee der Selbstanpassung von Luhmann auf den Fusionsprozeß zu übertragen, könnte dieser einseitigen Sicht entgegenwirken. Aber auch das Thema „Selbstanpassung", als Möglichkeit des Transfers von implizitem, kollektivem Wissen, verfolgt bei Dabui das Ziel, die Tiefenstruktur des *einen* fokussierten Unternehmens zu verändern. Die Frage ist doch, wie die durch die Fusion erhöhte Komplexität an Ressourcen in eine Entwicklung von Kernkompetenzen münden kann?

Ein weiteres Beispiel, welches zeigt, daß Dabui der technokratischen Denkschule angehört, betrifft das Thema „Selbstorganisation". Die Umsetzung der Gesamtsicht soll in Einzelschritte zerlegt und an die operati-

---

[50] Dabui 1998, S. 187.
[51] Ausgenommen sind Fusionen, bei denen das eine Unternehmen lediglich verkauft werden soll und mit dem Verkauf ausschließlich ein möglichst hoher Erlös verfolgt wird. Nur dann ist die ressourcenorientierte Perspektive aus der Sicht eines Unternehmens vertretbar.

ven Teilsysteme delegiert werden. Das versteht Dabui unter Selbstorganisation. Was weiterhin in diesen Teilsystemen passiert, wird nicht diskutiert. Die Delegation von Einzelschritten an die Teilsysteme stellt nicht unbedingt Selbstorganisation dar. Wird z.B. ein Teilsystem von einem operativen Management geleitet, welches top-down, technokratisch führt, kann von Selbstorganisation nicht die Rede sein. Dann wird die Wichtigkeit von Freiräumen herausgestellt, später jedoch empfohlen, Freiräume, die durch die Offenheit der konzeptionellen Gesamtsicht entstehen, von oben zu regulieren.[52] Zudem haben Prahalad/Hamel auf die Gefahr von Ressortegoismen aufmerksam gemacht. Auch dieser wesentliche Hinweis wird von Dabui nicht aufgegriffen.

Eine weitere Gefahr des Ressourcenorientierten Ansatzes, welche sich in Dabuis Ausführungen fortsetzt, wird in dem Oberbegriff „Ressource" gesehen, unter welchem „alles" gemeint wird. Zwar könnte der Blick auf das „Innere" des Unternehmens auch die weichen Faktoren des Unternehmens mit einschließen. Der Ressourcenorientierte Ansatz sieht die Individuen jedoch lediglich als *Träger der Ressourcen* „Fähigkeiten", „Know-how" etc., obschon einige Autoren zwischen Ressourcen und Fähigkeiten unterscheiden.

Durch Anschluß an Luhmann hinsichtlich des Transfers kollektiven, impliziten Wissens wird bei Dabui die Ablösung des Inputs der Individuen von den Individuen verstärkt. Dies wird auch im Kap. „Entscheidungsprobleme des Postmerger-Managements" deutlich, indem ausschließlich die Probleme des Managements thematisiert werden, nicht die der Mitarbeiter. Die Perspektive der Mitarbeiter wird in der gesamten Arbeit kaum thematisiert. Die Unternehmensmitglieder werden als Lieferanten von Ressourcen konzipiert. Es geht nur darum wie der Beitrag der Individuen am besten ausgenutzt werden kann. Die Praxis klagt bzgl. Fusionen jedoch v.a. darüber, daß die Mitarbeiter nicht mitziehen, überfordert sind und die Unternehmenskulturen und die Konkurrenz zwischen den Unternehmen die Integration blockieren. Diese Probleme liegen aus ressourcenorientierter Perspektive im blinden Fleck.

Die Grenzen des Ressourcenorientierten Ansatzes hinsichtlich der theoretischen Erklärungskraft und des praktischen Gestaltungspotentials haben Fischer/Nicolai[53] herausgearbeitet. *Die Beziehung der einzelnen*

---

[52] Vgl. Dabui 1998, S. 173.
[53] Vgl. Fischer/Nicolai 2000, S. 219ff.

Ressourcen zu den Kernkompetenzen ist nicht eindeutig-funktional. Aus diesem Grund ist die theoretische Erklärung von Kernkompetenzen unmöglich. Der Ressourcenorientierte Ansatz erklärt die nachhaltigen Wettbewerbsvorteile durch überlegene organisationale Fähigkeiten, welche sich durch überlegene Fähigkeiten (Meta-Fähigkeiten) erklären lassen, die durch Meta-Meta-Fähigkeiten erklärt werden können ... Das Erklärungsmuster ist ein *infiniter Regreß*. Und wenn man noch nicht einmal den Ursprung für die überlegenen Fähigkeiten klären kann, fragt man sich hinsichtlich der Gestaltungsfunktion, worauf sich die Entwicklung bauen läßt? Wie oben erwähnt, sollte die Ökonomie das Strategische Management theoretisch fundieren. Das kann die Ökonomie bis heute nicht leisten. Kreatives Unternehmertum, welches Unterschiede zwischen Unternehmen erklären könnte, läßt sich mit der ökonomischen Theorie nicht einfangen; für die Generierung bahnbrechender Strategien, Kernkompetenzen, Produkte lassen sich keine allgemeingültigen Gesetze formulieren.[54]

Prahalad/Hamel schreiben, daß der Ursprung für die Fähigkeiten in den *Individuen* liegt. Aus Zusammenführung der einzelnen Erfahrungen und Fähigkeiten, z.B. über Kommunikationen, können Neuerungen entstehen.

In Teil I dieser Arbeit wurde der qualitative Sprung von individuellen Wirklichkeitskonstruktionen zu kollektiven/sozialen Wirklichkeitskonstruktionen mit der *Emergenzthese* von Luhmann erklärt. Diese Erklärung paßt recht gut auf die Annahmen von Prahalad/Hamel, daß *Kernkompetenzen aus kollektiven Lernprozessen* entstehen. Sie hat nicht den Anspruch wie die Ökonomie die Strategische Unternehmensführung theoretisch zu fundieren, und sie liefert auch nur eine abstrakte Sicht eines winzigen Teilausschnitts. Zudem definiert die Erklärung nicht exakt, wo die Kernkompetenzen oder das kreative Neue herkommen und deswegen läßt sich auch keine Gestaltungsempfehlung ableiten.

Der Weg von den individuellen zu den sozialen/kollektiven Wirklichkeitskonstruktionen, von den einzelnen Fähigkeiten zu den gebündelten Fähigkeiten/Kernkompetenzen bleibt im Verborgenen. Und wahrscheinlich liegen die Unterschiede von Unternehmen genau in diesen Bereichen. Ob (betriebswirtschafts)theoretische Ansätze jemals erklären kön-

---

[54] Vgl. zu dieser Argumentation Fischer/Nicolai 2000, S. 235ff.

nen, wie das erfolgreiche Neue generiert wird, bleibt fraglich.[55] Prahalad/Hamel stellen den undefinierbaren Zusammenhang zwischen den einzelnen Fähigkeiten und den Kernkompetenzen heraus und betonen die *Offenheit*, wo die Reise hingeht. „Die Fertigkeiten, aus denen gemeinsame Kernkompetenz hervortritt, müssen bei Individuen gedeihen, die ihre Bemühungen nicht zu eng führen, andernfalls übersehen sie die Chancen, die sich aus dem Zusammenführen eigener Erfahrungen mit denen der anderen ergeben."[56] Damit lösen sie sich vom rationalen Effizienzstreben und vom Anpassungszwang der Ökonomie. Dabui hat dieses Potential, welches einige Vertreter des Ressourcenorientierten Ansatzes entwickelt haben, nicht genutzt.

Schließt man an Prahalad/Hamel an und transferiert ihre Gedanken auf die Integration von Fusionsprozessen, lassen sich einige wertvolle Anregungen übertragen: Nachdem zwei Unternehmen ihre Fähigkeiten und Kernkompetenzen analysiert haben, stellen sie fest – oder besser glauben sie, daß ihnen Fähigkeiten fehlen, um ihr Ressourcenportfolio zu erweitern. Die mit der Fusion verfolgten Ziele dürfen nicht den Blick einengen, sondern sollten Möglichkeiten für noch nicht einmal „angedachte" Kernkompetenzen offen lassen. Der Integrationsprozeß kann als kollektiver Lernprozeß verstanden werden. Neue, kreative Kernkompetenzen können sich durch Erfahrungsaustausch von Individuen entwickeln. Damit die unterschiedlichen Erfahrungen aufeinandertreffen, sollte dem *Ressortdenken* entlang strategischer Geschäftseinheiten entgegen gesteuert werden. Dies ist durch Rotationsprogramme und Projektarbeit vorstellbar.[57] Übertragen auf Fusionen sollten Unternehmensmitglieder beider Unternehmen zusammengeführt werden.

Zum Schluß dieses Abschnitts soll der Ressourcenorientierte Ansatz (im Sinne der Process School und z.B. von Prahalad/Hamel) aus der *radikal konstruktivistischen Subkulturperspektive* kritisiert werden.

Der Ressourcenorientierte Ansatz reißt zwar Löcher (Raum zwischen einzelnen Fähigkeiten und Kernkompetenzen) in die Annahme der objektiv wahrnehmbaren Welt, bleibt jedoch dem positivistischen Wissen-

---

[55] Z.B. ist Pfriem der Meinung, daß diese Frage eher praktisch und (unternehmens-)politisch bearbeitet werden sollte und darüber möglicherweise beantwortet werden kann. Vgl. Pfriem 1999, S. 21.

[56] Prahalad/Hamel 1991, S. 69.

[57] Vgl. Prahalad/Hamel 1991, S. 78.

schaftsverständnis verhaftet. Aus diesem Grunde wurde der Ansatz auch nicht in Teil I hinsichtlich einer möglichen theoretischen Fundierung für die kulturelle Dimension in und von Unternehmen herangezogen. Der Ressourcenorientierte Ansatz ist jedoch offen für radikal konstruktivistisches Gedankengut, er läßt sich problemlos aus radikal konstruktivistischer Perspektive betrachten. Übertragen auf die hier interessierende Integration von Fusionsprozessen folgen einige Überlegungen: Die von Prahalad/Hamel hervorgehobenen Ressortegoismen der strategischen Geschäftseinheiten resultieren aus dem Konservatismus der Sinn- und Strukturebenen dieser sozialen Gruppen/Subkulturen. Aus dem Zusammenführen von Individuen und Gruppen mit unterschiedlichen Wirklichkeitskonstruktionen infolge einer Fusion erwachsen Chancen dem Konservatismus entgegenzuwirken. Innovationen entspringen selten einem Gehirn, sie entwickeln sich über Vernetzung von Wissen – und zwar nicht nur zwischen individuellem Wissen, sondern *auch zwischen kollektivem/sozialem Wissen*.

Da sich Kernkompetenzen aus einzelnen Fähigkeiten, einzelner Individuen oder sozialer Gruppen entwickeln, sollte das Thema „*Kommunikation*" zwischen Individuen und sozialen Gruppen im Zentrum der Überlegungen stehen. Kommunikation verfolgt eine duale Zielführung: Verfolgung von Interessen und Bedürfnissen und Suche nach Anschlußmöglichkeiten und eines vertrauten Klimas (siehe Kap. 2.1.4). Wie führt man welche Individuen und Gruppen mit welchen Denk-, Kommunikations- und Handlungsfreiräumen zusammen?

Der Radikale Konstruktivismus impliziert *Freiräume* auf der Ebene der Wirklichkeitskonstruktionen, aus welchen Neues, Kreatives entspringen kann. Kreatives, Neues entwickelt sich auf dem Wege des Lernens zweiter und dritter Ordnung. In Kap 2.7.2 wurde bereits auf die rekursive Beziehung dieser beiden Lernniveaus eingegangen. Reflektiert man Strukturen, reflektiert man die eigene Wirklichkeitskonstruktion dieser Strukturen also die Sinnebene. Da wir entlang von Unterscheidungen konstruieren, brauchen neuartige, kreative Konstruktionen die Beobachtungen der herrschenden Struktur als Differenzierungsgrundlage. Demnach könnte man hinsichtlich der Veränderung herrschender Spielregeln im Unternehmen und zwischen Unternehmen und Umwelt konstruieren, daß der Status Quo die notwendige Differenzierungsgrundlage darstellt.

3.2 Ressourcenorientierter Ansatz

Diese Konstruktion paßt zur „Schöpferischen Zerstörung" von Schumpeter.[58]

Bevor fusioniert wird, müssen die beteiligten Unternehmen ihre *Fähigkeiten analysieren*. Analysemethoden, welche von objektiv wahrnehmbaren Fähigkeiten ausgehen, sind ungeeignet. Die Unternehmen müssen eine Selbstbeschreibung anfertigen und diese mit einer Fremdbeschreibung vergleichen, um blinde Flecken sichtbar werden zu lassen. Sowohl Individuen als auch soziale Systeme beherbergen Fähigkeiten. Prahalad/Hamel haben stark auf technisches Know-how und Fachwissen als Fähigkeiten einzelner Individuen fokussiert, die es zusammenzuführen gilt. Damit wird die Möglichkeit, die der Ressourcenorientierte Ansatz bietet, weiche Faktoren, wie z.B. Kommunikationsfähigkeit, soziale Kompetenz, Gefühle stärker mit einzubeziehen, verschenkt. Hinsichtlich der Fähigkeitenanalyse sollte also verstärkt auf *weiche Fähigkeiten* fokussiert werden. Gerade die Entwicklung von Kreativem, Neuem wird durch „soft facts", welche Entwicklungsrichtungen öffnen und nicht einengen, protegiert.[59] Diese Sicht wird unterstützt, indem Individuen nicht nur als Träger von Fähigkeiten betrachtet werden, der Input nicht vom Individuum selbst abgekoppelt wird. Das Individuen sollte in seiner gesamten Vielfalt Eingang ins soziale System findet.

Um nicht gänzlich „ins Blaue hinein" Kernkompetenzen anzustreben, ist externe Kommunikation mit den und Beobachtung der Anspruchsgruppen der Unternehmen erforderlich. Kommunikation mit und Beobachtung der externen Anspruchsgruppen soll nicht zur Anpassung führen. Die resultierenden Inhalte könnten z.B. in Kombination mit der Szenariotechnik alternative, zukünftige Wege für das fusionierende Unternehmen aufzeigen, ohne den Blick zu stark einzuengen. Dieser Punkt wird in Kap. 4.3.2 unter der Überschrift „*Entwicklungsfähigkeit*" noch ausführlicher thematisiert.

---

[58] Vgl. Schumpeter 1952, zitiert nach Pfriem 1999a, S. 16.
[59] Vgl. Aulinger/Pfriem/Fischer 2001, S. 69–87; vgl. Goleman 1999, S. 27–36.

Kapitel 4

Die kulturelle Dimension der Integration eines Fusionsprozesses aus der Subkulturperspektive

Die betriebswirtschaftliche Literatur gibt wenig Aufschlüsse, Fusionen als gegenseitigen Lern- und Entwicklungsprozeß zu begreifen. Der Ressourcenorientierte Ansatz liefert dahingehend zwar Potentiale, welche jedoch bisher nicht genutzt wurden. Betrachtet man die Integration der kulturellen Dimension von Fusionsprozessen aus radikal konstruktivistischer Perspektive treten andere Schwerpunkte in den Mittelpunkt.

Ausgangspunkt folgender Überlegungen bzgl. der kulturellen Dimension während der Integration eines Fusionsprozesses sollen Praxisprobleme[60] sein. Da die Wirklichkeitskonstruktionen zwischen Wissenschaft und Praxis häufig weit voneinander entfernt liegen, kann man durch diese Vorgehensweise die Perspektive der Praxis in sämtlichen theoretischen Überlegungen mitlaufen lassen.

Wesentliche Kritik an der betriebswirtschaftlichen Literatur zum Thema Integration von Fusionen ist, daß sie die Ursprünge der Probleme nicht der Sinn-, sondern der Strukturebene zurechnen. Durch Interventionen auf der Strukturebene läuft man Gefahr, die Probleme zu verstärken, nicht zu beheben. Ebensowenig sind technokratische Gestaltungsmaßnahmen auf der Sinn- oder Strukturebene erfolgsversprechend.

Des weiteren soll der Mensch mit seinen Interessen und Bedürfnissen Eingang in die Überlegungen, Problembeschreibungen und Lösungsmög-

---

[60] Die Praxisprobleme wurden zusammengetragen aus Gesprächen mit Fusionsbetroffenen (der Führungsebene und der operativen Ebene), Statistiken/Umfragen der Fusionsliteratur (zusammenfassend vgl. z.B. Fischer/Wirtgen 2000, S. 19f.), Erfahrungsberichten, Zeitungsartikeln und eigenen Überlegungen resultierend aus der Subkulturperspektive.

lichkeiten finden. In diesem Kapitel sollen die Ursprünge der Praxisprobleme aus radikal konstruktivistischer Sicht wahrgenommen/interpretiert werden. Vermag die Subkulturperspektive Lösungen anzubieten?

Der Fusionsprozeß soll in Phasen aufgeteilt werden. Eigentlich umfassen nur Phase drei „Die ersten Monate: Initiierung neuer Prozesse" und Phase vier „Evolutionäre Entwicklung der initiierten Prozesse" den eigentlichen Integrationsprozeß – hier liegt auch der Schwerpunkt der Ausführungen. Es sollte die kulturelle Dimension aber bereits schon vorher Eingang in die Überlegungen zur Fusion finden.

4.1 Phase 1: Vor Vertragsabschluß

4.1.1 Probleme

Das Unternehmen möchte wachsen. Es ist jedoch nicht in der Lage, dies aus eigener Kraft zu schaffen. Es entscheidet sich für externes Wachstum oder zieht zumindest diese Möglichkeit in Betracht. Man definiert, was mit einer evtl. Fusion gesucht/verfolgt wird. Danach werden die potentiellen Fusionspartner ausgewählt. Die strategische Entscheidung „Fusion – ja oder nein" und die Wahl für ein bestimmtes Unternehmen basiert in der Praxis nahezu ausschließlich auf harten Faktoren. Zudem werden die Entscheidungen von der Unternehmensführung hinter verschlossenen Türen getroffen. Dennoch erfahren die Mitarbeiter von Fusionsgerüchten ihres Unternehmens aus der Zeitung. Hier liegt bereits der Ursprung für die hohe Quote mißlungener Fusionen.[61]

4.1.2 Lösungsmöglichkeiten

Die grundsätzliche Entscheidung für eine Fusion muß die Umsetzung einer durchdachten Strategie sein. Die Grundarchitektur/Logik einer Fusion muß klar und präzise sein, sie muß sich auf den Markt und/oder eine Technologie beziehen.[62] Man braucht gute Gründe für eine Fusion, die man den Mitarbeitern glaubhaft und ehrlich vermitteln kann. Fusionen als Selbstzweck, als Legitimation für Stellenabbau, als Prestige- und Machtgewinn der Unternehmensleitung sind i.d.R. von vorn herein zum Scheitern verurteilt. So gesehen muß man Malik zustimmen. Es wird auf den nächsten Seiten deutlich, daß die beteiligten Individuen Orientierung brauchen.[63] Jedoch sollte man die Zielrichtung der Fusion nicht zu eng definieren, weil damit Chancen, die aus einem sozialen Lernprozeß infolge einer Fusion entstehen – und zwar die Entwicklung von Fähigkeiten, kreativen Ideen, Kernkompetenzen – verschenkt werden. Diese offene Geisteshaltung wird gefördert, wenn nicht nur harte Faktoren als Entscheidungsgrundlage für eine Fusion herangezogen werden, sondern

---

[61] Vgl. Gödecke 1999, S. 59ff.
[62] Vgl. Malik 1999, S. 252.
[63] Hier zeigt sich einmal mehr das Spannungsfeld zwischen Pluralität/Entwicklungsfähigkeit und Orientierung.

auch weiche Faktoren. Zudem ist nicht nur der Blick auf die Umwelt (Markt, externe Anspruchsgruppen), sondern auch auf die internen Stärken und Schwächen des Unternehmens wesentlich.

Schon in dieser Phase sollten die Mitarbeiter involviert werden. Es scheint ein ungeschriebenes Gesetz zu sein, daß Fusionen möglichst lange geheim gehalten werden. Gründe dafür liegen v.a. im Shareholder-Value und in der Vermeidung einer Preisschlacht bei Konkurrenz mehrerer Unternehmen um den Kauf eines spezifischen Unternehmens. Zudem sollen die internen und externen Anspruchsgruppen nicht zu früh und damit evtl. unnötig in Alarmbereitschaft versetzt werden. Diese Prioritäten haben jedoch sehr viele negative Begleiterscheinungen: die Mitarbeiter, die Hauptverantwortlichen für das Ge- oder Mißlingen einer Fusion bekommen eine Objektrolle zugeschrieben. Sie werden vor vollendete Tatsachen gestellt, was bei den meisten Menschen per se zu Reaktanz führt.[64] Wird die Fusion bekanntgegeben, haben die beiden Unternehmensführungen erst einmal die meisten Mitarbeiter beider Unternehmen gegen sich – eine denkbar schlechte Voraussetzung für den Integrationsprozeß! Argumente für die Fusion seitens der Unternehmensführung haben bei den Mitarbeitern keine Anschlußfähigkeit.

Hinzukommt, daß erste Fusionsverhandlungen sehr schwierig geheim gehalten werden können. Folge davon sind überhastete Verhandlungen, Verzicht auf kompetente Beratung und eine möglichst schnelle Veröffentlichung des Beschlusses. Wohin eine solche Vorgehensweise führen kann, zeigt das Scheitern der Fusion zwischen „Deutsche Bank" und „Dresdner Bank". Es bleibt zu hoffen, daß dieses Negativ-Beispiel andere Unternehmensführungen dazu veranlaßt, das ungeschriebene Gesetz zu reflektieren und zu prüfen, was wichtiger ist: der Shareholder-Value oder die Mitarbeiter und ihre Bereitschaft zur Integration. Zumal mittel- bis langfristig der Shareholder-Value die Shareholder ohnehin nur zufriedenstellen kann, wenn die Mitarbeiter mitziehen! Zudem unterstützt die frühzeitige Partizipation oder zumindest Transparenz die evolutionäre Integration, wirkt also den Nachteilen eines Bombenwurfs (siehe Kap. 4.3.2 „Strategische Integrationsplanung") entgegen. Wenn die Mitarbeiter an der Strategieentscheidung nicht partizipieren, kann man ihnen in der Integrationsphase auch keine Verantwortung hinsichtlich des Gelingens zuschieben. Nur wenn die Mitarbeiter an der Strategieentscheidung

---

[64] Vgl. Marra 1999, S. 20f.

mitwirken, können sie während der Integration Verantwortung übernehmen. Nur so kann den Mitarbeitern deutlich gemacht werden, daß *sie* für den Erfolg der Fusion ausschlaggebend sind.

Und es gibt bereits Beispiele, bei denen eine offene Kommunikationspolitik bereits vor Vertragsabschluß gelebt wird – mit großem Erfolg. Das Unternehmen GE Capital beispielsweise bezieht die Mitarbeiter bereits bei der Strategieentscheidung „Fusion ja oder nein" mit ein. Gemeinsam werden die mit einer Fusion verbundenen Chancen und Risiken diskutiert.[65]

Die Probleme des Unternehmens sollten offen diskutiert werden. Sämtliche Mitarbeiter sollten sich an Lösungsvorschlägen beteiligen können, z.B. über ein Intranet, in Kommunikationszirkeln oder über „Pin-Wände".

---

[65] Vgl. Ashkenas/DeMonaco/Francis 1998.

4.2 Phase 2: Zwischen Vertragsabschluß und „The Day One"

4.2.1 Probleme

Über Gerüchte haben die Mitarbeiter schon gehört, daß etwas im Busch ist. Die Mitarbeiter erfahren von der Fusion z.T. aus der Zeitung. Die schlimmsten Befürchtungen werden bestätigt. Das *Merger-Syndrom* nimmt seinen Lauf. Es umfaßt die negativen psychischen Auswirkungen der Fusion auf die Mitarbeiter, v.a. die Angst vor dem Arbeitsplatzverlust, aber auch Positionsverlust, Angst vor dem Verlust sozialen Halts, vor Veränderungen hinsichtlich des Arbeitsinhalts, der Vorgesetzten, des Arbeitsortes.[66] Wer behält seinen Arbeitsplatz, wer bekommt welche Position, mikropolitische Kämpfe beginnen, wer hat noch etwas zu sagen und zu entscheiden?

Die Tiefenstruktur gerät ins Wanken. Der Bezugsrahmen hält für Fusionsprobleme keine Orientierungen und Lösungen bereit. Jeder weiß, daß sich die Tiefenstruktur, die Codes, Werte, die Wissensbasis, Kategorisierungen, Routinen, Seilschaften verändern werden. Es entsteht ein „Kulturvakuum"[67]. Aufgrund dieser Orientierungslosigkeit und der sehr hohen Komplexität fühlen sich die Mitarbeiter überfordert.

Die Unternehmensführung dagegen glänzt in *Siegerposen*.[68] Diese sind jedoch unpassend, denn der Erfolg ist sehr ungewiß. Man kann argumentieren, daß die dargestellte Siegessicherheit sämtliche Betroffene vom Erfolg der Fusion überzeugen soll – nach dem Motto: der Glaube daran versetzt Berge. Allerdings erweitert man die Diskrepanz zwischen der Unternehmensführung, die sich in Siegerposen in der Öffentlichkeit aalt und dem Mitarbeiter, der nicht genau weiß, wie er bei Arbeitsplatzverlust die nächste Rate seines Eigenheims finanzieren soll. In einer solch ungewissen Situation ist es nicht klug, zu *hohe Erwartungen* zu schüren. Bei auftretenden Problemen sinkt die Glaubwürdigkeit der Unternehmensführung.

---

[66] Vgl. Gut-Villa 1997, S. 120f.
[67] Gödecke 1999, S. 61.
[68] Vgl. Gross 1999, S. 329ff.

4.2 Phase 2: Zwischen Vertragsabschluß und „The Day One"

In den Medien sind Fusionen aufgrund vieler Negativ-Beispiele in Verruf geraten.[69] Die *Medienschelte* macht zusätzlich schlechte Stimmung. Und die Macht der Medien ist – gerade wenn man an die Konstruktion der Wirklichkeit glaubt – nicht zu unterschätzen. Sie beeinflussen sowohl interne als auch externe Anspruchsgruppen der beteiligten Unternehmen bzgl. der Wahrnehmung/Interpretation und damit deren Ablehnung oder Unterstützung der Fusion.

Abwerbung und Abwanderung/freiwillige Kündigungen guter Leute, die Angst vor der Ungewißheit haben, sind in dieser Phase weit verbreitet.[70] Dies ist z.T. der Unternehmensführung ganz recht, da sie dann weniger Mitarbeiter ihrerseits entlassen muß. Übersehen wird dabei jedoch der resultierende V*erlust an explizierbarem und implizitem Wissen*. Zudem landet das abwandernde Wissen häufig genau bei der Konkurrenz.[71]

Unter solchen Umständen ist die Bereitschaft seitens der Mitarbeiter, die Fusion mitzutragen, die Gründe für die Fusion zu akzeptieren, nicht besonders groß. Wie kann *die Akzeptanz der Fusion und die Bereitschaft für Veränderungen* gefördert werden?

Die genannten Probleme haben einen gemeinsamen Nenner: *mangelnde interne und externe Kommunikation*[72] kombiniert mit einer *top-down-Steuerung*. Mittlerweile haben die Unternehmensführungen z.T. gelernt ihre Mitarbeiter zu informieren und mit der Public Relations-Abteilung die Medien zu informieren. Daraus resultiert jedoch wiederum ein Informationsüberfluß, aber ein Kommunikationsmangel.[73] Die vielen

---

[69] Matthias Vollbracht 1999, S. 91ff. hat eine empirische Studie über die Berichterstattung von Fusionen erhoben, welche er als Grundlage für eine erfolgreiche externe Kommunikationsstrategie empfiehlt.

[70] Vgl. Fischer/Wirtgen 2000, S. 125.

[71] Vgl. Gross 1999, S. 331f.

[72] Ein geeignetes Kommunikationskonzept ist für den Integrationsprozeß wesentlich, dieser Meinung sind sehr viele Autoren: z.B. Salecker 1995; Marra 1999 (Fokus: interne Kommunikation), Gross 1999, S. 315ff. (Fokus: Kommunikatives Management von Fusionsrisiken), Gut-Villa 1997, S. 249ff. (Fokus: interne Kommunikation). Jedoch differiert die inhaltliche Ausgestaltung der Kommunikationskonzepte stark (je nach theoretischer Fundierung, Definition von Kommunikation etc.).

[73] Vgl. Marra 1999, er berichtet als Leidtragender über die Informationsflut und das Kommunikationsdefizit der Fusion zur UBS AG.

Informationen können die Unsicherheit der Mitglieder noch erhöhen. Die internen und externen Anspruchsgruppen fordern dialogorientierte Kommunikation, aber nicht in der Form einer top-down-Beeinflussung, sondern im Sinne von „gemeinsam erarbeiten". Peter Gross stellt zu Recht fest, daß die Ungewißheit der Zukunft immer weniger gemanaged, aber dafür kommuniziert werden kann.[74]

Ein weiteres Problem ist, daß diese Phase häufig nicht genutzt wird. Nach der anstrengenden Fusionsentscheidung wird *pausiert,* statt gemeinsam mit dem Fusionspartner *strategisch zu planen*[75]: Neustrukturierung, Zielformulierung, Stakeholderanalyse, Kommunikation mit dem Fusionspartner etc.

4.2.2 Lösungsmöglichkeiten

Internes und externes Kommunikationskonzept für diese Phase zwischen Fusionsentscheidung und „The Day One"

Jürgen Salecker hat ein Kommunikationskonzept für Fusionsprozesse entworfen.[76] Dabei bleiben die Mitarbeiter jedoch Objekte, Kommunikation bleibt Informationsübertragung und (inter-)subjektive Wirklichkeitskonstruktion bleibt unbeachtet. Zudem geht er von einem zu großem Einfluß der Unternehmensführung aus – sie gestaltet die Kommunikation. Dennoch können einige seiner Ideen übernommen werden. Erster Schritt eines Kommunikationskonzeptes ist eine *Stakeholderanalyse* und zwar der bisherigen und eventuellen zukünftigen Stakeholder:[77]

Interne Stakeholder: Eigentümer, Management, Mitarbeiter.

Externe Anspruchsgruppen können in drei Systeme unterteilt werden:

– Wirtschaftssystem: Konkurrenz, Kunden, Fremdkapitalgeber, Lieferanten, potentielle Arbeitnehmer

---

[74] Vgl. Gross 1999, S. 334.
[75] Auch Clever 1993, S. 23ff. und Fischer/Wirtgen 2000, S. 19 weisen auf das Problem der unausgereiften Planung.
[76] Vgl. Salecker 1995.
[77] In Anlehnung an Sauter-Sachs 1992, S. 195.

4.2 Phase 2: Zwischen Vertragsabschluß und „The Day One" 307

- Gesellschaftssystem: Staat (Wettbewerbsaufsicht, Finanzamt oder als Marktpartner), Medien, Arbeitgeberorganisationen, Arbeitnehmerorganisationen, Ausbildungsstätten, Anlieger, Parteien, Bürgerinitiativen/Interessengruppen
- Öko-/Moral-/Ethiksystem: Interessenverbände, Umweltschutzorganisationen, Kirche, Parteien u.a.

Die Systeme differenzieren sich durch sehr grundlegende, grobe unterschiedliche Codes, Werte, Themen voneinander und nehmen dieselben Themen vollkommen unterschiedlich wahr. Die einzelnen Anspruchsgruppen grenzen sich in feineren Unterschieden voneinander ab. Aber auch innerhalb der einzelnen Anspruchsgruppen ist Einigkeit eher die Ausnahme. Es wird deutlich, daß eine Fusion aus vollkommen unterschiedlichen Perspektiven betrachtet wird und das Ausmaß der Betroffenheit stark differiert.

Das neue Unternehmen muß selektieren, welchen Anforderungen es gerecht werden will und kann. Dafür muß es sich erst einmal einen Überblick über die verschiedenen Ansprüche verschaffen. Dabei geht es nicht nur um die Analyse der Ist-Situation, sondern auch darum, ob durch die Fusion alte Anspruchsgruppen an Bedeutung verlieren und andere an Bedeutung gewinnen. Aber auch entfernte Anspruchsgruppen können sozusagen als externe Beobachter wichtige Kommunikationspartner sein.

Trzicky betont die Wichtigkeit der Stakeholder, die der Fusion negativ gegenüberstehen. Sie müssen gezielt ausfindig gemacht werden oder besser noch antizipiert werden, damit Feindbilder gar nicht erst entstehen. Die Feindbilder sind zum Teil zurückzuführen auf Informations-[78] und Kommunikationslücken[79] zwischen Unternehmen und Anspruchsgruppen. Einige Stakeholder werden jedoch auch nicht durch Kommunikation die Fusion positiv bewerten. Schließlich liegen die Interessen und Bedürfnisse der verschiedenen Stakeholder z.T. in diametral entgegengesetzten Richtungen. Das Unternehmen sollte jedoch nicht nur versuchen mit den Stakeholdern, die für das Unternehmen besonders wichtig sind, zu kommunizieren und Feindbilder abzubauen. Aufgrund des Wegfallens politischer Rahmenbedingungen, Determinismen und allgemeingültiger Orientierungen müssen Unternehmen die Verantwortung ihres Handelns

---

[78] Vgl. Trzicky 1999, S. 39ff.
[79] Vgl. Marra 1999, S. 14.

selbst übernehmen.[80] Insofern sollten die Gründe für die negative Beurteilung der Fusion von verschiedenen Stakeholdern bereits in die Strategieentscheidung Eingang finden.

Im Zusammenhang mit Fusionen stellen Ulrich und Thielemann die entscheidende ethische Frage, ob es gerechtfertigt ist, zum Wohle weniger Shareholder viele Arbeitsplätze abzubauen?[81] Ist es für die wenigen Shareholder existentiell, statt 10% wenn es gut läuft 15% Rendite zu erzielen? Oder ist es für 10000 Arbeitnehmer existentiell, ihren Arbeitsplatz zu behalten? Was ist wichtiger? Damit soll nicht gesagt sein, daß jede Fusion schlecht ist. Sie sollte jedoch, wie Malik bereits oben zitiert wurde, eine logische Architektur aufweisen.[82] Ist die Fusion für ein Unternehmen eine notwendige Strategie, um am Markt bestehen zu können, muß es fusionieren. Die gängige Argumentation von fusionierenden Unternehmen, daß es arbeitnehmerfreundlicher sei zu fusionieren und 10% der Arbeitnehmer zu entlassen, als nicht zu fusionieren und Konkurs anzumelden, ist nicht gänzlich von der Hand zu weisen. Die Entscheidung ob eine Fusion für das Unternehmen überlebenswichtig sei oder nicht, ist allerdings eine subjektive Konstruktion. Diese Überlegungen sollen Unternehmen anregen, über die Folgen einer Fusionsentscheidung für alle Beteiligten nachzudenken und gesellschaftspolitische Verantwortung zu übernehmen.

Das Öko-/Moral-/Ethiksystem ist hier zu einer Gruppe von Stakeholdern zusammengefaßt, da es sich hier um Werte handelt, die jenseits egoistischer Interessen liegen. Alle anderen Anspruchsgruppen betrachten die Fusion und überlegen, welche Auswirkungen die Fusion auf die eigene Person oder Gruppe haben wird. Bei den Themen Ökologie, Moral, Ethik geht es darum, daß einige wenige auf Kosten der Allgemeinheit diese Werte nicht zu ihren Gunsten mißbrauchen/ausnutzen sollen. Pfriem weist zu Recht darauf hin, daß die Natur nicht sprechen kann, sie also keinen authentischen Vertreter für ihre Interessen hat.[83] Zumindest werden Ökologie, Ethik, Moral indirekt vertreten durch Interessenverbände, Parteien, Kirche, Umweltschutzorganisationen etc. Zudem finden sie Eingang in die Diskussion über einzelne Personen in den

---

[80] Vgl. Pfriem 2000, S. 462ff.
[81] Vgl. Thielemann/Ulrich, P. 1999, S. 343ff.
[82] Vgl. Malik 1999, S. 252.
[83] Vgl. Pfriem 1995, S. 164f.

4.2 Phase 2: Zwischen Vertragsabschluß und „The Day One"   309

unterschiedlichen Anspruchsgruppen, die diese Werte in sich tragen, kommunizieren und dementsprechend handeln.

Sind die internen und externen Anspruchsgruppen analysiert, müssen Informations- und Kommunikationsmöglichkeiten diskutiert werden. *Information* ist mit moderner Technologie weder zeitaufwendig noch kostspielig. Da Information nicht offen hinterfragt werden kann, bedarf sie keiner Legitimation. Nur wird mit der Information die Kommunikation verdrängt. Die Unternehmensführungen meinen, daß mit Information die Mitarbeiter und externe Anspruchsgruppen versorgt sind. Sie sehen nicht, daß die Mitarbeiter sich äußern wollen, daß es wichtig ist, wie die Informationen bei den Mitarbeitern und externen Anspruchsgruppen ankommen, wie sie wahrgenommen/interpretiert werden und daß jedes Argument ein Gegenargument provoziert. Dennoch sind Informationen wichtig. Zu viele Informationen können jedoch die Mitarbeiter verunsichern, da es nun einmal während eines Fusionsprozesses viele offene Problemstellungen gibt. Da jedoch Informationen sehr (inter-)subjektiv wahrgenommen/interpretiert werden, ist ausschließlich Information nur in sehr wenigen, eindeutigen Bereichen angebracht. Dort wo Interpretationsspielräume gegeben sind, muß kommuniziert werden.[84]

Kommunikation ist zeitaufwendig und damit teuer. Bei Fusionen wird es in der Praxis allerdings so sein, daß der Kommunikationsbedarf mit sämtlichen Mitgliedern aller Anspruchsgruppen die Möglichkeiten der Unternehmensführung (denn sie haben die Fusion entschieden und müssen sie jetzt verteidigen) übersteigt. Insofern sollte sich jede Anspruchsgruppe erst einmal für sich treffen und ihre unterschiedlichen Interessen sammeln, gewichten und bündeln und ihre „Sprecher" wählen. Es liegt also nicht nur an der Unternehmensführung, wenn die Kommunikation zwischen ihr und den Anspruchsgruppen nicht gut funktioniert. Jede gut vorbereitete Anspruchsgruppe muß auf jeden Fall über ihre Sprecher die Möglichkeit zum Dialog mit der Unternehmensführung erhalten. Damit diese Treffen tatsächlich stattfinden, sollten sie institutionalisiert werden. Die Unternehmensführung sollte die Fähigkeit haben/entwickeln, sich in andere Perspektiven hineinzufühlen und -zudenken und so zunächst versuchen, die Interessen des Gegenübers tatsächlich zu verstehen, nicht direkt im Keim zu ersticken. Erst wenn die Unternehmensführung die

---

[84] Dialogorientierte Kommunikation wird in der Literatur vielfach gefordert: z.B. von Marra 1999; Gross 1999, S. 315ff.; Schulz 1999, S. 169ff.

andere Perspektive, die Ursprünge der Argumentation, die emotionale Betroffenheit verstanden und nachempfunden hat, hat sie die Möglichkeit, Antworten zu geben, die bei dem Gegenüber anschlußfähig sind. Nur so kann eine Akzeptanz für die Fusion und eine Bereitschaft für den Integrationsprozeß entwickelt werden.

Deckt sich aus Sicht der Unternehmensführung die Auswahl der Sprecher nicht mit den „wesentlichen" Mitarbeitern, wie z.B. Fach-, Macht-, Prozeßpromotoren, Trägern von Schlüsselpositionen, Meinungsführern, Know-how-Trägern (von rationalen und/oder emotionalen Fähigkeiten), sollten diese Personen zusätzlich zu den Kommunikationszirkeln gebeten werden. Damit die Unternehmensführung nicht Gefahr läuft die „Ja-Sager" auszuwählen, sollte diese Selektion mit den von den Anspruchsgruppen gewählten Sprechern abgesprochen werden. Die „wesentlichen" Mitarbeiter haben das Potential Orientierung zu leisten. Verlassen sie das Unternehmen werden die Kollegen noch mehr verunsichert.

Die Dialoge zwischen Unternehmensführung und tatsächlichen und potentiellen Anspruchsgruppen sollten den gesamten Integrationsprozeß begleiten, da sich neue Probleme durch die Entwicklung des Fusionsprozesses ergeben und somit neue Gesprächsrunden nötig werden. In dieser ersten Phase geht es wohl in erster Linie um Diskussionen über die Gründe der Fusion, die Vorstellung der Abwicklung/des Fusionsprozesses und die Auswirkungen für die jeweilige Anspruchsgruppe.

Diese Überlegungen sind z.T. nicht weit von Saleckers Ausführungen entfernt. Seine Kommunikationsstrategie umfaßt zu Beginn eine Stakeholderanalyse.[85] Dann gliedert er den gesamten Kommunikationsbedarf eines Fusionsprozesses in einzelne Kommunikationsfelder auf und zwar entlang der Dimensionen: Anspruchsgruppen, Phase des Fusionsprozesses und Kommunikationsziel. Für jedes Feld werden dann Kommunikationsmedien, Inhalte, Kommunikatoren und Kommunikationsträger (Projektteams) definiert. Dies ist bereits wieder eine durchgeplante top-down-Strategie. Hier steckt der Grundgedanke „wie kann ich die Anspruchsgruppen am besten von meinen Interessen überzeugen". Es geht nicht darum, die Anspruchsgruppen zu verstehen, ihre Gedanken in die eigenen Überlegungen aufzunehmen, den Fusionsprozeß gemeinsam zu erarbeiten. Gerade die Inhalte der Dialoge sollten eben nicht nur von oben vorgegeben werden, sondern v.a. von den Anspruchsgruppen kom-

---

[85] Vgl. Salecker 1995, S. 121ff und 176ff.

men und von der Unternehmensführung aufgenommen werden. Das Motto der Dialoge seitens der Unternehmensführung sollte nicht sein „wie können die Anspruchsgruppen am ehesten besänftigt werden", sondern „was können wir von den Perspektiven der Anspruchsgruppen lernen – welche Überlegungen sollten in die Integrationsplanung einbezogen werden".

Zudem muß die Unternehmensführung ehrlich und offen kommunizieren. Was darunter zu verstehen ist, läßt sich am besten durch ein Beispiel verdeutlichen: Häufig wird eine Fusion von der Unternehmensführung mit folgender Argumentation legitimiert: „Wir müssen uns an die externen Veränderungen (Globalisierung, Konzentrationen, Fusionen von Konkurrenten) anpassen, uns bleibt kein Handlungsspielraum." Der Mensch versteckt sich gern hinter gegebenen Strukturen und verschleiert damit die eigentliche Argumentation, und das ist in hohem Maße unehrlich. Die Frage ist doch, wie sich die Strukturen entwickeln? Durch die Aktionen der Menschen. Hier läßt sich nochmals Luhmanns funktionalistische Systemtheorie kritisieren, welche die Strukturen über den Menschen stellt und damit den Menschen das Angebot macht, sich hinter den Strukturen zu verstecken, keine Verantwortung für das eigene Handeln zu übernehmen. Eine Fusionsentscheidung ist primär eine subjektive Entscheidung der Unternehmensführung, sekundär die zwangsläufige Folge der Entwicklung des Wirtschaftssystems. Schließlich entwickelt sich das Wirtschaftssystem im Wesentlichen durch die Kommunikationen und Handlungen der Unternehmen. Wenn man die Struktur der Globalisierung und Fusionstendenzen kritisiert, dann darf man genau nicht strukturkonform handeln, weil man damit die Struktur auch noch stärkt. Handelt man strukturkonform, dann werden gewisse Gründe dahinter stehen und diese gilt es zu erklären, damit die Unternehmensmitglieder die Fusion mit tragen.

Zur Ehrlichkeit gehört auch einzugestehen, daß offene Kommunikation in einigen Bereichen nicht möglich ist.[86] Die Gerüchteküchen brodeln während des Fusionsprozesses. Hinzukommen viele Freiräume und infolgedessen viel Raum für mikropolitische Kämpfe. Ein Unternehmensberater von McKinsey empfiehlt Entscheidungen nach Fakten, damit Meinungen nicht die Fakten verdrängen.[87] Nun wurde in dieser

---

[86] Vgl. Gross 1999, S. 332.
[87] Vgl. Looser 1999, S. 273.

Arbeit die Wichtigkeit von Partizipation, subjektiven Meinungen und Bedürfnissen, sozialen Kontakten, informellen Kommunikationen betont. Dennoch soll dem Unternehmensberater in diesem Fall zugestimmt werden. Aufgrund der riesigen Freiflächen aufgrund fehlender Strukturen, muß aufgepaßt werden, daß nicht zu viel „Stimmungsmache" Einzug hält. Das Ideal sollte am Anfang einer Entscheidung stehen, nicht der Kompromiß.[88] Man wird es sowieso nicht allen Recht machen können. Die Entscheidungen müssen aus Sicht des Unternehmens getroffen werden, nicht aus Sicht einzelner Unternehmensmitglieder, und so können die Entscheidungen auch legitimiert werden. Das widerspricht keineswegs Partizipation, denn schließlich können sämtliche Unternehmensmitglieder aus Sicht des Unternehmens denken. Die Entscheidungen aus Unternehmenssicht zu treffen, ist eine Prämisse klarer Führung. Ebenso sollte zielorientierte, sachliche Kommunikation als Prämisse für sämtliche Kommunikationszirkel gelten. Ziel dieser Dialoge ist nicht Konsens, sondern die Akzeptanz von Dissens als produktive Ressource.[89]

Zur Bekämpfung des Merger-Syndroms wird in der Literatur u.a. psychologische Betreuung der Betroffenen empfohlen. Diese Maßnahme bekämpft jedoch nur die Auswirkungen, nicht die Ursache der Ängste der Mitarbeiter. Psychologische Betreuung kann flankierend im Ernstfall sinnvoll sein. Es sollte grundsätzlich jedoch versucht werden, den Ursachen der Ängste zu begegnen: über Transparenz, Kommunikation, Partizipation und Orientierung.

Erstellung beider Selbstbilder (1. Schritt zur Rekonstruktion der Unternehmenskulturen):

Um der Unsicherheit aufgrund des Auflösens der Tiefstruktur entgegenzuwirken, ist es sinnvoll, bereits in dieser Phase mit der Erstellung eines Selbstbildes der Unternehmenskultur zu beginnen. Eine Unternehmenskultur ist ein gewachsenes Phänomen, welches zu großen Teilen nicht im Bewußtsein der Mitglieder gelagert ist. Die Selbstverständlichkeiten liegen häufig im blinden Fleck, so daß die Mitglieder der Kultur

---

[88] Vgl. Malik 1999, S. 253.
[89] Vgl. Gross 1999, S. 332.

4.2 Phase 2: Zwischen Vertragsabschluß und „The Day One"

ihre eigenen Gemeinsamkeiten nicht wahrnehmen können. Ein Fusionsprozeß ist eine Chance, alteingesessene Fehler ans Licht zu holen.[90]

Wenn zwei gewachsene Unternehmenskulturen verschmelzen sollen, kann man jedoch nicht bei Null anfangen. Zudem wäre es schade, die aus Erfahrungen gewonnenen Wirklichkeitskonstruktionen zu verschenken. Der französische Innenminister Chevenement hat einmal gesagt: „Erst durch die Besinnung auf die eigene nationale Identität kann im Rahmen eines Dialogs ein Gemeinsinn für neue europäische Identität gewonnen werden."[91] Eine Rekonstruktion der beiden an der Fusion beteiligten Unternehmenskulturen erscheint notwendig, wie lassen sie sich rekonstruieren?

In der Literatur werden die abenteuerlichsten Vorschläge zur Rekonstruktion der Unternehmenskultur aufgezählt (siehe Kap. 1.1 dieser Arbeit): standardisierte Befragungen, Beobachtung und Interpretation der Artefakte etc. Damit kann aber lediglich die Oberflächenstruktur der Unternehmenskultur diagnostiziert werden. Beginnt man die Diagnose der Unternehmenskultur mit der Diagnose der Oberflächenstruktur, besteht die große Gefahr, die Tiefenstruktur nicht mehr zu reflektieren.[92]

Deshalb soll hier die Diagnose der Tiefenstruktur in den Vordergrund gestellt werden. Die Diagnose der Oberflächenstruktur kann in den Kommunikationszirkeln zur Diagnose der Tiefenstruktur mit abgefragt werden. Hier geht es jedoch in erster Linie um die Rekonstruktion der Sinnebene – der systemspezifischen Wirklichkeitskonstruktion (Codes, Werte, Themen, Wissen), die den Denk-, Unterscheidungs-, Interpretations-, Kommunikations- und Handlungsstrukturen zugrunde liegen. Die Reflexion der systemspezifischen Wirklichkeitskonstruktion bedeutet Lernen dritter Ordnung. Das System soll lernen, die Grenzen der eigenen Wahrnehmungsmöglichkeiten zu erkennen. Dies ist wesentlich, um das Konkurrenzdenken zwischen beiden Unternehmen zu reduzieren. Die dialogorientierte Kommunikation ist die wesentliche Möglichkeit, die eigenen Codes, Werte, Themen ins Bewußtsein zu befördern.

Des weiteren gehört die Strukturebene z.T. zur Tiefenstruktur eines Unternehmens, damit sind hier die Erwartungsstrukturen und die informellen Strukturen gemeint. Wie bereits erwähnt, bedingt die Reflexion

---

[90] Vgl. Schulz 1999, S. 180f.
[91] Chevenement, J.P. 1998, S. 20.
[92] Siehe die Praxiserfahrungen von Schmidt, H. 1997, Kap. 5, S. 68ff.

der Strukturen aus radikal konstruktivistischer Perspektive die Reflexion der Sinnebene/Wirklichkeitskonstruktionen, weil die Strukturen keine Objektivitäten darstellen, sondern subjektiv wahrgenommen werden.

Zuerst müssen die Organisationsmitglieder jeweils eine Selbstbeschreibung ihrer Unternehmenskultur formulieren. Wie in Teil I Kap. 2.7.3 erläutert, ist das leichter gesagt als getan. Die gemeinsamen Selbstverständlichkeiten eines Systems kann das System selbst nur z.T. wahrnehmen, da Differenzen fehlen und wir nur über Differenzen wahrnehmen können. Die Differenzen müssen also aus der Systemumwelt genommen werden. Wenn man sein eigenes System wahrnehmen will, kann man das nur über Vergleiche zu anderen Systemen. Zudem werden Vorstellungen anderer Individuen und sozialer Systeme über das eigene Unternehmen integriert. So fließt Fremdeinfluß in die Selbstbeschreibungen mit ein – ebenso über den Einfluß individueller Wirklichkeitskonstruktionen der Beteiligten.

Für die Selbstbeschreibung ist es sinnvoll, Teams zusammengesetzt aus Mitgliedern unterschiedlicher Ebenen und Abteilungen ins Leben zu rufen, damit keine Subkulturen, sondern tatsächlich die Unternehmenskultur rekonstruiert wird.

Die Selbstbeschreibungen können durch systemische Unternehmensberatung unterstützt werden. Diese setzt spezifische Techniken der Gruppenbefragung ein: zirkuläres Fragen, Krisenintervention, paradoxe Interventionen, um reflexive Distanz zu der eigenen Wirklichkeitskonstruktion zu erlangen.[93]

Folgende Themengebiete sollten für eine Selbstbeschreibung in Gruppendiskussionen reflektiert werden:

– Welchen Traditionen hängen wir an? Welche Auswirkungen haben sie auf das Denken, Kommunizieren, Handeln und auf die formellen und informellen Strukturen (internen und externen)?

– Welche Visionen/Zukunftsorientierungen verfolgen wir? Welche Auswirkungen haben sie ...?

– Warum sind wir stolz auf unser Unternehmen?

– Welche modernen Werte halten wir hoch? Welche Auswirkungen haben sie ...?

---

[93] Zu den Befragungstechniken: siehe Selvini-Palazzoli 1981.

- Welche Philosophie, Leitlinien, Grundsätze sind formuliert? Wie werden sie wahrgenommen? Welche Auswirkungen haben sie ...?
- Welche Strategien/Ziele verfolgen wir? Welche Auswirkungen haben sie ...?
- Wo haben sich informellen Strukturen ausgebildet und warum?
- Wie wird die Fremdorganisation wahrgenommen/interpretiert und warum?
- Wie resonanzfähig sind wir, wer hat mit wem Kontakt zur Unternehmensumwelt?
- Was haben sämtliche Subkulturen des Unternehmens gemeinsam?
- Wie und in welchen Bereichen unterscheiden wir uns warum von vergleichbaren Unternehmen?
- Welche unternehmensspezifischen Symbole gibt es warum und welche Auswirkungen haben sie?
- Sind wir entwicklungs- und lernfähig? In welchen Bereichen haben wir uns in der letzten Zeit verändert und warum? Wo haben wir unsere Stärken, wo unsere Schwächen?
- Welche Subkulturen umfaßt das Unternehmen und welche Verbindungen weisen die Subkulturen untereinander und mit der Umwelt aus?
- Charakteristika und Kritikpunkte an bisheriger Operationsweise, informellen Strukturen, Subkulturnetz (intersubkulturelle Zusammenarbeit) – was wollen wir ändern?

Diese Themengebiete – wie sollte es hinsichtlich der Unternehmenskultur anders sein – umfassen die Orientierung und Pluralität. Wobei in dieser Phase die Orientierung in den Vordergrund gestellt werden soll. Die Entwicklungsfähigkeit tritt in den Vordergrund, wenn es um die Initiierung der Entwicklung einer gemeinsamen Unternehmenskultur geht (Kap. 4.3.2).

Die dafür zusammengestellten Teams fertigen unabhängig voneinander entlang des Leitfadens (Fragen-/Themenkatalog) Selbstbeschreibungen an. In jedem Team können die Fragen ausdiskutiert werden. Über die individuellen Reflexionen und anschließende Kommunikation über die Reflexionen wird einiges von der systemspezifischen Wirklichkeitskonstruktion ins Bewußtsein gelangen. Im Anschluß werden die teamspezifischen Selbstbeschreibungen der Unternehmenskultur miteinander verglichen. Die Teams setzen sich dafür alle zusammen. Gemeinsamkeiten der Selbstbeschreibungen kommen direkt in die Endfassung. Unterschiede müssen ausdiskutiert werden. Z.T. wird man Einigkeit erzielen, in einigen Punkten nicht. Da letztere offensichtlich nicht von allen Organisationsmitglieder geteilt werden, sollten sie keinen Eingang in die Selbstbeschreibung der Unternehmenskultur finden.

Für einige Leser mag es absurd klingen, in dieser Phase sich auf die eigene Kultur zu besinnen, da sie davon ausgehen, daß sich die Unternehmenskultur auflösen wird. Aus radikal konstruktivistischer Sicht wird sich keine der beiden Unternehmenskulturen auflösen, sondern sie werden sich weiterentwickeln (siehe nächste Phase). Für diese Weiterentwicklung ist es förderlich, sich die eigene Kultur – die Stärken und Schwächen – bewußt zu machen.

Diese Selbstbeschreibungen legen jedoch nicht sämtliche blinde Flekke offen. In einem zweiten Schritt müssen die an der Fusion beteiligten Unternehmen gegenseitig ein Fremdbild erstellen. Dies kann jedoch erst dann in Angriff genommen werden, wenn die Mitglieder des einen Unternehmens die Operationsweise des anderen kennengelernt haben (siehe nächste Phase).

Strategische Integrationsplanung

Zwar wird von einigen Autoren auf die Zeitdimension und die Wichtigkeit schneller Erfolge hingewiesen[94], eine Voraussetzung dafür – nämlich eine strategische Integrationsplanung – wird jedoch nur selten und wenn überhaupt, dann aus kontingenztheoretischer Sicht (top-down-Planung) thematisiert.[95]

Diese Phase sollte genutzt werden, um möglichst viele Dinge zu planen, damit die Umsetzung am ersten Tag beginnen kann. Gerade für die Mitarbeiter ist es sehr wichtig, daß vom ersten Tag der Fusionsentscheidung an, sich das Unternehmen auf die Fusion zu bewegt. In der Praxis passiert in dieser Phase wenig. Die Mitarbeiter wissen lediglich, daß sie

---

[94] Z. B. Malik 1999, S. 261; Gödecke 1999, S. 63; Gerpott/Schreiber 1994, Looser 1999, S. 273.
[95] Vgl. Clever 1993.

fusionieren werden – ansonsten passiert zunächst nichts. Menschen können mit Unsicherheit am schlechtesten umgehen – sie können sich auf nichts einstellen, können in keine Richtung denken, kommunizieren, handeln, haben keine Orientierung – können nur warten. Diese Warteschleife sollte möglichst kurz gehalten werden. Was kann hinsichtlich der kulturellen Dimension in dieser Phase gemeinsam mit dem anderen Unternehmen bereits geplant werden? Die Unternehmensführungen können sich gemeinsam mit den „Sprechern" der internen und externen Anspruchsgruppen erste Überlegungen machen über 1) Integrationsteams für die kulturelle Integration, 2) Ziele/Strategie, 3) Struktur/Personal und 4) Sozialplan:

1) Integrationsteams für die kulturelle Integration

Damit sich viele Mitarbeiter bzgl. der kulturellen Dimension während der Integration befassen, müssen sie eingebunden werden. Nur wenn sich in vielen Köpfen etwas verändert, kann sich der kollektive Bezugsrahmen entwickeln. Die kulturelle Integration kann nicht top-down gestaltet werden, der selbstorganisierende Weg muß jedoch begleitet werden. Es gibt viele Aufgaben: Stakeholderanalyse, Kommunikationsstrategie, Selbstbeschreibungen, Reorganisation (siehe oben) und es kommen noch einige hinzu (siehe unten). Es gibt drei wesentliche Aufgabenbereiche: interne und externe Kommunikation, Struktur, Visionen/Strategie/Ziele, Analyse und Entwicklung der kulturellen Dimension. Je nach Größe und Problemantizipation sollten je Bereich ein oder mehrere Projektteams institutionalisiert werden. Diese Integrationsteams sollten aus Mitgliedern beider Unternehmen zusammengesetzt werden.[96] Es müssen klare Verantwortlichkeiten festgelegt werden.

In der Regel wird ein Fusionsprozeß von externen Beratern betreut. Hinsichtlich der kulturellen Dimension liegt die systemische Beratung nahe (siehe Teil I Kap. 1.5.2).

---

[96] In der Literatur sind die Integrationsteams i.d.R. aus Mitarbeitern des Käuferunternehmens zusammengesetzt. Vgl. z.B. Fischer/Wirtgen 2000, S. 88.

2) Ziele/Strategie

Es wurde bereits erklärt, daß mit der Fusionsentscheidung konkrete strategische Ziele, die sich auf den Markt oder eine Technologie beziehen, verfolgt werden sollten oder aus ressourcenorientierter Sicht, daß durch eine Fusion Fähigkeiten und Kernkompetenzen zusammengeführt werden sollen, aus welchen neue Kernkompetenzen wachsen können. Nur sehen diese Ziele aus den zwei Perspektiven der zwei Unternehmen unterschiedlich aus. Zudem verfolgten die beiden Unternehmen je für sich unterschiedliche strategische Ziele. Hier geht es darum, die bisherigen Ziele beider Unternehmen und die mit der Fusion angestrebten Ziele in einen *gemeinsamen Ziel- oder Kernkompetenzkatalog* zu integrieren.[97] Diese sehr groben Ziele können dann in Teilziele zerlegt werden, verbunden mit ersten Überlegungen, wie sie erreicht werden können.

Die Ressourcenorientierte Perspektive weist auf den nicht eindeutigfunktionalen Zusammenhang zwischen den einzelnen Fähigkeiten und den Kernkompetenzen hin. Diese „unbeschriebenen" Potentiale sind hier jetzt nicht gemeint, sie werden in Kap. 4.3.2 thematisiert und werden mit dem Begriff „Visionen" bezeichnet. Eine Fusionsentscheidung verfolgt klar definierte Ziele, harte Faktoren. Es wird nicht entlang eines Glaubens fusioniert, daß die Fähigkeiten beider Unternehmen evtl. kreative Kernkompetenzen generieren. Damit soll nicht gesagt werden, daß das unsinnig wäre. Vielleicht gibt es irgendwann solche Fusionen. In der Gegenwart gibt es sie jedoch nicht und da in dieser Arbeit die Integration entlang der Praxisprobleme thematisiert wird, wird die Fusionsentscheidung auf klar definierte Ziele zurückgeführt. Die kulturelle Dimension und damit die „unbeschriebenen" Potentiale, die sich entwickeln können, sind jedoch ein äußert chancenreicher Nebeneffekt, der die geplanten Ziele bei weitem übertreffen kann.

Eine wesentliche Frage hinsichtlich der Integrationsplanung betrifft den *Integrationsgrad*[98]:

Das Maß an Integrationsbemühungen im Fusionsprozeß geht einher mit den Zielen der Fusion. Fusionen werden häufig eingegangen, um sich gegenseitig zu ergänzen, d.h. Ressourcen zu erwerben, die man nicht hat

---

[97] Vgl. Tenter Godoy/Müller 1999, S. 151.
[98] Eine klassische Betrachtung des Integrationsgrades läßt sich bei Gut-Villa 1997, S. 194ff. nachlesen.

und selbst nicht entwickeln kann oder will. Liegt diese Ressource im Bereich des kollektiven, impliziten Wissens, sollte die Heterogenität gewahrt bleiben, empfiehlt Dabui in ihrer Dissertation aus der Perspektive des Ressourcenorientierten Ansatzes.[99] Dies hat jedoch aus radikalkonstruktivistischer Perspektive die Kehrseite, daß sich keine gemeinsame Identität ausdifferenzieren kann, d.h. keine Resonanzfähigkeit auf Unternehmensebene denkbar ist und sich keinerlei Zusammengehörigkeitsgefühl entwickeln kann. Voraussetzung für den Weg Dabuis wäre, daß keinerlei interorganisationale Kommunikation stattfindet – unwahrscheinlich. Wird fusioniert, dann wird i.d.R. kommuniziert und dann verändern sich Sinn- und Strukturebene beider Unternehmen koevolutiv – ob das angestrebt wird oder nicht.

Ein Sockel an gemeinsamer, unternehmensweiter Identität/Wirklichkeitskonstruktion ist aus der hier vertretenen Perspektive eine wesentliche Basis. Darauf aufbauend ist Autonomie der einzelnen Subkulturen erklärtes Ziel. Kauft beispielsweise ein größeres Unternehmen ein kleineres, da dieses aufgrund kurzer Wege schnell und innovativ ist, kann versucht werden, die Struktur und das Team beizubehalten. So kann ein Großteil der kollektiven, impliziten Wissensentwicklung des kleinen Unternehmens beibehalten werden. Aber soll ein Transfer des Wissens stattfinden, so wird kommuniziert und es verändern sich automatisch/ evolutionär die Sinn- und Strukturebenen. Über Kommunikation und gegenseitige Anschlußfähigkeit/Kompatibilität wird der Integrationsgrad maßgeblich beeinflußt.

Grundsätzlich sollen hier nicht Fusionen betrachtet werden, in denen die zwei betroffenen Unternehmen unabhängig voneinander agieren. Im Fokus liegt hier das Zusammenwachsen zweier Unternehmen, die in vielen Bereichen zusammenarbeiten und voneinander lernen sollen.

Hinsichtlich der Strategie der Integration wird neben dem Integrationsgrad die Integrationsgeschwindigkeit diskutiert. Ist der radikale Wandel (Bombenwurf) oder der behutsame evolutionäre Weg die bessere Alternative? Folgende Gegenüberstellung faßt die Vor- und Nachteile beider Alternativen zusammen:

---

[99] Zu Dabui siehe Teil II Kap. 3.2.

Abb. 14: Vorteile hoher und niedriger Geschwindigkeiten bei der Integrationsgestaltung nach dem formalen Vollzug der Akquisition

Hohe Geschwindigkeit/niedrige Zeitdauer der Integrationsgestaltung	Niedrige Geschwindigkeit/hohe Zeitdauer der Integrationsgestaltung
■ Nutzung von Veränderungserwartungen der Mitarbeiter ➢ leichteres Durchsetzen von Veränderungen ➢ Vermeiden eines unangebrachten Sicherheitsgefühls bzw. ‚verspäteter Überraschungen' ■ Schnelle Realisierung von Wertsteigerungspotentialen bzw. Verringerung der Opportunitätskosten unveränderter Ressourcennutzung ■ Vermeidung/Abbau von Unsicherheit ➢ Sofortiges Schaffen klarer Führungsverhältnisse ➢ Umgehendes Fixieren von Positionsbesetzungen, Kompetenzen, Verantwortlichkeiten, d.h. von organisatorischen Strukturen ➢ keine ‚Paralyse durch Analyse' ■ Überwindung der Aufmerksamkeitskonzentration auf unternehmensinterne Ereignisse ➢ Fokussierung auf externe Marktherausforderungen ➢ Verringern von Produktionsverlusten ➢ Vermeiden langwieriger, dysfunktionaler Machtkämpfe	■ Wechselseitiges gründliches Kennenlernen der Fähigkeiten, Strategie- und Wertvorstellungen sowie Führungssysteme des jeweils anderen Partners verbunden mit Vertrauensaufbau beim Top-Management, bei Mitarbeitern und Mitarbeitervertretungen ■ Motivation der Betroffenen durch nachhaltige Einbindung und Nutzung ihres Wissens bei der Vorbereitung und Umsetzung der Integrationsgestaltung ■ Fundierte Strategieentwicklung auf Basis vertiefter Produkt-, Markt- und Ressourcentransfer-Analysen ➢ bessere Bewältigung der hohen Problemkomplexität/verringertes Fehlentscheidungsrisiko ➢ sachgerechtere Reorganisationsprioritäten ■ Vermeidung einer Überforderung der beteiligten Führungskräfte/Mitarbeiter (Arbeitsvolumen, Anpassungs-/Lernfähigkeit)

Quelle: aus Gödecke 1999, S. 63, welcher zitiert nach Gerpott 1993, S. 164 mit leichter Modifikation von Schäfer 1998, Anhang 4.

Aus der Subkulturperspektive wird eine Fusion auf der Sinnebene für die Mitarbeiter als Bombenwurf interpretiert. Nicht nur die Strategieentscheidung, sondern gerade bzgl. der kulturellen Dimension: das Auflösen alter Orientierungsmuster fallen wie Bomben vom Himmel. Die anschließende Integration kann ausschließlich evolutionär verlaufen.

4.2 Phase 2: Zwischen Vertragsabschluß und „The Day One"

Es wird nicht überraschen, daß diese Arbeit grundsätzlich eher Anhänger des evolutionären Weges ist, zumal der radikale Wandel i.d.R. top-down-Gestaltung impliziert. Auf der anderen Seite muß am Anfang der Integration Orientierung geschaffen werden. Es müssen v.a. auf der Strukturebene zügig erste Schritte eingeleitet werden (Strukturierung in autonome Organisationseinheiten, Zielbildung, Stakeholderanalyse, Dialoge, Besetzung der Führungspositionen). Auf der Sinnebene muß auch schnell begonnen werden, die Entwicklung einer gemeinsamen Wirklichkeitskonstruktion einzuleiten – die daran anschließende Entwicklung ist jedoch ausschließlich evolutionär denkbar.

Sowohl auf der Struktur- als auch auf der Sinnebene geht es nicht darum, Fakten zu schaffen, zu gestalten, sondern darum, zügig Prozesse in Gang zu setzen. Dieses in Gang setzen, ist für sämtliche Beteiligte ein Bombenwurf, da sich anfangs sehr schnell, sehr viel verändert. Im Anschluß daran entwickeln sich Struktur (Selbstorganisation) als auch Sinn koevolutionär.

3) Struktur/Personal

a) Organigramm

Im Anschluß an den gemeinsam erarbeiteten Zielkatalog kann ein Organigramm erstellt werden.

Natürlich existieren in jedem Unternehmen formelle Strukturen mit dem Ziel der Handlungskoordination. Besteht Intersubjektivität zwischen den Systemmitgliedern, werden die formellen Strukturen i.d.R. ähnlich wahrgenommen/interpretiert. Der Anfang einer Integration ist jedoch durch heterogene Wirklichkeitskonstruktionen gekennzeichnet. Damit die Fremdorganisation zum einen ungefähr ähnlich wahrgenommen wird und zum anderen in den Köpfen der Mitglieder anschlußfähig ist und so ihre handlungskoordinierende Wirkung entfalten kann, ist Partizipation der Mitglieder hinsichtlich der formellen Strukturen besonders wichtig. Im Gegensatz zu Dabuis Ausführungen (Kap. 3.2) muß diese Grobplanung der Struktur partizipativ mit den „Sprechern" der Anspruchsgruppen entwickelt werden.

Unabhängig von den gegebenen Strukturen wird hier aus subkultureller Perspektive eine grundsätzliche Empfehlung für die Gliederung in autonome Organisationseinheiten (gleich welcher Abgrenzung: nach strategischen Einheiten/Geschäftsfeldern, nach Projekten, Produkten etc.) gegeben.[100] Wobei die Grenzziehung der dezentralen Einheiten mit der Prozeßlogik des Unternehmens harmonieren sollte.[101] In der Praxis ist ein Trend in Richtung dieser Organisationsform gerade in Großunternehmen zu verzeichnen. Dies liegt auch auf der Hand: Großunternehmen können bei z.B. funktionaler Gliederung die Koordination zwischen den Sparten gar nicht mehr leisten. Aufgrund der hohen Komplexität der Umwelt benötigen Unternehmen zudem eine hohe Eigenkomplexität.[102] Diese Eigenkomplexität kann sich durch autonome Organisationseinheiten erhöhen: die Umweltkomplexität wird sozusagen zerlegt und auf die autonomen Einheiten verteilt. Durch kleinere Einheiten im Unternehmen wird die Sensibilität gegenüber der Umwelt und damit das Selbstveränderungspotential gesteigert und sie bewirken eine größere Nähe zum Markt/Kunden und flexiblere Reaktionen auf Veränderungen.[103] Innerhalb dieses Ausschnitts der Umwelt kann die Einheit große Pluralität aufweisen, ohne Überlastungen zu erfahren. Je vielfältiger das Aufgabengebiet einer Einheit, desto vielfältiger die Wahrnehmung in Richtung anderer Einheiten und Unternehmensumwelt. Dieser Trend motiviert die Subkulturperspektive.

Diese Organisationsform läßt die Kombination von fester (innerhalb der Organisationseinheiten) und loser (zwischen den Einheiten) Kopplung während des Fusionsprozesses zu (siehe unten „Zusammensetzung der autonomen Organisationseinheiten"). Wobei sich sowohl feste als auch lose Kopplung erst entwickeln müssen.

Ein weiterer Vorteil der Gliederung in autonome Organisationseinheiten ist die Förderung von Redundanzen/Slack infolge paralleler Entwicklung expliziten und impliziten Wissens in den einzelnen Einheiten.[104] Der Abbau von Redundanzen, der häufig als Vorteil von Unternehmenszusammenschlüssen interpretiert wird, soll hier eher als Risiko angesehen werden. Durch parallele Entwicklungen in den autonomen Organisationseinheiten werden zudem die Möglichkeiten der Ausbildung

---

[100] Grundsätzliche Vorzüge von autonomen Organisationseinheiten siehe Teil I Kap. 2.7.6.1.
[101] Vgl. Wimmer 1997, S. 111.
[102] Vgl. Wimmer 1997, S. 107ff.
[103] Vgl. Wimmer 1997, S. S. 108f.
[104] Vgl. Grabher 1994, S. 35ff.

von Subkulturen entlang paralleler unternehmenbezogener Interessen und damit intersubkulturelle Kommunikation verstärkt.

Je nach dem wie weit die fusionierenden Unternehmen von dieser Gliederungsform entfernt sind, ist der Umfang der Neustrukturierung groß. Findet heutzutage in einem Unternehmen eine Neustrukturierung in autonome Organisationseinheiten statt, folgen umgehend Fusionsgerüchte, da diese Gliederung besonders geeignet erscheint für die Zusammenführung zweier Unternehmen.

Dennoch ist die Gliederung in autonome Organisationseinheiten eine Fremdorganisation, welche die Mitglieder nur perturbiert und die von den Mitgliedern (inter-)subjektiv wahrgenommen wird. Diese Organisationsform ist also kein Garant für „viel Selbstorganisation", wie Dabui meint (siehe Teil II Kap. 3.2). Auf welche Weise sie mit Leben gefüllt wird, steht auf einem anderen Blatt Papier.

b) Gruppenzusammensetzung

Hat man ein grobes Organigramm mit den autonomen Einheiten erstellt, stellt sich die Frage, welche Mitarbeiter, Abteilungen, Gruppen in einer spezifischen Organisationseinheit zusammenarbeiten sollen. Wo sollten bestehende Teams erhalten bleiben und wo scheint eine neue Zusammensetzung ratsam? Es gibt drei Möglichkeiten der Gruppenzusammensetzung:

- existierende Gruppen werden übernommen,
- es werden Gruppen neu zusammengesetzt aus Mitgliedern beider Unternehmen,
- die Kombination der ersten beiden Wege.

Grundsätzlich bringt aus kultureller Sicht die Neuzusammensetzung quer durch beide Unternehmen wohl am meisten Vorteile mit sich bzgl. der Integration beider Unternehmen. Allerdings ist es nicht sinnvoll, zwanghaft sämtliche Organisationseinheiten neu zu konstituieren. Bei einigen besonders gut funktionierenden, handlungsfähigen Gruppen ist es sinnvoll, sie so zu belassen, wie sie sind. Schließt man an Dabuis (siehe Teil II Kap. 3.2) Gedanken an, ließe sich formulieren, daß diese Gruppen implizites, kollektives Wissen entwickeln, welches für beide an der Fusion beteiligte Unternehmen wesentlich ist. Insofern ist hier nicht ein hohes Maß an Integration gefragt, sondern Erhalt des Status quo. Diese fest gekoppelten Gruppen bringen zudem gerade am Anfang einer Fusion Orientierung und Stabilität. Wobei diese Gruppen nicht vollkommen isoliert werden können und sollten. Kommunikation zwischen ihnen und sich neu entwickelnden Gruppen wird stattfinden – es geht jedoch um das Ausmaß. Diese Gruppen sollten jedoch im Auge behalten werden hinsichtlich Abschottung und Intoleranz. Eine Gegensteuerung ist dann wiederum über formell angestoßene Kommunikation zu anderen Einheiten und der Umwelt und über Reflexion der Denk-, Kommunikations- und Handlungsstrukturen denkbar.

Bei neu zusammengesetzten Teams scheint es besonders wichtig, viel Raum für selbstorganisierende, beziehungsorientierte Teamzusammensetzung zu lassen. Das wird nicht immer möglich sein, aber grundsätzlich kann so die Entwicklung von Intersubjektivität, Orientierung, Integration beschleunigt werden.

Hinzu kommt noch eine weitere Überlegung: Der Unternehmenskultur wird in der Subkulturkonzeption hinsichtlich der Intersubjektivität aller Unternehmensmitglieder nicht besonders viel Kraft zugeschrieben. Gemeinsame Perspektiven beruhen auf ähnlichen Interessen, Erfahrungen und Prioritäten. Individuen aus unterschiedlichen Abteilungen (z.B. Controlling und Marketing) eines Unternehmens haben weniger gemeinsam als zwei Controller aus verschiedenen Unternehmen.[105] Insofern haben die Mitglieder eines neu zusammengesetzten Teams, wenn sie in ihren alten Abteilungen ähnlichen Aufgaben nachgekommen sind, auf sachlicher Ebene hohe Anschlußfähigkeit. Dies erleichtert die Ausbildung von Intersubjektivität und normativer Sozialintegration. Diese Überlegung soll Mut geben, viele Teams zusammengesetzt aus Individuen beider Unternehmen ins Leben zu rufen, da die Mitglieder so am meisten voneinander lernen können.

c) Führungsbesetzung

Wer soll die einzelnen Organisationseinheiten leiten? Und wie setzt sich die Unternehmensführung zusammen? Es gibt noch keine „wissenden Strukturen". Einzelpersonen, welche das Fundament für die weitere Strukturentwicklung legen, sind besonders gefordert.

---

[105] Vgl. Tenter Godoy/Müller 1999, S. 155.

Aus der kulturellen Perspektive wäre eine duale Führung, kombiniert aus Mitgliedern der beiden ehemaligen Unternehmen, ideal. So wäre eine Anschlußfähigkeit zwischen der Team-/Unternehmensführung und den Mitgliedern einerseits und Gleichberechtigung andererseits gewährleistet. Die Praxiserfahrungen sprechen jedoch z.T. gegen Tandemführungen.[106] Probleme liegen im Konkurrenzverhalten, Parteienbildung, unklare Zuständigkeits-, Verantwortungs- und Entscheidungsbereiche. Allgemeingültige Empfehlungen sind schwierig zu geben. Bei Zusammenschlüssen von zwei mittelständischen Unternehmen wird die Führungsfrage i.d.R. vor der Fusionsentscheidung diskutiert. Im mittelständischen Bereich ist Tandemführung mit klar abgegrenzten Verantwortungsbereichen wohl eher die Regel.

Malik sieht in dem Entfernen von starken, unbequemen Leuten ein Indiz für Führungsschwäche. Zudem empfiehlt er auch rasche Personalentscheidungen für die Schlüsselpositionen, da Verzögerungen als Schwäche ausgelegt werden, und interorganisationalen Austausch/Rotation von Führungs- und Schlüsselpositionen.[107]

Personalentscheidungen sollten sowohl mikropolitische Meinungen anhören als auch dem Interesse des Unternehmens gerecht werden. Welche Personen für die Schlüsselpositionen geeignet sind, also sowohl über emotionales Wissen als auch über fachliches Know-how verfügen, kann die Basis („Führung von unten") in der Regel besser beurteilen als die Unternehmensführung. Zudem muß die Basis die Besetzungen der Schlüsselpositionen akzeptieren.

Bereits in dieser Phase ist es sinnvoll, mit Maßnahmen des Management Development[108] zu beginnen. Die Führungskräfte und Schlüsselpositionen sind in hohem Maße für das Ge- oder Mißlingen der Fusion verantwortlich. Sie brauchen hinsichtlich der kulturellen Dimension sehr viel Fingerspitzengefühl. Es erscheint sinnvoll, ihnen die Schwierigkeiten und Zusammenhänge bzgl. der unterschiedlichen Wirklichkeitskonstruktionen, mangelnden Orientierung, hohen Komplexität bewußt zu machen. Sie müssen es vorleben, die andere Perspektive nachvollziehen zu wollen und damit die eigene Perspektive weiterzuentwickeln.

---

[106] Vgl. z.B. Cabiallavetta 1999, S. 157f.; Malik 1999, S. 258f.
[107] Vgl. Malik 1999, S. 254ff.
[108] Über Ziele, Grundsätze, Aufgaben, Instrumente des Management Development siehe Ulrich, P./Fluri 1992, S. 255ff.

4) Sozialplan

Steht mit der Fusionsentscheidung fest, daß der Mitarbeiterbestand reduziert werden muß, sollte möglichst zügig mit der Erstellung eines Sozialplans begonnen werden. Fusionierende Unternehmen neigen häufig zum „Aussitzen" dieses Problems. Die „sich selbstorganisierenden Kündigungen" bringen jedoch ein erhebliches Risiko des Wissensverlustes mit sich.[109] Auf der anderen Seite implizieren freiwillige Kündigungen, daß die Betroffenen anderweitig einen neuen Arbeitsplatz gefunden haben. Also aus sozialen Gründen eine lobenswerte Strategie – aus Unternehmenssicht jedoch kritisch zu betrachten: die Mitarbeiter, die woanders einen Arbeitsplatz bekommen, gehen, und die Mitarbeiter, die ansonsten nicht unterkommen, bleiben.

Sozial verträgliche Sozialpläne sind nicht Gegenstand dieser Arbeit.[110] Sie sollen jedoch hier erwähnt werden, da sie Einfluß nehmen auf das vorherrschende Klima und damit auf die ersten Schritte einer gemeinsamen kulturellen Entwicklung.

---

[109] Vgl. Gross 1999, S. 331f.
[110] Zum Thema Sozialpläne bei Fusionen: Meier 1999, S. 369ff.

4.3 Phase 3: Die ersten Monate: Initiierung neuer Prozesse

4.3.1 Probleme

Während des Anfangsstadiums einer Fusion ist die Pluralität im Gesamtunternehmen aus folgenden Gründen sehr hoch:

- Es treffen zwei unternehmensspezifische Wirklichkeitskonstruktionen aufeinander,
- existente Orientierungen lösen sich z.T. auf,
- es treffen viele heterogene Subkulturen und ihre Mitglieder aufeinander, die plötzlich miteinander zusammenzuarbeiten haben,
- es gibt noch keine gemeinsamen Visionen, Strategien, Ziele, Identität,
- es gibt noch keine festen Macht-, Verantwortungs-, Entscheidungsstrukturen.

Aus dieser hohen Pluralität resultieren jedoch keine positiven Faktoren, wie z.B. hohe Resonanzfähigkeit, Flexibilität, Innovationsfähigkeit. Dieses Anfangsstadium ist in erster Linie durch Orientierungslosigkeit, Unsicherheit und Überforderung gekennzeichnet. Jedes Maß an Pluralität benötigt eine solide Basis an Orientierung. Dieser Orientierungslosigkeit wird in der Praxis häufig mit starren Strukturen und Regeln begegnet. In der Subkulturkonzeption wurde thematisiert, daß starre Strukturen keine nachhaltige Orientierung liefern können, sondern Orientierung auf der Sinnebene verankert ist und durch spezifische Strukturen gefördert werden kann.

Die zwei bestehenden formellen und informellen Organisationsstrukturen lösen sich auf. Nach einem (wie oben vorgeschlagen partizipativ) entworfenen neuen Organigramm werden die Mitarbeiter in autonomen Organisationseinheiten neu formiert. Einige Teams bleiben bestehen, andere werden neu zusammengesetzt. Informelle Strukturen existieren ausschließlich in alten Teams. Die neue *Fremdorganisation* steht als nacktes Implantat da und wird durch die Mitarbeiter subjektiv wahrgenommen/interpretiert. Mißverständnisse bzgl. der Handlungskoordination sind die Folge. Das sich entwickelnde System entscheidet später, ob es das Implantat annehmen will oder nicht.

Da die Fremdorganisation noch nicht mit Leben gefüllt ist, sich weder informelle Strukturen noch eine spezifische Operationsweise oder irgend-etwas Gemeinsames ausgebildet haben, gibt es noch *kein soziales System* mit eigener Identität – es gibt lediglich Konglomerate von Individuen. Erschwerend hinzu kommt, daß die Individuen z.T. noch ihren alten liebgewonnenen Strukturen, Routinen, Codes, Werten, Operationsweisen anhängen. Diese müssen zunächst z.T. *verlernt* bzw. aufgegeben werden. Im Mittelpunkt dieser Phase kann also nur das Individuum stehen und Überlegungen, wie möglichst zügig soziale Gruppen (entlang der drei Kategorien: gemeinsame Aufgabe, gemeinsame unternehmensbezogene oder nicht-unternehmensbezogene Interessen) und eine unternehmensspezifische Identität ausdifferenziert werden können.

Die an einer Fusion beteiligten Individuen, Gruppen, Unternehmen haben intern sehr viel Neues zu regeln, so daß dies als Entschuldigung für mangelnde *externe Kommunikation* herangezogen wird. Selvini-Palazzoli[111] sieht in fehlender externer Kommunikation ein Anzeichen für eine pathologische Entwicklung des Systems. Helmut Willke weist jedoch darauf hin, daß „Pathologie" in die Kategorie des Beobachters fällt und evtl. für die Stabilität des Systems notwendig ist.[112] Diese Vermutung Willkes paßt gut auf die mangelnde externe Kommunikation während eines Fusionsprozesses: Das System wäre hinsichtlich der Komplexität überfordert, wenn es sich neben der hohen internen Komplexität zudem der hohen Umweltkomplexität aussetzen würde. Die Umwelt liegt im blinden Fleck. Der Ursprung für diesen Mangel liegt allerdings auch in den nicht vorhandenen Identitäten auf Unternehmens- und Subkulturebene, so daß die Initiierung von Prozessen, in denen sich Identitäten und damit Autonomie entwickeln, im Vordergrund stehen sollte.

Während in der Subkulturkonzeption Konkurrenz zwischen den Subkulturen, also innerhalb eines Unternehmens thematisiert wurde, ist bei einem Fusionsprozeß Konkurrenz zwischen den Unternehmen und ihren Mitgliedern zu erwarten. Diese Art Konkurrenz wurde z.T. ja auch von „oben" protegiert, da es das Wir-Gefühl stärkte und Motivation lieferte, besser zu sein als der Mitbewerber. Diese negative, abfällige Einstellung

---

[111] Vgl. Selvini-Palazzoli 1990, S. 95.
[112] Vgl. Willke 1996, S. 88.

zu dem Konkurrenzunternehmen kann nicht von heute auf morgen ausgeschaltet werden. Sie muß verlernt werden.

Hinzu kommt noch ein weiteres Phänomen: je stärker das empfundene Machtgefälle zwischen den beiden Unternehmen, desto größer die Gefahr, daß sich die Mitglieder des unterdrückten Unternehmens – sozusagen die Minderheit – sich stärker denn je solidarisiert. Sie suchen ihr Selbstbewußtsein, ihre Identität zu stärken, indem sie möglichst viele Differenzen zum anderen Unternehmen finden – eine denkbar miserable Voraussetzung für den Integrationsprozeß.

4.3.2 Lösungsmöglichkeiten

Bevor Möglichkeiten diskutiert werden, wie man Prozesse anregen könnte, welche die Orientierung (Unternehmenskultur, Subkulturen) bzw. Pluralität (Resonanzfähigkeit, Selbstreflexionsfähigkeit, Subkulturen) protegieren, sollen vorab noch einmal kurz die wesentlichen Aspekte der zugrunde liegenden theoretischen Basis erläutert werden: 1) Lernfähigkeit, 2) Interne dialogorientierte Kommunikation, 3) Externe dialogorientierte Kommunikation: Entwicklungsfähigkeit und 4) Organisation der Selbstorganisation.

Theoretische Grundlagen

1) Lernfähigkeit

Der Radikale Konstruktivismus[113] stellt die Sinnebene in den Mittelpunkt und ist deswegen besonders geeignet, eine theoretische Fundierung für die kulturelle Integration zu liefern. Grundlegend für eine Integration der Unternehmen bzw. v.a. ihrer Mitglieder ist das Bewußtsein sämtlicher Mitglieder – und da die Unternehmensführung Vorbildfunktion hat, gilt dies für sie in besonderem Maße – daß es sich bei dem Zusammenwachsen der beiden Unternehmen nicht um die Anpassung des gekauften Unternehmens handeln kann. Der Radikale Konstruktivismus schließt die Anpassung von Individuen grundsätzlich aus. Und da soziale Systeme sich in dieser Arbeit aus Individuen konstituieren und ihnen Selbstrefe-

---

[113] Siehe Teil I Kap. 2.1.1.

rentialität zugestanden wird, können sich auch keine sozialen Systeme (Unternehmen, Subkulturen, etc.) anpassen. Es kann lediglich versucht werden, Individuen und soziale Systeme zu perturbieren. Dafür muß man jedoch Kenntnis ihrer Anschlußmöglichkeiten haben und diese ansprechen.

Mit diesen Überlegungen ist jedoch noch keine Orientierung hergestellt, im Gegenteil: mit dieser Annahme sinkt auch noch die Orientierung der Mitglieder des kaufenden Unternehmens. Aber genau hier liegt ein Grundstein für ein „Wir-Gefühl" der Mitglieder beider Unternehmen: sie teilen ähnliche Ängste, wie z.B. psychologische Faktoren (Angst um den Arbeitsplatz, um die Stelle/Position, Machtverschiebungen, etc.), stecken in einer vergleichbaren Krise. Damit wird dem eindeutigen Machtgefälle einer Fusion der Wind aus den Segeln genommen. Unreflektierte Macht steht der Lernfähigkeit i.d.R. entgegen.[114]

Es muß sämtlichen Mitgliedern beider Unternehmen deutlich gemacht werden, daß ein wesentliches Ziel der Fusion ist, daß die Mitglieder, die Subkulturen/Organisationseinheiten, die Unternehmen in einem Boot sitzen und *voneinander lernen!*[115] Die Individuen, Subkulturen und Unternehmenskulturen werden durch den Fusionsprozeß perturbiert. Es folgt eine wechselseitige koevolutive Veränderung auf der Sinn- und Strukturebene. Denn eins scheint doch sehr plausibel: wird versucht, die Sinn- und Strukturebene des gekauften Unternehmens unter den Tisch zu kehren (ausräumen lassen sie sich sowieso nicht), verschenkt man sehr viel von der möglichen Pluralität und Orientierung des Gesamtunternehmens. Die Wirklichkeitskonstruktionen des gekauften Unternehmens, d.h. ihre Codes, Werte, Themen, Strategien, Strukturen dürfen nicht zerstört, sondern müssen genutzt werden.[116]

---

[114] Was unter „Macht" in dieser Arbeit verstanden wird, siehe Teil I Kap. 2.5.

[115] Zu dieser Einsicht sind mittlerweile einige Autoren gekommen. Jedoch können die meisten der Versuchung nicht widerstehen, diesen Lernprozeß technokratisch gestalten zu wollen. Auf den ersten Seiten werden die engen Grenzen der Einflußmöglichkeiten noch betont und auf den letzen Seiten beim Thema Handlungsempfehlungen, hat man diese Grenzen jedoch bereits vergessen: vgl. z.B. Godoy Tenter/Müller 1999, S. 145ff.; Chromy/Stork 1999, S. 129ff.; Clever 1993; Dabui 1998; Salecker 1995.

[116] Auch Malik 1999, S. 256 ist der Meinung, daß Unternehmenskulturen während eines Fusionsprozesses nicht verändert werden können, aber genutzt werden sollten.

4.3 Phase 3: Die ersten Monate: Initiierung neuer Prozesse

Versteht man die kulturelle Dimension von Fusionen als eine Chance für einen sozialen Lernprozeß für sämtliche beteiligte Individuen, Gruppen und Unternehmen, gilt es, die durch die Fusion entstandene hohe Pluralität aufgrund der vielfältigen Wirklichkeitskonstruktionen (Codes, Werte, Themen) in eine Erweiterung und Veränderung der individuellen, subkulturspezifischen, unternehmensspezifischen Orientierungen/Bezugsrahmen münden zu lassen. Mit anderen Worten: Aufgrund der vorhandenen hohen Pluralität durch eine Fusion besteht die Möglichkeit, die gewonnene Pluralität auf höherem Niveau als bisher einzuordnen – den gemeinsamen Orientierungsrahmen auf ein qualitativ höheres Niveau zu bringen als die beiden bisherigen unternehmensspezifischen Bezugsrahmen je gewesen sind. Ein erweiterter Bezugsrahmen ermöglicht eine höhere Anschlußfähigkeit für quantitativ mehr Themen/Codes/Werte oder/und zieht neue Unterscheidungen ein, öffnet neue Kategorien und verbessert damit die Qualität der Systematisierung.

Bei einem Fusionsprozeß geht es also nicht in erster Linie um Erweiterung der Pluralität, sondern primär um die Entwicklung von unternehmensspezifischen und subkulturspezifischen *Unterscheidungscodes/Bezugsrahmen/Orientierungen*, welche die hohe Komplexität einzuordnen wissen und bereit sind, sich ständig weiterzuentwickeln, ohne die Orientierungskraft – aufgrund permanenter Veränderung – zu verlieren. Dieses Wechselspiel zwischen hoher Pluralität und der Erweiterung des Bezugsrahmens/der Orientierung auf selbstorganisierenden Wegen zu institutionalisieren („lernen zu lernen"), war bereits Ziel der Subkulturperspektive des Teil I und ist auch in Teil II erklärtes Ziel. Versteht man unter der kulturellen Dimension nicht ausschließlich die Unternehmenskultur, sondern v.a. ein Subkulturnetz, resultieren daraus Möglichkeiten, das Spannungsfeld zwischen Orientierung und Pluralität während des Fusionsprozesses zu perturbieren.

In Teil I dieser Arbeit wurde zwischen Unternehmenskultur und Subkulturen unterschieden. Insofern ist hier zu fragen, wie entwickelt sich eine gemeinsame Unternehmenskultur und wie entwickeln sich Subkulturen im Fusionsprozeß und wie kann die Entwicklung der Bezugsrahmen unterstützt werden?

2) Interne dialogorientierte Kommunikation

Da in der betriebswirtschaftlichen Literatur zwar häufig der Radikale Konstruktivismus erwähnt wird, aber das herkömmliche Kommunikationsverständnis offensichtlich sehr tief in unserer Weltanschauung verankert ist, soll an dieser Stelle noch einmal explizit betont werden, daß über Kommunikationen keine Informationen von einem Sender (Führung) zu einem Empfänger (Mitarbeiter) überführt werden. Unsere Sinnesorgane nehmen lediglich Codierungen wahr, die dann im Gehirn interpretiert werden. Über einen gemeinsamen kulturellen Hintergrund differenzieren sich ähnliche oder zumindest kompatible Denk-, Kommunikations- und Handlungsstrukturen in den Köpfen der Mitglieder und in den Strukturen des sozialen Systems aus. Fehlt dieser gemeinsame Bezugsrahmen z.B. während eines Fusionsprozesses zwischen den Mitgliedern verschiedener Unternehmen, aber auch Subkulturen, ist jede Absprache ein Wagnis. Dieses Problemfeld muß in dem Moment, in dem man das Wort „Kommunikation" erwähnt, permanent mitgedacht werden.

Aus diesem Grund wird aus der Subkulturperspektive die *Dialogorientierung* betont. Über einen Dialog erfährt man die direkte Reaktion des Gesprächspartners, aus der z.T. ersichtlich wird, wie er das Gesagte verstanden hat. Über die Dialogform können grobe Mißverständnisse im Ausmaß und Anzahl reduziert werden. Wobei bei jeder Anschlußkommunikation ebenfalls wieder die Gefahr der „Mißinterpretation" besteht. Wobei hier behauptet wird, daß i.d.R. ein intensiver, langer Dialog ähnlichere Strukturen nach sich zieht. Es entwickelt sich ein gemeinsamer Bezugsrahmen für das spezifische Thema. Das hat nichts mit Einigkeit/Konsens zu tun, unterschiedliche Meinungen sind – aufgrund der unterschiedlichen Bezugsrahmen eines Individuums – weiterhin sehr gut möglich und wesentlich. Es geht ausschließlich darum, daß alter in etwa das versteht, was ego mit seinen Äußerungen gemeint hat (Bedeutungskongruenz).[117] Gibt es zu einem Themengebiet nach längeren Kommunikationen einen gemeinsamen Bezugsrahmen, gilt dieser nicht automatisch für ein anderes Thema, wobei sich mit jeder Diskussion ein Stück weit ein themenübergreifender Bezugsrahmen ausdifferenziert. In Teil I Kap. 2.1.4 wurde allerdings auf die Gefahr des „Halo-Effekts" hingewie-

---

[117] Vgl. Godoy Tenter/Müller 1999, S. 156f.

4.3 Phase 3: Die ersten Monate: Initiierung neuer Prozesse

sen: entwickeln Individuen in einem Bereich Intersubjektivität, wird diese auf andere Themengebiete übertragen. Dies kann zum einen vorteilhaft sein, weil man in einem neuen Bereich schnell produktiv kommunizieren und handeln kann, zum anderen birgt das Gefahren: man glaubt den anderen zu verstehen und redet aneinander vorbei.

Zudem soll hier ein Gedanke von A.M. Theis diskutiert werden: Sie ist der Meinung, daß Kommunikation weniger Bedeutungskongruenz zum Ziel hat, vielmehr in Form von strategischer Symbolverwendung v.a. strategischen Zwecken dient. Dies kombiniert sie mit Gedanken zur Systemintegration via spezifischer Interessenkonsense statt generellen Orientierungskonsens/normativer Sozialintegration. Dabei akzeptieren die Individuen die Existenz verschiedener Interpretationen und ziehen diese mit ins Kalkül.[118] Dem soll hier widersprochen werden. Der Großteil der Menschheit geht nämlich sehr wohl von Bedeutungskongruenz und der objektiven Wahrnehmung der Wirklichkeit aus. Die Frage ist, wie der Mensch dorthin kommt, die subjektiven Wirklichkeitskonstruktionen zu sehen/die Perspektive des anderen nachzuvollziehen und damit andere Meinungen und Perspektiven zu tolerieren und dann im nächsten Schritt verschiedene Interpretationen zu erwarten und Symbole gezielt einzusetzen, um eigene strategische Zwecken zu verfolgen – bis dahin ist es ein langer Weg.

Wie in Kap. 2.1.4 ausgeführt, verfolgt Kommunikation in dieser Arbeit eine duale Zielsetzung: zum einen das Ziel, daß alter inhaltlich und emotional in etwa versteht, was ego mit dem Geäußerten meint und zum anderen die Verfolgung subjektive/intersubjektive strategischer Interessen und Bedürfnisse, meistens will man mit dem Gesagtem etwas erreichen. Wobei sich über die Verfolgung strategischer Zwecke, im Unternehmen z.B. zwischen Individuen mit ähnlichem Fach-Vokabular, recht zügig Bedeutungskongruenz entwickeln kann.

Grundsätzlich werden in dieser Arbeit die positiven Auswirkungen von Kommunikation, hinsichtlich der Ausdifferenzierung von Intersubjektivität, in den Vordergrund gestellt. Es soll an dieser Stelle auch auf den „Grenznutzen" von Kommunikation hingewiesen werden: „jedes Argument erzeugt ein Gegenargument"[119]; „Laberei als Selbstzweck"; „negative, destruktive Stimmungsmache".

---

[118] Vgl. Theis 1994, S. 367f.
[119] Vgl. Schulz 1999, S 174f.

Wesentlich für das Zusammenwachsen der Unternehmen ist eine möglichst weitgehende *Transparenz* und Kommunikation der neuen Schritte und Wege der kulturellen Dimension des fusionierten Unternehmens, damit sämtliche Unternehmensmitglieder möglichst schnell ein neues Selbstbild des Unternehmens/Unternehmensidentität und für sich eine eigene Rolle darin konstruieren können.

Um tatsächlich alle Unternehmensmitglieder an der Selbst- und Fremdbeschreibung, Formulierung von Zukunftsorientierungen des gemeinsamen Unternehmens teilnehmen zu lassen – oder zumindest die Möglichkeit zu gewähren – ist es möglich, parallel zu den Kommunikationszirkeln „Pin-Wände" in den Fluren aufzuhängen oder unternehmensinterne „Chatrooms" einzurichten, an/in denen aktuelle Selbst- und Fremdbeschreibungen, Entwürfe einer Philosophie, von Visionen, Zielen etc. ausgehängt werden, verbunden mit der Aufforderung für Ergänzungen. Zum einen werden so die Beschreibungen, Orientierungen komplettiert, und zum anderen setzen sich so nahezu alle Mitglieder beider Unternehmen mit der Kultur des anderen Unternehmens und mit der neu zu entwickelnden gemeinsamen Unternehmenskultur auseinander.

Transparenz und *Partizipation* implizieren eine *offene Kommunikationskultur*. Die Praxis klagt über Informationsflut und Kommunikationsdefizit während des Fusionsprozesses. Teamarbeit, Pin-Wände, „Chat-rooms" stellen Zwei-Weg-Kommunikation in den Vordergrund. Ziel einer offenen Kommunikationskultur ist nicht, daß jeder mitreden muß, aber jeder, der will, mitreden darf. Wobei Partizipation kein Selbstverständnis ist: zum einen muß die Unternehmensführung die Mitsprache der Mitarbeiter wollen und ihren Ideen nachkommen, zum anderen müssen die Mitarbeiter das Angebot annehmen. Schließlich darf man nicht vergessen, daß Partizipation auch etwas mit Verantwortungsübernahme zu tun hat – davor drücken sich viele. Das Mitspracherecht und die Verantwortungsübernahme muß erlernt werden und kann durch Fehlerfreundlichkeit und Anreizsysteme gefördert werden.

3) Externe dialogorientierte Kommunikation: Entwicklungsfähigkeit

Nachdem in der „Ära" der Kontingenztheorie der Fokus auf den Einflußfaktoren der Umwelt lag, welche das Unternehmen determinierten, wechselte der Fokus anschließend auf das Innere des Unternehmens. Z.B. die Mikropolitik und der Ressourcenorientierter Ansatz sind bemüht

4.3 Phase 3: Die ersten Monate: Initiierung neuer Prozesse 335

aufzuzeigen, daß in den Unternehmen wesentliche Prozesse stattfinden, Unternehmen eigenständig agieren und sich nicht an die Umwelt anpassen müssen. Es resultierte erneut Einseitigkeit. Es ist kein Zufall, daß Vertreter der ökologischen Unternehmenspolitik und -entwicklung auf dieses Manko hinweisen.[120] Aus ihrer Perspektive umfaßt die ökologische *Entwicklungsfähigkeit von Unternehmen sowohl Lernprozesse im Unternehmen als auch die Interaktion zwischen Unternehmen und Umwelt.*

Es gibt theoretisch zwei Möglichkeiten, sowohl die interne als auch die externe Seite von Unternehmen zu betrachten: Entweder man kombiniert einen theoretischen Ansatz, der das Innere fokussiert mit einem anderen Ansatz, der das Externe in den Mittelpunkt stellt oder man versucht innerhalb eines Ansatzes beide Seiten zu integrieren. Letzteres bietet den Vorteil, die *Verflechtung interner Prozesse und der Interaktionsbeziehung zwischen Unternehmen und Umwelt* in den Blick zu bekommen (und deren Rückwirkung auf das Unternehmen und die Umwelt) und sie aus unterschiedlichen theoretischen Perspektiven betrachten zu können. Voraussetzung für diesen Weg ist jedoch, daß die Komplexität nicht zu hoch wird. So fordern z.B. Gellrich/Luig/Pfriem die St. Galler Systemtheorie (H. Ulrich) auf nicht nur die System-Umwelt-Beziehung zu betrachten, sondern auch die internen Anspruchsgruppen in den Blick zu nehmen, die zwar in dem Anspruchsgruppenkonzept identifiziert, aber ansonsten nicht weiter berücksichtigt werden. Und sie raten der Mikropolitik zusätzlich die externen Anspruchsgruppen in ihre Überlegungen einzubinden.[121] So können interessante Ideen sowohl aus der systemtheoretischen als auch aus der mikropolitischen Perspektive gewonnen und verglichen werden. Resultierende Differenzen bieten diskussionswürdige Spannungsfelder.

Bisher wurde in dieser Arbeit vollkommen selbstverständlich von der Lern- und Entwicklungsfähigkeit von Individuen, sozialen Gruppen/Subkulturen und sozialen Systemen/Unternehmen gesprochen. Gibt es zwischen der Lernfähigkeit und der Entwicklungsfähigkeit einen Unterschied der Unterschiede macht?

Lernprozesse bezeichnen die Veränderungen und Erweiterungen der individuellen oder sozialen/kollektiven Bezugsrahmen/Wirklichkeits-

---

[120] Vgl. Gellrich/Luig/Pfriem 1997.
[121] Vgl. Gellrich/Luig/Pfriem 1997, S. 10f.

konstruktionen/Codes, Werte, Themen (siehe Kap. 2.7.2). Die Frage ist, in welche *Richtung*? „Der Begriff der Entwicklungsfähigkeit leitet zu der Frage des Ziels der Entwicklung."[122] Ein kognitives oder soziales System kann über interne Prozesse, Gedanken, Erfahrungen lernen. Im Wesentlichen sind kognitive und soziale Systeme jedoch auf externe Kommunikation angewiesen, um den eigenen Bezugsrahmen zu erweitern. Lernen umfaßt die internen Prozesse eines Systems. Damit diese internen Prozesse jedoch nicht nur „im eigenen Saft schmoren", sind sie auf Input aus der Umwelt angewiesen, um sich entwickeln zu können. Aus *Dialogen mit der Umwelt* werden wesentliche Daten für die Entwicklungsrichtung der internen Lernprozesse eingeholt. Auf die Ziele einer Unternehmensentwicklung nehmen interne und externe Anspruchsgruppen Einfluß. Wobei zwischen den Zielen und dem Einfluß der Anspruchsgruppen *kein deterministischer Zusammenhang* besteht. Entlang der unternehmensspezifischen Wirklichkeitskonstruktion (Codes/Werte/Themen) entwickeln Unternehmen ihre Identität und damit gegenüber ihrer Umwelt Autonomie (siehe Kap. 2.1). Die spezifischen Codes/Werte/Themen, lenken die Wahrnehmung/Interpretation, stellen die Anschlußfähigkeit/Resonanzfähigkeit des Unternehmens gegenüber der Umwelt bereit, und diese Codes/Werte/Themen stellen die Grundlage für die Perturbationsmöglichkeiten des Unternehmens gegenüber der Umwelt.

Genau das Gleiche gilt für die externen Anspruchsgruppen. Nehmen wir als Beispiel die Branche. Eine Branche entwickelt ein eigenes Vokabular, eigene Institutionen (z.B. Verbände), eigene Spielregeln/Operationsweise (Strukturebene), eigene Werte, Themen und Codes (Sinnebene). Obschon Unternehmen der Branche sozusagen die Elemente oder auch Subkulturen der Branche darstellen – ähnlich wie in dieser Arbeit die Individuen und Subkulturen als Elemente der Unternehmen konzipiert werden –, entwickelt die Branche über die spezifischen Codes/Werte/Themen Autonomie auch gegenüber den Unternehmen. Entlang der branchenspezifischen Codes/Werte/Themen ist die Branche anschlußfähig/resonanzfähig gegenüber den Unternehmen und kann die Branche das Unternehmen perturbieren. Zwischen dem Unternehmen und der Branche besteht sozusagen ein Interaktionsraum[123]. Hinsichtlich

---

[122] Gellrich/Luig/Pfriem 1997, S. 20.
[123] Diese Vorstellung des Interaktionsraumes ist der Familientherapie entlehnt. In einer Therapie treffen Klientensystem und Beratersystem aufeinander. Wenn in

4.3 Phase 3: Die ersten Monate: Initiierung neuer Prozesse

eines Dialoges zwischen zwei Anspruchsgruppen, die häufiger miteinander interagieren, wird es in diesem Raum bereits Denk- und Kommunikationsstrukturen geben, deren Starrheit wiederum subjektiv wahrgenommen wird. Welchen „Input" die beiden Anspruchsgruppen aus dem Dialog ziehen und wie dieser Input den Bezugsrahmen verändert/erweitert oder nicht, ist in hohem Maße von dem jeweiligen systemspezifischen Bezugsrahmen und der spezifischen Operationsweise abhängig. Es wird deutlich, daß Unternehmen aus dem Dialog mit externen Anspruchsgruppen zwar Anregungen für die Richtung der Lernprozesse bekommen, die Umwelt die Unternehmen hinsichtlich der Zielbildung perturbiert, nicht determiniert.

In Kap. 3.2 wurde der Ressourcenorientierte Ansatz kurz vorgestellt. Sein wesentlicher Beitrag u.a. für diese Arbeit wurde darin gesehen, daß er keine eindeutig-funktionale Beziehung zwischen einzelnen Fähigkeiten und Kernkompetenzen herstellt. Die Entwicklung von Kernkompetenzen ist also nicht direkt plan- oder steuerbar. Verbindet man den Ressourcenorientierten Ansatz mit der in dieser Arbeit fokussierten kulturellen Dimension als Basis für organisationale Lernprozesse können unter „einzelnen Fähigkeiten" die individuellen Bezugsrahmen und unter „Kernkompetenzen" kollektives Wissen verstanden werden. Die Generierung kreativer Kernkompetenzen kann nicht gestaltet, aber über zwei Wege protegiert werden: a) Die Entwicklung von Kernkompetenzen darf nicht durch klare Zielvorgaben einengt werden. Es sollten Denk-, Kommunikations- und Handlungsfreiräume gelassen werden für selbstorganisierende Wege, auf welchen sich die Fähigkeiten zu neuartigen Kernkompetenzen entwickeln können. b) Eine große Vielfalt an qualitativ hochwertigen Fähigkeiten liefert den Nährboden, auf welchem Kernkompetenzen wachsen können.

Zu a) Verbindet man die Überlegungen zum Ressourcenorientierten Ansatz mit denen zum Thema „Entwicklungsfähigkeit" folgt, daß man nicht engführende Ziele als Richtung für die Lernprozesse definieren darf, sondern Alternativen aufzeigende, öffnende *Visionen*. Und auf welchem Boden wachsen öffnende Visionen? Zum einen aus besonderen

---

dieser Situation doppelter Kontingenz versucht wird, zu kommunizieren, entsteht ein Interaktions-/Beratungssystem, welches die beiden Systeme umschließt. Über Kommunikation entsteht in dem Interaktionssystem Licht, ohne die beiden black boxes weiß zu färben. Vgl. Willke 1987, S. 102f.

Fähigkeiten (s.u.), die dem Konservatismus des Bezugsrahmens und der Operationsweise eines Systems entgegenwirken und zum anderen aus dem Dialog mit externen Anspruchsgruppen. Für die Generierung von Visionen wird der Dialog mit externen Anspruchsgruppen erst recht wesentlich, da sich Visionen durch ihre „Loslösung" vom Status Quo auszeichnen sollten. Oben wurde erwähnt, daß der Interaktionsraum, der entsteht, wenn zwei Systeme in Kontakt treten, bereits mit Strukturen durchwoben ist, wenn die Systeme regelmäßig interagieren. Insofern kann vermutet werden, daß der Dialog mit entfernten Anspruchsgruppen besonders „losgelöste", neuartige Visionen generieren kann.

Zu b) Wie man die Verschiedenartigkeit von Bezugsrahmen protegieren kann, ist unter dem Stichwort „Pluralität" wesentlicher Gegenstand der Subkulturkonzeption (siehe Teil I Kap. 2.7). Inhalte der Bezugsrahmen bzw. Fähigkeiten der Individuen waren auch bereits an einigen Stellen flankierend Thema, sollen jedoch jetzt einmal in den Mittelpunkt gestellt werden. Welche Fähigkeiten bieten eine fruchtbare Basis für die Entwicklung von Kernkompetenzen (im Sinne organisationaler Lernprozesse), von öffnenden Visionen (über Dialoge mit externen Anspruchsgruppen) und damit für die grundlegende Lern- und Entwicklungsfähigkeit von Unternehmen? *Weiche Fähigkeiten und emotionale Intelligenz/Wissen* erfahren aus gutem Grund in theoretischer und praktischer Hinsicht einen Aufwärtstrend.[124] Was unter weichen Fähigkeiten verstanden wird und wie sie sich entwickeln, wird in diesem Kapitel unter der Überschrift „Initiierung der Entwicklungsfähigkeit" erläutert.

Das Thema „Entwicklungsfähigkeit" führt jedoch nicht nur zur Diskussion der Richtung von Lernprozessen im Unternehmen. Wie das Beispiel des Dialoges zwischen Unternehmen und Branche oben deutlich gemacht hat, stellen Unternehmen externe Anspruchsgruppen für ihre externen Anspruchsgruppen dar. Die externen Anspruchsgruppen eines Unternehmens suchen im Dialog mit dem Unternehmen ebenso Entwicklungsrichtungen für ihre internen Lernprozesse. *Kultur ist nicht nur Rahmenbedingung, sondern ebenfalls Produkt von Unternehmenstätigkeit.*[125] Unternehmen perturbieren sowohl die Wirklichkeitskonstruktionen als auch die Strukturen in ihrer Umwelt, müssen sich diesen gesellschaftlichen Einfluß bewußt machen und Verantwortung übernehmen.

---

[124] Vgl. Aulinger/Fischer/Pfriem 2001.
[125] Vgl. Pfriem 2000, S. 455.

4.3 Phase 3: Die ersten Monate: Initiierung neuer Prozesse 339

Diese Überlegungen sind keineswegs nur eine Bürde, sondern eine Chance, da sich die Denk-, Kommunikations- und Handlungsspielräume der Unternehmen gegenüber der Umwelt wesentlich vergrößern.

In diesem Zusammenhang wird das Thema *„Unternehmertum"* wiederbelebt. Allerdings nicht im Sinne des „alles-könnenden" Top-down-Gestalters, sondern im Sinne der „Schöpferischen Zerstörung" Schumpeters. Während das Management ihr Handeln am Ende einer Periode mit harten Faktoren legitimieren muß, hat der Unternehmer die Chance, jenseits von rationalen Sachzwängen[126] zu entscheiden und zu handeln. Wie in Kap. 3.2 kurz ausgeführt, kann der Unternehmer nicht nur die Spielregeln der „theory-in-use" beherrschen, sondern mit ihnen brechen und völlig ungewöhnliche, z.T. irrationale Wege einschlagen.

Mit „Unternehmer" wird nicht die eine Führungsspitze gemeint. Wie in Kap. 2.1.4 dargestellt, wird nur der unternehmensspezifische Teil der individuellen Bezugsrahmen der Mitarbeiter durch die kollektive Wirklichkeitskonstruktion überformt. Aber genauso wie Unternehmen als Elemente einer Branche Autonomie über die Ausdifferenzierung einer Identität erlangen, behalten die Mitarbeiter ihre Identität und damit Autonomie gegenüber dem Unternehmen. Ob sie die daraus entstehenden Denk-, Kommunikations- und Handlungsspielräume nutzen, liegt in ihnen.

Pfriem schließt an Lutz und Schumpeter an und meint, daß die Freude am Gestalten aus einer allgemeine Lebenseinstellung herrührt.[127] Wofür ist der Dialog mit den externen Anspruchsgruppen wichtig, wenn der Unternehmer sowieso nur macht, was er denkt bzw. fühlt (rationale Argumente allein führen selten zu bahnbrechenden Gedanken und Wegen)? Erstens sind nicht alle herrschenden Wirklichkeitskonstruktionen und Strukturen reformierungsbedürftig und zweitens dient die Beobachtung des Status Quo als Differenzierungsgrundlage und ist als solche notwendige Bedingung für die Entdeckung struktur- und kulturbrechender Wege.

Das Unternehmertum wird in der Subkulturkonzeption protegiert durch die „Ausflüge aus dem Heimathafen" und der daraus resultieren-

---

[126] Vgl. Pfriem 1999a.

[127] Vgl. Lutz 1997, S. 371, Schumpeter 1997, S. 138f. zitiert nach Pfriem 2000, S. 459.

den Reflexion der Wirklichkeitskonstruktion und der Struktur im Heimathafen.

4) Organisation der Selbstorganisation

Da Orientierung auf der Sinn- und Strukturebene weggebrochen ist und erst langsam nachwächst, fällt der Unternehmenspolitik hinsichtlich der Orientierungsleistung eine wichtige Rolle zu. Das Problem ist jedoch, daß dies die Unternehmensführungen häufig nicht wahrnehmen, da sie zu intensiv mit den harten Faktoren der Fusion beschäftigt sind.

Die Unternehmenspolitik hat *Vorbildfunktion*: sie sollte es vorleben, die Perspektive des anderen Unternehmens nachvollziehen zu wollen und Anschlußfähigkeit zur eigenen Perspektive herzustellen.

Der Kontakt zur Unternehmenspolitik ist während der Integrationsphase besonders wesentlich. Die Mitarbeiter fühlen dadurch ihre Wertigkeit. *„Management by wandering around"* ist in diesem Zusammenhang eine sinnvolle flankierende Maßnahme, wodurch auch dialogorientierte Kommunikation zwischen der Unternehmensführung und den Mitarbeitern gefördert wird.[128]

Sinnvoll erscheint es zudem, die „Teamleader" der autonomen Organisationseinheiten in die Politik des Unternehmens mit einzubeziehen, da sie Wirklichkeitskonstruktionen ihrer Teams, Chancen und Risiken innerhalb und zwischen den Teams „vor Ort" kennen. Zudem ist es für die „Teamleader" von Vorteil, die Unternehmensperspektive nicht aus den Augen zu verlieren. Sie können sozusagen zwischen den Perspektiven der Subkulturen und der Unternehmenspolitik dolmetschen.

Die Unternehmenspolitik sollte ebenfalls, wie jede andere autonome Organisationseinheit, sich Ziele setzen (nicht zu verwechseln mit den Unternehmenszielen, die durch alle zusammen erreicht werden sollen) und *Selbstbeschreibungen* anfertigen. *Fremdbeschreibungen* können diverse andere Subkulturen in Kombination mit den Führungspersonen der Organisationseinheiten leisten. Erst wenn sich einige Sinnstrukturen ausdifferenziert haben, sollte mit der Selbstreflexion begonnen werden.

In der Literatur geht es hinsichtlich der Handlungskoordination mehr und mehr um die *„Organisation von Selbstorganisation"*. Zum einen setzt sich die konstruktivistische Perspektive durch; die Kontingenztheo-

---

[128] Vgl. Marra 1999, S. 17.

rie konnte nicht die empirischen Ergebnisse zur Bestätigung ihrer Umwelt- und Verhaltensdeterminismen zeigen, die sie verfolgte. Die Konstruktion, daß Individuen und soziale Systeme nur perturbiert werden können, scheint auf die Realität zu passen. Zum anderen ist nicht von der Hand zu weisen, daß nahezu jedes soziale System und insbesondere Unternehmen eine Führung benötigen.

Das Anforderungsprofil einer Unternehmenspolitik hat sich mit den Annahmen des Radikalen Konstruktivismus allerdings sehr verändert. Die Unternehmenspolitik und auch das mittlere Management (z.B. LeiterInnen der autonomen Organisationseinheiten) sind nicht mehr die Macher, Top-down-Anweiser, Gestalter, sondern sie haben die Aufgabe, die selbstorganisierenden Prozesse und Strukturen im Auge zu behalten. Wesentliche Aufgabe der Führungspersonen ist, aus kritischer Distanz das gesamte Geschehen im Unternehmen bzw. in einer autonomen Einheit zu reflektieren.[129] Wichtig ist der richtige Blick dafür, wann und wo Orientierung/Pluralität zuviel oder zuwenig existent ist, ein Gespür dafür zu entwickeln, wann Individuen oder Systeme überlastet oder unterfordert sind. Hat das strukturelle, intersubjektive oder subjektive Gründe?

Geht man von einer existenten Wirklichkeit/Realität aus, so wird man versuchen, dieser Wirklichkeit mit besseren Selektionen, Differenzen, Datensammlungen näher zu kommen. Dieser Versuch ist jedoch kontraproduktiv: je mehr es versucht wird, desto weiter entfernt man sich vom Ziel, denn man orientiert sich an in der Vergangenheit bewährten Denk-, Kommunikations- und Handlungsstrukturen, an „Rationalem", an „Objektivitäten" und dabei gehen Intuition, Phantasien, Selbstorganisation, Emergenz verloren.

Die kognitiven Strukturen in den Köpfen der Systemmitglieder als auch die Kommunikations- und Handlungsstrukturen sozialer Systeme neigen zum *Konservatismus*. Daraus folgt, daß auf alten Wegen versucht wird, den Status Quo zu verbessern. Aufgrund der Schnellebigkeit in den Zeiten der Moderne wird es jedoch stets wesentlicher, neue Wege und neue Ziele zu erkennen, Bewährtes in Frage zu stellen und neue Kommunikations- und Handlungsfreiräume zu erkennen, indem man Grenzen kritisch reflektiert. Statt Altbewährtes zu pflegen, muß neues Wissen generiert werden.[130] Werden Probleme wahrgenommen, können die

---

[129] Vgl. Pfriem 1995, S. 251.
[130] Vgl. Wimmer 1997, S. 115.

Führungspersonen lediglich versuchen, einzelne Personen oder Gruppen zu stören, zu perturbieren, so daß die Personen/Gruppen die Probleme selbst sehen. Selbsterkenntnis ist Voraussetzung für Gegensteuerung.

Die genannten Anforderungen – viel Selbstorganisation, viel informelle Kommunikation, kritische Selbstreflexion, Kommunikations- und Handlungsfreiräume, partizipative Zielformulierung, Förderung des gegenseitigen Kulturverständnisses etc. – implizieren eine offene Kommunikationskultur im Sinne von Fehlerfreundlichkeit, Kommunikation über Grenzen hinweg, Toleranz für andere Perspektiven. Nicht nur die Führungsriege sollte das Unternehmen aus kritischer Distanz reflektieren, sondern sämtliche Mitarbeiter sollten sich permanent aufgefordert fühlen, Ziele/Strategie, Strukturen, Prozesse etc. zu reflektieren und Probleme zu artikulieren.[131] Reflexive Strukturen bieten dahingehend gute Möglichkeiten. Die Subkulturkonzeption fördert über das Subkulturnetz (intersubkulturelle Kommunikation) und die Kombination von „Heimathafen und Ausflüge" die Selbstreflexionsfähigkeit der Individuen, Subkulturen und des Unternehmens. Es geht hinsichtlich der Führung und der Strukturen nicht nur um Handlungskoordination, sondern um die Verfolgung eines grundlegenden Unternehmenszieles: Lern- und Entwicklungsfähigkeit.

Orientierung

In Teil I der Arbeit war die kulturelle Dimension wesentlich für das Spannungsverhältnis und das Ausmaß an Orientierung und Pluralität. Im Integrationsprozeß einer Fusion geht es in erster Linie um eine zügige Entwicklung von Orientierung. Folglich wird im folgenden die kulturelle Dimension (Unternehmens- und Subkulturen) nach Potentialen durchsucht, welche die Orientierung protegieren.

1) Unternehmenskultur

a) Ziele einer Unternehmenskultur: Der Weg ist das Ziel

Erst mit der Integration der bestehenden bzw. durch Entwicklung einer neuen unternehmensspezifischen Wirklichkeitskonstruktion bildet das

---

[131] Siehe zum Thema „reife Gruppen" Teil I Kap. 2.7.5.2.

4.3 Phase 3: Die ersten Monate: Initiierung neuer Prozesse

fusionierte Unternehmen eine Eigenständigkeit/*Identität* und damit Autonomie gegenüber der Umwelt aus. Eine gemeinsame Unternehmenskultur als grundlegende gemeinsame Bindung ist zum einen wesentlich, da das Unternehmen nur so als *sozialer Akteur* verstanden werden kann, auf Unternehmensebene gegenüber der Umwelt Autonomie gewinnt und Verantwortung übernehmen kann und zum anderen ein *gemeinsamer Nenner der Subkulturen* bzgl. der Anschlußfähigkeit für die intersubkulturelle Kommunikation und Zusammenarbeit unverzichtbar scheint.

Die Entwicklung einer gemeinsamen Orientierung ist am Anfang eines Fusionsprozesses besonders wichtig, da die Pluralität sehr hoch ist. Die Mitglieder brauchen einen Bezugsrahmen, um die Pluralität dort einordnen zu können und damit die *selbstorganisierenden Prozesse* nicht in vollkommen unterschiedliche Richtungen laufen. Ein gewisser Standard an gemeinsamen Wahrnehmungs- und Orientierungsmustern macht das Handeln der einzelnen Subkulturen erwartbarer und damit anschlußfähiger für andere interne und externe Anspruchsgruppen.

Wie in Kap. 2.3 bereits diskutiert wurde, hält diese Arbeit an der Existenz von Unternehmenskulturen fest. Unternehmen sollen nicht als Konglomerat sozialer Gruppen konstruiert werden. Spezifische Interessenkonsense können eine Basis an generellem Orientierungskonsens nicht ersetzen. Spezifische Interessenkonsense stellen die notwendige Kompatibilität für Inter-Gruppen-Beziehungen bereit. Eine Gruppe kooperiert nur dann mit einer anderen, wenn sie für sich durch die Kooperation einen Mehrwert erhofft. Insofern geht es noch nicht einmal um Interessenkonsens, sondern es reicht auch, wenn die Interessen aneinander anschließen. Es lassen sich aber Unternehmensverbünde und interorganisationale Netzwerke von Unternehmen unterscheiden, die in dezentralen Einheiten strukturiert sind. Subkulturübergreifende, unternehmensspezifische Basisperspektiven sind vorstellbar über: das Subkulturnetz, Tradition, Stolz, Ziele, Visionen, Kommunikationen und Handlungen der Unternehmensführung und der Führungsteams. Diese Faktoren können die Individuen und Subkulturen perturbieren und gemäß dem fraktalen Prinzip der Selbstähnlichkeit z.T. zu Annäherungen der Operationsweisen der Subsysteme führen. Je weniger gemeinsame Identifikationspotentiale den Subkulturen zur Verfügung stehen, desto egoistischer wird gehandelt.

Weiteres Ziel der Entwicklung einer gemeinsamen Unternehmenskultur ist das Überwinden des Konkurrenzdenkens zwischen den beiden

Unternehmensidentitäten und deren Mitglieder. Diese sehr grobe Intersubjektivität sorgt nicht für unmittelbare Handlungsorientierung, da sie i.d.R. zu abstrakt ist. Sie hat jedoch die Aufgabe, die entstehenden Subkulturen füreinander irritierbar zu halten, d.h. Anschlußfähigkeit füreinander bereit zu stellen. Ziel der Dialoge ist nicht unbedingt Konsens, sondern die Akzeptanz eines Dissens. Verschiedene Sichtweisen können als produktive Ressource wahrgenommen werden.[132]

Es besteht Einigkeit darüber, daß Fusionen häufig an mangelnder Integration der Unternehmenskulturen scheitern. Die Rekonstruktion beider Unternehmenskulturen ist dementsprechend keine neue Forderung. Das Problem ist jedoch, daß sowohl die Rekonstruktion als auch die Formulierung einer neuen Unternehmenskultur technokratisch gedacht und umgesetzt werden.[133]

b) Zwei Fremdbeschreibungen

Nachdem in Kap. 4.2.2 zwei Selbstbeschreibungen der an der Fusion beteiligten Unternehmen gefordert wurden, sollen in einem zweiten Schritt zur Rekonstruktion der Unternehmenskulturen zwei Fremdbeschreibungen formuliert werden.

Wer kann diese Fremdbeschreibungen anfertigen? Bei einem Fusionsprozeß bietet es sich an, daß das jeweils andere Unternehmen eine Fremdbeschreibung formuliert. Das ist jedoch nur ergiebig, wenn die beiden Unternehmen sich zumindest ein wenig kennen. Das Anfertigen einer Fremdbeschreibung des anderen Fusionsunternehmens hat den Vorteil, daß man sich mit dem anderen Unternehmen auseinandersetzt, versucht zu verstehen, wie das andere Unternehmen „tickt". Mitglieder externer Anspruchsgruppen, die Kenntnis des Unternehmens haben, stellen zudem eine geeignete Hilfestellung dar. Sie können als externe Beobachter blinde Flecken sehen. Zudem haben sie häufig mit anderen Unternehmen zu tun und können über Vergleiche/Unterschiede die Besonderheiten des einen Unternehmens wahrnehmen. Weiterhin ist vorstellbar, daß sich Teams zusammensetzen aus den externen Anspruchsgruppen des einen Fusionsunternehmens und Mitgliedern des anderen Fusionsunternehmens – so lernen diese sich gleich kennen.

---

[132] Vgl. Gross 1999, S. 332.
[133] Vgl. z.B. Clever 1993, S. 112ff. oder Chromy/Stork 1999, S. 129ff.

Bei der Zusammensetzung der Teams, die eine Fremdbeschreibung anfertigen sollen, ist darauf zu achten, daß es nicht nur Individuen sind, die mit einer spezifischen Subkultur des anderen Unternehmens zu tun hatten. Hieraus würde dann eher eine Fremdbeschreibung der Subkultur, nicht der Unternehmenskultur resultieren.

Die Fremdbeschreibungen können ebenfalls entlang des Fragekataloges (siehe oben „ Selbstbeschreibungen") diskutiert und formuliert werden.

c) Gegenüberstellung von Selbst- und Fremdbeschreibung zur Rekonstruktion der zwei Unternehmenskulturen

Anläßlich des dritten Schrittes zur Rekonstruktion der Unternehmenskulturen, der Gegenüberstellung von Selbst- und Fremdbeschreibung, sollten sich die Teams, welche diese Beschreibungen angefertigt haben, zusammensetzen. In diesem Kommunikationszirkel sitzen also erstmals Mitglieder beider fusionierender Unternehmen. Durch die Gegenüberstellung der Selbst- und Fremdbeschreibung werden rekursive Beobachtungen ermöglicht. Die Gegenüberstellung eröffnet Möglichkeiten, blinde Flecken, konservative, nicht mehr auf die Realität passende Strukturen ins Bewußtsein zu befördern.

Im Mittelpunkt der Diskussion stehen die angefallenen Differenzen zwischen Selbst- und Fremdbeschreibung eines Unternehmens. Es muß nicht zwischen den Differenzen entschieden werden. Vielmehr geht es darum, über die Bereiche, in denen verstärkt Differenzen auftauchen, besonders nachzudenken. Wo liegen die Ursachen für die Deutungsdifferenzen? Bei mannigfaltigen Differenzen kann es sinnvoll sein, eine dritte Partei als „Schiedsrichter" (z.B. rekrutiert aus externen Anspruchsgruppen) hinzunehmen, welche als externer Beobachter aus der Distanz am ehesten den Ursprung für die Differenzen erkennen kann. Grundsätzlich destabilisieren Differenzen das System – eine Voraussetzung für Veränderungen.

Diese Gesprächsrunden sind für das betreffende Unternehmen interessant, da sie neue Einblicke in ihr eigenes Unterbewußtsein, in die eigene Wirklichkeitskonstruktion erlangen. Für die Mitglieder des anderen Unternehmens (welche die Fremdbeschreibung angefertigt haben) ist es spannend zu hören, wie die anderen sich selbst sehen und einen Einblick in ihre Art zu denken, zu kommunizieren und zu handeln, bekommen.

Wenn man mit dem einen Unternehmen fertig ist oder in einigen Bereichen nicht weiterkommt, kann man erst einmal mit der Gegenüberstellung der Selbst- und Fremdbeschreibungen des anderen Unternehmens anfangen. Durch die Besprechung der Selbstbeschreibung und Diskussion der Differenzen zur Fremdbeschreibung erlangen nun die Mitglieder des einen Unternehmens Einblicke in die Wirklichkeitskonstruktion des anderen Unternehmens. Dadurch können Sackgassen der ersten Gegenüberstellung evtl. überbrückt werden.

Diese Kommunikationszirkel können durch die Kommunikationstechnik „Kontrollierter Dialog" unterstützt werden: Bevor man antwortet, muß man die Äußerungen von „alter" zusammenfassen, um zu kontrollieren, ob „alter" in etwa das verstanden hat, was „ego" meinte.

Zudem kann es sinnvoll sein, vor den ersten Gesprächen gemeinsame Begriffswelten zu definieren.

Je häufiger sich ein System grundsätzlich mit Fremdbeschreibungen auseinandersetzt, desto mehr lernt das System, sich selbst mit fremden Codes zu beschreiben – sich selbst aus einer anderen Perspektive zu betrachten. Durch den Vergleich zwischen Selbstbeschreibung mit anderen möglichen Systembildern gewinnt das System Anregungen für Veränderungen.[134] Zudem lernt das System zu lernen, durch das Erkennen und Speichern von Mustern bzgl. der Differenzen zwischen Selbst- und Fremdbeschreibung.

Die Kehrseite der Rekonstruktion: es gibt Autoren, die meinen, daß durch die Rekonstruktion der Unternehmenskultur diese selbst zerstört wird (siehe Teil I Kap. 1.2). In Teilen wird das wohl so sein. Wie bereits erwähnt, hat der blinde Fleck auch seinen Sinn. Aber wir leben in der Moderne, Tradition verliert ihre Kraft. Freie, autonome individuelle Interessen, Bedürfnisse, Konstruktionen treffen aufeinander und kämpfen um Durchsetzung. Unterschiedliche Interessen, Bedürfnisse und Konstruktionen liefern einem sozialen System Pluralität. Diese Arbeit vertritt jedoch die Meinung, daß eine Basis an gemeinsamer Orientierung wesentlich ist, um die Pluralität nutzen zu können. Die gemeinsame Orientierung muß das soziale System selber entwickeln, da die Gesellschaft keine außer Frage stehenden Orientierung mehr bereit hält. Über argumentative und emotionale Interaktionen im sozialen System kann Orientierung generiert werden. Zudem dreht sich das Rad ganz allgemein

---

[134] Vgl. Hallay 1996, S. 174.

immer schneller. Die „Verfallszeit von Erfahrungen"[135] wird stets kürzer. Man muß immer flexibler werden, um neue Entwicklungen wahrnehmen zu können. Da nutzt es tendenziell wenig, Altes zu bewahren. Unterm Strich ist es wichtiger, die Unternehmenskultur von Konservatismus zu befreien und sie permanent weiterzuentwickeln (allerdings ohne die Identität zu zerstören), als den guten alten Zeiten nachzutrauern.

Die Reflexion selbst führt bereits zu einer Veränderung der beiden Wirklichkeitskonstruktionen. Zudem ist sie Voraussetzung für die Entwicklung der gemeinsamen Unternehmenskultur, da die Rekonstruktionen Anschlußmöglichkeiten offenlegen.

Trotz Selbst- und Fremdbeschreibungen, deren Gegenüberstellung, Einbeziehung externer Anspruchsgruppen etc. sei darauf hingewiesen, daß es nicht gelingen wird, eine Unternehmenskultur gänzlich zu rekonstruieren. Es werden einige tief verwurzelte Werte/Orientierungen nicht ins Bewußtsein befördert werden können.

d) Initiierung von Prozessen zur Entwicklung einer gemeinsamen Unternehmenskultur

Aufgrund der mangelnden Orientierung muß möglichst frühzeitig mit der partizipativen Formulierung von gemeinsamen/r Philosophie, Unternehmensgrundsätzen, Visionen, Zielen begonnen werden. Hierzu sollten Teams ernannt werden, welche Mitglieder der Selbstbeschreibungs- und Fremdbeschreibungsteams beider Unternehmen, Unternehmensführung, mittleres Management (Führung der autonomen Organisationseinheiten) und evtl. Mitglieder externer Anspruchsgruppen umfassen.

Als erstes sollten die Rekonstruktionen der beiden Unternehmenskulturen nach Parallelen oder Komplettierungen traditioneller und zukünftiger Orientierungen durchgearbeitet werden. Vorstellbar sind solche Parallelen durch eine vergleichbare Unternehmensentwicklung, eine ähnliche Größe des Unternehmens, einen vergleichbaren Führungsstil, ähnliche Visionen, Ziele, Produkte, Branche o.ä. Im Anschluß sollte überlegt werden, ob diese zufälligen Parallelen für die gemeinsame Unternehmenskultur geeignet sind, d.h. in der Zukunft vermutlich noch auf die Realität passen. Unter „Komplettierung" werden sich ergänzende Orientierungen verstanden, die sich durch Konfrontation weiterentwik-

---

[135] Wimmer 1997, S. 125.

keln. Dabei geht es um das gegenseitige Kennenlernen und Weiterentwickeln des impliziten Wissens beider Unternehmen.

Badaracco spricht bzgl. des Transfers impliziten Wissens von „Wissenskopplung".[136] Es darf beim Integrationsprozeß nicht darum gehen, daß man das eigene implizite Wissen durchsetzt. Durch die Reflexion der eigenen und der anderen Unternehmenskultur sind die Stärken der beiden impliziten Wissensbasen z.T. bewußt geworden. Von hier aus sollte es das Ziel einer gemeinsamen Unternehmenskulturentwicklung sein, daß die Stärken einander ergänzen, sich miteinander weiterentwickeln. Ergebnis dieses Prozesses ist dann kein additives: implizites Wissen A plus implizites Wissen B, sondern aus Kommunikationen und Handlungen besteht die Chance, neues, emergentes, gemeinsames Wissen zu entwickeln.

Anschließend müssen beide Parteien deutlich machen, auf welche Orientierung sie aus ihrer Sicht auf keinen Fall verzichten möchten. Handelt es sich dabei z.B. um traditionelle Werte, Geschichten, Rituale, werden diese – aufgrund mangelnder Anschlußfähigkeit – den Mitgliedern des anderen Unternehmens keine Orientierung liefern. Dennoch sollte nicht sämtliche Tradition beider Unternehmen ersatzlos gestrichen werden. Gerade weil Tradition aufgrund der Schnellebigkeit immer schwieriger aufzubauen ist, sollte Tradition – so sie auf die Realität paßt – konserviert werden.

Genau an dieser Stelle ist *symbolische Kommunikation* angezeigt. Die Tradition des einen Unternehmens kann den Mitgliedern des anderen Unternehmens vermittelt werden. In Geschichten, Anekdoten, Ritualen etc. kann die Tradition wohl am besten verbreitet werden. Nonaka weist auf die Fähigkeit von Metaphern hin, da sie implizites Wissen in nachvollziehbare Sinnbilder zusammenfaßt.[137] Ob diese Traditionen sich mit der Zeit tiefer in den Köpfen der Mitglieder des anderen Unternehmens verankern und zur gemeinsamen Tradition werden, liegt an der Anschlußfähigkeit, dem Willen der Individuen und der Art und Weise der Vermittlung. Gezwungen werden, diese Orientierungen zu übernehmen, kann kein Individuum und kein soziales System – es handelt sich lediglich um Orientierungs-Offerten.

---

[136] Vgl. Badaracco 1991, S. 65ff.
[137] Vgl. Nonaka 1994, S. 20.

4.3 Phase 3: Die ersten Monate: Initiierung neuer Prozesse

Im Anschluß an die Rekonstruktionen der Unternehmenskulturen sollte auch entschieden werden, welche Orientierungen zukünftig an Gewicht verlieren sollen. Über die argumentative, bewußte Auseinandersetzung mit überholten Orientierungen werden diese labil und können „verlernt" werden. Wie lassen sich grundsätzlich Denk-, Kommunikations- und Handlungsmuster der Individuen und der sozialen Systeme, wie z.B. liebgewonnene Gewohnheiten, Konkurrenzdenken verlernen? „Verlernen" und „neu erlernen" hängen eng miteinander zusammen, wobei das Verlernen häufig durch Probleme angeregt wird. Wird das Thema „Verlernen" nicht explizit diskutiert, läßt sich der evolutionäre Weg stark vereinfacht folgendermaßen denken: jedes Individuum behält seine Gewohnheiten erst einmal bei. Die Muster, die sich in dem neuen Umfeld bewähren, viabel sind, werden beibehalten und weitervermittelt an die neuen Teamkollegen. Die Muster, mit denen man aneckt, die offensichtlich nicht mehr auf die Realität passen, gibt man auf.[138] Problematisch ist jedoch, daß einige tief verankerte Strukturen/Muster nicht bewußt sind und aufgrund des Konservatismus nicht so einfach aufgegeben werden können. Gerade an besonders erfolgreichen Strukturen/ Mustern hält das System fest[139], ohne es zu merken.

Stellt man sich in einem Fusionsprozeß die Vielzahl unterschiedlicher Perspektiven und verkrusteter Strukturen/Muster vor, stellt sich die Frage, inwiefern man den Prozeß des Bewußtmachens und des Verlernens initiieren und beschleunigen kann (Organisation von Selbstorganisation). Die Reflexion der eigenen und der anderen Unternehmenskultur ist eine Möglichkeit, die unternehmensspezifischen Selbstverständlichkeiten ans Licht zu holen und die eigene Identität nur als eine mögliche zu begreifen. Die tief sitzenden Gewohnheiten sind jedoch v.a. in den Subkulturen eines Unternehmens, in der Intersubjektivität von deren Mitgliedern lokalisiert. Sämtliche sich auflösenden Subkulturen zu reflektieren wäre zwar erkenntnisbringend, jedoch zu aufwendig für die Praxis. Es lassen sich eingefahrene Perspektiven grundsätzlich aufweichen durch das Kennenlernen anderer Perspektiven. Zugänge zu anderen Perspektiven lassen sich initiieren z.B. durch Rollenspiele, virtuelle Welten, eigene körperliche Erfahrungen (z.B. ein Tag im Rollstuhl, Outdoor-Seminare). Durch das rationale und emotionale Nachempfinden

---

[138] Vgl. Godoy Tenter/Müller 1999, S. 148.
[139] Vgl. Schreyögg 1991, S. 209.

anderer Perspektiven gelangen, über Differenzen zur eigenen Perspektive, Besonderheiten ins Bewußtsein.

Im nächsten Schritt geht es darum, für beide Unternehmen neue Orientierungen zu formulieren, die bisher weder Teil der einen noch der anderen Unternehmenskultur waren. Diese Orientierungen können ausschließlich in die Zukunft weisen: Visionen, Trends, Ziele, moderne Werte. Voraussetzung, daß sie nicht im luftleeren Raum schweben, ist die Anschlußfähigkeit der Orientierungen an die Mitglieder, Gruppen und an beide Unternehmen. Es geht darum, daß beide Unternehmen ihre Selbstbeschreibung dahingehend nutzen, daß sie die Selbstbeschreibungen durch mögliche zukünftige Beschreibungen variieren[140], um daraus Strategien der Veränderung in Richtung eines gemeinsamen Bezugsrahmens zu entwickeln.

Während der Kommunikationen bzgl. der Selbst- und Fremdbeschreibungen, der Gegenüberstellung, der Parallelen, der Differenzen etc. sind sicherlich schon einige Möglichkeiten, Inhalte, Ideen entwickelt worden. Insofern scheint es ergiebig zu sein, wenn die zukünftigen Orientierungen von den Teams, die sich bisher mit der Unternehmenskultur befaßt haben, formuliert werden.

Oben wurde die wesentliche Rolle externer Kommunikation für die Generierung von Zielen für die Richtung der Entwicklung erläutert. Der Ressourcenorientierte Ansatz wurde ergänzend hinzugezogen, da er vor zu eng führenden Zielen warnt. Es sollten also öffnende Visionen im Dialog zwischen internen und externen Anspruchsgruppen entwickelt werden. Zusätzlich können Techniken zur Generierung zukünftiger Orientierungen (z.B. Szenariotechnik, Planspiele) eingesetzt werden. Es darf sich hier nicht beschränkt werden auf sachliche Ziele. Vielmehr geht es um die Generierung sinnvermittelnder Werte, mit denen sich die Mitglieder identifizieren können. Diese modernen Zukunftsorientierungen/Visionen müssen schriftlich fixiert werden und mit Inhalten gefüllt werden. Sie dienen sozusagen als gemeinsames Ziel, in dessen Richtung sich beide Unternehmenskulturen entwickeln sollen.

Der hier vorgeschlagene Weg der Unternehmenskulturentwicklung ist als ein „in-Gang-setzen" eines Entwicklungsprozesses zu verstehen. Über die Reflexion beider Unternehmenskulturen soll an vergangener Orientierung erhalten werden, was für das gemeinsame Unternehmen von

---

[140] Vgl. Hallay 1996, S. 176.

4.3 Phase 3: Die ersten Monate: Initiierung neuer Prozesse

Nutzen ist, und gleichzeitig wird Anschlußfähigkeit für neue Orientierungen offengelegt. Das Gemisch aus alten und neuen Orientierungen ist nicht mehr und nicht weniger als ein erster Entwurf gemeinsamer Orientierung – eine Basis. Und trotz Partizipation sämtlicher Unternehmensmitglieder ist diese Orientierung erst einmal eine recht leere Hülle, die mit Leben gefüllt werden muß, sich in den Strukturen und Prozessen manifestiert und sich entlang der Kommunikationen und Handlungen weiterentwickelt. Erst durch gemeinsame Kommunikationen und Handlungen differenziert sich tatsächlich eine gemeinsame unternehmensspezifische Identität, Wirklichkeitskonstruktion, Codes, Werte, Wissen.

Die Reflexion der eigenen unternehmensspezifischen Wirklichkeitskonstruktion (Codes/Werte/Themen/Wissen) ist nicht als einmaliger Akt zu Beginn der Integrationsphase zu verstehen. Die Unternehmensebene darf trotz der Subkulturperspektive nicht aus den Augen verloren werden. Gerade während der gesamten Integrationsphase ist es wesentlich, den gegenseitigen Lernprozeß auf der unternehmensspezifischen Sinn- und Strukturebene zu beobachten, um möglichen pathologischen Entwicklungen frühzeitig begegnen zu können. Im Mittelpunkt dieser Beobachtungen stehen folgende Themenkomplexe:

– Wie weit und in welchen Bereichen haben sich die beiden Unternehmenskulturen von ihren ursprünglichen Selbstbeschreibungen mittlerweile entfernt?

– In welchen Bereichen haben sich bereits Gemeinsamkeiten entwickelt?

– In welchen Bereichen bestehen noch interorganisationale Verständigungsschwierigkeiten auf individueller, gruppen- oder unternehmensspezifischer Ebene?

– Wie hat sich die externe Kommunikation entwickelt?

– Wie weit und in welchen Bereichen ist man entfernt von den gemeinsam formulierten zukünftigen Orientierungen?

– In welchen Bereichen haben sich auf Unternehmensebene bereits informelle Strukturen entwickelt?

– Wie sieht das Subkulturnetz aus?

Diese permanenten Beobachtungen dürfen nicht ausschließlich von den Unternehmenskultur-Teams getätigt werden. Es ist darauf zu achten, daß die Beobachtungsteams in ihrer Zusammensetzung variieren, damit hieraus keine eingefahrenen Beobachtungsleistungen resultieren. In den Kapiteln 2.7.5 und 2.7.6 wurde die positive Wissensspirale durch einen Heimathafen (autonome Organisationseinheit/Subkultur), von dem Ausflüge (z.B. in Projektteams) gestartet werden können, vorgestellt. Das die Unternehmenskulturentwicklung reflektierende Team könnte als solcher Ausflugsort konstituiert werden: Differenzen zwischen der Sinn- und Strukturebene (so sie sich ausdifferenziert haben) zwischen Heimathafen und Ausflugsort dringen ins Bewußtsein und zeigen mögliche Entwicklungspfade auf. Neu erworbenes Wissen wird aus dem Ausflugsort mit der Rückkehr in den Heimathafen hineingetragen und dort weiterentwickelt.

Zudem ist es wichtig, daß die zukünftige Selbstbeschreibung Raum läßt für die Ausdifferenzierung von Subkulturen – sozusagen Freiräume auf der Sinnebene für unterschiedliche Perspektiven und auf der Strukturebene für informelle Strukturen. Es sollte darauf geachtet werden, daß sie grundsätzliche Richtungen weist, aber keine Details vorgibt. Die Ausgestaltung dieser groben Orientierungen sollten von den Subkulturen geleistet werden.

Es sei noch einmal explizit erwähnt, daß mit der Formulierung zukünftiger, gemeinsamer Orientierungen noch keine neue Unternehmenskultur existiert. Da es jedoch kaum andere Orientierungen zu Beginn der Integration gibt, sind diese gemeinsam erarbeiteten Orientierungen wesentlich, damit alle Individuen und Gruppen gemeinsame Fixpunkte/Meilensteine im Visier haben, die angesteuert werden können. So wird das fraktale Prinzip der Selbstähnlichkeit der Subkulturen protegiert. Ziel ist die intersubkulturelle Anschlußfähigkeit. Diese Zukunftsorientierungen bieten jedoch noch keine gemeinsame, tiefverwurzelte Basis der Individuen und Gruppen. Gemeinsame Verankerungen entwickeln sich erst mit der Zeit, durch Kommunikation und gemeinsame Erfahrungen.

e) Initiierung der Lern- und Entwicklungsfähigkeit durch die Entwicklungsfähigkeitsanalyse (Efa)

Die „ecco ecology + communication Unternehmensberatung" hat ein Instrument namens „Entwicklungsfähigkeitsanalyse" (Efa) entwickelt. Dieses Instrument weist sehr viele Parallelen zu den in dieser Arbeit

4.3 Phase 3: Die ersten Monate: Initiierung neuer Prozesse

formulierten Vorschlägen zur Reflexion von Unternehmenskulturen und deren Entwicklung auf.

Die Ausführungen in dieser Arbeit sind als Leitfaden (für die Rekonstruktion bestehender Unternehmenskulturen über die Gegenüberstellung von Selbst- und Fremdbeschreibung und Initiierung von Prozessen für eine gemeinsame Unternehmenskulturentwicklung) formuliert wurde, welcher Orientierung im Sinne von Intersubjektivität und Pluralität im Sinne von Entwicklung im Blick hat. Die Entwicklungsfähigkeitsanalyse fokussiert – wie ihr Name schon sagt – v.a. auf die Entwicklungsfähigkeit. Sie ist kein Leitfaden, sondern ein handfestes Instrument. Insofern kann die Efa als Ergänzung zu dem in dieser Arbeit aufgezeigten Weg verstanden werden.

Grundsätzlich wurde das Instrument für die Förderung der ökologische Entwicklungsfähigkeit entworfen.[141] Man stellte jedoch fest, daß die Efa grundsätzlich für die *Entwicklung der weichen Faktoren* eines Unternehmens ein geeignetes Instrument darstellt. Der Analyse liegt ein ähnliches Verständnis von Unternehmen zugrunde, wie dieser Arbeit: Unternehmen werden als operativ geschlossene, dynamische, selbstorganisierende Systeme verstanden. Dementsprechend kann die Entwicklung der weichen Faktoren nicht von oben geplant und gestaltet werden, sondern muß sich aus dem Inneren des Systems selbst entwickeln. Lernprozesse werden als notwendige Voraussetzung von Entwicklung begriffen.

Die Entwicklungsfähigkeitsanalyse verfolgt zwei Ziele, zum einen die Entwicklung der *Lernfähigkeit*, gemeint ist das Lernen dritter Ordnung „Lernen zu lernen" (Reflexion und Erweiterung des unternehmensspezifischen Bezugsrahmens) und zum anderen die Generierung und Entwicklung der *Richtung/Ziele/Visionen/Orientierungen* für die Lernprozesse (siehe oben „Externe dialogorientierte Kommunikation: Entwicklungsfähigkeit").[142]

Im Laufe ihrer Projekte hat die Unternehmensberatung „ecco" acht weiche Faktoren generiert, welche für die Entwicklungsfähigkeit von Unternehmen als ausschlaggebend identifiziert wurden:[143]

---

[141] Zum Zusammenhang zwischen den weichen Faktoren und ökologischer Unternehmenspolitik/Total Environmental Management vgl. Gellrich/Karczmarzyk/Pfriem 1998, S. 28–31.

[142] Vgl. Gellrich/Luig/Pfriem 1997, S. 34.

[143] Vgl. Gellrich/Luis/Pfriem 1997, S. 27ff.

Visionsfähigkeit: Selbstreflexion der eigenen Situation und zukünftiger Entwicklungsrichtungen;

Zielbildungsfähigkeit: Fähigkeit, die Visionen über ein Zielsystem operationalisierbar zu machen, so daß sie auf strategischer und operativer Ebene verankert werden;

Innovationsfähigkeit: Entwicklung neuer Ideen in technischen, organisatorischen, sozialen, kulturellen Bereichen und Nutzung vorhandener Kreativitätspotentiale;

Organisationsfähigkeit: Flexible und dynamische Organisation, so daß jederzeit auf neue, unvorhersehbare Herausforderungen reagiert werden kann;

Kommunikationsfähigkeit: Fähigkeit, relevante interne und externe Informationen wahrzunehmen sowie Kommunikationsmöglichkeiten zu optimieren und zu nutzen;

Interaktionsfähigkeit: Frühzeitige Erfassung von Umweltveränderungen und Nutzung des eigenen Wissens zur Information und Kommunikation mit externen Anspruchsgruppen;

Fähigkeit zur Förderung des Mitarbeiterpotentials hinsichtlich Ganzheitlichkeit, Anforderungsvielfalt, Möglichkeiten der sozialen Interaktion, Selbstorganisation und Lernmöglichkeiten;

Wertebilder und Normen, welche in den Strukturen und Prozessen des Unternehmens verankert sind, sollten ebenfalls reflektiert und gegebenenfalls entwickelt werden.

Wie können diese weichen Faktoren operationalisierbar gemacht werden?

Es soll im folgenden die Durchführung der Entwicklungsfähigkeitsanalyse kurz dargestellt werden, da so die Qualität dieses Instruments offen gelegt wird. Die Efa setzt sich aus drei Bausteinen zusammen:[144]

1. Die Mitarbeiterbefragung

Der eigens entwickelte Fragebogen soll eine Ist-Analyse der o.g. weichen Faktoren vornehmen. Dabei können die Mitarbeiter in unterschiedliche Gruppen eingeteilt werden, so daß die verschiedenen Perspektiven (z.B.

---

[144] Vgl. Gellrich/Luis/Pfriem 1997, S. 31ff.

4.3 Phase 3: Die ersten Monate: Initiierung neuer Prozesse

von verschiedenen autonomen Organisationseinheiten) offen gelegt werden können. Ebenso kann die Unternehmensführung den Fragebogen ausfüllen. Die Fragen betreffen das eigene Verhalten, das Verhalten der Gruppe und das Verhalten der Geschäftsführung.

Die Befragungsergebnisse werden in einer „*Merkmalsspinne*" dargestellt, deren acht Achsen die o.g. weichen Faktoren bilden. Pro Gruppe (Geschäftsführung, Abteilung etc.) werden die Mittelwerte je Faktor ermittelt und auf der von 1–5 skalierten Achse eingetragen. Die acht Punkte können dann verbunden werden, so daß ein „Kreis" eines Spinnengewebes entsteht. Legt man den „Kreis" einer anderen Gruppe, z.B. der Geschäftsführung", darüber, lassen sich die verschiedenen Perspektiven zu den acht Faktoren miteinander vergleichen. Eine Fremdbeschreibung zur Selbstbeschreibung des Unternehmens kann die Unternehmensberatung leisten.

Abb. 15: Merkmalsspinne zur Operationalisierung weicher Faktoren

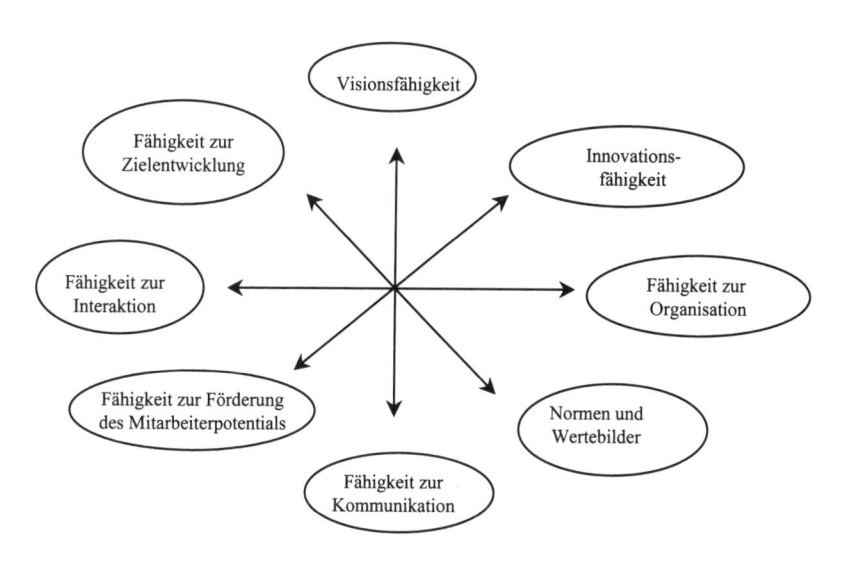

Quelle: Pfriem 1999, S. 14.

356   Die Integration von Fusionen aus der Subkulturperspektive

2. Workshop I: Erfolgspotentiale ermitteln
Die Merkmalsspinne dient dem Unternehmen als Spiegel, wie es von den einzelnen Gruppen eingeschätzt wird. Sowohl die Differenzen zwischen den unternehmensinternen Gruppen als auch zwischen Selbst- und Fremdbeschreibungen eröffnen interessante *Spannungsfelder*, welche zur Reflexion anregen. Die Differenzen in den Perspektiven bieten Anstoß zur Diskussion hinsichtlich der Ursprünge für die unterschiedlichen Einschätzungen. Die Merkmalsspinne setzt einen Prozeß der Kommunikation zwischen den verschiedenen Perspektiven im Unternehmen hinsichtlich der eigenen Entwicklungsfähigkeit in Gang. Die Diskussion wird moderiert. Die Workshopteilnehmer (eine vor der Befragung zusammengesetzte Projektgruppe) sollen über heutige Stärken und Schwächen und über Zielrichtung zukünftiger Entwicklungen diskutieren. Mit welchen Maßnahmen kann die Entwicklung der weichen Faktoren angestoßen werden, so daß man sich den gesetzten Zielen annähert? Die Diskussion der Schwerpunkte und die Generierung von Maßnahmen können mit Methoden der Kreativitätstechnik unterstützt werden.

3. Workshop II: Externe Einflußfaktoren und Sicherung eines dauerhaften Lernprozesses
Ziel dieses Workshops ist die Antizipation zukünftiger externer Einflußfaktoren und die Einschätzung der Wechselwirkung zwischen den externen Einflußfaktoren und den weichen Faktoren des Unternehmens. Hierfür werden relevante Umfelder des Unternehmens identifiziert. Anschließend wird überlegt, wie man mit den weichen Faktoren diesen zukünftigen Herausforderungen begegnen kann. Die in Workshop I erarbeiteten Maßnahmen werden den relevanten externen Einflußfaktoren zugeordnet. Zudem können weitere Maßnahmen hinsichtlich der Entwicklung der weichen Faktoren generiert werden, die durch die Beschreibung der relevanten Umfelder und Einflußfaktoren erst ins Blickfeld geraten. Die Maßnahmen werden anschließend in einem Maßnahmenkatalog zusammengefaßt, und es werden Verantwortlichkeiten für die Maßnahmendurchführung festgelegt.

Übertragen auf die Integration von Fusionsprozessen weist die Entwicklungsfähigkeitsanalyse verschiedene Potentiale auf: In Kap. 4.2.2 und 4.3.2 wird vorgeschlagen, daß die an der Fusion beteiligten Unternehmen zwei Selbstbeschreibungen und zwei Fremdbeschreibungen anfertigen

4.3 Phase 3: Die ersten Monate: Initiierung neuer Prozesse

sollen, so daß deren Gegenüberstellungen blinde Flecken ans Licht bringen können. Anschließend soll aufbauend auf den existenten Unternehmenskulturen eine gemeinsame Unternehmenskulturentwicklung initiiert werden.

Der in dieser Arbeit vorgeschlagene Weg ist in der Struktur der Efa sehr ähnlich. Es geht um die Reflexion und Entwicklung des unternehmensspezifischen Bezugsrahmens. Dabei ist es sinnvoll, verschiedene Selbstbeschreibungen eines Unternehmens anzufertigen und diese zu vergleichen, deren Differenzen zu diskutieren und sich auf ein Selbstbild zu einigen. Der Fusionsprozeß bietet die Möglichkeit, eine Fremdbeschreibung von dem Fusionspartner zu bekommen. Der Fragebogen könnte genutzt werden für die Beurteilung des jeweils anderen Unternehmens. Die Kreise der Selbst- und Fremdbeschreibungen könnten in der Merkmalsspinne aufeinandergelegt und Differenzen diskutiert werden. Die Fremdbeschreibungen können blinde Flecken der Selbstbeschreibungen beider Unternehmen ins Bewußtsein befördern.

Zudem können die zwei Selbstbeschreibungen der beiden Fusionsunternehmen in der Merkmalsspinne aufeinandergelegt werden. Die so visualisierten Parallelen und Unterschiede in den Ausprägungen der acht weichen Faktoren bieten viel Diskussionsstoff für eine zukünftige gemeinsame Unternehmenskulturentwicklung. Die Vergleichbarkeit verschiedener Selbst- und Fremdbilder ist *die* Qualität der Merkmalsspinne.

Die Berücksichtigung externe Einflußfaktoren (welche das Unternehmen jedoch nicht determinieren, sondern perturbieren), deren Entwicklung und deren Beziehungen zu den (heutigen und zukünftigen) weichen Faktoren des fusionierenden Unternehmens ist ein wesentlicher Hinweis. Entwicklungsfähigkeit macht als Selbstzweck keinen Sinn. Der Blick für die externen Faktoren wird in dieser Arbeit durch die mitlaufende Thematisierung der externen Kommunikation und Resonanzfähigkeit unterstützt. In diesem Kapitel wurde unter der Überschrift „Externe dialogorientierte Kommunikation: Entwicklungsfähigkeit" bereits darauf hingewiesen, daß die Ziele nicht zu eng führen dürfen, es wurden die Vorteile von Visionen und die Wichtigkeit externer dialogorientierter Kommunikation dargestellt. Zwar sind Visionsfähigkeit und Interaktionsfähigkeit zwei identifizierte weiche Faktoren, sie können jedoch zusätzlich im dritten Baustein Berücksichtigung finden. Hinsichtlich der Generierung der Entwicklungsrichtung könnten entlang der Szenariotechnik und externer Kommunikation Visionen entwickelt werden.

Die Efa hat das Potential, die von der Fusion betroffenen Individuen, Gruppen und Unternehmen zu sensibilisieren für das grundsätzliche Ziel: die Fusion als gegenseitigen Lernprozeß zu begreifen, es regt die Kommunikation zwischen den unterschiedlichen Perspektiven hinsichtlich der existenten Bezugsrahmen und der gemeinsamen Entwicklungsrichtung an und es gibt Anregung Entwicklungsziele zu generieren und im Blick zu behalten. Es regt sämtliche Unternehmensmitglieder zur Reflexion beider Unternehmen an.

Die Efa wird von ihren Autoren explizit nicht als einmalige Aktion verstanden. Es wird empfohlen die Analyse in einem regelmäßigen Zyklus zu wiederholen, um eine dauerhafte Reflexion der Ist-Situation und der zukünftigen Entwicklungspfade zu institutionalisieren. Auch dieses Ziel findet man in dieser Arbeit wieder.

2) Subkulturen

Bis sich eine unternehmensspezifische Identität und Wirklichkeitskonstruktion herausgebildet hat, geht einige Zeit ins Land. In einem kleineren Kreis von Individuen können sich intersubjektive Gemeinsamkeiten sehr viel schneller entwickeln, v.a. dann, wenn jeder mit jedem viel kommuniziert. Zudem ist die Orientierungskraft innerhalb von Subkulturen, aufgrund der Intersubjektivität, wesentlich stärker als die der Unternehmenskultur. Es sind die persönlichen Beziehungen in den Subeinheiten, nicht die unternehmensspezifischen Gemeinsamkeiten, welche die persönlichen Bindungen zum Unternehmen ausmachen.[145] Wie kann die Ausbildung von Subkulturen im Integrationsprozeß unterstützt werden? In Kap. 2.3 wurde die mögliche Entwicklung von Subkulturen in drei Kategorien eingeordnet: a) entlang der unternehmensspezifischen Aufgaben/Prozesse, b) entlang paralleler unternehmensbezogener Interessen und Bedürfnisse und c) entlang paralleler nicht-unternehmensbezogener Interessen und Bedürfnisse.

---

[145] Vgl. Königswieser/Heintel 1997, S. 98.

4.3 Phase 3: Die ersten Monate: Initiierung neuer Prozesse

a) Entwicklung von Subkulturen entlang der Aufgaben/Prozesse im Unternehmen

Die Strukturierung in autonome Organisationseinheiten ist wesentliche Voraussetzung für die Ausbildung von Subkulturen entlang der Aufgaben/Prozesse, aber auch paralleler Interessen jenseits der Fremdorganisation, also b) und c).

Formulierung von Vision/Leitbild der autonomen Einheit und inhaltliche Zielformulierung: Im Anschluß an die groben, allgemeinen Zukunftsorientierungen auf Unternehmensebene müssen diese gedanklich kombiniert mit den spezifischen Aufgaben der Einheit konkretisiert werden. Auf einer abstrakten Ebene müssen alle Mitglieder einer Einheit eine Vision oder ein Leitbild formulieren. Die Zielformulierung ist auf weniger abstraktem Niveau und orientiert sich an den operativen Aufgaben der Einheit. Visionen/Leitbild und Ziele müssen kompatibel sein. Ziele bekommen im Zusammenhang mit der Organisation der Selbstorganisation eine herausragende Bedeutung. Sie lassen sich partizipativ formulieren, dann leisten sie gemeinsame Orientierung und Motivation. Die Zielbildung ist als politischer Prozeß der argumentativen Verständigung zu verstehen, in welchen die Interessen, Werte, Inhalte der Systemmitglieder und der externen Anspruchsgruppen (andere Subkulturen und Unternehmensumwelt) unbedingt Eingang finden müssen.

Im Fusionsprozeß kommt den Zielfindungsprozessen zusätzlich die Aufgabe zu, die Perspektive des anderen kennenzulernen. Wie in Kap. 2.1.4 erläutert, entwickeln sich gemeinsame normative Orientierungen häufig über anfängliche sachliche Diskussionen, in denen z.T. bereits ein gemeinsames Vokabular existiert.

Führung der autonomen Einheiten: Die Idee der autonomen Organisationseinheiten ist die der Eigenverantwortlichkeit des Teams und der Mitglieder. Nach dem Modell des evolutionären Wandels nach Kirsch et al[146] wird die Gesamtaufgabe des Unternehmens nach spezifischen Kriterien in Teilbereiche zerlegt. Diese Teilaufgaben werden dezentralisiert. Wie diese Teilaufgaben erfüllt werden, bleibt den einzelnen Einheiten überlassen – damit enden die Ausführungen von Dabui (siehe Teil II

---

[146] Kirsch/Esser/Gabele 1979.

Kap. 3.2). Es wird impliziert, daß damit Selbstorganisation in den Einheiten selbstverständlich ist – weit gefehlt. Jede autonome Einheit hat eine Führungsperson. Ihre Aufgabe hinsichtlich der kulturellen Dimension ist jedoch nicht ein top-down-Management, sondern sie sollte die Einheit beobachten und die Entwicklung zu einer „reifen" Gruppe[147] protegieren. Des weiteren hat sie die Aufgabe, die Gesamtsicht des Unternehmens in die Einheiten hineinzutragen. Dafür ist die Institutionalisierung von regelmäßigen Kommunikationszirkeln mit sämtlichen Teamleadern und der Unternehmensführung erforderlich.[148] Diese Kommunikationszirkel können als „Ausflugsort" für die Unternehmensführung und die Teamleader wahrgenommen werden. Hier werden sie mit anderen Perspektiven konfrontiert, womit die konservative Tendenz der eigenen Perspektive perturbiert wird. Zudem bekommt die Unternehmensführung wichtige Informationen aus den Einheiten und die Teamleader verlieren nicht die Unternehmensperspektive aus den Augen. Hier kann verstreutes Wissen zu emergenten Wissen verknüpft werden.[149]

Im Sinne des neuen Unternehmertums (siehe oben „Externe dialogorientierte Kommunikation: Entwicklungsfähigkeit) sollten die Teamleader folgende Meilensteine für sich und ihr Team mit auf den Weg bekommen: Fehlerfreundlichkeit, Risikofreudigkeit, Akzeptanz nicht durch harte, sondern durch weiche Faktoren begründete Entscheidungen und Förderung externer Kommunikation (andere Einheiten und Unternehmensumwelt). Ein solches Klima ebnet Wege für ungewöhnliche Entwicklungen. In konservativ operierenden Einheiten können solche Meilensteine nur sehr schwierig umgesetzt werden. Fusionen bieten Chancen neu anzufangen.

Fremdorganisation innerhalb der Einheiten: Die Fremdorganisation innerhalb der autonomen Organisationseinheiten sollte partizipativ von den Mitgliedern und der Teamführung formuliert werden. Wobei es hinsichtlich des fraktalen Prinzips der Selbstähnlichkeit sinnvoll erscheint, daß die Unternehmensführung für die Fremdorganisation der autonomen Einheiten Meilensteine vorgibt. Da aus kultureller Sicht Intersubjektivität sehr wesentlich ist, sollte die Fremdorganisation for-

---

[147] Vgl. Königswieser/Heintel 1997, S. 99ff; siehe Teil I Kap. 2.7.5.2.
[148] Vgl. Wimmer 1997, S. 120ff.
[149] Vgl. Wimmer 1997, S. 115.

4.3 Phase 3: Die ersten Monate: Initiierung neuer Prozesse 361

melle Kommunikation und Handlungen protegieren und v.a. viel Spielraum für informelle Kommunikationen und Handlungen gewähren.

Es wurde in dieser Arbeit mehrfach auf die Nachteile formeller Strukturen hingewiesen. Sie können jedoch teilweise auch Schutz vor mikropolitischen Kämpfen sein. Zu Beginn des Integrationsprozesses sind die Freiräume sehr groß. Alles befindet sich in einer Art „Schwebezustand". Je weniger verbindliche Regeln für alle Unternehmensmitglieder existieren, desto egoistischer handeln einige Individuen. Jeder ist sich selbst der nächste – kämpft um seinen Arbeitsplatz und seine Position. Die formellen Strukturen sollten den Individuen Schutz gewähren, die ohne Ellenbogeneinsatz im Sinne der neuen Einheit, nicht im Sinne des Egos kommunizieren und handeln.

Fremdorganisation zwischen den Einheiten: Die autonomen Einheiten haben i.d.R. ihr abgestecktes, ganzheitliches Aufgabenfeld. Sie sehen häufig keinen unmittelbaren Bedarf an externer Kommunikation (mit anderen unternehmensinternen Einheiten oder der unternehmensexternen Umwelt) und reduzieren diese. Daraus können sehr eingefahrene, konservative Wirklichkeitskonstruktionen resultieren. Gerade zu Beginn der Existenz einer autonomen Organisationseinheit gibt es intern soviel zu tun, daß die Umwelt der Einheit im blinden Fleck verschwindet. Dies kann auch wiederum als Selbstschutz interpretiert werden, da die Individuen und die Einheit, wenn sie auch noch mit der Umwelt in Kontakt treten würden, endgültig überfordert wären. Dennoch ist es sinnvoll, möglichst frühzeitig intersubkulturelle Kommunikation anzustoßen, damit die Bereitschaft dafür bereits in den Grundzügen der Operationsweise des sich entwickelnden Systems verankert wird. Kommunikation muß zwischen den autonomen Einheiten formell angestoßen werden. Diese Kommunikationsstrukturen sollten nicht nur aufgaben-, sondern auch beziehungsorientiert sein. Ziel der Kommunikation zwischen den autonomen Einheiten ist die gegenseitige Anreicherung der Pluralität, das Aufzeigen möglicher Entwicklungsrichtungen, das Aufweichen intersubjektiver, konservativer Strukturen, die Gegenüberstellung von Selbst- und Fremdbeschreibung, das Lernen, andere Perspektiven respektvoll nachzuvollziehen, und die Bereitschaft, mit anderen Einheiten zu kooperieren. Zudem wird die Ausdifferenzierung von Subkulturen entlang paralleler Interessen durch intersubkulturelle Kommunikation und Handlungen protegiert.

Selbstorganisation innerhalb der Einheiten: Kommunikations- und Handlungsfreiräume für selbstorganisierende Prozesse innerhalb der Einheiten fördern nicht nur Pluralität/Komplexität, sondern auch Orientierung. Freiräume erhöhen die Chance für laterale und beziehungsorientierte Kommunikations- und Handlungsstrukturen, welche die Intersubjektivität der Einheit fördern.

Die Entwicklung informeller Strukturen kann gefördert werden z.B. durch gemeinsame Mittagessen, Aufenthaltsräume, Fahrgemeinschaften, Betriebssport, Ausflüge, Feiern.

Selbstorganisation zwischen den Einheiten: Oben wurde erwähnt, daß Kommunikations- und Handlungsstrukturen zwischen den Einheiten häufig formell angestoßen werden müssen. Dennoch sollten auch zwischen den Einheiten Freiräume gelassen werden, in denen sich informelle Strukturen entfalten können. Soziale Kontakte aus der Zeit vor der Fusion bieten gute Anknüpfungspunkte – gerade für die Entwicklung von Subkulturen entlang paralleler Interessen. In Gang gesetzt werden können selbstorganisierende Strukturen zwischen den Einheiten durch das Initiieren gemeinsamer Aktionen: Aufgaben, Ziele, Feiern, Mittagessen etc. Ziele der Kommunikation zwischen den Einheiten wurden unter „Fremdorganisation zwischen den Einheiten" bereits genannt.

Umgang mit bewährten Subkulturen: Auf der einen Seite sind funktionierende Gruppen, die Halt und Orientierung liefern, gerade im Anfangsstadium einer Fusion – aufgrund der hohen Komplexität – ausgesprochen wichtig. Sie verfügen über traditionelle, sinnvermittelnde Orientierungen. Auf der anderen Seite neigen sie zum Konservatismus und zur Abschottung und meinen, daß ihre Wirklichkeitskonstruktion (Werte, Themen, Codes) die einzig wahre ist. Eine solch intolerante Haltung ist für die Integration zweier Unternehmen besonders gefährlich. Sie schürt Konkurrenz und Abneigung. Gibt es Wege die positiven Faktoren von Intersubjektivität zu bewahren und die negativen auszuräumen? In Teil I der Arbeit wurden die grundsätzlichen Vorzüge von autonomen Organisationseinheiten aufgezeigt. Abschottung und Intoleranz kann begegnet werden durch Kommunikation mit anderen Einheiten und der Umwelt und über Reflexion der eingefahrenen Denk-, Kommunikations- und Handlungsstrukturen. Analog zur Unternehmensebene können auf subkultureller Ebene ebenfalls Selbst- und Fremdbeschreibungen (z.B. von

4.3 Phase 3: Die ersten Monate: Initiierung neuer Prozesse

Subkulturen, die mit der betreffenden Subkultur zusammenarbeitet) angefertigt werden, welche dann einander gegenübergestellt werden sollten. Folgende Themenkomplexe stehen im Mittelpunkt der Reflexion bewährter Subkulturen:

- Was ist das Spezifische an unserer Subkultur? Wie unterscheiden wir uns von anderen?
- Welchen Traditionen hängen wir an? Welche Auswirkungen haben diese auf das Denken, Kommunizieren, Handeln und auf die formelle und informelle Strukturen (internen und externen)?
- Welche Ziele verfolgen wir? Welche Auswirkungen haben sie ...?
- Welche traditionellen und modernen Werte halten wir hoch und wie gewichten wir sie? Welche Auswirkungen haben sie ...?
- Welche informellen Strukturen haben sich entwickelt und warum?
- Wie wird die Fremdorganisation wahrgenommen/interpretiert und warum?
- Wie resonanzfähig sind wir, wer hat mit wem Kontakt zur unternehmensinternen und -externen Umwelt?
- Welche subkulturspezifischen Symbole gibt es warum und welche Auswirkungen haben sie?
- Sind wir entwicklungs- und lernfähig? In welchen Bereichen haben wir uns in der letzten Zeit verändert und warum? Wo haben wir unsere Stärken, wo unsere Schwächen?

Ziel, bewährte Subkulturen zu erhalten, kann auch die spezifische Wissensgenerierung der Einheit sein.[150] In dem Fall ist man bestrebt, möglichst nichts zu verändern. Dies ist doch nur möglich, wenn die Einheit isoliert wird, und dann droht Konservatismus. Die altbewährten Subkulturen werden sich i.d.R. während des Fusionsprozesses verändern, da sie mit neuen Subkulturen kommunizieren werden. Im Anschluß an ihre gegenwärtigen Selbstbeschreibungen können diese Subkulturen zukünftige Selbstbeschreibungen formulieren, welche die Richtung für Veränderungsprozesse aufzeigen. Diese zukünftigen Orientierungen sollten kompatibel mit der zukünftigen unternehmensspezifischen Selbstbe-

---

[150] Vgl. Dabui 1998, Teil II Kap. 3.2 dieser Arbeit.

schreibung sein. Auf diese Weise kann die Integration einer alten Einheit in das neue Unternehmensgefüge ermöglicht werden.

Umgang mit neu zusammengesetzten autonomen Organisationseinheiten: In den neu zusammengewürfelten Organisationseinheiten bilden sich erst mit der Zeit Intersubjektivität/Identität/Autonomie aus. Gibt es keine gemeinsame Orientierung, ist die Anschlußfähigkeit der Kommunikationen und Handlungen gering, wie lassen sich diese koordinieren? Wie läßt sich Intersubjektivität protegieren? Wo liegen Anschlußmöglichkeiten?

Zuerst sollten zukünftige Orientierungen im Anschluß an die neu definierten unternehmensspezifischen Zukunftsorientierungen formuliert werden. Nun ist zu fragen, inwieweit man eine Anschlußfähigkeit zu den individuellen Bezugsrahmen herstellen könnte. Dies wäre nur über die Rekonstruktion sämtlicher in Auflösung befindlicher Subkulturen möglich. Zum einen wäre der Aufwand recht erheblich – Selbstbeschreibungen und Fremdbeschreibungen sind nicht mal so eben angefertigt. Zum anderen treffen sich in einer neu zusammengesetzten Einheit eventuell Mitglieder aus diversen alten Subkulturen. Eine gemeinsame Plattform wäre wahrscheinlich sehr klein. Insofern scheint die Rekonstruktion der Subkulturen nicht ergiebig.

Eine gemeinsame Anschlußfähigkeit können also nur die neu formulierten Zukunftsorientierungen auf der Unternehmensebene leisten und diese sind auch noch nicht tief in den Köpfen verankert, sondern nur sehr oberflächlich präsent.

Die unternehmensweiten Orientierungen müssen auf subkultureller Ebene inhaltlich konkretisiert werden. Je nach Gliederungskriterien der autonomen Organisationseinheiten kann es inhaltliche, fachliche Gemeinsamkeiten geben, die bei der Formulierung der inhaltlichen Zielorientierungen als gemeinsame Basis Hilfe leisten können. So beginnt die „Produktkopplung"[151]: Transfer von Fach- und Expertenwissen. Auf der Ebene des Austausches von Fachwissen sollte sich ebenfalls ein gegenseitiger Lernprozeß in Gang setzen. Das fachliche Wissen sollte allerdings auch über die Grenzen der autonomen Organisationseinheit ausgetauscht werden. Ein Wissens-Intranet bietet hier eine Möglichkeit.

Prozesse der Wissenskopplung (Transfer impliziten Wissens) finden auch statt. Schließlich treffen hier Individuen mit sehr unterschiedlichem

---

[151] Badaracco 1991.

impliziten Wissen aufeinander. Da man auf subkultureller Ebene auf die Rekonstruktion des impliziten Wissens verzichtet, bleibt dieses Wissen im Unterbewußtsein. Das voneinander lernen kann also nur auf selbstorganisierenden Wegen erfolgen – kann nicht bewußt perturbiert werden, da man keine Anschlußmöglichkeiten kennt.

Um Intersubjektivität möglichst zügig wachsen zu lassen, ist aufgaben- und beziehungsorientierte Kommunikation infolge vieler Freiräume auf der Sinn- und Strukturebene wesentlichste Voraussetzung.[152] Aufgrund der mangelnden Orientierung/Koordination dürfte der Kommunikationsbedarf der Gruppenmitglieder auch groß sein. Je kleiner die Gruppe, desto mehr Kommunikation unter den Mitgliedern und desto schneller entwickelt sich Intersubjektivität (Ausnahmen bestätigen die Regel).

Zudem fördern gemeinsame Erlebnisse, Aktionen, Handlungen die Entwicklung von Intersubjektivität. Positive gemeinsame Erlebnisse tangieren die emotionale Ebene der Beteiligten und haben deswegen die Chance, Vertrauen zu schüren.

In Teil I der Arbeit wurde bereits darauf hingewiesen, daß zur Ausbildung von Intersubjektivität die Mitglieder der Gruppe über soziale Kompetenz verfügen sollten, welche z.T. über Personalentwicklungs-Maßnahmen erlernt werden kann. Ebenso sollte bei der Einstellung neuer Mitarbeiter auf diese Qualität geachtet werden.

b) und c) Entwicklung von Subkulturen entlang paralleler unternehmensspezifischer und nicht-unternehmensbezogener Interessen und Bedürfnisse

Die Ausbildung dieser beiden Kategorien von Subkulturen kann (aufgrund der Selbtreferentialität kognitiver und sozialer Systeme) und sollte (aufgrund ethischer Überlegungen) nicht gesteuert werden. Die einzige Perturbation, die diesbezüglich möglich scheint, ist Raum für reine Selbstorganisation, das Vertrauen in selbstorganisierende Prozesse, ein Klima, welches informelle Kommunikation gern sieht. Diese Subkulturen erhöhen die Pluralität in den autonomen Einheiten und des Unternehmens.

---

[152] Diese Meinung vertreten auch Godoy Tenter/Müller 1999, S. 157.

Die Unternehmenspraxis hat auch außerhalb von Integrationsprozessen diesen Ball aufgenommen und richtet im Unternehmen „Plätze" ein, in denen informelle Kommunikation bis hin zur Ausbildung von Subkulturen stattfinden kann: z.b. Kaffeeautomaten am Kopierer, Küchen für gemeinsame Mittagessen, Basketballkörbe, Kicker, gemütliche Sitzecken. Es werden diese Angebote für informelle Kommunikationen und Handlungen genutzt, da die Individuen heutzutage soziale Kontakte im Unternehmen suchen. Menschen streben nach Integration/Gemeinsamkeiten, welche als Orientierungshilfe und Abgrenzungsmöglichkeit dienen.[153] Zwar können die Subkulturen, die ein emotionales Wir-Gefühl entwickeln, Prozesse auch verkomplizieren, da sie Sentimentalitäten und Sensibilitäten mit sich bringen (siehe Kap. 2.3), aber sie bringen auch sehr viele Vorteile, wie z.b. Vielseitigkeit, Energie, Motivation, Teamgeist, Spaß mit sich und es können Fähigkeiten wie soziale Kompetenz und Empathie entwickelt werden. Emotionale Intelligenz und emotionales Wissen von Individuen und sozialen Systemen gewinnen heutzutage an Bedeutung.[154]

Gerade in diesen Subkulturen, in denen nicht die operativen Aufgaben des Alltags wesentlicher Inhalt der Kommunikation darstellen, wächst die Chance nicht geplante, kreative Kernkompetenzen zu generieren bzw. Ideen zu entwickeln, die in die autonomen Einheiten transportiert und dort weitergesponnen werden können.

3) Kooperation statt Konkurrenz

Natürlich lassen sich nicht sämtliche Fusionen über einen Kamm scheren. Diese Arbeit beschränkt sich auf nationale Fusionen, d.h. die internationalen kulturellen Unterschiede liegen außerhalb der Betrachtung. Hinsichtlich der kulturellen Dimension inländischer Fusionen lassen sich Fusionen unterscheiden, bei welchen die Unternehmen bereits in irgendeiner Form kooperierten oder konkurrierten. Es ist anzuraten, über das bisherige Verhältnis der Fusionspartner grundlegend nachzudenken, um Integrationshemmnissen präventiv aus dem Weg zu gehen bzw. Anschlußmöglichkeiten ausfindig zu machen. Folgende Fragen sollten u.a. bedacht werden:

---

[153] Vgl. Godoy Tenter/Müller 1999, S. 149.
[154] Vgl. Aulinger/Pfriem/Fischer 2001.

Horizontale Fusionen:

- In welchen Unternehmensbereichen besteht „sportliche" Konkurrenz/Feindschaft, Respekt/Neid?
- Gibt es Unternehmensbereiche, die miteinander in Kontakt stehen?
- Welche Unternehmensbereiche beackern das gleiche Feld, so daß sie ein gemeinsames Vokabular und Wissen teilen (mögliche Anschlußfähigkeit)?

Vertikale Fusionen:

- Welche Unternehmensbereiche standen bisher miteinander in Kontakt (Anschlußfähigkeit)?
- In welchen Bereichen soll überhaupt eine Integration/Verschmelzung stattfinden?
- Auch bei einem autonomen Bestehenbleiben der beiden Unternehmen ist zu überlegen, inwiefern die beiden Unternehmen sich gegenseitig hinsichtlich der kulturellen Entwicklung helfen können, z.B. als externe Beobachter.

Eine weitere Kategorisierung wären kleine, mittlere und große Unternehmen, da mit der Unternehmensgröße Gemeinsamkeiten auf der Struktur- und Sinnebene assoziiert werden – kein „Muß", aber wahrscheinlich. Allerdings können sich diese Gemeinsamkeiten auch zum Integrationshemmnis entpuppen. Vorstellbar sind kleine traditionsbewußte Familienunternehmen, die sich durch ähnliche Entwicklungsstrukturen auszeichnen, welche doch sehr stark von den Führungspersonen geprägt wurden und mit diesen stehen und fallen. „Ihre" Führungsperson aufzugeben und sich auf eine neue einzustellen, ist eine sehr schwierige Integrationsaufgabe.

Konkurrenz wird dort zum Problem, wo Menschen oder Gruppen zusammenarbeiten sollen. Im Fusionsprozeß sind solche Situation innerhalb neu zusammengesetzter Organisationseinheiten und zwischen alteingesessenen Teams beider Unternehmen vorstellbar. Zudem verhindert Konkurrenzdenken die Entwicklung selbstorganisierender Subkulturen zwischen den Mitgliedern beider Unternehmen. Subkulturen, die sich entlang alter Gemeinsamkeiten entwickeln, verstärken die Konkurrenz. Besteht Konkurrenz, sollte diesem Problem auf den Grund gegangen werden. Wo liegen die Ursachen? Individuen und soziale Systeme bilden über Differenzen zu anderen ihre Identität aus. Große Ähnlichkeit zwischen zwei Personen oder sozialen Gruppen kann leicht zu „an den Haaren herbeigezogenen", unsachlichen Differenzen und Konkurrenz führen, um die eigene „einzigartige" Identität zu retten. Hat man das erkannt, entzieht man der abfälligen Haltung den Boden unter den Füßen.

Auch in diesem Zusammenhang können keine allgemeingültigen Empfehlungen gegeben werden. Es kann lediglich darauf aufmerksam gemacht werden, daß in dem bisherigen Verhältnis und der Unternehmensgröße Potentiale für Gemeinsamkeiten/Anschlußfähigkeit, aber auch für Hemmnisse liegen – auch aus dieser Perspektive sollte eine spezifische Fusion beobachtet werden.

Kooperatives Verhalten kann durch gemeinsame Aufgaben, Erfolge und damit einher gehend intensive Kommunikation und gemeinsame Handlungen protegiert werden: Subkulturen.

In Kap. 2.3 und 2.7.5.4 wurde Konkurrenz zwischen Subkulturen diskutiert. Das fraktale Prinzip der Selbstähnlichkeit gibt Aufschlüsse, wie die Subkulturen füreinander irritierbar gehalten werden können.[155] Die Prozeßlogik in den Subkulturen kann sich ähnlich ausbilden über ähnliche Strukturen in den autonomen Einheiten, über die unternehmensspezifische Basisperspektive, intersubkulturelle Kommunikation und durch die Vorbildfunktion der Unternehmensführung und die Zusammenarbeit der einzelnen Teamleader. Können diese Wege auf den Fusionsprozeß und das Konkurrenzverhalten zwischen den Unternehmen, Subkulturen und Mitglieder beider Unternehmen übertragen werden? In den ersten Monaten der Zusammenarbeit kann auf jeden Fall über diese Wege der Grundstein für zukünftige, mögliche Ähnlichkeiten in der Prozeßlogik in den Subkulturen gelegt werden. Zudem wird durch die Rekonstruktion der beiden Unternehmenskulturen über Selbst- und Fremdbeschreibungen die andere Perspektive nachvollzogen und durch Entwicklung gemeinsamer zukünftiger Selbstbeschreibungen Konkurrenzdenken reduziert.

---

[155] Vgl. Wimmer 1997, S. 108ff.

4.3 Phase 3: Die ersten Monate: Initiierung neuer Prozesse

Pluralität

Am Anfang einer Fusion ist die interne Pluralität infolge des Aufeinandertreffens verschiedener Wirklichkeitskonstruktionen und mangelnder Orientierung sehr groß. Intersubjektive Orientierung kann nur langsam wachsen. Die Komplexität wird erst einmal als Überforderung wahrgenommen/interpretiert. Die Entwicklung gemeinsamer Bezugsrahmen, in welche die hohe Varietät eingeordnet werden kann, steht im Mittelpunkt der Überlegungen. Aber wehret den Anfängen! Es sollte von Beginn an das Bewußtsein geschult werden, daß das fusionierende Unternehmen nicht nur Orientierung, sondern ebenso Eigenkomplexität entwickeln sollte, so daß Pluralität und Orientierung sich gegenseitig befruchten und koevolutiv entwickeln können.

Läßt sich das anfänglich existierende Potential an Pluralität langfristig konservieren und dann später nutzen? Oder sind wir hier an einem grundsätzlichen Problem von Fusionen angekommen? Können sie das Pluralitätspotential überhaupt nutzen oder muß es zugunsten der Orientierung verschenkt werden?

Bzgl. der Antwort dieser Frage greifen die in Teil I, Kap.2 aufgezeigten Wege, Pluralität und Orientierung gleichzeitig zu erhöhen/ihr Spannungsverhältnis ein Stück weit aufzulösen:

1) Resonanzfähigkeit

Die Pluralität eines Unternehmens oder einer Subkultur wird durch Außenkontakte erweitert. Die Resonanzfähigkeit auf Unternehmensebene ist während des Anfangsstadiums der Fusion sehr eingegrenzt, weil sich die beiden bestehenden Unternehmensidentitäten auflösen und sich noch *keine gemeinsame Identität* ausgebildet hat, mit der das Unternehmen mit der Umwelt in Kontakt tritt. Zudem sind die internen Probleme, Unsicherheitszonen so groß, daß sie viele Kapazitäten binden und die Gefahr besteht, daß die Umwelt im blinden Fleck verschwindet. Ähnliches gilt für die Resonanzfähigkeit auf subkultureller Ebene. Auch die neu zusammengesetzten Subkulturen sind anfangs noch damit beschäftigt, eine eigene Identität auszudifferenzieren und die unternehmensinternen und -externen Umwelten liegen häufig im blinden Fleck. Wahrscheinlich ist das eine recht gesunde Reaktion der aufgrund der hohen internen Komplexität tendenziell überforderten sozialen Systeme. Formell angestoßene

Umweltkontakte sind zwar z.T. notwendig, es muß jedoch im Blick behalten werden, wieviel Komplexität die sozialen Systeme verkraften können, ohne sich überfordert zu fühlen.

Eine Stakeholderanalyse stellt einen ersten Schritt des formellen Anstoßes dar. Sie kann auch auf die subkulturelle Ebene übertragen werden: welche Anspruchsgruppen hat das Unternehmen bzw. eine spezifische Subkultur? In einem zweiten Schritt muß entschieden werden, welche autonomen Einheiten mit welchen Anspruchsgruppen in Kommunikation (Dialogorientierung) treten und mit welchen Anspruchsgruppen auf Unternehmensebene kommuniziert werden soll. Ist ein Unternehmen in autonome Organisationseinheiten gegliedert, die jeweils ein bestimmtes Marktsegment bearbeiten, wird dadurch die Nähe zu externen Anspruchsgruppen, z.B. Kunden und damit die Resonanzfähigkeit unterstützt.[156]

Allein die altbewährten Subkulturen mit ausgebildeter Identität sind zu Beginn der Integration resonanzfähig im Sinne der alten Struktur. Ihre Resonanzfähigkeit sollte, wie oben aufgeführt, im Zuge der Selbstreflexion überprüft werden. Genügen die alten Strukturen noch den heutigen Anforderungen?

Über die *Partizipation externer Anspruchsgruppen* an der Generierung von Zukunftsorientierungen können externe Perspektiven integriert werden und damit eine Basis an Anschlußfähigkeit füreinander gelegt werden. Dieses Vorgehen hat den Vorteil, daß die mangelnde Resonanzfähigkeit zu Beginn einer Integration aufgefangen wird, und zwar zum einen durch Integration ihrer Perspektive und zum anderen durch formelle und informelle Kontakte infolge der Partizipation.

2) Selbstreflexionsfähigkeit

Fusionen regen zur Selbstreflexion der eigenen Wirklichkeitskonstruktion und Strukturen an, da man mit anderen möglichen Wirklichkeitskonstruktionen und Strukturen konfrontiert wird. Zur Selbstreflexion ist unter Orientierung schon das meiste gesagt worden, da die Rekonstruktion der alten Orientierungen/Bezugsrahmen für die Anschlußfähigkeit zukünftiger Orientierungen wesentlich ist.

---

[156] Vgl. Wimmer 1997, S. 108f.

4.3 Phase 3: Die ersten Monate: Initiierung neuer Prozesse

Da sich zu Beginn der kulturellen Integration noch keine gemeinsamen Strukturen, Prozesse institutionalisiert haben, ist gruppenspezifische Selbstreflexion des fusionierenden Unternehmens noch nicht angezeigt.

Inwieweit die mannigfaltige Pluralität zu Beginn der Integration in der Zukunft erhalten bleiben kann, ist u.a. abhängig von der Offenheit der sich neu entwickelnden Bezugsrahmen auf unternehmens- und subkulturspezifischer Ebene – wieviel Komplexität vermögen sie einzuordnen?

Selbstreflexionszirkel, welche die Orientierung und Pluralität auch nach der Integrationsphase im Auge behalten und zur Kommunikation über die verschiedenen Perspektiven anregen, dürfen nicht vergessen werden. Sie können durch reflexive Strukturen (z.B. autonome Organisationseinheiten, „Ausflüge aus dem Heimathafen") unterstützt werden.

In Teil I, Kap. 2.7.5.3 wurde erläutert, welche Inhalte von Personalentwicklungsmaßnahmen die Selbstreflexions- und Resonanzfähigkeit und damit die Pluralität protegieren. Zudem wurde in diesem Kapitel unter „Orientierung" die Entwicklungsfähigkeitsanalyse vorgestellt, weil sie der Rekonstruktion der zwei bestehenden Unternehmenskulturen und die Initiierung einer gemeinsamen Unternehmenskulturentwicklung Hilfe leisten kann. Sie dient aber ebenso der Pluralität, indem sie die regelmäßigen Selbstreflexionen interner Subkulturen, deren Vergleich und die Diskussion der Differenzen fördert.

3) Subkulturen

Die Ausbildung von Subkulturen erhöht grundsätzlich das Potential möglicher Pluralität eines Unternehmens. Die Subkulturen bieten auf der Sinnebene Slack hinsichtlich Orientierung und Pluralität. Zudem bieten sie innerhalb des Unternehmens Kontakt mit anderen Perspektiven. Voraussetzung für die Ausdifferenzierung, das Zulassen verschiedener Subkulturen – deren Autonomie, Wirklichkeitskonstruktionen, Bezugsrahmen und Pluralitäten – sind Freiräume und das Vertrauen in selbstorganisierende Prozesse seitens der Unternehmensführung. In dieser Arbeit wurde das fraktale Prinzip der Selbstähnlichkeit herangezogen, um Ähnlichkeiten in der Prozeßlogik in den Subkulturen zu erklären und zu perturbieren. Die Ähnlichkeit der Prozeßlogik der einzelnen Subkulturen geht auf Kosten der Pluralität des Unternehmens. Je mehr gemeinsame Meilensteine, Vorgaben, Visionen etc. für alle Subkulturen institutionalisiert werden, desto monotoner ihre Identitäten. Ähnlichkeiten zwischen den Subkulturen zu fördern oder zu reduzieren, ist ein Hebel der Organisation von Selbstorganisation.

Zudem erhöhen die multiplen Identitäten der Subkulturen die Resonanzfähigkeit in Richtung Umwelt und damit Möglichkeiten externer Kommunikation, die für die Entwicklungsrichtung des Unternehmens und die Kundennähe so wichtig ist. Subkulturen ermöglichen einen flexibleren Umgang mit der Umweltkomplexität.

4.4 Phase 4: Evolutionäre Entwicklung der initiierten Prozesse

4.4.1 Probleme

1) Konservative Strukturen

In den ersten Wochen und Monaten einer Fusion stehen die Individuen im Mittelpunkt. Sie bilden über Kommunikationen und Handlungen die Wirklichkeitskonstruktionen (Codes, Werte, Themen), Strukturen und die Operationsweise der sozialen Systeme aus. Mit der Zeit entwickeln sich intersubjektive Wahrnehmungs-/Interpretationsmuster u.a. hinsichtlich der Fremdorganisation und es differenzieren sich informelle Strukturen aus. Chancen und Risiken liegen also nicht nur auf individueller Ebene, sondern fortan auch auf struktureller Ebene und einer gemeinsamen Sinnebene (Intersubjektivität).

Jedoch enden auch selbstorganisierende Entwicklungen sozialer Systeme in Routinestrukturen, Konservativismus und Hierarchie.

2) Störungen zwischen personalem und organisationalem Lernen[157]

Die Subkulturkonzeption definiert die Systemmitglieder als Elemente der Unternehmung. Am Anfang von Integrationsprozessen lösen sich alte Strukturen und Operationsweisen der sozialen Systeme, die in den Köpfen der Mitglieder manifestiert sind, z.T. auf und neue haben sich noch nicht entwickelt. Gelernt wird zunächst auf individueller Ebene, über neue Differenzen und emergente Prozesse in den Köpfen der Systemmitglieder. Sind neue Gedanken, Kommunikationen und Handlungen viabel, erfolgreich, dann verfestigen sie sich zu spezifischen Denk-, Kommunikations- und Handlungsstrukturen des Systems, ersetzen und ergänzen bestehende Muster. Diese individuell gewonnenen Muster, welche in die Systemstruktur aufgenommen werden, gehen zudem noch Verbindungen ein mit anderen individuell gewonnenen Mustern. Über diese neuen Wirklichkeitskonstruktionen der Systemmitglieder und des Systems entwickelt das System eine eigene Identität, wird als sozialer Akteur wahrgenommen und agiert als eigenständiger Akteur.

---

[157] Zum Zusammenspiel zwischen personalem und organisationalem Wissen vgl. Willke 1997, S. 9ff.

Nun kann es jedoch z.T. zu Störungen zwischen individuellem und organisationalem Lernen kommen. Während eines Integrationsprozesses ist diese Gefahr besonders hoch, da sich noch keine Strukturen, in denen sich Lernerfahrungen einnisten könnten, entwickelt haben. Die Erfahrungen der Mitglieder können nicht in einer Überprüfung und Verbesserung bisheriger organisationaler Operations- und Entscheidungsmuster münden. Einerseits kann das personale Wissen nicht derart symbolisiert und codiert werden, daß es für das System lesbar ist. Andererseits gibt es keine Datenbanken o.ä., in welchen die individuellen Lernerfahrungen gespeichert, organisiert und leicht abrufbar sind. In diesen Punkten sieht H. Willke – unabhängig von Fusionen – die Funktion des organisationalen Wissensmanagements.[158]

3) Wahrnehmung von Krisenherden und Fehlentwicklungen

Entscheidungen hinsichtlich der Neustrukturierung/des Organigramms, der Besetzung der Teamführungen, der Gruppenzusammensetzungen, der Zielformulierungen etc. sind auf Grundlage großer Ungewißheit getroffen worden.[159] Insofern gibt es sicherlich einige Bereiche, in denen es nicht so läuft, wie man sich das vorgestellt hat. Diese müssen jedoch zunächst wahrgenommen werden. Mittlerweile hat man allerdings einige Erfahrungen gemacht. Diese gilt es schnellstmöglich zu nutzen.

4) Externe Kommunikation der Subkulturen

Erst in dieser Phase bilden sich die ersten Identitäten des neuen Unternehmens aus. Die Subkulturen bilden am schnellsten soziale Systeme, eigene Identitäten aus. Auf dieser systemspezifischen Ebene haben sie als erste die Chance, mit anderen unternehmensinternen und -externen Systemen zu kommunizieren. Die Identität auf Unternehmensebene – mit anderen Worten: die Ausbildung des Unternehmens als sozialem Akteur – dauert wesentlich länger. In der Praxis läßt sich beobachten, daß sich fusionierende Unternehmen sehr schwer mit der externen Kommunikation tun, da sie ihre Energie für die schwierigen internen Prozesse benötigen. Da Strukturen schnell zum Konservatismus neigen, sollte mit Aus-

---

[158] Vgl. Willke 1995, S. 332ff.
[159] Vgl. Gross 1999, S. 328f.

bildung der subkulturspezifischen Identitäten darauf geachtet werden, ob die intersubkulturelle und die unternehmensexterne Kommunikation endlich in Gang kommt.

4.4.2 Lösungsmöglichkeiten

Zu 1) Reflexive Strukturen

Fremdorganisation wird und muß es geben, aber nicht in Form starrer Regeln und als Kontrollinstrument, sondern aus der Subkulturperspektive: zur Unterstützung von selbstorganisierenden Prozessen, der Entwicklung von Identitäten, informeller Strukturen, Heterarchie. Soziale Systeme entwickeln sich automatischen in Richtung Hierarchie, Routinestrukturen und Konservatismus. Fremdorganisation muß bemüht sein, Freiräume zu schaffen, um Hierarchie, Strukturen und Konservatismus grundsätzlich kritisierbar, hintergehbar, reflektierbar zu halten. Die in dieser Arbeit propagierte Gliederung in *autonome Organisationseinheiten*, welche eigene Identitäten ausbilden läßt, die Gegenüberstellungen von Selbst- und Fremdbeschreibungen zuläßt, intra- und intersubkulturelles bzw. intra- und interorganisationales Lernen zu lernen ermöglicht, gute Voraussetzung für interorganisationale Zusammenarbeit bietet, parallele Entwicklungen und Slack bereit hält etc., wird diesen Anforderungen gerecht.

In dieser Phase kann begonnen werden, „*Ausflugsorte*", z.B. in Form von *Projektteams*, ins Leben zurufen (siehe Kap. 2.7.5.3). Themen hierfür könnten z.b. sein: Beobachtung und Dokumentation der Entwicklung des Subkulturnetzes, Gesprächsforen mit externen Anspruchsgruppen, Aufbau eines Wissens-Intranet, Übernahme von Patenschaften für Einheiten, in denen es problematisch läuft.

Diese Ausflüge dienen – neben der Erfüllung der Aufgaben – dem Perspektivenwechsel zwischen dem Heimathafen (autonome Einheit, in der man normalerweise arbeitet) und beispielsweise dem Projektteam. Die Mitglieder des Projektteams werden mit anderen möglichen Wirklichkeitskonstruktionen konfrontiert und diese Erfahrungen tragen sie in ihre Einheit, so daß die gesamte Einheit von den Erfahrungen lernen kann. So wird Konservatismus der systemspezifischen Wirklichkeitskonstruktion vorgebeugt. Diese mögliche positive Wissensspirale zwischen

Heimathafen, in dem man Stabilität und sozialen Halt erfährt, und den Ausflügen, in denen man angehalten wird, nicht zu eingefahren zu denken, zu kommunizieren und zu handeln, ist einer der wesentlichen Vorzüge der Subkulturkonzeption.

Zudem kann bereits jetzt begonnen werden, regelmäßige *Selbstreflexionszirkel* innerhalb der Einheiten und der Unternehmensführung zu institutionalisieren. Reflektiert werden sollten Sinn- und Strukturebene der Einheit:

Sinnebene:

- Was ist das Spezifische an unserer Einheit im Vergleich zu anderen Einheiten (Identität)?
- Was ist uns wichtig (Werte, Prioritäten)?
- Was können wir besonders gut, wo liegen unsere Schwächen?
- Wie sehen uns andere?

Strukturebene:

- Mit welchen autonomen Einheiten stehen wir in Kontakt?
- Mit welchen externen Anspruchsgruppen stehen wir in Kontakt?
- Wie wird die Fremdorganisation in unserer Einheit wahrgenommen? Wo hat sie Stärken und Schwächen?
- Wo haben sich warum informelle Strukturen und Subkulturen herausgebildet?

Zu 2) Subkulturen und Dokumentation der Erfahrungen und Lernprozesse

Die Strukturierung in autonome Organisationseinheiten ermöglicht eine zügige Entwicklung von Subkulturen entlang der Fremdorganisation, aber auch zwischen ihnen. Sie zeichnen sich durch Intersubjektivität, gemeinsame Interpretationen, Wirklichkeitskonstruktion, Identität aus, mit anderen Worten entwickeln sie aufgrund des kleineren Personenkreises und lateraler Kommunikation eine systemspezifische Sinn- und Strukturebene aus. Diese Muster sind Voraussetzung für die Lern- und Entwicklungsfähigkeit der Subkulturen und über das Subkulturnetz des

Unternehmens. Das System sollte möglichst zügig Mechanismen der Codierung und Symbolisierung personalen Wissens entwickeln, die für das System lesbar sind.[160] Subkulturen können das leisten.

Integrationsprozesse zwischen kleineren Unternehmen verlaufen erfolgreicher.[161] Begründen läßt sich diese Beobachtung vielleicht mit den direkteren Möglichkeiten des Übergangs zwischen personalem und organisationalem Wissen. Die Erfahrungen der Systemmitglieder können Eingang in sich bereits entwickelnde Strukturen finden.

Individuelle und soziale Lernerfahrungen manifestieren sich idealtypisch in den Strukturen und Prozessen des sozialen Systems.[162] Diese können dann als Gehirn des Systems interpretiert werden. Dies ist ein impliziter Vorgang. Es ist jedoch grundsätzlich ratsam, sich implizites Wissen bewußt zu machen, zu reflektieren (z.B. durch die Entwicklungsfähigkeitsanalyse). So läßt es sich zum einen weiterentwickeln und zum anderen kann es weiteren Einheiten zur Verfügung gestellt werden.

Die Dokumentation der *Erfahrungen* und *Lernprozesse* des Fusionsprozesses kann zum einen von einem dafür ins Leben gerufenen Projektteam verschiedener Mitglieder verschiedener Subkulturen oder aber von einem Projektteam zusammengesetzt aus allen Teamleadern vollzogen werden.

Im Anschluß an die regelmäßigen Selbstreflexionszirkel der Subkulturen sollte die Entwicklung jeder Einheit in einem computergestütztem *Wissens-Intranet* dokumentiert werden. Zudem sollten sich die Teamleader regelmäßig treffen, um *dialogorientierte Kommunikation* zu den Problemen und Lernerfolgen zu ermöglichen.

Ebenfalls dokumentiert werden sollten *Symbole*. Sie lassen sich nicht von oben erfinden und vermitteln. Symbole wachsen im Zuge der Unternehmensgeschichte. Damit entstandene sinnvermittelnde Symbole nicht nach einiger Zeit in Vergessenheit geraten, ist es sinnvoll, sie aufzugreifen, zu dokumentieren und zu vermitteln. Während des Fusionsprozesses sind schnelle Erfolge gefragt.[163] Erste Erfolge – gleich welcher Art – sollten kommuniziert werden, wenn möglich über Symbole.

---

[160] Vgl. Willke 1995, S. 333.
[161] Vgl. Siebenhaar/Zeller 1993, S. 149.
[162] Vgl. Willke 1997, S. 9ff.
[163] Vgl. Malik 1999, S. 261f.

Auch Mitarbeiter- und Kundenbefragungen können für die Dokumentation des Fusionsprozesses wertvolle Informationen liefern.

Es ist zu versuchen, Unterscheidungen wahrzunehmen zwischen krisenfokussierten Lernerfahrungen und Lernerfahrungen, die sich unabhängig vom Integrationsprozeß entwickelt haben.[164]

Zu 3) Umgang mit Krisenherden

Zunächst kann unterschieden werden zwischen Krisen in Subkulturen, die in bestimmten Personen oder in sich fehl entwickelnden Strukturen verankert sind. Ist das nicht auf den ersten Blick erkenntlich, muß Selbst- (von Gruppenmitglieder) und Fremdbeobachtung (von Mitglieder, aus anderen Einheiten, welche mit der betroffenen Einheit zu tun haben) einander gegenüber gestellt werden.

Liegen die Probleme innerhalb einer Einheit in *einer Person*, sollte zunächst versucht werden, dieser Person in Gesprächen zu helfen. Voraussetzung für Veränderungen ist die Selbsterkenntnis, d.h. die Person muß das Problem selbst erkennen. Stellt man dennoch fest, daß die Person nicht in die Gruppe paßt, muß eine andere Position für sie gefunden werden.

Sind die Probleme zwischen *mehreren Personen/Parteien* verankert, z.B. zwischen den Mitgliedern des einen und des anderen Unternehmens, sollte in Gruppengesprächen der Ursprung für die Schwierigkeiten gefunden werden. Die beiden Parteien müssen versuchen, die andere Perspektive nachzuvollziehen und eine Akzeptanz für die andere Wirklichkeitskonstruktion entwickeln. Die Mitglieder der beiden Parteien müssen die Bereitschaft entwickeln, von der anderen Perspektive zu lernen, nur so kann eine gemeinsame Wirklichkeitskonstruktion wachsen. Unterstützen läßt sich eine gegenseitige Akzeptanz zum einen über informelle Veranstaltungen, gemeinsame Erlebnisse (z.B. innerhalb von Outdoor-Seminaren) und zum anderen über gemeinsame Aufgaben, die man erfolgreich bewältigt. Auch Rollenspiele, in denen Mitglieder der einen Partei Mitglieder der anderen Partei spielen, können hilfreich sein, das Verständnis untereinander zu fördern.

---

[164] Auf das Problem „krisenfokussierte Veränderungen und krisenunabhängiges Lernen" weist Willke 1995, S. 308.

4.4 Phase 4: Evolutionäre Entwicklung der initiierten Prozesse 379

Können die Schwierigkeiten in den bereits entwickelten *Strukturen* liegen? Unwahrscheinlich, da sie neu sind und sich entlang der existenten Aufgaben und Individuen herausgebildet haben. Sie können also nicht bereits veraltet, konservativ sein. Allerdings können die Fremdorganisation (zuviel/zuwenig/zu starr/zu labil), die Aufgabenstellung der Einheit (überfordernd/unterfordernd) oder die Unternehmens- oder Teamführung die sich selbstorganisierende Strukturbildung hemmen.

Grundsätzlich sollte schon versucht werden, die Probleme aus dem Weg zu räumen. Schafft das die Einheit, gibt das einen Schub in Richtung Teambildung/Wir-Gefühl. Ist jedoch „der Wurm drin" und die Probleme grundsätzlicher Natur, muß die Unternehmensführung die Verantwortung übernehmen, die Einheit auflösen und den Mut haben, noch einmal von vorne zu planen.

Da die Entscheidungen vor und während des Integrationsprozesses unter großer Unsicherheit und jenseits von Erfahrungen getroffen werden, sind Fehlentscheidungen wahrscheinlich. Lassen sich die Entwicklungsrichtungen der einzelnen autonomen Einheiten, des Subkulturnetzes und des Unternehmens als sozialem Akteur beobachten, ist es wichtig, sich Fehler einzugestehen und Nachbesserungen oder gänzliche Neuanfänge zuzulassen. Es gibt Autoren[165], die das Aufrechterhalten von Entscheidungen als ein Signal für klare Führung und deshalb als wesentlichen Grundsatz während eines Integrationsprozesses formulieren. Das Eingestehen und Zugeben von Fehlern ist ein Indiz für starke Führung. In puncto Fehlerfreundlichkeit können Unternehmensführung und Teamleader hier mit gutem Beispiel voran gehen. Es sollten nicht die Konflikte negiert und viele Kompromisse eingegangen werden. Wie lassen sich falsche von richtigen Kompromissen unterscheiden? Am Anfang eines Entscheidungsprozesses muß das Ideal und nicht der Kompromiß stehen. „Die Disziplin des Ideals muss stärker sein als der Wunsch nach Harmonie".[166]

Es ist wahrscheinlich, daß es am Anfang der Zusammenarbeit in den autonomen Einheiten viele Probleme gibt. Vorstellbar ist, daß sich die Struktur der Probleme in den verschiedenen Einheiten wiederholt. Insofern sind Problembewältigungen zu dokumentieren, damit diese anderen Einheiten helfen können.

---

[165] Vgl. z.B. Clever 1993, S. 132.
[166] Malik 1999, S. 253.

Zu 4) Unternehmensexterne Kommunikation

Der Integrationsprozeß lenkt die Blickrichtung auf die innere Entwicklung. Ist einem dies bewußt, sollte man intersubkulturelle und unternehmensexterne Kommunikation künstlich, d.h. formell anstoßen. Da sich die Identitäten der Subkulturen am schnellsten ausdifferenzieren, ist es sinnvoll, diese Schiene der unternehmensexternen Kommunikation zu protegieren. Die Umwelt des fusionierenden Unternehmens kann insgesamt definiert (Stakeholderanalyse siehe oben) und anschließend auf die einzelnen autonomen Organisationseinheiten verteilt werden. Mit den externen Anspruchsgruppen sollten anfangs regelmäßige Gespräche institutionalisiert werden, damit sie nicht vergessen werden.

Voraussetzung dafür ist die Bereitschaft der Unternehmensführung, die externe Kommunikation vorübergehend in die Hände der Subkulturen zu legen und ihnen dafür genügend Freiräume zu gewähren. Damit übernehmen die Subkulturen hinsichtlich der Umweltbeziehungen zwischenzeitlich die Verantwortung des Gesamtunternehmens.

Später, wenn sich eine unternehmensspezifische Identität, ein sozialer Akteur herausgebildet hat, kann auch auf Unternehmensebene mit der Umwelt kommuniziert werden.

4.5 Phase 5: Das integrierte Unternehmen

Mit der Phase 4 sind die beiden Unternehmen fusioniert. Sie haben eine eigene Identität entwickelt. Das Unternehmen kann als sozialer Akteur wahrgenommen werden und agieren. Die Subkulturen haben entlang gemeinsamer Aufgaben oder paralleler Interessen oder Bedürfnissen ihre Codes/Werte/Themen entwickelt. Das Unternehmen ist in autonome Organisationseinheiten gegliedert, die zusammen mit den anderen Subkulturen ein Subkulturnetz konstituieren. Die kulturelle Dimension solcher Unternehmen ist Gegenstand des Teils I Kap. 2 dieser Arbeit. So schließt sich der Kreis.

Schlußbetrachtung

Unternehmen sind bemüht ihre *Eigenkomplexität* zu erhöhen, um der steigenden Umweltkomplexität flexibel begegnen zu können. Mit harten Faktoren, rationalem Verhalten, starren Strukturen und einem Management, welches die Eigenkomplexität top-down gestaltet, wird die Eigenkomplexität jedoch eher reduziert. Zwänge, Determinismen schränken Freiräume ein. Freiräume sind die Basis für Eigenkomplexität, die aus dem System heraus wachsen muß.

Mit „Wissensmanagement" versucht die Praxis dem Problem zu begegnen. Wissensmanagement befaßt sich allerdings lediglich mit einer möglichst effizienten Form der Organisation von vorhandenem Wissen, über Intranet, Dokumentationen etc. soll Wissen effizient strukturiert und für viele nutzbar gemacht werden.[167] Dagegen ist nichts einzuwenden, jedoch wird so kein *neues* Wissen generiert und es besteht die Gefahr, Wissensmanagement mit *Wissensgenerierung* zu verwechseln. Die Wissensgenerierung kann nicht oberflächlich gestaltet werden, ihre Basis liegt in der Tiefenstruktur, der kulturellen Dimension des Unternehmens.

Die Frage, was denn gemeinhin unter dem Begriff „Unternehmenskultur" verstanden wird, ist nicht zu beantworten. Es gibt hunderte Bücher und Aufsätze über Unternehmenskultur und der Begriff wird sehr unterschiedlich interpretiert. Insofern ging es zunächst darum, diese unterschiedlichen Interpretationen zu systematisieren. Dies ließ sich entlang der zugrunde liegenden theoretischen Fundierungen durchführen. Auffallend ist, daß die funktionalistische, reflektiert-funktionalistische, interpretative und lebensweltlich-systemische Konzeptionen v.a. die handlungskoordinierende Wirkung der Unternehmenskultur fokussieren. Da das Steuerungsproblem von Unternehmen durch Verhaltenssteuerung der Mitglieder offensichtlich nicht in den Griff zu bekommen ist, wird nun versucht, die Individuen über Handlungsorientierungen zu beeinflus-

---

[167] Vgl. Aulinger/Pfriem/Fischer 2001, S. 73.

sen.[168] Während die interpretative Konzeption die Unternehmenskultur als unantastbare Naturgewalt ansieht, verfolgen die anderen drei Ansätze ein instrumentelles Interesse in Richtung Handlungskoordination. Aber auch diese Ansätze brachten nicht den erwünschten Erfolg in der Praxis.

Erst C. Kolbeck und A. Nicolai[169] stellen *die Lern- und Entwicklungsfähigkeit* sozialer Systeme in den Mittelpunkt kultureller Überlegungen. Ihre Arbeit schließt an Luhmanns „Theorie sozialer Systeme"[170] an. Luhmann überträgt die Argumentation der Autopoiese biologischer auf soziale Systeme. Demnach sind soziale Systeme komplex, selbstreferentiell, autonom und redundant. Daraus folgt, daß soziale Systeme nicht determiniert/beeinflußt, sondern lediglich perturbiert werden können. Das soziale System entscheidet dann selbst, ob es sich in eine bestimmte Richtung bewegen will oder nicht. Der zweite wesentliche Aspekt, welcher Luhmanns Ausführungen zugrunde liegt, ist die subjektive Wirklichkeitskonstruktion im Anschluß an das Gedankengut des Prinzips der unspezifischen Codierung und des Radikalen Konstruktivismus: der Mensch nimmt nicht mit seinen Sinnesorganen wahr, sondern nimmt darüber lediglich spezifische Codierungen auf, die im Gehirn, entlang subjektiver Erfahrungen und individueller kognitiver Struktur interpretiert werden. Demnach gibt es keine objektive Wirklichkeit. Wahrnehmung findet also im Gehirn statt. Diese beiden Aspekte begründen einen Paradigmawechsel in der Organisationstheorie.

Obwohl diesen grundlegenden Aspekten zugestimmt wird, sollen weitere Überlegungen nicht an die autopoietische Organisationskulturkonzeption von Kollbeck/Nicolai anschließen, da grundlegende *Kritik an Luhmanns Theorie* geübt wird:

In dieser Arbeit werden die Mitglieder als Elemente eines Unternehmens definiert, nicht bloß ihre Kommunikationen. Prozesse vor der Kommunikation (Denken, Wirklichkeitskonstruktionen), der Kommunikation selbst und nach Kommunikationen (Handlungen) resultieren aus dem Zusammenspiel individueller und sozialer Leistungen. Luhmann fokussiert ausschließlich die sozialen Prozesse in sozialen Systemen, damit spricht er das Individuum frei von Verantwortung. Woraus resultieren Strukturen? Sie resultieren aus den Denkprozessen, Kommunika-

---

[168] Vgl. Theis 1994, S. 269.
[169] Vgl. Kolbeck/Nicolai 1996.
[170] Vgl. Luhmann 1984/1996.

tionen und Handlungen der Menschen, sie tragen dafür die Verantwortung. Es wird stark unterschätzt, welche große Rolle subjektive, emotionale Entscheidungen von Einzelpersonen in Unternehmen und im Wirtschaftssystem spielen. Diese Vermutung wurde z.B. bestärkt durch die Rede des Vorstandsvorsitzenden von Sony Norio Ohga anläßlich der Eröffnung des Sony-Centers am Potsdamer Platz in Berlin: Norio Ohga studierte Musik und Kunst in Berlin ab 1955, daher seine emotionale Verbindung zu dieser Stadt und diese beeinflußte die Entscheidung dieser Großinvestition sicher nicht unwesentlich.

Luhmann definiert die Überlebensfähigkeit sozialer Systeme als ihr wesentliches Ziel. Insofern ist es das Verdienst von Kolbeck/Nicolai, die Lern- und Entwicklungsfähigkeit sozialer Systeme herauszustellen und in dem Punkt Luhmann zu widersprechen. Die autopoietische Konzeption hat jedoch wiederum die Kehrseite, daß sie das Thema „Orientierung" vernachlässigt. Dies hat seinen Ursprung in der Betrachtung der Kultur auf der objektiv-kollektiven Ebene infolge der systemtheoretischen Fundierung.

Der Clou oder auch die Komplexität sozialer Systeme wird in dem Wechselspiel zwischen der individuellen und der kollektiven Ebene vermutet. Letztere setzt sich zusammen aus einer kollektiven, objektiven Strukturebene (entlang der Luhmannschen Systemtheorie) und einer kollektiven, subjektiven Sinnebene (Kultur).

Diese Kritik an Luhmann und die Tatsache, daß zum einen die kulturelle Dimension noch nicht aus radikal konstruktivistischer Sicht betrachtet[171] und zum anderen noch keine konsequente Subkulturkonzeption verfaßt wurde, motivierten den Entwurf einer *radikal-konstruktivistischen Subkulturkonzeption*. Im Zwischenfazit (Kap. 1.6) werden die Potentiale und Differenzierungsgrundlagen der in Kap. 1.1–1.5 dargestellten Unternehmenskulturkonzeptionen zusammengefaßt, welche in die Subkulturkonzeption Eingang finden.

Kann eine Subkulturperspektive neue, bisher nicht wahrgenommene Potentiale für die Orientierung und die Lern- und Entwicklungsfähigkeit/für die Wissensgenerierung von Unternehmen entdecken? Diese Frage kann eindeutig mit „ja" beantwortet werden. Unter *Lernfähigkeit* werden unternehmensinterne Prozesse verstanden, welche die unternehmensinternen Wirklichkeitskonstruktionen entwickeln. Innerhalb der

---

[171] Dies wird z.B. von Schulz 1999, S. 178 gefordert.

Die gemeinsame Sinnebene

Subkulturen wird lateral kommuniziert und interagiert. Die Individuen bilden *Intersubjektivität* aus, sie teilen bezogen auf die gemeinsamen Aufgaben, Interessen oder Bedürfnisse gemeinsame Codes, Werte, Themen, Vokabular – eine gemeinsame Wirklichkeitskonstruktion. Der Mensch als soziales Wesen sucht seine Ordnung/Orientierung im sozialen Gefüge, in der Intersubjektivität zu anderen. Es wird zusammenwachsen, was sich zusammen hört, was sich zusammen liest, was sich zusammen fernsieht, was sich informiert und was sich zusammen aufregt.[172] Die Sinnebene ist ein dynamisches Phänomen, welches sich im Kampf um Durchsetzung der individuellen Codes/Werte/Themen oszilliert. Diese gemeinsame Wirklichkeitskonstruktion manifestiert sich über Denk-, Kommunikations- und Handlungsprozesse in den Strukturen der Einheit. So gewinnt die Subkultur ihre Identität/Eigenständigkeit, die nicht linear auf die einzelnen Mitglieder zurückgerechnet werden kann. Die gemeinsame Sinnebene vereinfacht zum einen die Koordination in der Einheit und zum anderen erfahren die Mitglieder Orientierung in Form von sozialem Halt, hier fühlen sie sich sicher, hier haben sie soziale Kontakte. In den Subkulturen von Unternehmen liegt also der Kern der kulturellen Dimension.

Die Kehrseite dieser Gemeinsamkeit lautet: *Konservatismus, Abschottung, Lokalloyalität, Autonomiestreben, hohe Orientierung, geringe Pluralität, geringe Resonanz- und Entwicklungsfähigkeit*. Diesen negativen Folgen kann mit *intersubkultureller Zusammenarbeit/Kommunikation* begegnet werden. Sie kann/muß auf formellen und informellen Wegen institutionalisiert werden. Vorstellbar sind folgende Möglichkeiten: regelmäßige Zusammenarbeit zwischen zwei oder mehreren Einheiten, temporäre intersubkulturelle Zusammenarbeit, temporäre Projekte und Einzelpersonen-Netzwerke, in denen Mitglieder aus verschiedenen Subkulturen zusammenarbeiten.[173]

Über diese „Ausflüge aus dem Heimathafen" wird auch individuelles Wissen erweitert. Die Ausflüge dienen dem Wissenstransfer auf individueller – sozusagen von dem sozialen Bezugsrahmen des Heimathafens losgelösten – Ebene. Bei Rückkehr können die Individuen ihr neu erworbenes Wissen in den Heimathafen einschleusen. Hinsichtlich der intersubkulturellen Kontakte geht es darum, daß die Individuen erkennen und

---

[172] Vgl. Sloterdijk 1998.
[173] Vgl. Kap. 2.7.5.3, 2.7.5.4 und 2.7.6.2 dieser Arbeit.

akzeptieren lernen, daß ihre subjektive/intersubjektive Perspektive nur eine mögliche Konstruktion darstellt. Über Differenzen zwischen der eigenen Wirklichkeitskonstruktion und anderen Perspektiven gelangen Selbstverständlichkeiten und konservative Denk-, Kommunikations- und Handlungsstrukturen ins Bewußtsein. Voraussetzung für derartige Prozesse sind Selbstbeobachtung, -beschreibung und -reflexion.

Bisher empfahl die Theorie zur Lernfähigkeit, daß über Selbstreflexion und die anschließende Beobachtung der Operationsweise des Systems gegenwärtige Beschreibungen mit anderen möglichen Systembildern verglichen werden müssen und daraus Informationen für angemessene Veränderungsstrategien gezogen werden. Der Vorzug der Subkulturkonzeption liegt darin, daß die einzelnen Kulturen im Unternehmen wesentlich mehr Kontakt zu anderen Perspektiven haben, also vielfältige Möglichkeiten zur Gegenüberstellung zwischen Selbst- und Fremdbeschreibung bereitstehen, womit blinde Flecken ins Bewußtsein gelangen, grundlegend größere Toleranz zu anderen Perspektiven protegiert wird und zudem andere mögliche Systembilder nicht neu erfunden werden müssen, sondern u.a. von anderen Subkulturen zur Verfügung gestellt werden. Subkulturen liefern einander Alternativen und Slack im Denken, Kommunizieren und Handeln. Das Unternehmen ist selbst in der Lage, blinde Flecken der einzelnen Subkulturen ans Licht zu holen, externe Beratung wird weniger notwendig.

Die Subkulturkonzeption ermöglicht die Kombination *loser Kopplung* (zwischen den Subkulturen) und *fester Kopplung* (innerhalb der Subkulturen), welche sowohl für die eigenständige Strukturebene als auch für die Sinnebene des Unternehmens und ihre Mitglieder sehr viele Vorteile mit sich bringt, v.a. das Spannungsfeld zwischen Orientierung und Pluralität ein Stück weit aufzulösen vermag und damit die Lernfähigkeit sozialer Systeme voran bringt.

Die multiplen Identitäten im Unternehmen stellen sich gegenseitig alternative Perspektiven und damit Entwicklungsrichtungen zur Verfügung. So kann von einer „internen Entwicklungsfähigkeit" gesprochen werden. Sie ersetzt jedoch keineswegs die *dialogorientierten Kommunikationen mit den externen Anspruchsgruppen*, aus welchen die Lernprozesse ihre *Entwicklungsrichtung* generieren sollten. Die autonomen multiplen Identitäten bieten eine hohe Resonanzfähigkeit gegenüber der Umwelt. Durch die Ausdifferenzierung von Identität gewinnen die Subkulturen vielfältige Autonomieräume gegenüber der Umwelt. Zudem ist man geübt, andere Perspektiven wahrzunehmen und mit ihnen zu kommunizieren. Damit kann die Subkulturkonzeption als geeignete Strategie hinsichtlich der Bewältigung der hohen Umweltkomplexität angesehen werden.

In Kap. 3.2 wurde der Ressourcenorientierte Ansatz vorgestellt. Die Subkulturkonzeption bietet eine Ergänzung an. Prahalad/Hamel[174] kritisieren die Dezentralisierung in Form von Strategischen Geschäftseinheiten, weil daraus resultierende Ressortegoismen die Bündelung von Fähigkeiten zu Kernkompetenzen verhindern. Damit übersehen die Herren jedoch das Potential, welches sich ergibt, wenn nicht individuelle Fähigkeiten, sondern kollektives Wissen zusammengeführt wird. Der Ressourcenorientierte Ansatz wird mit Ansätzen zum organisationalen Lernen verbunden und die Kernkompetenzen mit dem kollektiven Wissen gleichgesetzt. Folgt man dieser Überlegung bietet die Subkulturkonzeption vielfältige Möglichkeiten der Zusammenführung von kollektiven Wissen/Kernkompetenzen, woraus dann vielleicht so etwas wie „*Meta-Kernkompetenzen*" wachsen können. Implizites Wissen ist nicht in Worte zufassen. Der Transfer von kollektivem Wissen geschieht eher über Interaktionen und Beobachtungen[175], welche die Subkulturkonzeption ermöglicht.

Bleibt die Frage nach der *Unternehmenskultur*. Es gibt Autoren, wie z.B. H. Wiesenthal[176] oder A.M. Theis[177], die ebenfalls von der Existenz multipler Identitäten in Organisationen ausgehen und fordern, diese nicht zu bereinigen/einzuebnen, sondern zu regionalisieren und mit anderen Worten Abstand zu nehmen von der Existenz einer Unternehmenskultur. Sie könne lediglich abstrakte, allgemeine Aussagen mit sich bringen, die keine Wirkung entfalten. Dem möchte ich einerseits zustimmen und andererseits widersprechen: Unternehmenskulturen im Sinne unternehmensspezifischer Intersubjektivität/normativer Sozialintegration sind nur in kleinen Unternehmen, in denen sämtliche Mitglieder miteinander in Kontakt stehen, vorstellbar. In mittelständischen und großen Unternehmen bilden sich entlang der Fremdorganisation/Aufgaben Abteilungen bzw. autonome Einheiten und zwischen ihnen multiple Identitäten. Nun

---

[174] Vgl. Prahalad/Hamel 1991.
[175] Vgl. Aulinger/Pfriem/Fischer 2001, S. 81.
[176] Vgl. Wiesenthal 1995.
[177] Vgl. Theis 1994.

kommt es darauf an, ob diese Subkulturen miteinander etwas zu tun haben oder vollkommen unabhängig voneinander arbeiten. Letzteres wäre z.B. in riesigen Unternehmen, welche in Profit-Center aufgeteilt sind, denkbar. Nur in diesem Fall soll von einem Konglomerat von Einheiten und nicht von einem Unternehmen gesprochen werden. Dennoch kann auch hier z.b. die Firmengeschichte/Tradition, Visionen und Unternehmensführung des Headquarters eine gemeinsame „*unternehmensspezifische Basisperspektive*" der Mitglieder und Einheiten herstellen, worüber sich das Unternehmen grob von anderen Unternehmen unterscheiden kann.

Jedoch wird Wiesenthal dahingehend zugestimmt, daß diese Aspekte recht allgemeiner und abstrakter Natur sind und wenig konkrete, gemeinsame Orientierung in die einzelnen Einheiten tragen. Analog zur Gefahr, dem methodologischem Individualismus zu verfallen und soziale Systeme als ein Konglomerat von Individuen zu verstehen, soll jedoch nicht einer „methodologischen Gruppenfokussierung" freier Lauf gelassen und soziale Systeme als ein Konglomerat von Gruppen angesehen werden. Schließlich sollten Unternehmen als soziale Akteure verstanden werden und für ihr Handeln Verantwortung übernehmen. Dafür müssen Unternehmen eine Eigenständigkeit/Identität produzieren, die ihnen Autonomie gegenüber der Umwelt ermöglicht.

Zudem muß intersubkulturelle Anschlußfähigkeit gewährleistet sein. In dieser Arbeit wird das *fraktale Prinzip der Selbstähnlichkeit* zur Erklärung der Kompatibilität von Subkulturen herangezogen. Es besagt, daß die Subsysteme denselben Bauprinzipien folgen wie das Gesamtsystem. Die Subkulturkonzeption ist für diese Überlegung anschlußfähig: Über selbst- und fremdorganisierte Kommunikations- und Handlungsstrukturen sind die Subkulturen in einem *dynamischen Netz* miteinander verwoben. Es entwickelt sich eine spezifische intersubkulturelle Operationsweise, die sich in den intersubkulturellen Strukturen manifestiert. Hierbei muß die Balance zwischen Autonomie und Einebnung der Subkulturen im Auge behalten werden. Die verschiedenen Perspektiven sollen nicht zu einem kleinsten gemeinsamen Nenner kommen, Konsens verfolgen, sondern einander tolerieren, kompatibel sein und voneinander lernen. Die Kenntnis der verschiedenen Perspektiven erhöht die Erwartbarkeit der Kommunikationen und Handlungen der Subkulturen und damit deren intersubkulturelle Anschlußfähigkeit. Denn schließlich geht es um Vermeidung der Gefahr, daß die Subkulturen in nicht-kompatible Richtungen laufen, keiner die andere Perspektive ansatzweise nachvollziehen kann und Visionen/Leitbilder/Tradition, gemeinsame Aufgaben vollkommen unterschiedlich wahrgenommen/interpretiert werden. Zudem kann die Kompatibilität der Entwicklungen der Subkulturen durch gleiche Visionen/Meilensteine für die autonomen Einheiten und für die Räume zwischen ihnen (für die Subkulturen entlang paralleler Interessen und Bedürfnisse), wie z.B. viel Raum für Selbstorganisation, Fehlerfreundlichkeit, offene Kommunikationskultur und kompatible Zielsetzungen gefördert werden. So können sich Parallelen in der Operationsweise der Subkulturen entwickeln und die intersubkulturelle Anschlußfähigkeit erhöhen.

In diesem Verständnis fußt die Unternehmenskultur auf der Eigenständigkeit/dem Besonderen der Operationsweise des Subkulturnetzes verbunden mit für alle Subkulturen geltenden Traditionen, Visionen, Leitbildern, dem auf die Einheiten abgestimmten Zielkatalog und gleichen Vorgaben für die einzelnen Einheiten.

Hinsichtlich der Lern- und Entwicklungsfähigkeit der Subkulturen und des intersubkulturellen Netzes (Unternehmensebene) geht es um den Aufbau eines Bezugsrahmens, mit dessen Hilfe selektiert wird, was wahrgenommen wird/anschlußfähig ist und dann eingeordnet/kategorisiert wird. Dieser Bezugsrahmen liefert den Mitgliedern und sozialen Systemen Orientierung. Damit aus der Orientierung kein Konservatismus/Starrsinn resultiert, ist die Entwicklung und Erweiterung des Bezugsrahmens notwendig. Über Resonanzfähigkeit/externe Kommunikation und Selbstreflexionsfähigkeit auf subkultureller und unternehmensspezifischer Ebene gelangen neue Differenzen, Perspektiven, Themen, Werte in die Systeme, welche die Pluralität erhöhen. Damit die Mitglieder der Systeme in der Komplexitätsverarbeitung nicht überfordert werden, geht es um die Einordnung des Neuen in den vorhandenen Bezugsrahmen, welcher sich dadurch qualitativ entwickelt oder/und quantitativ erweitert und somit eine höhere Anschlußfähigkeit bereithält. Über die einzelnen Subkulturen und ihr Netz kann das Unternehmen eine hohe *Eigenkomplexität* produzieren.

Diese Konstruktion liefert eine geeignete Basis für ein wissensintensives Unternehmen. Zur Zeit kommen Unternehmen jedoch recht häufig zu dem Schluß, sich spezifisches Wissen extern aneignen zu müssen. *„Fusionen"* heißt das Schlagwort der Wirtschaft in den letzten Monaten. Läßt sich Wissen extern kaufen?

Die *Probleme* in der Postmerger-Phase von Fusionsprozessen werden von Wissenschaftlern, Unternehmensberatern und Unternehmen recht einstimmig formuliert: Merger-Syndrom, Schwierigkeiten der Integration der Unternehmenskulturen, Probleme der Handlungskoordination und Orientierung infolge der hohen Komplexität, Wissensverlust durch Abwanderung qualifizierter Mitarbeiter, Konkurrenz und Machtgefälle zwischen den Mitarbeitern der beteiligten Unternehmen, Schwierigkeiten beim Wissenstransfer, Fokus der Unternehmensführung auf die harte Faktoren und auf das Innere des Unternehmens.[178] Diese einstimmig genannten Probleme der Fusionspraxis sind nicht etwa die Probleme der *kulturellen* Integration – offensichtlich sind Fusionen ein sehr überzeugendes Beispiel dafür, daß die Probleme der heutigen Unternehmenspraxis und der Theorie sehr stark mit der kulturellen Dimension von Unternehmen und ihren Umwelten korrelieren.

In Abgrenzung zu *kontingenztheoretisch* fundierten Integrationsprozessen[179] geht es nicht um die Anpassung des Targetunternehmens an das Käuferunternehmen und in Differenz zum *ressourcenorientierten* Postmerger-Management[180] geht es nicht um die Vervollständigung des Ressourcenbündels des einen Unternehmens und um den einmaligen Transfer expliziten oder impliziten Wissens und es geht auch nicht nur darum, wie über Kommunikation am besten koordiniert werden kann.[181] Mit der Fusionsentscheidung beginnt ein gegenseitiger Lernprozeß auf der Sinn- und Strukturebene der beteiligten Unternehmen. Die Selbstreferentialität kognitiver und sozialer Systeme verdeutlicht, daß es bei einer Fusion nicht um das „Schlucken" oder um Anpassung des einen Unternehmens gehen kann, sie nimmt dem Machtgefälle den Wind aus den Segeln.

Bemerkenswert ist allerdings, daß die Auseinandersetzung sowohl mit dem Ressourcenorientierten Ansatz als auch mit dem exemplarischen Anwendungsbeispiel die Subkulturperspektive nicht verändert hat, jedoch weitere Prioritäten in den Vordergrund traten. Der wesentliche Hinweis des Ressourcenorientierten Ansatzes wird in der *nicht eindeutig-*

---

[178] Vgl. z.B. Müller-Stewens/Salecker 1991, S. 105; Haspelagh/Jemison 1992, S. 84; Gerpott 1993, S. 425.

[179] Vgl. z.B. Gerds 2000 und siehe Kap. 3.1 dieser Arbeit.

[180] Vgl. Dabui 1998 und Kap. 3.2 dieser Arbeit.

[181] Vgl. z.B. Salecker 1995 und Marra 1999.

funktionalen Beziehung zwischen einzelnen Fähigkeiten und deren Zusammenführung zu Kernkompetenzen bzw., wie oben bereits angedeutet, zwischen kollektivem Wissen und „Meta-Kernkompetenzen" gesehen. Warum wird mit der „theory-in-use" gebrochen und wie entstehen Ideen vollkommen neue, kreative Wege zu gehen? Diese Fragen sind mit rationalen Argumentationsmustern, Effizienzkriterien, Determinismen, Anpassungszwängen nicht zu beantworten. Wenn man mit rationalen, deterministischen Denkstrukturen bricht, entstehen Denk-, Kommunikations- und Handlungsfreiräume im Unternehmen und zwischen Unternehmen und Umwelt. Insofern ist die Frage zu stellen, ob der Wissenschaftscode „wahr/unwahr" oder „richtig/falsch" die Prozesse in den Freiräumen einfangen und damit Erklärungen entwickeln kann. Vermutlich werden diese Freiräume eher durch weiche Fähigkeiten, emotionales Wissen, Selbstorganisation, „Zufälle" ausgefüllt. Für diese Arbeit resultierte aus diesen Überlegungen kombiniert mit den praktischen Problemstellungen während eines Integrationsprozesses mehr Mut, den *weichen Faktoren, dem emotionalen Wissen* stärkeres Gewicht einzuräumen.

Für die Bezeichnung des nicht erklärbaren qualitativen Sprunges zwischen Fähigkeiten und Kernkompetenzen bzw. zwischen Kernkompetenzen von Subkulturen zu Meta-Kernkompetenzen kann die *Emergenzthese* herangezogen werden, welche in Kap. 2.1.3 bereits den qualitativen Sprung zwischen individueller und sozialer Wirklichkeitskonstruktion „erklärt" hat im Sinne von „Akzeptanz, daß es qualitative Sprünge gibt, sie rational jedoch nicht zu erklären sind".

Der *Radikale Konstruktivismus* stellt eine sehr brauchbare Fundierung für die kulturelle Integration zur Verfügung, da er Ursprünge für Integrationsprobleme offenlegt. Darauf aufbauend bietet die Subkulturperspektive ein tieferes Verständnis dessen, welche Chancen aus den Probleme in der Integrationsphase für die beteiligten Individuen, Gruppen und Unternehmen erwachsen. Praxisprobleme werden häufig der Strukturebene zugerechnet, ihre Ursprünge liegen jedoch auf der Sinnebene. Das Verständnis dieser Sinnebene ist also elementar für sämtliche Integrationsüberlegungen. Die individuellen/subjektiven, subkultur- und unternehmensspezifischen Wirklichkeitskonstruktionen (Codes, Werte, Themen/Wissen, Vokabular) bieten Ansatzpunkte zum besseren Verständnis, was sich in der Integrationsphase auf der Sinnebene der Individuen, Gruppen und Unternehmen abspielt. Der Radikale Konstruktivismus deckt die Ursprünge für die Probleme auf und liefert damit Anschlußmöglichkeiten für Interventionen, die tatsächlich an den Ursprüngen ansetzen, nicht an den Auswirkungen.

Am Anfang des Integrationsprozesses weichen Wirklichkeitskonstruktionen und Strukturen beider Unternehmen auf. Es gibt also *keine erprobten Bezugsrahmen und Strukturen*, die als Wissensspeicher dienen könnten. Der hohen Komplexität kann nicht begegnet werden. Da sich noch keine gemeinsamen Wirklichkeitskonstruktionen entwickelt haben, gibt es noch keine sozialen Systeme – die *Individuen* stehen im Mittelpunkt der Betrachtung. Da sich die Organisationsstrukturen und Prozesse auflösen, befindet sich das organisationale Wissen nur noch in den Köpfen ihrer Mitglieder. Aus diesem Grund ist die Einbeziehung sämtlicher Mitglieder so wesentlich. Eine Fusion darf auf keinen Fall an den Individuen vorbei geplant und top-down gestaltet werden. Die Mitglieder sollten die Entscheidung mit treffen bzw. zumindest nachvollziehen können, um Bereitschaft für den Fusionsprozeß zu entwickeln. Wenn bereits in diesem ersten Schritt unehrlich top-down argumentiert wird, die Unternehmensführung sich hinter Strukturen versteckt, verliert sie ihre Glaubwürdigkeit und die Mitarbeiter ziehen nicht mit.

Das oberste Verlangen der Mitarbeiter ist die *Orientierungssuche*. Neue Orientierungen/Wirklichkeitskonstruktionen müssen sich erst ausdifferenzieren, deswegen geht es zunächst darum, die Wirklichkeitskonstruktionen und Strukturen zu nutzen, die noch vorhanden sind und sinnvoll erscheinen. Ziel ist nicht die Auflösung beider Unternehmenskulturen – dies ist aus der hier vertretenen theoretischen Perspektive auch nicht möglich –, sondern deren Weiterentwicklung entlang ihrer Differenzen. Weichen Wirklichkeitskonstruktionen und Strukturen stark auf, lösen sie sich zu schnell auf, geraten die Identitäten der Individuen, Gruppen und Unternehmen ins Wanken. Die natürliche Gegenreaktion der kognitiven und sozialen Systeme ist das Festhalten an ihren Identitäten über Differenzen zu anderen, im Falle einer Fusion durch Abgrenzung gegenüber den Individuen, Gruppen des anderen Unternehmens, Konkurrenz ist die Folge. Aus diesem Grund wird die *Rekonstruktion der beiden Unternehmenskulturen* vorgeschlagen. Zudem eröffnen die Gegenüberstellungen von Fremd- und Selbstbeschreibungen Anschlußmöglichkeiten für die jeweils andere Perspektive und für eine gemeinsame Unternehmenskulturentwicklung.

Für die Selbstbeschreibungen, Fremdbeschreibungen, deren Gegenüberstellung und für die Initiierung von Prozessen für eine gemeinsame

Unternehmenskulturentwicklung wurde in dieser Arbeit ein *Leitfaden* entwickelt. Zudem wurde ein Instrument, die „*Entwicklungsfähigkeitsanalyse*" vorgestellt. Die Analyse fußt ebenfalls auf radikal-konstruktivistischem Gedankengut. In einem ersten Schritt werden Selbstbeschreibungen (von den Systemmitglieder) und Fremdbeschreibungen (von externen Berater oder im Fusionsprozeß von Mitgliedern des anderen Unternehmens) der weichen Fähigkeiten eines sozialen Systems über eine ausgefeilte Befragung angefertigt. Im zweiten Schritt werden die Differenzen, welche durch die Eintragung der Selbst- und Fremdbeschreibung in einer Merkmalsspinne visualisiert werden, diskutiert. In einem dritten Schritt soll die Entwicklungsrichtung über den Dialog mit externen Anspruchsgruppen und externen Rahmenbedingungen herausgefunden werden.

Unternehmen operieren selbstreferentiell und autonom, d.h. sie können sich nicht an externe Rahmenbedingungen anpassen, sie sollten jedoch die Äußerungen der externen Anspruchsgruppen mit in den Prozeß der Zielfindung einfließen lassen. Wobei es hinsichtlich der Generierung kreativer, neuer Produkte, Märkte o.ä. wesentlich ist, Visionen zu formulieren (z.B. mit Hilfe der Szenariotechnik), die den Blick nicht starr auf ein konkretes Ziel lenken, sondern den Blick offen halten für noch nicht einmal angedachte Ideen.

Dieses Instrument wurde entwickelt, weil ihre Autoren[182] in den „soft facts" wesentliche Potentiale für die internen Lernprozesse sehen und betonen, daß die Richtung für die Entwicklung der weichen Faktoren und der Lernfähigkeit eines Unternehmens in einem Dialog mit den externen Anspruchsgruppen generiert werden muß. In der Subkulturperspektive wurde die Resonanzfähigkeit gegenüber internen und externen Anspruchsgruppen auch thematisiert, allerdings eher mit dem Ziel, die Pluralität der Subkulturen und der unternehmensspezifischen Wirklichkeitskonstruktion anzureichern bzw. um über Differenzen die eigene Identität zu entwickeln. Insofern ist der Hinweis, daß aus externen dialogorientierten Kommunikationen die Entwicklungsrichtung gewonnen wird, für die Subkulturperspektive erweiternd. Das Instrument ist nicht für die Integration fusionierender Unternehmen entwickelt worden. Es eignet sich beispielsweise auch besonders für die Gegenüberstellungen

---

[182] Vgl. z.B. Gellrich/Luig/Pfriem 1997.

zwischen Selbst- und Fremdbeschreibungen von Subkulturen, um die Entwicklung von „Meta-Kernkompetenzen" anzustoßen.

Die Entwicklung zu einer gemeinsamen Unternehmenskultur dauert Jahre. Dennoch ist die Rekonstruktion der beiden Kulturen und die Initiierung von Prozessen für eine gemeinsame Entwicklung wesentlich. Die gemeinsam mit externen Anspruchsgruppen generierten Visionen geben nämlich Orientierung hinsichtlich der Strukturierung der autonomen Einheiten und bieten Meilensteine für die Entwicklungsrichtungen der Subkulturen, so daß das Prinzip der Selbstähnlichkeit „Aufhänger" bekommt. Wie können möglichst zügig *Subkulturen* und damit Orientierungen und Strukturen entwickelt werden?

Werden die beiden fusionierenden Unternehmen in *autonome Organisationseinheiten* gegliedert, in denen Mitglieder beider Unternehmen zusammenarbeiten, treffen viele Wirklichkeitskonstruktionen aufeinander. Über sachliche Anschlußfähigkeiten, z.B. ähnliches Fachwissen, -vokabular, Interessen, Probleme und Ängste, gemeinsame Aufgaben und Ziele, entwickeln sich die ersten Kommunikationen und Interaktionen. Aber auch zwischen den autonomen Einheiten entwickeln sich *Subkulturen entlang gemeinsamer unternehmensbezogener und nicht-unternehmensbezogener Interessen und Bedürfnisse*. In dieser Arbeit verfolgt Kommunikation eine duale Zielführung: Suche nach Anschluß für Bedeutungskongruenz und das Verfolgen subjektiver/intersubjektiver Interessen oder Bedürfnisse. Auf der Basis sachlicher und beziehungsorientierter Kommunikation und subjektiver Zweckverfolgung, wird um die Durchsetzung individueller Codes/Werte/Themen gekämpft und es entwickeln sich die ersten gemeinsamen Interpretationen und Kommunikationsstrukturen. Es beginnen gemeinsame Bezugsrahmen zu wachsen. Diese sind sowohl für die Orientierung/Handlungskoordination als auch für die Lern- und Entwicklungsfähigkeit wesentlich. Die hohe Pluralität aufgrund der vielfältigen Wirklichkeitskonstruktionen benötigt dringend Strukturen und Prozesse, in denen sich die Pluralität und die vielfältigen Lernerfahrungen verfestigen können. Über die Strukturen und Prozesse bildet sich ein System, welches in der Lage ist, die individuellen Lernerfahrungen zu symbolisieren und zu codieren. Über die zügige Ausbildung von Subkulturen wird ein zügiger Übergang von individuellem zu organisationalem Wissen ermöglicht. So kann organisationales Wissen der alten Unternehmen z.T. gerettet und weiterentwickelt werden. Die individuellen Wirklichkeitskonstruktionen, in denen Teile des alten organisationalen Wissens gespeichert sind, werden über Kommunikationen und Handlungen mit anderen Wirklichkeitskonstruktionen konfrontiert, über emergente Prozesse in den Köpfen und via Kommunikationen/Interaktionen auf der Systemebene kann eine neue Qualität von Wissen generiert werden. Fusionen als sozialen Lernprozeß begreifen, heißt, die hohe Pluralität der mannigfaltigen Wirklichkeitskonstruktionen in eine Erweiterung und Verbesserung der Bezugsrahmen (Codes/Werte/Themen) münden zu lassen.

In der Praxis kann beobachtet werden, daß fusionierende Unternehmen ihre *Umwelt* komplett aus dem Blick verlieren. Begründet wird diese Tatsache damit, daß es so viele interne Probleme gibt und keine Kapazität für anderes mehr übrig ist. Das stimmt auch, aber es kann die mangelnde Resonanzfähigkeit auch damit begründet werden, daß sich noch keine Identitäten ausdifferenziert haben, das System noch keine Autonomie gegenüber der Umwelt gewonnen hat. Über autonome Organisationseinheiten und soziale Gruppen entlang paralleler Interessen oder Bedürfnisse können zügig Identitäten entwickelt werden. Über die erweiterten Bezugsrahmen verfügen die Subkulturen über recht weite Resonanzfähigkeit. Darüber gelangen wiederum neue Perspektiven (Codes/Werte/Themen) und mögliche Entwicklungsrichtungen in die Subkultur, welche den Bezugsrahmen wiederum erweitern etc. Mit anderen Worten kann die externe Kommunikation über die Ausbildung der Subkulturen beschleunigt und intensiviert werden.

Sind die Unternehmen integriert, d.h. haben sich die individuellen, subkulturellen und unternehmensspezifischen Wirklichkeitskonstruktionen über gemeinsame Kommunikationen und Handlungen weiterentwickelt, angenähert und sind dann irgendwann zu neuen, emergenten, individuellen, subkulturellen und (wesentlich später:) unternehmensspezifischen Wirklichkeitskonstruktionen verschmolzen, liegt eine Beobachtungseinheit vor uns, deren kulturelle Dimension in Teil I Kap. 2 der Arbeit diskutiert wird.

Die Fusionswelle regt an, über das Verhältnis zwischen Unternehmen und ihrer Umwelt nachzudenken. Unternehmen legitimieren ihre Fusionsentscheidung gern damit, daß sie sich an die externen Strukturen (Globalisierung, Zentralisation) anpassen müssen. Nur wer nimmt maßgeblich Einfluß auf die Entwicklung dieser Strukturen? Die Unternehmen. Ebenso wie externe Anspruchsgruppen die Entwicklungsrichtungen von Subkulturen und Unternehmen anstoßen, perturbieren im Gegenzug die

Unternehmen ihre externen Anspruchsgruppen. Analog zum Fokus auf die rekursive Beziehung zwischen der autonomen Struktur- und der autonomen Sinnebene in dieser Arbeit, ist auch die gegenseitige Perturbation zwischen Unternehmen und Umwelt auf diesen beiden Ebenen angesiedelt. Unternehmen haben aufgrund ihrer Autonomie gegenüber der Umwelt sowohl Einfluß auf die Strukturen[183] als auch Einfluß auf die Kultur der Gesellschaft. Entlang dieser Überlegungen müssen Unternehmen ihr Handeln reflektieren und Verantwortung übernehmen. D.h. nicht, daß Fusionen grundsätzlich negativ beurteilt werden. In dieser Arbeit wurde die kulturelle Integration zweier kleiner bzw. mittelständischer fusionierender Unternehmen dargestellt. Die Ursprünge der Praxisprobleme weisen aus subkultureller Perspektive genau auf die wesentlichen Chancen von Fusionen. Über kreative Verknüpfung des individuellen und kollektiven Wissens beider Unternehmen können Innovationen hinsichtlich neuer Visionen, Orientierungen, Kernkompetenzen, Produkt-Markt-Kombina-tionen, Kommunikations- und Handlungsstrukturen etc. generiert werden.

Betrachtet man die Literatur zu „Unternehmenskulturen" oder zur kulturellen Dimension von „Fusionen", läßt sich eine vergleichbare Struktur entdecken: Die eine Gruppe der Autoren betrachtet die Kultur mit dem Ziel der Handlungskoordination[184] und die andere Gruppe betrachtet die Kultur mit dem Ziel der Lern- und Entwicklungsfähigkeit von Unternehmen.[185] Behandelt man die kulturelle Dimension auf Unternehmensebene, läßt sich das Spannungsverhältnis zwischen Orientierung und Pluralität nicht lösen. Es wird entweder das eine oder das andere verfolgt, benötigt wird jedoch beides. Die Subkulturkonzeption vermag dieses Spannungsverhältnis ein Stück weit zu lösen und kreativ zu nutzen, indem sie Intersubjektivität innerhalb der Einheiten fördert und damit Orientierung und sozialen Halt bietet und über intersubkulturelle

---

[183] Vgl. Schneidewind, U. (1998).

[184] Siehe die funktionalistische, Kap. 1.1, die reflektiert-funktionalistische, Kap. 1.3, die lebensweltlich-systemische Unternehmenskulturkonzeptionen, Kap. 1.4; die kontingenztheoretisch fundierte Postmerger-Management-Literatur, vgl. Kap. 3.1 und z.B. Gerds 2000 und die Fusionsliteratur von Unternehmensberatern, vgl. z.B. Clever 1993.

[185] Siehe die autopoietische Unternehmenskulturkonzeption von Kolbeck/Nicolai, Kap. 1.5 und der Ressourcenorientierte Ansatz eines Postmerger-Management von Dabui, Kap. 3.2.

Kommunikationen Pluralität/Eigenkomplexität protegiert. Aus der subkulturellen Perspektive gerät weder Orientierung/Handlungskoordination noch die Pluralität/Lernfähigkeit in den blinden Fleck der Betrachtung.

Zudem lenkt die Subkulturperspektive den Blick nicht ausschließlich auf das Innere der Unternehmen, sondern ebenso auf die Unternehmens-Umwelt-Beziehung. Glaubt man nicht mehr an Determinismen, entwickelt jedes Individuum und jedes soziale System seine Identität und damit einen Handlungsspielraum – Freiheit gegenüber seinen Umwelten. Kommunikation/Interaktionen muß man sich genau so vorstellen: es treffen zwei Individuen, soziale Gruppen, Unternehmen, interne und externe Anspruchsgruppen aufeinander, die sozusagen eingehüllt sind in ihren Denk-, Kommunikations- und Handlungsspielraum. Über Kommunikation/Interaktionen füllt sich dieser Freiraum mit Äußerungen beider Seiten. Da es keine allgemeingültigen Codes und Werte mehr gibt, müssen die Systeme um Durchsetzung ihrer Codes/Werte/Themen kämpfen.[186] Erschwerend hinzu kommt die Annahme, daß sämtliche Äußerungen subjektiv wahrgenommen/interpretiert werden. Was nach dem Kampf jedes System aus dieser Interaktion herauszieht/wahrnimmt/interpretiert liegt an der Wirklichkeitskonstruktion des Systems. Diese vielfältigen Freiräume und die daraus resultierenden Kämpfe um Wirklichkeitskonstruktionen im Unternehmen und zwischen dem Unternehmen und der Umwelt begründen den Bedeutungszuwachs der weichen Faktoren, wie Kommunikationsfähigkeit, soziale Kompetenz, Intuition, Empathie etc. In dem Kampf um Bedeutungen sind weiche Fähigkeiten besonders wichtig, nicht nur um die eigene Wirklichkeitskonstruktion durchzusetzen, sondern auch um die Äußerungen des Gegenübers verstehen zu wollen, um sie für die eigene Entwicklung nutzen zu können. Diese Fähigkeiten sind ausschließlich in sozialen Gruppen/Subkulturen zu lernen und zu entwickeln.

Die in dieser Arbeit vorgestellte Subkulturperspektive ist eine mögliche Perspektive, aus der man Unternehmen beobachten kann und sollte. Offensichtlich ist sie in der Lage, Praxisprobleme im Kern wahrzunehmen und die Probleme in Chancen zu transformieren. Ihr Ziel ist es nicht allgemeingültige Handlungsempfehlungen zu formulieren, sondern den Blick zu öffnen für das Potential an individuellem und kollektivem Wis-

---

[186] Zum „Kampf um Anerkennung" vgl. Pfriem 2000, S. 456 und Honneth 1992.

sen der internen und externen Anspruchsgruppen, das kreativ verknüpft (über formelle und informelle Wege) unglaubliche Innovationen hervorbringen kann.

Diese Arbeit hat an einigen Stellen die Perspektivenvielfalt z.B. zwischen den Subkulturen hervorgehoben. Dies läßt sich auch auf die Betriebswirtschaftslehre übertragen. In Kap. 1.4 wurde die bereits 1984 verfaßte duale Managementkonzeption von P. Ulrich vorgestellt als Management der Systemsteuerung (entlang der Systemtheorie) und Kulturentwicklung (entlang der Phänomenologie).[187] Pfriem hat 1994 bereits von einer Betriebswirtschaftslehre als ökonomische und Kulturwissenschaft gesprochen und weist jüngst auf die Anschlußstellen zwischen der evolutorischen Theorie der Unternehmung und der Kulturwissenschaft hin.[188] Betrachtet man die Theorie sozialer Systeme von Luhmann, weist sie schon eine sehr hohe Komplexität auf und auch sie betrachtet nur die objektiv-kollektive Ebene von Unternehmen. Wie komplex müßte eine Theorie sein, die tatsächlich sämtliche wesentlichen Ebene einfangen kann? Es ist fraglich, ob der Entwurf einer allumfassenden Theorie überhaupt möglich bzw. fruchtbar ist. Der Clou an der Perspektivenvielfalt von Erkenntnisformen liegt darin, daß sich die Perspektiven aneinander reiben können und durch die Reibungen und Differenzen interessante diskussionswürdige Spannungsfelder entstehen, die Entwicklungspfade für die beteiligten Perspektiven aufweisen.

Das radikal-konstruktivistische und auch systemtheoretische Gedankengut fordert auf, rekursiv zu denken. Daraus resultiert die einfache, aber durchaus nicht triviale Philosophie, daß alles zwei Seiten hat – eine Konstruktion: Fremdorganisation – Selbstorganisation, harte Faktoren – weiche Faktoren, Orientierung – Pluralität, Sinnebene – Strukturebene, rationales Wissen – emotionales Wissen, Krisen – Chancen und auch die Systemperspektive und die Kulturwissenschaft sind jeweils nicht die zwei Pole eines Kontinuums, zwei Gegensätze, sondern die beiden Seiten einer Medaille/einer (subjektiven) Unterscheidung und die eine Seite ist ohne die andere nicht zu haben, sie differenzieren sich aneinander aus und bilden so erst ihre Identität. Und der Status Quo stellt die Differenzierungsgrundlage zur Verfügung, an der sich etwas Neues ausdifferenzieren läßt. Und nur wer die Struktur dieser Beidseitigkeit/Rekursivität

---

[187] Vgl. Ulrich, P. 1984.
[188] Vgl. Pfriem 1994 und 2000.

wahrnimmt, kann die Spannkraft zwischen den beiden Seiten kreativ nutzen und beide Seiten aneinander weiterentwickeln.

Abbildungsverzeichnis

Abb. 1: Zusammenhang zwischen Kulturklassifizierung und der Systematisierung von Unternehmenskulturkonzeptionen nach Allaire/Firsirotu .... 21.

Abb. 2: Systematisierung der Unternehmenskulturkonzeptionen entlang deren theoretischer Grundlage 23

Abb. 3: Elemente der Unternehmenskultur 24

Abb. 4: Das 7-S Modell nach Pascale/Athos 30

Abb. 5: Levels of Culture and their Interaction nach Schein 61

Abb. 6: Management als Systemsteuerung und Kulturentwicklung nach P. Ulrich 86

Abb. 7: Systemtheoretisches Drei-Ebenen-Modell der Organisationskultur nach Kolbeck/Nicolai 116

Abb. 8: Systematisierung und Vergleich der vorgestellten Unternehmenskulturkonzeptionen 140

Abb. 9: Soziale Wirklichkeitskonstruktion 156

Abb. 10: Duale Zielführung von Kommunikation 163

Abb. 11: Spannungsfeld zwischen Orientierung und Pluralität 214

Abb. 12: Eine Gegenüberstellung von Projekten und Netzwerken nach Boos/Doujak 261

Abb. 13: Möglichkeiten der kulturellen Entwicklung aus der Subkulturperspektive 267

Abb. 14: Vorteile hoher und niedriger Geschwindigkeiten bei der Integrationsgestaltung nach dem formalen Vollzug der Akquisition 320

Abb.: 15: Merkmalsspinne zur Operationalisierung weicher Faktoren 355

Literatur

Ahlemeyer, H.W./Königswieser, R. (1997): Komplexität managen, Wiesbaden.

Allaire, F./Firsirotu, M. E. (1984): Theories of Organizational Culture, in: Organization Studies 5, 1984, S. 193–226.

Antal, A. B./Dierkes, M./Helmers, S. (1993): Unternehmenskultur: Eine Forschungsagenda aus Sicht der Handlungsperspektive, in: Dierkes, M./ Rosenstiel, L. von/Steger, U. (Hrsg.) (1993): Unternehmenskultur in Theorie und Praxis, Frankfurt/New York, S. 200–218.

Argyris, C./Schön, D. A. (1978): Organizational Learning: A Theory of Action Perspective, Reading, Mass.

Ashkenas, R./DeMonaco, L./Francis, S. (1998): Making the Deal Real: How GE Capital Integrates Acquisitions, in: Harvard Business Review. January-February 1998, Reprint 98101.

Aulinger, A./Pfriem, R./Fischer, D. (2001): Wissen managen – ein weiterer Beitrag zum Mythos des Wissens? Oder: Emotionale Intelligenz und Intuition im Wissensmanagement, in: Schreyögg, G. (Hrsg.) (2001): Wissen im Unternehmen, Konzepte, Maßnahmen, Methoden, Berlin, S. 69–87.

Bachinger, R. (Hrsg.) (1990): Unternehmenskultur: Ein Weg zum Markterfolg, Frankfurt a.M.

Badaracco, J. L. (1991): The Knowledge Link: How Firms Compete thrugh Strategic Alliances, Boston (Mass.) 1991.

Baecker, D. (Hrsg.) (1987): Theorie als Passion, Frankfurt a.M.

Baecker, D. (1997): Einfache Komplexität, in: Ahlemeyer, H. W./Königswieser, R. (Hrsg.) (1997): Komplexität managen, Wiesbaden, S. 21–51.

Baecker, D. (1999): Die Form des Unternehmens, Frankfurt a.M.

Bandura, A. (1977): Social learning theory, Englewood Cliffs, N.J.

Bandura, A. (1986): Social Foundations of Thought and Action: A Social Cognitive Theory, Englewood Cliffs (N. J.).

Bardmann, T.M. (1994): Wenn aus Arbeit Abfall wird: Aufbau und Abbau organisatorischer Realitäten, Frankfurt a.M.

Barnard, Ch. I. (1938): The functions of the executive, Cambridge, Mass.

Barnay, J. B. (1991): Firm Resources and Sustained Competitive Advantage, in: Journal of Management, 1 (17) 1991, S. 99–120.

Bateson, G. (1981): Ökologie des Geistes: Anthropologische, psychologische, biologische und epistemologische Perspektiven, Frankfurt a.M.: Suhrkamp.

Becker, A./Küpper, W./Ortmann, G. (1988): Revision der Rationalität, in: Küpper, W./Ortmann, G. (Hrsg.) (1988): S. 89–113.

Behrens, R./Merkel, R. (1990): Mergers & Acquisitions, Stuttgart.

Berger, L. P./Luckmann, T. (1967/1971): The social construction of reality (1967), New York; deutsch: Die gesellschaftliche Konstruktion der Wirklichkeit (1971), Frankfurt a.M.

Beschorner, T./Pfriem, R. (Hrsg.): (2000): Evolutorische Ökonomik und Theorie der Unternehmung, Marburg, S. 425

Bitsch, H.-U. (1990): Corporate Design: Drei case Studies, in: Bachinger, R. (Hrsg.) (1990): Unternehmenskultur: Ein Weg zum Markterfolg, S. 94–102.

Bleicher, K. (1986): Strukturen und Kulturen der Organisation im Umbruch: Herausforderungen für den Organisator, in: Zeitschrift für Organisation 55, 1986, S. 97–108.

Bleicher, K. (1991): Das Konzept Integriertes Management, Frankfurt/New York.

Blumer, H. (1969): Symbolic Interactionism. Perspective and Method, Englewood Cliffs, Prentice Hall.

Boos, F./Doujak, A. (1997): Komplexe Projekte, in: Ahlemeyer, H. W./ Königswieser, R. (Hrsg.) (1997): Komplexität managen, Wiesbaden, S. 133–146.

Boos, F./Furch, H. (1997): Soziale Netzwerke im Unternehmen – ein Interview, in: Ahlemeyer, H. W./Königswieser, R. (Hrsg.) (1997): Komplexität managen, Wiesbaden, S. 205ff.

Burrell, G./Morgan, G. (1979): Sociological Paradigms and Organizational Analysis, London.

Cabiallavetta, M. (1999): Die zunehmende Grösse allein muss Führungsaufgaben nicht erschweren, ein Interview geführt von Neugebauer, G., in: Siegwart, H./Neugebauer, G. (Hrsg.) (1999): Mega-Fusionen, S. 153–162.

Chevenement, J. P. (1998): In den Nationen liegt die Zukunft Europas, in: Fazit-Forum, Frankfurter Allgemeine Zeitung (Hrsg.).

Chromy/Stork (1999): Die Veränderung von Unternehmenskultur als Grundlage einer erfolgreichen Fusion, in: Henkel v. Donnersmarck, M./Schatz, R. (Hrsg.) (1999): Fusionen gestalten und kommunizieren, S. 129–144.

Clever, H. (1993): Post-Merger-Integration, Stuttgart.

Crozier, M./Friedberg, E. (1993): Die Zwänge kollektiven Handelns: Über Macht und Organisation, Frankfurt a.M.

Cyert, R. M./March, J. G. (1963): A Behavioral Theory of the Firm, Englewood Cliffs, NJ.

Dabui, M. (1998): Postmerger-Management: zielgerichtete Integration bei Akquisitionen und Fusionen, Wiesbaden.

Daft, R. L. (1983): Symbols in Organizations, in: Pondy, L. R./Frost, P. J./ Morgan, G./Danridge, T. C. (Hrsg.): Organizational Symbolism, Greenwich 1983, S. 199–206.

Dahl, R. A. (1957): The Concept of Power, in: Behavioral Science, 1975, S. 201–215.

Deal, T. E./Kennedy, A. A. (1982/1987): Corporate Cultures: The Rites and Rituals of Corporate Life, Reading Mass. 1982; dt.: Unternehmenserfolg durch Unternehmenskultur, Bonn 1987.

Dierkes, M./Rosenstiel, L. v./Steger, U. (Hrsg.) (1993): Unternehmenskultur in Theorie und Praxis: Konzepte aus Ökonomie, Psychologie und Ethnologie, Frankfurt a.M./New York.

Dill, P. (1986): Unternehmenskultur: Grundlagen und Anknüpfungspunkte für ein Kulturmanagement, Bonn.

Dill, P./Hügler, G. (1987): Unternehmenskultur und Führung betriebswirtschaftlicher Organisationen – Ansatzpunkte für ein kulturbewußtes Management, in: Heinen, E. (Hrsg.) (1987): Unternehmenskultur: Perspektiven für Wissenschaft und Praxis, S. 141–209.

Dormayer, H.-J./Kettern, T. (1987): Kulturkonzepte in der allgemeinen Kulturforschung – Grundlage konzeptioneller Überlegungen zur Unternehmenskultur, in: Heinen, E. (Hrsg.) (1987): Unternehmenskultur: Perspektiven für Wissenschaft und Praxis, S. 49–66.

Drepper, C. (1992): Unternehmenskultur: Selbstbeobachtung und Selbstbeschreibung im Kommunikationssystem „Unternehmen", Frankfurt a.M.

Drumm, H.-J. (1991): Probleme der Erfassung und Messung von Unternehmenskulturen, in: Dülfer, E. (Hrsg.) (1991): Organisationskultur, Phänomen – Philosophie – Technologie, S. 163–171.

Dülfer, E. (Hrsg.) (1991): Organisationskultur, Phänomen – Philosophie – Technologie, Stuttgart.

Ebers, M. (1985): Organisationskultur: Ein neues Forschungsprogramm?, Wiesbaden.

Ebers, M. (1991): Der Aufstieg des Themas „Organisationskultur" in problem- und diszipligeschichtlicher Perspektive, in: Dülfer, E. (Hrsg.) (1991): Organisationskultur, Phänomen – Philosophie – Technologie, S. 39–63.

Eiffe, F./Mölzer, W. (1992): Mergers & Acquisitions. Leitfaden zum Kauf und Verkauf von Unternehmen, Servicefachverlag Wien.

Emery F. E. /Trist, E. L. (1965): The causal texture of organizational environments, in: Human Relations, S. 21–32.

Exner, A. (1992): Unternehmensidentität, in: Königswieser, R./Lutz, Ch. (Hrsg.) (1992): Das systemisch-evolutionäre Management – Der neue Horizont für Unternehmer, 2. Aufl., S. 191–203.

Exner, A./Königswieser, R./Titscher, S. (1992): Unternehmensberatung – systemisch, in: Königswieser, R./Lutz, Ch. (Hrsg.) (1992): Das systemisch-evolutionäre Management – Der neue Horizont für Unternehmer, 2. Aufl., S. 204–235.

Fischer, D./Nicolai, A. (2000): Schumpeter, Strategie und evolutorische Ökonomik, in: Beschorner, T./Pfriem, R. (Hrsg.) (2000): Evolutorische Ökonomik und Theorie der Unternehmung, Marburg, S. 219–256.

Fischer, J./Wirtgen, J. (2000): Post Merger Integration Management, Berlin Verlag.

Foerster, H. v. (1987): Erkenntnistheorien und Selbstorganisation, in: Schmidt, S. J. (Hrsg.) (1987): Der Diskurs des Radikalen Konstruktivismus, Frankfurt a.M.

Fokken, U. (1999): Die Welt AG – Internationale Unternehmen im Fusionsfieber, München.

Frank, G.-M./Stein, I. (Hrsg.) (1993): Management von Unternehmensakquisitionen, Stuttgart.

Gellrich, C./Karczmarzyk, A./Pfriem, R. (1998): Vom starren Umweltmanagement zum Total Environmental Management, in: UmweltWirtschaftsForum, 6. Jg., H 1, März 1998, S. 28–31.

Gellrich, C./Luig, A./Pfriem, R. (1997): Ökologische Unternehmenspolitik: Von der Implementation zur Fähigkeitsentwicklung, in: Schriftenreihe des Lehrstuhls für Allgemeine Betriebswirtschaftslehre, Unternehmensführung und Betriebliche Umweltpolitik der Carl von Ossietzky-Universität Oldenburg, Nr. 17.

Gerds, J. (2000): Post Merger Integration, Eine empirische Untersuchung zum Integrationsmanagement, Wiesbaden.

Gerpott, T. J. (1993): Integrationsgestaltung und Erfolg von Unternehmenszusammenschlüssen, Stuttgart.

Gerpott, T.J./Schreiber, K. (1994): Integrationsgeschwindigkeit nach Unternehmensakquisition, in: Die Unternehmung, 2/1994, S. 99–116.

Giddens, A. (1984): Die Konstitution der Gesellschaft. Grundzüge einer Theorie der Strukturierung.

Glasersfeld, E. v. (1981): Einführung in den radikalen Konstruktivismus, in: Watzlawick, P. (Hrsg.) (1981): Die erfundene Wirklichkeit, S. 16–38.

Glasersfeld, E. v. (1992): Konstruktion der Wirklichkeit und des Begriffs der Objektivität, in: Gumin, H./Mohler, A. (Hrsg.) (1992): Einführung in den Konstruktivismus, S. 9–39.

Godoy Tenter, C./Müller, S. (1999): Unternehmenskultur – Problem- oder Erfolgsfaktor bei Fusionen, in: Henkel v. Donnersmarck, M./Schatz, R. (Hrsg.) (1999): Fusionen gestalten und kommunizieren, S. 145–168.

Gödecke, J. (1999): Wie werden Kultur und Kommerz vermittelt?, in: Henkel v. Donnersmarck, M./Schatz, R. (Hrsg.) (1999): Fusionen gestalten und kommunizieren, S. 59–82.

Goleman, D. (1999): Emotionale Intelligenz – zum Führen unerläßlich, in: Harvard Business Manager 3, S. 27–36.

Grabher, G. (1994): Lob der Verschwendung: Redundanz in der Regionalentwicklung: Ein sozialökonomisches Plädoyer, Berlin.

Grant, R. B. (1991): A Resource-Based Theory of Competitive Advantage: Implications for Strategy Formulation, in: California Management Review, (3) 33 1991, S. 114–135.

Gross, P. (1994): Die Multioptionsgesellschaft, Frankfurt a.M.

Gross, P. (1999): Das kommunikative Management von Fusionsrisiken, in: Siegwart, H./Neugebauer, G. (Hrsg.) (1999): Mega-Fusionen, S. 315–337.

Grosz, A./Delhaes, D. (Hrsg.) (1999): Die Kultur AG. Neue Allianzen zwischen Wirtschaft und Kultur, München.

Gumin, H./Mohler, A. (Hrsg.) (1992): Einführung in den Konstruktivismus, München.

Gussmann, B./Breit, C. (1987): Ansatzpunkte für eine Theorie der Unternehmenskultur, in: Heinen, E. (Hrsg.) (1987): Unternehmenskultur: Perspektiven für Wissenschaft und Praxis, S. 107–139.

Gutenschwager, K./Schönrock, S./Voß, S. (2000): Die Open Space-Tecnologie als Methode der Organisationsentwicklung, in: zfo 69. Jg., Heft 4, S. 192–198.

Gut-Villa, C. (1997): Human Ressource Management bei Mergers & Acquisitions, Bern.

Habermas, J. (1981a): Theorie des kommunikativen Handelns, Bd. 1, Handlungsrationalität und gesellschaftliche Rationalisierung, Frankfurt a.M.

Habermas, J. (1981b): Theorie des kommunikativen Handelns, Bd. 2, Zur Kritik der funktionalistischen Vernunft, Frankfurt a.M.

Hallay, H. (1996): Ökologische Entwicklungsfähigkeit von Unternehmen, Marburg.

Hallay, H./Pfriem, R. (1992): Lernen zu lernen zu lernen ..., in: IÖW Informationsdienst Nr. 1, Jg. 9, S. 1–3.

Harde, S. (1994): Ökologische Lernfähigkeit: Maßstab für die Qualität der Unternehmensentwicklung, in: IÖW Informationsdienst Nr. 1, Jg. 9, S. 4–9.

Haspeslagh, P. C./Jemison, D. B. (1991a): Managing acquisitions. Creating value through corporate renewal, New York.

Haspeslagh, P. C./Jemison, D. B. (1991b): Postmerger integration: The crucial early steps, in: Merger&Acquisition Europe, May/June 1991, S. 47–57.

Haspeslagh, P. C./Jemison, D. B. (1992): Akquisitionsmanagement: Wertschöpfung durch strategische Neuausrichtung des Unternehmens, Frankfurt a.M./New York.

Hauser, E. (1985): Unternehmenskultur: Analyse und Sichtbarmachung an einem praktischen Beispiel, Bern/Frankfurt a.M./New York.

Heinen, E. (1987a): Unternehmenskultur als Gegenstand der Betriebswirtschaftslehre, in: Heinen, E. (Hrsg.) (1987): Unternehmenskultur: Perspektiven für Wissenschaft und Praxis, S. 1–48.

Heinen, E. (Hrsg.) (1987): Unternehmenskultur: Perspektiven für Wissenschaft und Praxis, München/Wien.

Heinen, E./Dill, P. (1986): Unternehmenskultur: Überlegungen aus betriebswirtschaftlicher Sicht, in: Zeitschrift für Betriebswirtschaft 56, Heft 3, S. 202–218.

Hejl, P. M. (1992a): Konstruktion der sozialen Konstruktion – Grundlinien einer konstruktivistischen Sozialtheorie, in: Gumin, H./Mohler, A. (Hrsg.) (1992): Einführung in den Konstruktivismus, S. 109–146.

Hejl, P. M. (1992b): Selbstorganisation und Emergenz in sozialen Systemen, in: Krohn, W./Küppers, G. (Hrsg.) (1992): Emergenz: Die Entstehung von Ordnung, Organisation und Bedeutung, 2. Aufl., S. 269–292.

Helmers, S. (1993): Beiträge der Ethnologie zur Unternehmenskulturforschung, in: Dierkes, M./Rosenstiel, L. von/Steger, U. (Hrsg.) (1993): Unternehmenskultur in Theorie und Praxis, S. 147–187.

Henkel v. Donnersmarck, M./Schatz, R. (Hrsg.) (1999): Fusionen gestalten und kommunizieren, Bonn.

Holleis, W. (1987): Unternehmenskultur und moderne Psyche, Frankfurt a.M./New York.

Honneth, A. (1992): Kampf um Anerkennung. Zur moralischen Grammatik sozialer Konflikte, Frankfurt.

Hucklenbroich, P. (1990): Selbstheilung und Selbstprogrammierung. Selbstreferenz in medizinischer Wissenschaftstheorie und Künstlicher Intelligenz, in: Riegas, V./Vetter, C. (Hrsg.) (1990): Zur Biologie der Kognition, Frankfurt a.M., S. 116–132.

Husserl, E. (1901/1921/1980): Logische Untersuchungen, Nachdruck der 2. Aufl., Tübingen 1980.

Jaeger, F. (1999): Der globale Markt als grösseres Haus für grössere Firmen, in: Siegwart, S./Neugebauer, G. (Hrsg.) (1999): Mega-Fusionen, Bern, S. 11–38.

Jansen, S. (2000): Mergers & Acquisitions, Franfurt a.M.

Jaques, E. (1951): The changing culture of a factory, London.

Jelinik, M./Smircich, L./Hirsch, P. (1983): Introduction, A Code of many Colors, in: Administrative Science Quarterly 28, S. 331–338.

Kaschube, J. (1993): Betrachtung der Unternehmens- und Organisationskulturforschung aus (organisations-) psychologischer Sicht, in: Dierkes, M./ Rosenstiel, L. von/Steger, U. (Hrsg.) (1993): Unternehmenskultur in Theorie und Praxis, S. 90–146.

Kasper, H. (1987): Organisationskultur: Über den Stand der Forschung, Wien.

Kasper, H. (1990): Die Handhabung des Neuen in organisierten Sozialsystemen, Berlin.

Kast, F. E./Rosenzweig, J. E. (1985): Organization and management, a systems and contingency approach, 4. Aufl., Tokyo.

Keesing, R. (1974): Theories of culture, in: Annual Review of Anthropoloy 3/74, S. 73–97.

Keller, E. von (1982): Management in fremden Kulturen, Bern.

Kieser, A. (1993): Der situative Ansatz, in: Kieser, A. (Hrsg.) (1993): Organisationstheorien, S. 161–191.

Kieser, A. (Hrsg.) (1993): Organisationstheorien, Stuttgart.

Kieser, A./Kubicek, H. (1983): Organisation, 2. Aufl. Berlin/New York.

Kirsch, W. (1979): Die Idee der fortschrittsfähigen Organisation, in: Wunderer, R. (Hrsg.) (1979): Humane Personal- und Organisationsentwicklung, S. 3–24.

Kirsch, W./Esser, W. M./Gabele, E. (1979): Das Management des geplanten Wandels von Organisationen, Stuttgart.

Kirsch, W./Knyphausen, D. zu (1991): Unternehmungen als „autopoietische" Systeme?, in: Staehle, W./Sydow, J. (Hrsg.) (1991): Managementforschung 1, S. 75–101.

Klier, H. v. (1990): Design: Auf die Kontinuität kommt es an, in: Bachinger, R. (Hrsg.) (1990): Unternehmenskultur: Ein Weg zum Markterfolg, S. 86–93.

Klimecki, R. G./Probst, G. J. B. (1990): Entstehung und Entwicklung der Unternehmenskultur, in: Lattmannn, C. (Hrsg.) (1990): Die Unternehmenskultur: Ihre Grundlagen und ihre Bedeutung für die Führung der Unternehmung, S. 41–65.

Kluckhohn, C. (1951): The study of culture, in: Lerner, V. D./Larswell, H. D. (Hrsg.) (1951): The Policy Studies, Stanford, S. 86–98.

Kluckhohn, C./Kelly, W. H. (1972): Das Konzept der Kultur, in: König, R./Schmalfuss, A. (Hrsg.) (1972): Kulturanthropologie, Düsseldorf, S. 68–90.

Kmieciak, P. (1976): Wertstrukturen und Wertewandel in der Bundesrepublik Deutschland, Göttingen.

Knyphausen, D. zu (1993): Why are Firms Different? – Der Ressourcenorientierte Ansatz im Mittelpunkt einer aktuellen Kontroverse im Strategischen Management, in: Die Betriebswirtschaft, 6 (53) 1993, S. 771–792.

Kobi, J.-M./Wüthrich, H. A. (1986): Unternehmenskultur verstehen, erfassen und gestalten, Landsberg a.L.

Kolbeck, C./Nicolai, A. (1996): Von der Organisation der Kultur zur Kultur der Organisation, Marburg.

Königswieser, R./Heintel, P. (1997): Teams als Hyperexperten im Komplexitätsmanagement, in: Ahlemeyer, H. W./Königswieser, R. (Hrsg.) (1997): Komplexität managen, Wiesbaden, S. 93–103.

Königswieser, R./Lutz, Ch. (Hrsg.) (1992): Das systemisch-evolutionäre Management – Der neue Horizont für Unternehmer, 2. Aufl., Wien.

Kolbeck, C. (1997): Die systemische Beratung aus Klientensicht, in: Schriftenreihe des Lehrstuhls für Allgemeine Betriebswirtschaftslehre, Unternehmensführung und betriebliche Umweltpolitik der Carl von Ossietzky-Universität Oldenburg, Nr. 23.

Krell, G. (1991): Organisationskultur – Renaissance der Betriebsgemeinschaft, in: Dülfer, E. (Hrsg.) (1991): Organisationskultur, Phänomen – Philosophie – Technologie, S. 113–126.

Kroeber, A. L./Parsons, T. (1958): The Concept of Culture and Social System, in: American Sociological Review, vol. 23, S. 582–593.

Kroeber, A. L./Kluckhohn, C. (1952): Culture: A Critical Review of Concepts and Definitions, Cambridge, Mass.

Krohn, W./Küppers, G. (Hrsg.) (1992): Emergenz: Die Entstehung von Ordnung, Organisation und Bedeutung, Frankfurt a.M.

Krüger (1976): Macht in der Unternehmung – Elemente und Strukturen, Stuttgart.

Kubicek, H. (1984): Führungsgrundsätze als Organisationsmythen und die Notwendigkeit von Entmyhologisierungsversuchen, in: Zeitschrift für Betriebswirtschaft, 54. Jg., Heft 1, S. 4–29.

Küpper, W./Ortmann, G. (Hrsg.) (1988): Mikropolitik: Rationalität, Macht und Spiele in Organisationen, Opladen.

Lattmannn, C. (Hrsg.) (1990): Die Unternehmenskultur: Ihre Grundlagen und ihre Bedeutung für die Führung der Unternehmung, Heidelberg.

Lawrence, P. R./Lorsch, J. W. (1967): Organization and environment, Cambridge, Mass., Homewood.

Looser, U. (1999): Was Fusionen erfolgreich macht, in: Siegwart, H./Neugebauer, G. (Hrsg.) (1999): Mega-Fusionen, S. 265–276.

Louis, M. R. (1981): A cultural perspective on organizations: The need for an consequences of viewing organizations as culture-bearing milieux, in: Human Systems Management, vol. 2, S. 246–258.

Luhmann, N. (1988): Neuere Entwicklungen in der Systemtheorie, in: Merkur, Heft 4/88, S. 292–300.

Luhmann, N. (1990): Ökologische Kommunikation, 3. Aufl., Opladen.

Luhmann, N. (1990a): Das Erkenntnisprogramm des Konstruktivismus und die unbekannt bleibende Realität, in: Luhmann, N.: Soziologische Aufklärung 5 – Konstruktivistische Perspektiven, Opladen, S. 31–58.

Luhmann, N. (1996, 1. Aufl. 1984): Soziale Systeme – Grundriß einer allgemeinen Theorie, 6. Aufl., Frankfurt a.M.

Luhmann, N. (2000): Organisation und Entscheidung, Opladen.

Lutz, C. (1997): Die gesellschaftlichen Attraktoren der Jahrtausendwende, in: Königswieser, R. (Hrsg.) (1997): Komplexität managen, Wiesbaden, S. 363–379.

Lutz, C. (1998): Was ist ein „Lebensunternehmer" – Persönlichkeitsbilder und Schlüsselqualifikationen in der nachindustriellen Gesellschaft, in: Politische Ökologie, 16. Jg., H. 54, S. 82ff.

Maack, K. J. (1990): Auf dem Weg zu einer Ästhetik der technischen Vernunft, in: Bachinger, R. (Hrsg.) (1990): Unternehmenskultur: Ein Weg zum Markterfolg, S. 80–85.

Macharzina, K. (1993): Unternehmensführung, Wiesbaden.

Malik, F. (1999): Anforderungen an die Unternehmensführung, in: Siegwart, H./Neugebauer, G. (Hrsg.) (1999): Mega-Fusionen, S. 249–264.

Marra, R. (1999): Interne Kommunikation: die ersten 100 Tage seit Ankündigung der Fusion zur UBS AG, Bern.

Martens, W. (1988): Organisation, Macht und Kritik, in: Küpper, W./Ortmann, G. (Hrsg.) (1988): Mikropolitik: Rationalität, Macht und Spiele in Organisationen, S. 187–216.

Martens, W. (1991): Die Autopoiese sozialer Systeme, in: Kölner Zeitschrift für Soziologie und Sozialpsychologie, Heft 4; S. 647–670.

Martens, W. (1992): Die partielle Überschneidung autopoietischer Systeme – Eine Erwiderung, in: Kölner Zeitschrift für Soziologie und Sozialpsychologie, Heft 1; S. 143–145.

Maturana, H. R. (1982): Erkennen. Die Organisation und Verkörperung von Wirklichkeit, 1. Aufl., Braunschweig/Wiesbaden.

Maturana, H. R. (1985): Die Organisation und Verkörperung von Wirklichkeit: Ausgewählte Arbeiten zur biologischen Epistemologie, 2. Aufl., Braunschweig/Wiesbaden.

Maturana, H. R. (1987): Kognition, in: Schmidt, S. J. (Hrsg.) (1987): Der Diskurs des Radikalen Konstruktivismus, Frankfurt a.M., S. 89–118.

Maturana, H. R./Varela, F. J. (1987): Der Baum der Erkenntnis – Die biologischen Wurzeln des menschlichen Erkennens, 2. Aufl., Bern et al.

Mead, G. H. (1968): Geist, Identität und Gesellschaft, Frankfurt a.M.

Meier, M. B. (1999): Arbeitszeitmodelle und Sozialpläne, in: Siegwart, H./Neugebauer, G. (Hrsg.) (1999): Mega-Fusionen, S. 369–376.

Müller, M. (1999): Fusionen und Übernahmen aus historischer Sicht, in: Siegwart, H./Neugebauer, G. (Hrsg.) (1999): Mega-Fusionen, S. 63–84.

Müller-Stewens, G./Salecker, J. (1991): Kommunikation – Schlüsselkompetenz im Akquisitionsprozeß, in: absatzwirtschaft 10/1991.

Neuberger, O./Kompa, A. (1987): Wir die Firma: Der Kult um die Unternehmenskultur, Weinheim/Basel.

Nicolai, A. (1999): Die Fäden zieht der Schöpferische. Warum Unternehmer auch gute Künstler sind, in: Grosz, A./Delhaes, D. (Hrsg.) (1999): Die Kultur AG. Neue Allianzen zwischen Wirtschaft und Kultur, München.

Nonaka, I. (1992): Wie japanische Konzerne Wissen erzeugen, Harvard manager (2/1992), S. 95–103.

Nonaka, I. (1994): A dynamic theory of organizational knowledge creation, in: Organization Science 5 (1, Feb. 1994), S. 14–37.

Ochsenbauer, C./Klofat, B. (1987): Überlegungen zur paradigmatischen Dimension der aktuellen Unternehmenskulturdiskussion in der Betriebswirtschaftslehre, in: Heinen, E. (Hrsg.) (1987): Unternehmenskultur: Perspektiven für Wissenschaft und Praxis, S. 67–106.

Ortmann, G. (1988): Macht, Spiel, Konsens in: Küpper, W./Ortmann, G. (Hrsg.) (1988): Mikropolitik: Rationalität, Macht und Spiele in Organisationen, Opladen, S. 14ff.

Osgood, T. (1951): Culture: its Empirical and Non-Empirical Character, in: Southwestern Journal of Anthropology, vol. 7, S. 202–214.

Paprottka, S. (1996): Unternehmenszusammenschlüsse: Synergiepotentiale und ihre Umsetzungsmöglichkeiten durch Integration, Wiesbaden.

Pascale, R. T./Athos, A. G. (1981): The Art of Japanese Management. Applications for American Executive, New York 1981; dt.: Geheimnis und Kunst des japanischen Mangements, München 1982.

Pautzke, G. (1981): Die Evolution der organisatorischen Wissensbasis – Bausteine zu einer Theorie des organisationalen Lernens, München.

Pawlowsky, P. (1992): Betriebliche Qualifikationsstrategien und organisationales Lernen, in: Staehle, W./Conrad, P. (Hrsg.) (1992): Managementforschung 2, S. 177–237.

Penrose, E. (1959): The Theory of the Growth of the Firm, 2nd ed. 1980, Oxford.

Peters, T. J./Waterman, R. H. (1982/1993): In Search of Excellence, New York; dt.: Auf der Suche nach Spitzenleistungen: Was man von den bestgeführten US-Unternehmen lernen kann, 4. Aufl. Landsberg a.L. 1993.

Pettigrew, A. M. (1979): On Studying Organizational Cultures, in: Administrative Science Quarterly, vol. 24, S. 570–581.

Pfeffer, J. (1982): Organizations and Organization Theory, Greenwich (Conn.).

Pfriem, R. (1994): Betriebswirtschaftslehre als ökonomische und Kulturwissenschaft, in: Schriftenreihe des Lehrstuhls für Allgemeine Betriebswirtschaftslehre, Unternehmensführung und Betriebliche Umweltpolitik der Carl von Ossietzky-Universität Oldenburg, Nr. 6.

Pfriem, R. (1995): Unternehmenspolitik in sozialökologischen Perspektiven, Marburg.

Pfriem, R. (1999): Vom Umweltmanagement zur auch ökologischen Entwicklungsfähigkeit von Unternehmen, in: Schriftenreihe des Lehrstuhls für Allgemeine Betriebswirtschaftslehre, Unternehmensführung und Betriebliche Umweltpolitik der Carl von Ossietzky-Universität Oldenburg, Nr. 32.

Pfriem, R. (1999a): Jenseits des Sachzwangs, in: Schriftenreihe des Lehrstuhls für Allgemeine Betriebswirtschaftslehre, Unternehmensführung und Betriebliche Umweltpolitik der Carl von Ossietzky-Universität Oldenburg, Nr. 30.

Pfriem, R. (2000): Jenseits von Böse und Gut, Ansätze zu einer kulturwissenschaftlichen Theorie der Unternehmung, in: Beschorner, T./Pfriem, R. (Hrsg.) (2000): Evolutorische Ökonomik und Theorie der Unternehmung, Marburg, S. 437–476.

Picot, A./Reichwald, R./Wigand, R. T. (1998): Die grenzenlose Unternehmung: Information, Organisation und Management, 3. Aufl., Wiesbaden.

Pondy, L. R./Frost, P. J./Morgan, G./Danridge, T. C. (Hrsg.) (1983): Organizational Symbolism, Greenwich (Conn.).

Pondy, L. R./Mitroff, I.I. (1979): Beyond open systems models of organization, in: Staw, B. M. (ed.), Research in organizational behavior, Vol I, Greenwhich, CT: JAI Press, S. 3–39.

Porter, M. E. (1981): The Contributions of Industrial Organization To Strategic Management, in: Academy of Management Review, Vol. 6 (1981), No. 4, S. 609–620.

Prahalad, C. K./Hamel, G. (1991): Nur Kernkompetenzen sichern das Überleben, in: Harvardmanager 2/1991, S. 66–78.

Probst, G. J. B. (1987): Selbstorganisation – Ordnungsprozesse in sozialen Systemen aus ganzheitlicher Sicht, Berlin/Hamburg.

Probst, G. J. B./Naujoks, H. (1993): Autonomie und Lernen im entwicklungsorientierten Management, in: Zeitschrift für Organisation, Heft 6, S. 368–374.

Pümpin, C./Kobi, J.-M./Wüthrich, H. A. (1985): Unternehmenskultur: Basis strategischer Profilierung erfolgreicher Unternehmen, in: Die Orientierung Nr. 85, hrsg. v. Schweizerische Volksbank, Bern.

Remer, A. (1982): Instrumente unternehmenspolitischer Steuerung, – Unternehmensverfassung, formale Organisation und personale Gestaltung, Berlin.

Riegas, V./Vetter, C. (Hrsg.) (1990): Zur Biologie der Kognition, Frankfurt a.M: Suhrkamp.

Riegas, V./Vetter, C. (1990): Gespräch mit Humberto R. Maturana, in: Riegas, V./Vetter, C. (Hrsg.) (1990): Zur Biologie der Kognition, Frankfurt a.M, S. 11–90.

Ritzer, G. (1975): Sociology: A Multiple Paradigm Science, in: The American Sociologist, vol. 10, S. 156–167.

Rosenstiel, L. von (1984): Wandel der Werte – Zielkonflikte bei Führungskräften?, in: Blum, R./Steiner, M. (Hrsg.) (1984): Aktuelle Probleme der Marktwirtschaft in gesamt- und einzelwirtschaftlicher Sicht, S. 203ff.

Rosenstiel, L. von (1993): Unternehmenskultur – einige einführende Anmerkungen, in: Dierkes, M./Rosenstiel, L. von/Steger, U. (Hrsg.) (1993): Unternehmenskultur in Theorie und Praxis, S. 8–22.

Roth, G. (1987): Autopoiese und Kognition: Die Theorie H.R. Maturanas und die Notwendigkeit ihrer Weiterentwicklung, in: Schmidt, S. J. (Hrsg.) (1987): Der Diskurs des Radikalen Konstruktivismus, S. 256–286.

Roth, G. (1987): Erkenntnis und Realität: Das reale Gehirn und seine Wirklichkeit, in: Schmidt, S. J. (Hrsg.) (1987): Der Diskurs des Radikalen Konstruktivismus, S. 229–255.

Rühli, E. (1990): Ein methodischer Ansatz zur Erfassung und Gestaltung von Unternehmenskulturen, in: Lattmannn, C. (Hrsg.) (1990): Die Unternehmenskultur: Ihre Grundlagen und ihre Bedeutung für die Führung der Unternehmung, S. 189–206.

Rusch, G./Schmidt, S. J. (Hrsg.) (1994): Konstruktivismus und Sozialtheorie, DELFIN 1993, Frankfurt a.M.

Rüttinger, R. (1986): Unternehmenskultur: Erfolge durch Vision und Wandel, Düsseldorf/Wien.

Sackmann, S. A. (1990): Möglichkeiten der Gestaltung von Unternehmenskultur, in: Lattmannn, C. (Hrsg.) (1990): Die Unternehmenskultur: Ihre Grundlagen und ihre Bedeutung für die Führung der Unternehmung, S. 153–188.

Salecker, J. (1995): Der Kommunikationsauftrag von Unternehmen bei Mergers und Acquisitions, Bern.

Sathe, V. (1983): Implications of Corporate Culture: A Manager's Guide to Action, in: Organizational Dynamics, vol. 12, No. 2, S. 5–24.

Sauter-Sachs, S. (1992): Die unternehmerische Umwelt, in: Die Unternehmung, 46, 1992, 3.

Schanz, G. (1985): Wertwandel als personalpolitisches und organisatorisches Problem, Teil 1: Wertwandel und Arbeitsorientierung, in: Wirtschaftswissenschaftliches Studium 11/1985, S. 559ff.

Schein, E. H. (1985): Organizational Culture and Leadership: A Dynamic View, San Francisco/London.

Schein, E. H. (1990): Organizational Culture, in: American Psychologist, 45/2, S. 109–119.

Schmidt, H. (1997): Ein systemtheoretisches Konzept der lernenden Organisation bei Kraft Jacobs Suchard, in: Schriftenreihe des Lehrstuhls für Allgemeine Betriebswirtschaftslehre, Unternehmensführung und betriebliche Umweltpolitik der Carl von Ossietzky-Universität Oldenburg, Nr. 22.

Schmidt, S. J. (1987): Der radikale Konstruktivismus: Ein neues Paradigma im interdisziplinären Diskurs, in: ders. (Hrsg.) (1987): Der Diskurs des Radikalen Konstruktivismus, S. 11–88.

Schneidewind, U. (1998): Die Unternehmung als strukturpolitischer Akteur, Marburg.

Schräder, A. (1996): Management virtueller Unternehmungen: organisatorische Konzeption und informationstechnische Unterstützung flexibler Allianzen, Frankfurt a.M./New York.

Schreyögg, G. (1989): Zu den problematischen Konsequenzen starker Unternehmenskulturen, in: Zeitschrift für betriebswirtschaftliche Forschung, 41/89, S. 94–113.

Schreyögg, G. (1991): Kann und darf man Unternehmenskultur ändern?, in: Dülfer, E. (Hrsg.) (1991): Organisationskultur, Phänomen – Philosophie – Technologie, S. 201–214.

Schulte, G. (1993): Der blinde Fleck in Luhmanns Systemtheorie, Frankfurt a.M./New York.

Schulz, J. (1999): Fusion als Chance, in: Henkel v. Donnersmarck, M./Schatz, R. (Hrsg.) (1999): Fusionen gestalten und kommunizieren, S. 169–186.

Schütz, A. (1993, orig. 1932): Der sinnhafte Aufbau der sozialen Welt, Frankfurt.

Schütz, A. (1962): Collected Papers, Bd. 1, Den Haag.

Schütz, A./Luckmann, Th. (1975): Strukturen der Lebenswelt, Neuwied – Darmstadt.

Schumpeter, J. (1997, 1. Auflage 1911): Theorie der wirtschaftlichen Entwicklung. Eine Untersuchung über Unternehmergewinn, Kapital, Kredit, Zins und den Konjunkturzyklus, Berlin.

Schweiger, D. M./Weber, Y. (1989): Strategies for managing human resources during mergers and acquisitions: An empirical investigation, in: Human Resource Planning, 2/1989, S. 69–86.

Selvini Palazzoli, M. et al. (1981): Hypothetisieren – Zirkularität – Neutralität: Drei Richtlinien für den Leiter der Sitzung, in: Familiendynamik, Heft 2/1981, S. 123–139.

Selvini Palazzoli, M. et al. (1990): Hinter den Kulissen der Organisation, Stuttgart.

Siebenhaar, K./Zeller, B. (1993): „Hinterher sind wir alle schlauer": Akquisitionen im Kontext unternehmenskultureller und kommunikativer Prozesse, in: Frank, G.-M./Stein, I. (Hrsg.) (1993): Management von Unternehmensakquisitionen, S. 147–159.

Siegwart, H./Neugebauer, G. (Hrsg.) (1999): Mega-Fusionen, Bern.

Simon, H. A. (1945): Administrative behavior, New York.

Sloterdijk, P. (1983): Kritik der zynischen Vernunft, Frankfurt, Bd. 2.

Sloterdijk, P. (1998): Der starke Grund zusammen zu sein, Frankfurt a.M.

Smircich, L. (1983): Concepts of Culture and Organizational Analysis, in: Administrative Science Quarterly 28 3/83, S. 339–358.

Spencer Brown, G. (1969): Laws of Form, London.

Stadler, M./Kruse, P. (1990): Über Wirklichkeitskriterien, in: Riegas, V./Vetter, C. (Hrsg.): Zur Biologie der Kognition, Frankfurt a.M: Suhrkamp, 1990, S. 133–158.

Staehle, W. H. (1989): Management: Eine verhaltenswissenschaftliche Perspektive, 4. Aufl., München.

Staehle, W. H./Conrad, P. (Hrsg.) (1992): Managementforschung 2, Berlin/New York.

Staehle, W./Sydow, J. (Hrsg.) (1991): Managementforschung 1, Berlin/New York.

Teubner, G. (1992): Die vielköpfige Hydra: Netzwerke als kollektive Akteure höherer Ordnung, in: Krohn, W./Küppers, G. (Hrsg.) (1992): Emergenz: Die Entstehung von Ordnung, Organisation und Bedeutung, S. 189–216.

Theis, A. M. (1994): Organisationskommunikation, Opladen.

Thielmann, U./Ulrich, P. (1999): Zwischen Sachzwang und Denkzwang – Halten die zugunsten der UBS-Fusion vorgebrachten Rechtfertigungen der wirtschaftsethischen Kritik stand?, in: Siegwart, H./Neugebauer, G. (Hrsg.) (1999): Mega-Fusionen, S. 339–360.

Trzicky, N. (1999): Stakeholder einer Fusion und deren Feindbilder, in: Henckel v. Donnersmarck, M./Schatz, R. (Hrsg.) (1999): Fusionen gestalten und kommunizieren, S. 39–58.

Türk, K. (1989): Neuere Entwicklungen in der Organisationsforschung, Stuttgart.

Ulrich, H. (1968): Die Unternehmung als produktives soziales System, Bern/Stuttgart.

Ulrich, H./Krieg, W. (1974): Das St. Galler Management Konzept, Bern/Stuttgart.

Ulrich, P. (1984): Systemsteuerung und Kulturentwicklung: Auf der Suche nach einem ganzheitlichen Paradigma der Managementlehre, in: Die Unternehmung, 38/84, S. 303–325.

Ulrich, P. (1990): „Symbolisches Management": Ethisch-kritische Anmerkungen zur gegenwärtigen Diskussion über Unternehmenskultur, in: Lattmannn, C. (Hrsg.) (1990): Die Unternehmenskultur: Ihre Grundlagen und ihre Bedeutung für die Führung der Unternehmung, S. 277–302.

Ulrich, P. (1993): Transformation der ökonomischen Vernunft. Fortschrittsperspektiven der modernen Industriegesellschaft, 3., rev. Aufl., Bern/Stuttgart/Wien 1987.

Ulrich, P./Fluri, E. (1992): Management, 6. Auflage, Bern/Stuttgart.

Varela, F. J. (1987): Autonomie und Autopoiese, in: Schmidt, S. J. (Hrsg.) (1987): Der Diskurs des Radikalen Konstruktivismus, Frankfurt a.M., S. 119–132.

Ven, A. H. van de/Astley, W. G. (1981): Mapping the field to create a dynamic perspective on organization design and behavior, in: Ven, A. H. van de/Joyce, W. F. (Hrsg.) (1981): Perspective on Organization Design and Behavior, S. 427–468.

Vollbracht, M. (1999): Arbeit, Boden, Kapitel, Kommunikation, in: Henckel v. Donnersmarck, M./Schatz, R. (Hrsg.) (1999): Fusionen gestalten und kommunizieren, S. 91–106.

Vollmerg, B./Senghaas-Knobloch, E./Leithäuser, T. (1986): Betriebliche Lebenswelt. Eine Sozialpsychologie industrieller Verhältnisse, Opladen.

Watzlawick, P. et al (1974): Menschliche Kommunikation, 4. Aufl., Bern.

Watzlawick, P. (Hrsg.) (1981): Die erfundene Wirklichkeit, München.

Watzlawick, P./Beavin, J. H./Jackson, D. D. (1990): Menschliche Kommunikation. Formen, Störungen, Paradoxien, 8. Aufl., Bern, Stuttgart, Toronto.

Weber, M. (1985): Wirtschaft und Gesellschaft, Grundriß der verstehenden Soziologie, 5. Revidierte Auflage, Tübingen.

Westmeyer, H. (1984): Methodologische Probleme Probleme der Wertforschung in der Psychologie, in: Stiksrud, A. (Hrsg.) (1984): Jugend und Werte. Aspekte einer Politischen Psychologie des Jugendalters, S. 32ff.

Wexler, M. (1983): Critical Social Psychology, in: Pondy, L. R./Frost, P. J./ Morgan, G./Danridge, T. C. (Hrsg.) (1983): Organizational Symbolism, Greenwich (Conn.), S. 241ff.

Wiesenthal, H. (1990): Unsicherheit und Multiple-Self-Identität. Eine Spekulation über die Voraussetzungen strategischen Handelns. MPIFG Discussion Paper 90/2, Max-Planck-Institut für Gesellschaftsforschung, Köln.

Wiesenthal, H. (1995): Konventionelles und unkonventionelles Organisationslernen: Literaturreport und Ergänzungsvorschlag in: Zeitschrift für Soziologie, Jg. 24, Heft 2, April 1995, S. 137–155.

Willke, H. (1987): Strategien der Intervention in autonomen Systemen, in: Baecker, D. (Hrsg.) (1987): Theorie als Passion, Frankfurt a.M., S. 333–361.

Willke, H. (1993): Systemtheorie, eine Einführung in die Grundprobleme der Theorie sozialer Systeme, 4. Aufl., Stuttgart.

Willke, H. (1994): Systemtheorie II: Interventionstheorie – Grundzüge einer Theorie der Intervention in komplexe Systeme, Stuttgart/Jena.

Willke, H. (1996): Systemtheorie II: Interventionstheorie, 2. Aufl., Stuttgart.

Willke, H. (1995): Systemtheorie III: Steuerungstheorie, Stuttgart.

Willke, H. (1997): Wissensarbeit, in: Organisationsentwicklung 3/97, S. 5–18.

Wimmer, R. (1997): Das Team als besonderer Leistungsträger in komplexen Organisationen, in: Ahlemeyer, H.W./Königswieser, R. (Hrsg.) (1997): Komplexität managen, Wiesbaden, S. 105–130.

Wiswede, G. (1985): Soziologie: Ein Lehrbuch für den wirtschafts- und sozialwissenschaftlichen Bereich, Landsberg a.L.

Witte, E. (1973): Organisation für Innovationsentscheidungen, Göttingen.

Wittgenstein, L. (1953): Philosophical investigations, Oxford: Blackwell.

Wittgenstein, L. (1984): Vorlesungen 1930–1935.

Wollnik, M. (1993): Interpretative Ansätze in der Organisationstheorie, in: Kieser, A. (Hrsg.) (1993): Organisationstheorien, Stuttgart/Berlin/Köln, S. 277–296.

Wunderer, R. (Hrsg.) (1979): Humane Personal- und Organisationsentwicklung, Berlin.

Zeep, W. (1968): Redundanz – Ein Mittel zur Steigerung der Zuverlässigkeit von technischen Systemen, in: Bussmann, K. F./Mertens, D. (Hrsg.) (1968): Operations Research und Datenverarbeitung bei der Instandhaltungsplanung, Stuttgart, 1968, S. 83–102.

Zürn, P. (1985): Vom Geist und Stil des Hauses – Unternehmenskultur in Deutschland, Landsberg.